행정법의 기본

| 제1권 |

행정법의 기본

| 제1권 |

김 변 행 저

좋은땅

처음 행정법을 공부하던 때를 떠올려 봅니다. 두꺼운 행정법 교과서를 사서 밑줄 그어 가며 정독하였지만 무슨 말인지 도통 이해가 되지 않았습니다. 기속력, 사실심, 해태, 도과와 같은 용어는 외국어처럼 낯설었고, 주요 개념은 마치 물리학의 어려운 법칙처럼 멀게 느껴졌습니다. 학설은 긍정설, 부정설, 절충설(종합설) 등 종류가 매우 많았는데 왜 이렇게 치열하게 다투는지도 납득이 안 되었습니다. 판례도 마찬가지였습니다. 길고 어려운 문장을 찬찬히 뜯어 봐도 긍정인지 부정인지조차 헷갈릴 때가 많았습니다.

그래도 공부를 하지 않을 수는 없어 계속 노력했습니다. 여러 번 교과서를 읽고 강의를 들었습니다. 틈틈이 문제도 풀었습니다. 그렇게 시간과 정성을 쏟아붓자 몰랐던 걸 알게 되고 뒤죽박죽이던 개념들이 체계적으로 정리되기도 하였습니다.

행정법 실력이 조금씩 향상되면서 "아, 이렇게 이해하면 행정법이 한결 쉽겠구나."라는 생각이 들었습니다. 그러한 생각이 《행정법의 기본》을 쓰게 만들었습니다. 《행정법의 기본》은 한편으로 저의 행정법 분투기(奮鬪記)이면서 다른 한편으로는 행정법과 제가 친해지는 과정을 정리한 결과물입니다.

이 교재를 만들면서 특별히 중요하게 생각한 건 다음과 같습니다.

행정법의 **전체적인 체계**를 잘 이해할 수 있도록 각 쟁점의 연관성을 설명하였습니다. 다른 학문과 마찬가지로 행정법도 구조와 체계가 있고, 전체를 이해해야 부분도 더 잘 이해할 수 있기 때문입니다.

주요 개념의 뜻을 알기 쉽게 안내하는 데 주안점을 두었습니다. 법학에서는 특히 개념을 잘 잡는 게 중요합니다. 용어의 정의부터 그 속뜻을 충실히 설명하였습니다.

풍부한 예시와 사례를 추가하려고 노력하였습니다. 아무리 개념이나 법리를 설명해도 뜬 구름처럼 막연하게 느껴지는 걸 막기 위해 주변에서 쉽게 접할 수 있는 생생한 예시나 사례를 많이 활용하였습니다.

핵심적인 내용 위주로 서술하였습니다. 수험생 입장에서는 효율적인 공부가 중요하므로, 행정법의 모든 내용을 망라하기보다는 시험에 주로 출제되는 내용을 보다 깊이 설명하는 방식을 사용하였습니다.

오랜 기간 행정법을 공부하였고 그 사이에 변호사가 되기도 했지만 여전히 행정법을 마스터했다는 생각은 들지 않습니다. 배움에는 끝이 없을 뿐만 아니라 법은 수시로 바뀌고 새로운 판례도 계속 나오기 때문입니다. 공부를 하면 할수록 꾸준한 노력이 중요하다는 걸 절감합니다.

나름 최선을 다해서 교재를 집필하였지만 이 교재가 최종 완성본은 아닙니다. 부족한 건 채우고 넘치는 걸 덜어내는 수정 및 보완 과정을 통해서 조금 더 나은 행정법 교재가 될 수 있도록 노력하겠습니다.

멀고 험한 길을 혼자 가려고 하면 막막하고 한숨부터 나오지만, 동행이 있다면 적지 않은 위안이 되고 용기도 생깁니다. 각자의 목표를 달성하기 위해 오늘도 최선을 다하고 있는 여러분의 열정을 응원합니다. 원하는 꿈을 향해 내딛는 힘찬 걸음에 《행정법의 기본》이 조금이라도 도움이 되길 바랍니다.

목차

일러두기

■ 판례는 가급적 원문을 인용하되, 이해의 편의성을 높이기 위해 편
저자가 일부 내용을 수정하여 인용하였습니다.
■ 판례 인용 부분에 사용된 "대판"은 "대법원 판결"을, "대결"은 "대법
원 결정"을, "헌재"는 "헌법재판소 결정"을 의미합니다.
예) 대판 1997. 4. 17, 96도3376 : 대법원 1997. 4. 17. 선고 96도
3376 전원합의체 판결
예) 대결 1993. 7. 6, 93마635 : 대법원 1993. 7. 6.자 93마635 결정
예) 헌재 2004. 10. 21, 2004헌마554 : 헌법재판소 2004. 10. 21. 선
고 2004헌마554

들어가며

Ⅰ. 행정주체와 행정의 행위형식

1. 행정의 주인공

가. 행정주체와 행정객체

영화나 드라마에서 주인공이 중요하듯이, 행정작용에도 주인공이 중요합니다. 행정작용에는 **행정주체 (行政主體)**와 **행정객체(行政客體)**가 있습니다. 행정주체는 말 그대로 행정작용을 하는 쪽이고, 행정객체는 행정작용의 대상이 되는 쪽입니다. 행정객체를 행정의 상대방이라 부르기도 하고, 행정기본법은 "당사자"라 표현하고 있습니다. 대체로 보통의 국민이나 기업이 행정객체(행정의 상대방)가 됩니다.

나. 행정주체, 행정기관, 행정청

비슷하면서도 구분해야 할 개념으로 행정주체, 행정기관, 행정청이 있습니다. 행정주체로는 ① 국가, ② 지방자치단체, ③ 공법상 법인(공법상 사단, 공법상 권리능력 있는 영조물), ④ 공무수탁사인이 있습니다. 한편, 행정주체는 추상적인 존재라 실제적인 행정작용을 하기 어렵습니다. 그래서 실제로 행정을 수행하는 기관이 필요한데, 이러한 기관을 **행정기관(行政機關)**이라고 합니다. 행정주체가 사람 그 자체라면 행정기관은 사람의 팔, 다리라고 생각하면 쉽습니다.

행정청(行政廳)이라는 표현을 많이 들어 봤을 텐데, 행정청은 행정기관의 일종입니다. 예를 들어, "서울시"가 행정주체라면 "서울시장"은 행정청입니다. 행정청은 행정소송의 피고적격(被告適格) 문제와 연결됩니다. 피고적격은 소송에서 피고가 될 수 있는 자격을 말하는데, 항고소송의 피고는 행정주체가 아니라 행정청입니다. 즉 항고소송을 제기할 때 "서울시"를 피고로 삼을 것이 아니라 "서울시장"을 피고로 삼아야 하는 겁니다.

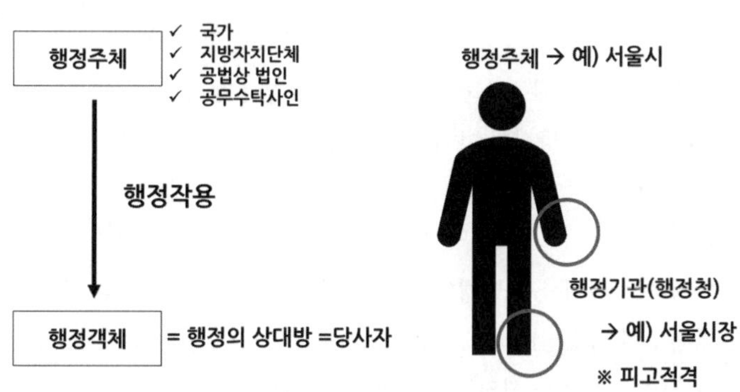

〈그림 1〉 행정주체와 행정객체

2. 행정의 행위형식(행정을 하는 방식)

행정주체 또는 행정청은 행정의 목적을 실현하기 위해 다양한 활동을 하는데, 이러한 일체의 작용을 총칭해서 **행정작용(行政作用)**이라고 합니다. 도로를 건설하는 것, 시험을 통해 공무원을 선발하는 것, 불법건축물을 철거하는 행위 등이 모두 행정작용입니다. 행정작용은 매우 다양한데, 주요한 행정작용의 방식(다른 말로, 행정의 행위형식)으로는 ① 행정입법, ② 행정행위, ③ 그 밖의 행정작용(행정계획, 확약, 행정지도, 공법상 계약 등)이 있습니다.

① 행정입법은 행정에 관한 다양한 법령을 만드는 것인데, "법규명령(대통령령, 총리령, 부령)"과 "행정규칙(훈령, 고시 등)"이 있습니다. 내용과 형식이 일치하지 않는 경우도 있는데, 형식은 법규명령이지만 내용은 행정규칙인 경우, 반대로 형식은 행정규칙이지만 내용은 법규명령인 경우에 법적 성질이 무엇인지 문제됩니다.

행정작용 중에서 가장 핵심은 ② **행정행위(行政行爲)**입니다. 행정작용과 행정행위의 관계를 유의해야 합니다. 행정작용과 행정행위는 비슷한 느낌이기는 하지만 둘은 분명히 구분되는 용어이고, "행정작용"이 "행정행위"보다 더 포괄적인 용어임을 명심해야 합니다.

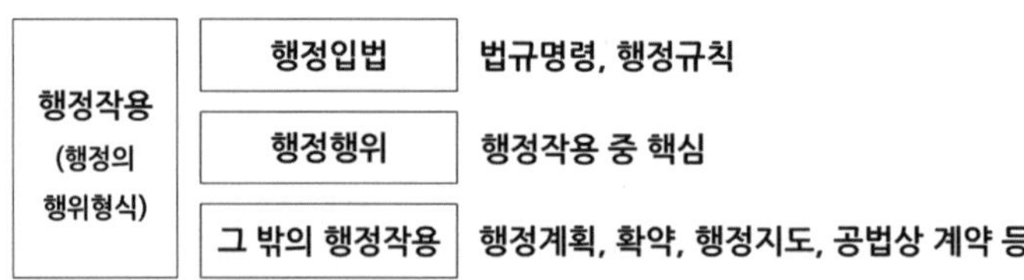

〈그림 2〉 행정의 행위형식

③ 그 밖의 행정작용으로는 행정계획, 확약, 행정지도, 공법상 계약 등이 있습니다. **행정계획**은 말 그대로 행정에 관한 계획을 세우는 것으로, 대표적인 사례로 도시계획결정이 있습니다. **확약**은 행정청이 자기 구속을 할 의도로 장래에 행정행위를 하거나 하지 않을 것을 약속하는 의사표시를 말하고, 대표적인 사례로 어업권면허에 선행하는 우선순위결정이 있습니다. **행정지도**는 행정의 상대방이 일정한 행동을 하도록 지도·권고·안내하는 행정작용으로, 대표적인 사례로 교육부장관의 학칙시정요구가 있습니다. **공법상 계약**은 양 당사자가 공법적인 관계에 대한 계약을 체결하는 것인데, 대표적인 사례로 서울특별시립무용단 단원을 위촉하는 것처럼 계약직 공무원을 채용하는 것이 있습니다. 행정행위가 행정청이 우월적 지위에서 하는 작용인데 반해 공법상 계약은 대등한 당사자 사이의 계약이라는 점이 특징입니다.

3. 사인의 공법행위

공법적 법률효과가 발생하는 행위를 **공법행위(公法行爲)**라고 하는데, 일반적으로 공법행위(예: 행정행위, 공법상 계약 등)는 행정주체(행정청)이 하는 경우가 대부분이지만, 사인(私人)도 공법행위를 할 수 있습니다. 사인의 공법행위란 사인이 행하는 행위로서 공법적 효과를 발생시키는 일체의 행위를 말하는데, 대표적으로는 **신고(申告)**가 있습니다. 이사를 갔을 때 하는 전입신고, 아이가 태어났을 때 하는 출생신고 등이 사인의 공법행위의 대표적인 예시입니다.

II. 행정행위의 주요 쟁점들

행정법에서 가장 중요한 개념이 행정행위이고, 행정법은 행정행위에 관한 학문이라고 해도 과언이 아닙니다. 그만큼 행정행위는 중요하기 때문에 행정행위의 주요 쟁점들에 대해서 잘 알아 둬야 합니다.

1. 행정행위의 종류

행정행위는 다양한 기준에 따라 구분할 수 있는데, 성질에 따라 **재량행위(裁量行爲)**와 **기속행위(羈束行爲)**로 나누는 게 가장 일반적입니다. 재량행위는 행정청이 행정행위를 할지 말지 또는 어떠한 행정행위를 할 것인지에 대해 선택권을 가진 행위이고, 기속행위는 행정청이 별다른 선택권없이 법에 정해진 대로 할 수밖에 없는 행위입니다.

2. 행정행위의 내용

행정행위를 내용에 따라 구별하면, 크게 **법률행위적 행정행위**와 **준법률행위적 행정행위**로 나뉩니다. 법률행위적 행정행위는 다시 명령적 행정행위(하명, 허가, 면제), 형성적 행정행위(특허, 인가, 대리)로 구분됩니다. 준법률행위적 행정행위에는 공증, 통지, 수리, 확인이 있습니다.

나누는 기준을 아는 것도 필요하지만, 각 행정행위의 개념이 무엇이고 대표적인 사례로는 어떤 것들이 있으며 특징이 무엇인지를 아는 게 중요합니다. 이 중에서도 허가, 특허, 인가, 공증이 시험에 자주 출제됩니다.

3. 행정행위의 적법요건(성립요건 및 효력요건)

행정행위가 적법하려면 행정행위가 "성립"하고 "유효"해야 합니다. 행정행위가 성립하기 위해서는 주체, 절차, 형식, 내용상의 요건을 갖춰야 합니다. 행정행위가 유효하려면(행정행위가 효력을 가지려면) 행정행위가 상대방에게 도달해서 상대방이 그 행정행위에 대해서 알아야 합니다.

또한 행정행위가 적법하다는 건 행정행위가 위법하지 않다는 의미이고, 이걸 다르게 표현하면 **법률유보의 원칙과 법률우위의 원칙**을 지켜야 한다는 뜻입니다. 처분 중에는 법률상의 근거가 필요한 경우가 있고(법률유보의 원칙), 모든 처분은 법률에 위반되어서는 안 됩니다(법률우위의 원칙). 국회가 제정한 형식적 의미의 법률(예: 건축법)에 위반되는 처분은 당연히 위법하고, 법률에 위반되지는 않더라도 행정법의 일반원칙(신뢰보호의 원칙, 비례의 원칙, 평등의 원칙, 자기구속의 원칙, 부당결부금지의 원칙 등)에 위반된 처분도 위법합니다.

4. 행정행위의 효력

행정행위의 효력으로는 구속력, 공정력, 불가쟁력, 불가변력, 강제력 등이 있는데, **공정력**이 제일 중요합니다. **공정력(公定力)**은 행정행위에 다소 결함이 있더라도 권한 있는 기관이 취소하기 전까지는 유효한 것으로 보는 힘을 말합니다. 공정력은 **선결문제**와 연결됩니다.

선결문제는 행정행위의 위법여부 또는 효력유무가 다른 특정사건 재판의 본안판단에 있어서 먼저 해결되어야 하는 문제를 말합니다. 예를 들어, 행정청이 국민(A)에게 세금을 내라는 과세처분을 하여 A가 "부당이득반환청구소송"이라는 민사소송을 제기한 경우를 생각해 볼 수 있습니다. 이때 행정청의 과세처분의 효력유무가 먼저 해결되어야 하는 선결문제입니다. 선결문제에서는 "위법성 여부"가 문제된 경우와 "효력 유무"가 문제되는 경우를 구분하는 게 중요합니다. "효력 유무"가 쟁점인 경우에 무효사유의 하자에 대해서는 민사(형사)법원도 행정행위의 효력 부인을 할 수 있지만 취소사유의 하자가 있으면 민사(형사)법원은 행정행위의 효력 부인을 할 수 없습니다. 한편 "위법성 여부"가 쟁점인 경우에는 민사(형사)법원도 행정행위의 위법성 판단을 할 수 있습니다.

5. 행정행위의 하자

행정행위가 적법요건을 갖추지 못한 걸 행정행위의 하자라고 하는데, 행정행위에 하자가 있으면 행정행위의 효력에도 문제가 생깁니다. 하자는 무효 사유의 하자와 취소 사유의 하자로 구분됩니다. 통설과 판례는 **중대명백설**에 따라 무효 여부를 판단하는데, 중대하고 명백한 경우에만 무효로 봅니다. 즉, 중대한 하자이지만 명백하지 않은 경우 또는 명백한 하자이지만 중대하지는 않는 경우에는 취소 사유인 겁니다.

6. 행정행위의 효력을 없애는 방법

하자가 있는 행정행위는 행정행위의 효력을 없앨 필요가 있습니다. 행정행위의 효력을 없애는 방법은 크게 취소와 철회가 있습니다. **취소(取消)**는 행정행위를 할 때부터 하자가 존재하여 소급적으로 효력을 없애는 것이고, **철회(撤回)**는 행정행위를 할 당시에는 하자가 없었는데 나중에 하자가 생겨 장래를 향해 효력을 없애는 것입니다.

취소는 다시 직권취소와 쟁송취소로 구분됩니다. **직권취소(職權取消)**는 행정행위를 한 행정청이 스스로(직권으로) 취소하는 것이고, **쟁송취소(爭訟取消)**는 행정법원 또는 행정심판위원회가 강제로 취소하는 겁니다.

7. 하자의 승계

하자의 승계는 두 개의 행정행위가 연속하여 행해졌을 때, 선행 행정행위의 하자(문제)가 후행 행정행위에 영향을 미치는지에 대한 것입니다. 만약 하자가 승계되면 선행행위의 하자를 이유로 후행행위가 위법하다고 주장할 수 있지만, 하자가 승계되지 않으면 선행행위의 하자를 이유로 후행행위가 위법하다고 말할 수는 없습니다.

하자의 승계는 항상 문제가 되는 건 아니고 특수한 상황에서만 논의되는 문제입니다. 즉, ① 선행행위와 후행행위가 모두 행정행위이고, ② 선행행위에 불가쟁력이 발생하고, ③ 선행행위에는 취소 사유의 하자가 존재하며, ④ 후행행위는 적법한 경우에 하자의 승계가 논의됩니다.

8. 행정행위의 부관

부관(附款)은 행정행위에 덧붙여진 추가적인 제약 조건이라고 보면 됩니다. 부관의 종류로는 조건, 기한, 부담, 철회권 유보, 법률효과의 일부 배제 등이 있습니다.

만약 부관에 문제가 있을 경우, 하자 있는 부관에 대해서 어떻게 소송상으로 다툴 수 있을지가 문제되는데, 이게 독립쟁송가능성과 독립취소가능성의 문제입니다. 판례는 부관 중에서 부담과 부담이 아닌 부관을 구분합니다. 부담에 대해서는 독립하여 소송을 제기할 수 있다는 입장이지만, 다른 부관은 그렇지 않다고 봅니다. 독립취소도 마찬가지입니다. 부담은 독립취소가 가능하지만, 부담이 아닌 부관은 독립취소가 불가능하다는 게 판례의 태도입니다.

III. 행정작용에 대한 불복방법

행정작용에 대한 첫번째 불복 방법은 침익적인 행정작용 자체를 없애 달라고 요구하는 것이고, 두번째 불복 방법은 금전으로 보상 또는 배상을 해 달라고 하는 겁니다. 전자를 **행정쟁송(行政爭訟)**, 후자를 **손해전보(損害塡補)**라고 부릅니다. 행정쟁송은 행정심판과 행정소송으로 나뉘고, 손해전보는 다시 국가배상과 손실보상으로 나뉩니다.

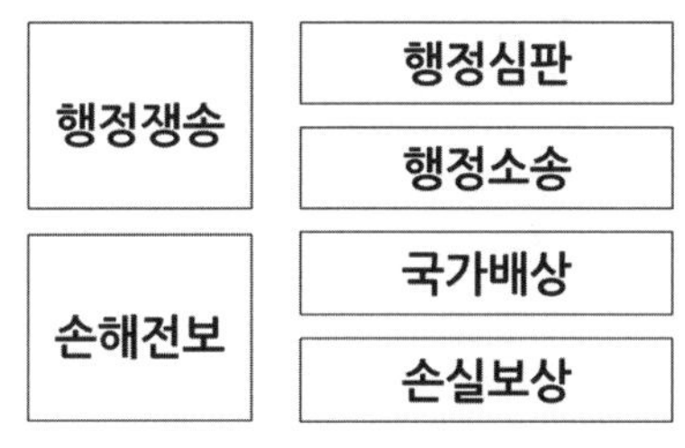

〈그림 3〉 행정작용에 대한 불복방법

행정작용에 대한 불복방법의 상세한 내용은 "[제2항] 행정작용에 대한 불복"을 참고하시길 바랍니다.

IV. 취소소송의 주요 쟁점

1. 소송요건

취소소송이 적법하려면 소송요건을 모두 갖춰야 합니다. 주요 소송요건으로는 **대상적격, 원고적격, 피고적격, 협의의 소익, 임의적 행정심판전치주의, 제소기간, 관할법원**이 있습니다. 이중에서 대상적격이 자주 문제되는데, 취소소송의 대상은 "처분등"입니다. 특정 행정작용이 취소소송의 대상이 되는지, 달리 말하면 처분성이 있는지를 명확히 구분해야 합니다.

2. 법원의 판결

취소소송이 제기되면 법원은 두 단계의 판단 절차를 거칩니다. 첫 번째는 소송요건을 갖췄는지를 확인하는 **소송요건 판단**이고, 두 번째는 원고의 주장이 타당한지를 검토하는 **본안판단**입니다.

법원의 판결은 **각하판결, 인용판결, 기각판결**이 있습니다. 취소소송의 소송요건을 갖추지 못해 소제기가 부적법할 때 법원은 각하판결을 합니다. 소송요건을 갖췄다면 법원은 본안판단에 들어가서 처분의 적법성을 검토하는데, 처분이 위법하면 원고의 청구를 받아들이는 인용판결을 하고, 행정처분이 적법하면 원고의 청구를 받아들이지 않는 기각판결을 합니다. 한편, 기각판결의 특수한 형태로 사정판결이 있습니다. **사정판결(事情判決)**은 처분이 위법함에도 불구하고 처분을 취소하는 것이 현저히 공공복리에 적합하지 않다고 인정되어 예외적으로 원고의 청구를 기각하는 판결입니다.

3. 판결의 효력

판결이 확정되면 **불가변력, 불가쟁력, 기판력, 형성력, 기속력** 등의 효력이 발생합니다. 여러 효력 중에서 기속력이 가장 중요한데, **기속력(羈束力)**은 행정처분이 위법한 것으로 확인된 경우 행정청이 판결의 취지에 따라 행동하도록 강제하는 힘을 말합니다. 기속력의 내용으로는 반복금지의무(판결의 내용에 모순되는 동일한 내용을 하지 않을 의무), 재처분의무(판결의 취지에 따라 다시 처분을 해야 할 의무)가 있습니다.

1. 행정절차법

행정은 내용 못지 않게 절차도 중요합니다. 절차를 위반하면 내용에 문제가 없더라도 위법한 행정행위가 됩니다. 특히 행정의 상대방에 불리한(침익적) 처분을 할 때에는 **사전통지**를 하고 **의견청취(청문, 공청회, 의견제출)** 절차를 거쳐야 합니다.

2. 행정정보

정보의 중요성은 점점 증가하고 있어 행정법에도 행정정보에 관한 내용이 포함되었습니다. 행정정보는 크게 두 가지 법률을 다룹니다.

첫 번째는 **공공기관의 정보공개에 관한 법률(약칭: 정보공개법)**입니다. 모든 국민은 공공기관에 대해서 정보의 공개를 요청할 수 있습니다. 정보공개법과 관련해서 공개대상인 정보와 비공개대상인 정보의 구분 기준과 정보공개의 절차를 아는 것이 중요합니다. 두 번째는 **개인정보보호법**입니다. 개인정보보호법은 개인의 정보를 활용하기 위해서는 어떤 절차를 거쳐야 하는지 등을 규정하고 있습니다.

3. 행정의 실효성 확보수단

행정청은 행정의 목적을 달성하기 위해 다양한 수단을 사용할 수 있습니다. 행정의 실효성 확보수단은 ① **행정상 강제집행(행정대집행, 행정상 강제징수, 이행강제금, 직접강제), ② 행정상 즉시강제와 행정조사, ③ 행정벌(행정형벌과 행정질서벌), ④ 새로운 의무이행확보수단(과징금, 가산세, 명단공표, 공급거부, 관허사업의 제한)**으로 구분됩니다.

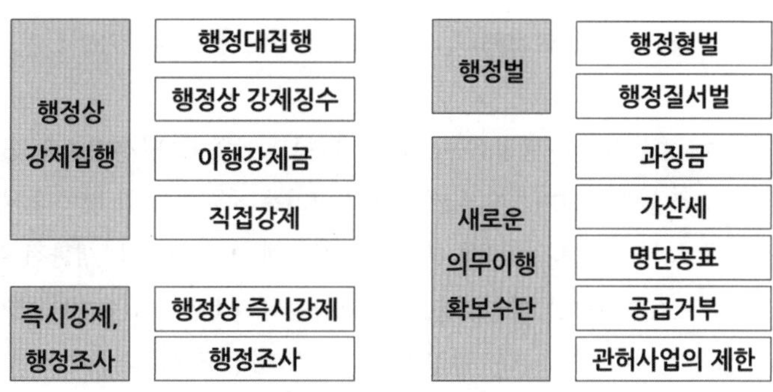

〈그림 4〉 행정의 실효성 확보수단

I. 행정작용에 대한 불복 방법

1. 개요

행정주체 또는 행정청이 행정작용을 했을 때, 행정의 상대방인 국민의 입장에서 그러한 행정작용에 대해서 아무런 불만이 없으면 별다른 문제가 생기지 않습니다. 그러나 국민에게 침익적인(불이익한) 행정작용이 이루어진다면, 국민의 입장에서는 "어떻게 권리구제를 할 수 있을까?" 라는 생각을 하게 됩니다.

그래서 **불복(不服)** 방법이 문제되는데, 불복의 방법은 크게 두 가지 정도가 있습니다. 첫 번째는 침익적인 행정작용 자체를 없애 달라고 요구하는 것이고, 두 번째는 금전으로 보상 또는 배상을 해 달라고 하는 겁니다. 전자를 **행정쟁송(行政爭訟)**, 후자를 **손해전보(損害塡補)**라고 부릅니다. 손해전보는 다시 국가배상과 손실보상으로 나뉘는데, 둘을 구분하는 기준은 위법성 여부입니다. "위법한" 행정작용에 대해서는 국가배상을 청구하고 "적법한" 행정작용에 대해서는 손실보상을 청구합니다. 국가배상을 하는 경우는 크게 두 가지로 나눌 수 있는데, 첫 번째는 공무원의 위법한 행위로 손해가 발생한 경우(국가배상법 제2조)이고, 두 번째는 건축물·도로와 같은 영조물의 하자로 인해 손해가 발생한 경우(국가배상법 제5조)입니다.

2. 행정쟁송
가. 종류

대표적인 권리구제수단인 행정쟁송은 크게 행정심판과 행정소송으로 구분됩니다. 행정심판은 행정심판위원회를 통해서 행정청이 자체적으로 위법성 여부를 판단하는 것인데, 행정심판위원회가 내린 판단을 **재결(裁決)**이라고 부릅니다. **행정심판(行政審判)**의 종류로는 취소심판, 무효등확인심판, 의무이행심판이 있습니다.

다음으로 **행정소송(行政訴訟)**입니다. 행정소송은 다시 ① **항고소송**, ② **당사자소송**, ③ **민중소송**, ④ **기관소송**으로 구분됩니다. 항고소송과 당사자소송은 개인적인 권리를 지키기 위한 것이라 "주관적 소송"이지만, 민중소송과 기관소송은 개인의 권리보다는 사회 전체적인 질서에 관한 것이라 "객관적 소송"이라 부릅니다.

항고소송의 종류로는 **취소소송, 무효등확인소송, 부작위위법확인소송**이 있습니다. 3가지 소송 중에서 어떤 소송을 제기할지는 상황에 따라 다릅니다. 행정청이 수익적 행정행위를 거부하거나 침익적 행정행위를 하였는데, 그러한 행정행위가 위법할 때 제기하는 소송이 취소소송, 무효확인소송입니다. 행정행위에 취소사유의 하자가 있으면 취소소송을 제기하고 무효사유의 하자가 있으면 무효확인소송을 제기하면 되는데, 무효로 인정되는 경우는 많지 않으므로 취소소송이 가장 일반적인 소송입니다. 행정청이 특정한 행정행위를 해야 할 의무가 있는데도 아무런 행정행위를 하지 않고 있는 상황을 **부작위(不作爲)**라고 하며, 이러한 부작위의 상황에서는 부작위위법확인소송을 제기하면 됩니다.

행정의 불복수단은 꽤 복잡하지만, 차근차근 이해하면 아주 어렵지는 않습니다. **불복수단을 잘 아는 것은**

행정법을 공부하는 데 아주 중요하기 때문에 꼭 숙지하시기 바랍니다.

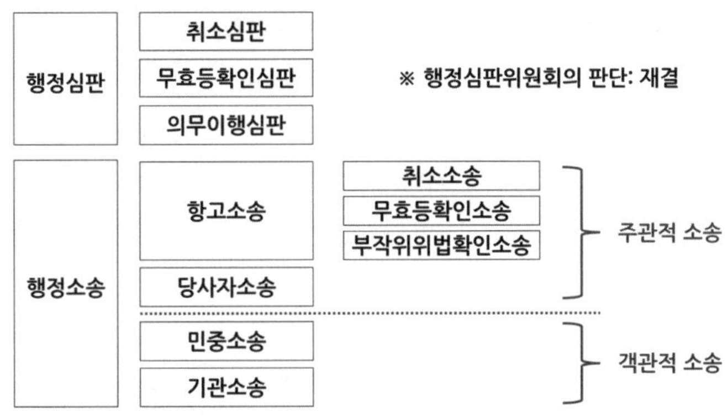

〈그림 5〉 행정쟁송의 종류

나. 가구제와 집행정지

처분에 대해 항고소송을 제기한다고 해서 처분의 효력이 정지되지는 않습니다. 그런데 처분의 효력이 계속 유지되면 나중에 항고소송에서 승소하더라도 실익이 없을 수 있고, 이런 경우에 임시적으로 처분의 효력을 정지시키는 걸 **집행정지(執行停止)**라고 합니다.

II. 행정법 분쟁의 유형

※ 김변쓰 팁: 분쟁 유형 구분

행정법을 체계적으로 이해하는 방법 중의 하나는 분쟁의 유형을 구분하는 것입니다. 분쟁유형에 따라 주로 문제되는 쟁점이 무엇인지를 이해하시면 행정법에 대한 이해의 폭이 넓어집니다. 참고로 아래의 내용은 "행정법의 체계적 이해를 위한 세 개의 방법론적 범주"(박정훈, 고시계, 1999년 11월호)를 요약 정리한 것입니다.

1. 제1유형: 침익적 처분에 대한 항고소송(방어소송)

가. 의의

행정청이 개인(또는 법인, 이하 동일)에게 침익적인 처분(예: 과세처분, 영업허가취소처분, 징집처분 등)을 하는 경우입니다. 예를 들어, 음식점 영업을 하는 A가 관련 법령을 위반하자 행정청이 A에게 영업정지처분을 하는 경우가 제1유형에 해당합니다.

나. 주요 쟁점

(1) 대상적격

개인의 구체적인 권리의무에 직접적인 변동을 초래하는 경우에는 처분등에 해당합니다.

(2) 원고적격

원고적격은 특별한 문제가 되지 않습니다. 침해적 처분의 직접적인 상대방은 원고적격이 인정되기 때문인데, 이를 "직접 상대방 이론"이라고 합니다.

2. 제2유형: 수익적 처분의 거부, 부작위에 대한 항고소송(요구소송)

가. 의의

개인이 행정청에 대해 자신에게 유리한 행정작용을 하여 줄 것을 요청하였으나 행정청이 이를 거부하거나 무응답(부작위)하는 경우입니다. 예를 들어, 국립대학에 기간제로 임용된 대학교수 B가 행정청에게 교수재임용을 신청하였으나, 행정청이 이를 거부하거나 무응답하는 경우가 제2유형에 해당합니다.

나. 주요 쟁점

(1) 대상적격

제2유형에서는 대상적격이 주된 쟁점입니다. 행정청이 명시적으로 거부를 하면, 거부처분에 대한 취소소송을 제기할 수 있는데, 모든 거부가 항고소송 등의 대상이 되는 것은 아니고 일정한 요건을 갖춰야 합니다. 행정청의 거부행위가 신청인의 법률관계에 어떤 변동을 일으킬 뿐만 아니라, **"법규상 또는 조리상 신청권"** 이 있어야 한다는 것이 판례의 태도입니다. 행정청이 상당기간 동안 응답을 하지 않으면, 부작위위법확인소송 또는 의무이행심판을 제기할 수 있습니다.

(2) 원고적격

원고적격이 특별히 문제되지는 않는데, 분쟁의 대상이 되는 처분이 행해지는 경우 그 직접 상대방에게 원고적격이 인정됩니다. 예컨대, 재임용 처분의 대상이 되는 사람은 재임용거부처분에 대한 원고적격이 있습니다.

(3) 쟁송방법

행정청이 거부처분을 한 경우에는 취소심판이나 의무이행심판을 청구할 수 있습니다. 또한 거부처분에 대해서 취소소송을 제기할 수는 있으나, 의무이행소송은 인정되지 않습니다

행정청의 부작위에 대해서는 의무이행심판을 청구하거나 부작위위법확인소송을 제기할 수 있습니다.

3. 제3유형: 침익적 제3자효 갖는 이중효과적 처분에 대한 취소소송(제3자 방어소송)

가. 의의

어떤 적극적 행정작용이 그 직접 상대방에게는 유리하게 작용하지만 제3자에게 불리하게 작용하여 그 제3자가 이를 다투는 경우입니다. 예를 들어, 행정청이 "갑"에게 공장건축허가를 하였는데, 이웃주민 "을"이 공장이 운영되면 유해물질이 발생한다는 이유로 "갑"에 대한 공장건축허가를 취소해 달라고 요구하는 경우가 제3유형입니다.

나. 주요 쟁점

(1) 대상적격

개인의 구체적인 권리의무에 직접적인 변동을 초래하는 경우에는 처분등에 해당합니다.

(2) 원고적격

제3유형에서는 원고적격이 주된 쟁점입니다. 달리 말해, "처분의 직접 상대방이 아닌 제3자가 원고적격을 가

지는가"가 문제됩니다. 일반적으로 제3자는 원고적격이 없으나 "법률상 이익"이 있으면 원고적격이 인정됩니다. 대표적인 사례로는 이웃소송(인인소송), 경업자소송, 경쟁자소송이 있습니다.

4. 제4유형: 수익적 제3자효를 갖는 이중효과적 처분의 거부, 부작위에 대한 항고소송(제3자 요구소송)

가. 의의

행정작용의 직접 상대방에게는 불리하게 작용하지만 제3자에게는 유리하게 작용한 행정작용에 관해 그 제3자가 이를 요청하였으나 행정청이 이를 거부하거나 무응답하는 경우입니다. 예를 들어, 건축주 "병"이 대형 건물을 건축하자 이웃에 사는 "정"이 행정청에게 공사중지 등의 시정명령을 요구하는 경우가 제4유형에 해당합니다.

나. 주된 쟁점

(1) 대상적격

행정청이 명시적으로 거부를 하면, 거부처분에 대한 항고소송(취소소송) 또는 취소심판을 제기할 수 있습니다. 단, 모든 거부가 항고소송 등의 대상이 되는 것은 아니고, 행정청의 거부행위가 신청인의 법률관계에 어떤 변동을 일으킬 뿐만 아니라 "법규상 또는 조리상 신청권"이 있어야 한다는 것이 판례의 태도입니다.

행정청이 상당기간 동안 응답을 하지 않으면, 부작위위법확인소송 또는 의무이행심판을 제기할 수 있습니다.

(2) 행정개입청구권

제4유형에서는 행정개입청구권이 문제됩니다. **행정개입청구권(行政介入請求權)**은 행정권의 발동을 청구할 수 있는 실체적 공권을 의미합니다. 판례는 행정개입청구권을 부정하고 있는 것으로 해석됩니다.

(3) 쟁송방법

행정청의 위법한 거부처분이나 부작위에 대해 예방적 금지소송을 제기할 수 있는지에 대한 논의가 있으나, 판례는 예방적 금지소송을 인정하지 않고 있습니다.

제1장

행정법 통론

건축에서 기초공사가 중요하듯, 행정법 공부를 할 때도 기초가 중요합니다.

행정법은 "행정"에 관한 법이므로 행정이 무엇인지를 알아야 합니다. 행정의 의미는 다른 국가작용(입법, 사법)과 비교하는 게 중요한데, 실질과 형식이 일치하지 않는 경우도 있습니다. 예를 들어 행정심판의 재결은 형식적으로는 행정이지만 실질적으로 사법에 해당하고, 법규명령의 제정은 형식적 의미의 행정, 실질적 의미의 입법입니다.

행정은 주체, 목적, 효과, 수단에 따라 다양하게 분류할 수 있습니다. 목적에 따라 행정을 분류하면 침익적 행정, 수익적 행정, 복효적(이중효과적) 행정으로 나뉩니다.

법치주의를 엄격하게 적용한다는 측면에서는 모든 국가작용에 대해 사법부가 판단을 내리는 게 맞습니다. 하지만 고도의 정치적인 행위에 대해서는 사법부의 심사가 제한되는 영역이 있는데, 그게 바로 **통치행위**입니다. 남북정상회담 개최, 외국에의 국군 파견 결정 같은 것들이 대표적인 통치행위입니다. 한편 헌법재판소는 통치행위가 국민의 기본권침해와 직접 관련되는 경우에는 사법심사의 대상이 된다는 입장입니다.

법치행정의 원리는 행정작용이 법의 지배를 받아야 한다는 의미입니다. **법치행정의 원리**는 크게 3가지 세부 원칙, 즉 법률의 법규창조력, 법률우위의 원칙, 법률유보의 원칙으로 구성되는데, 특히 법률유보의 원칙이 중요합니다. **법률유보의 원칙**은 국가가 행정작용을 하려면 법률상 근거가 있어야 한다는 원칙인데, 이때의 '법률'은 국회가 제정한 형식적 의미의 법률을 의미합니다. 법률유보의 원칙은 적용범위에 대한 학설상 논의가 있는데, 판례는 중요사항유보설의 입장입니다. 중요하고 본질적 사항(예: 지방의회의원에 유급보좌관을 두는 것)은 국회가 법률로 정해야 하지만, 그렇지 않은 사항(예: 국가유공자단체의 대의원선출)에 대해서는 국회가 법률로 정하지 않아도 된다고 봅니다.

법률우위의 원칙은 행정작용이 법률에 위배되어서는 안 된다는 뜻입니다. 법률우위의 원칙은 관련 법령이 "있는" 경우에 생기는 문제이지만, 법률유보의 원칙은 관련 법령이 "없는" 경우에 생기는 문제라는 차이가 있습니다.

법률우위의 원칙 또는 법률유보의 원칙에 위반된 행정작용은 위법한데, 위법의 정도는 행정작용의 종류에 따라 다릅니다. 법률우위(유보)원칙에 위배된 법규명령은 무효이나, 행정행위는 중대명백설에 따라 무효이거나 취소할 수 있는 행위가 됩니다.

Ⅰ. 의의

1. 행정법의 개념

행정법(行政法)은 **행정(行政)**에 관한 법입니다. 행정에 대한 사전적 정의는 "법 아래에서 법의 규제를 받으면서 국가 목적 또는 공익을 실현하기 위하여 행하는 능동적이고 적극적인 국가 작용"입니다. 도로 건설, 폐기물 수집, 세금 징수 등이 행정의 대표적인 모습인데, 다른 국가작용(입법 및 사법)과의 비교를 통해서 행정의 특성을 보다 정확하게 파악할 수 있습니다.

2. 형식과 실질의 구분

가. 형식적인 관점에서의 구분

형식적 관점의 구분은 <u>작용을 하는 주체(기관)</u>를 기준으로 구분하는 것입니다. 즉, 입법부(국회)가 하는 일은 입법, 사법부(법원)가 하는 일은 사법, 행정부(정부)가 하는 일은 행정으로 보는 겁니다.

나. 실질적 관점에서의 구분

실질적 관점에서 구분은 <u>각 작용의 특성</u>을 기준으로 구분하는 것입니다. 간략하게 이야기하면 입법은 법을 만드는 것이고, 행정은 법에 따라 국가의 다양한 활동을 하는 것이고, 사법은 국가작용에 대한 법률적인 판단을 하는 것입니다.

Ⅱ. 입법-행정-사법의 구분

1. 형식적 의미의 입법(입법부의 권한에 속하는 사항)

가. 실질적 의미의 입법

실질적 의미의 입법은 일반적·추상적 규범을 정립하는 것으로 입법부의 고유한 역할인 법률 제정이 대표적인 사례입니다.

나. 실질적 의미의 행정

국회사무총장의 소속직원 임명은 국회 내부에서 이뤄진다는 점에서 형식적으로는 입법의 영역에 해당하나, 조직관리를 하는 행위로서 실질적으로는 행정에 속하는 작용입니다.

2. 형식적 의미의 행정(행정부의 권한에 속하는 사항)

가. 실질적 의미의 행정

실질적 의미의 행정은 공익실현을 목적으로 하는 행정주체의 작용으로 **적극적·미래지향적** 형성활동입니다. 구체적인 예로는 지방직 공무원의 임명, 건축허가, 조세부과처분, 운전면허처분, 행정대집행, **집회의**

금지통고 등이 있습니다.

나. 실질적 의미의 입법

대통령령, 총리령, 부령 등 법규명령의 제정 및 개정은 행정부가 법령을 제정한다는 점에서 형식적으로는 행정의 영역에 해당하나, 법을 만드는 일로서 실질적으로는 입법에 해당하는 작용입니다.

다. 실질적 의미의 사법

행정심판의 재결, 재임용 등에 대한 소청심사위원회의 재결, 통고처분 등은 행정부가 판단의 주체라는 점에서 형식적으로는 행정에 속하나, 법률적인 판단을 하는 것으로 실질적으로는 사법에 해당하는 작용입니다.

※ 법률용어: 통고처분

통고처분(通告處分)이란 일반형사소송절차에 앞선 절차로서 일정한 위법행위의 범법자에게 형벌 대신 범칙금을 납부토록 명하고, 범칙자가 그 범칙금을 납부하면 처벌이 종료되는 절차를 말합니다. 통고처분은 조세범, 관세범, 출입국사범, 교통사범(도로교통법 제163조)의 경우에 적용되는데, 도로교통법을 위반하여 범칙금을 내게 하는 게 대표적인 통고처분입니다.

---

3. 형식적 의미의 사법(사법부의 권한에 속하는 사항)

가. 실질적 의미의 사법

실질적 의미의 사법은 법률상 분쟁을 전제로 법률적인 판단을 하는 것으로, 법원의 재판이 대표적인 예입니다.

나. 실질적 의미의 입법

대법원규칙의 제정은 사법부 내부에서 이뤄진다는 점에서 형식적으로는 사법에 속하나, 법령을 제정하는 것이므로 실질적으로는 입법에 해당하는 작용입니다.

다. 실질적 의미의 행정

대법원의 소속공무원 임명, 일반법관의 임명, 등기사무 등은 사법부 내부에서 이뤄진다는 점에서 형식적으로는 사법의 영역에 해당하나, 조직관리 등을 하는 행위로 실질적으로는 행정에 해당하는 작용입니다.

※ 입법-행정-사법 비교

구분	형식적 입법	형식적 행정	형식적 사법
실질적 입법	법률 제정	대통령령/총리령 제정	대법원 규칙 제정
실질적 행정	국회사무총장의 직원임명	건축허가	대법원 소속 공무원 임명
실질적 사법	–	행정심판 재결, 통고처분	재판

1. 주체에 따른 분류

가. 국가행정

국가행정은 국가가 직접 행하는 행정입니다.

나. 자치행정

자치행정은 지방자치단체, 기타 공공단체가 주체로서 행하는 행정입니다.

다. 위임행정

위임행정은 국가 또는 공공단체가 그 사무를 다른 공공단체나 그 기관 또는 사인(개인)에게 위임하여 행하는 행정입니다.

2. 목적에 따른 분류

가. 질서행정

질서행정은 공적 안전과 질서에 적합하지 않은 상황이나 위험을 예방하고 제거하는 것을 목적으로 하는 행정으로, 그 예로는 교통경찰행정이 있습니다.

나. 급부행정

급부행정은 시민의 생활조건을 보장하고 개선하는 행정을 말하며, 그 예로는 사회보험, 의약품 제공 등이 있습니다. 행정법에서 급부라는 용어가 종종 등장하는데, **급부(給付)**는 쉽게 표현하면 혜택을 준다는 의미입니다.

다. 그 외

질서행정, 급부행정 이외에 유도행정, 공과행정, 조달행정, 계획행정 등이 있습니다.

3. 효과에 따른 분류

가. 침익적 행정

침익적 행정은 개인의 권리와 이익을 제한하거나 침해하는 행정으로, 그 예로는 세금부과처분, 행정강제처분 등이 있습니다.

나. 수익적 행정

수익적 행정은 개인에게 권리나 이익을 부여하는 행정으로, 그 예로는 건축허가, 사업면허 등이 있습니다.

다. 복효적(이중효과적) 행정

복효적 행정은 침익적 성질과 수익적 성질을 모두 가지는 행정으로, 그 예로는 도로점용료납부 부관이 붙은 도로점용허가가 있습니다. 도로점용허가 자체는 수익적 성질을 갖지만 도로점용료납부 부관은 침익적 성질을 갖습니다.

4. 수단에 따른 분류

가. 권력적 행정

권력적 행정은 행정주체가 개인에 대하여 일방적으로 명령·강제하는 행정을 말하고, 그 예로는 경찰처분, 조세부과처분 등이 있습니다.

나. 비권력적 행정

비권력적 행정은 강제성을 띠지 않은 행정으로, 그 예로는 행정지도, 공법상 계약 등이 있습니다.

| 핵심 기출 문제

01 국회사무총장의 직원임명은 실질적 의미, 형식적 의미 모두 행정에 속한다.
(2010, 경행특채) [O, X]

02 지방공무원 임명은 실질적 의미의 행정에는 속하나 형식적 의미의 행정이 아니다.
(2010, 경행특채) [O, X]

03 집회의 금지통고는 실질적 행정에 해당한다. (2015, 지방7급) [O, X]

04 대통령령의 제정은 실질적 의미, 형식적 의미 모두 행정에 속한다. (2010, 경행특채) [O, X]

05 행정심판의 재결은 실질적 의미, 형식적 의미 모두 행정에 속한다. (2010, 경행특채) [O, X]

06 통고처분은 실질적 의미의 행정에 해당한다. (2015, 지방7급) [O, X]

07 일반법관의 임명은 실질적 의미의 행정에 속한다. (2015, 지방7급) [O, X]

08 국가행정과 지방행정은 행정주체를 기준으로 행정을 구분한 것이다. (2018, 서울시 9급) [O, X]

정답   01 X   02 X   03 O   04 X   05 X   06 X   07 O   08 O

Ⅰ. 의의

1. 개념

권력은 입법-사법-행정으로 나뉩니다. 사법부의 주된 기능은 행정부의 행정작용이 위법한지 적법한지를 가려 법적인 판단을 내리는 것입니다. 하지만 사법부는 국가의 모든 작용에 대해 아무런 제한 없이 사법적인 판단을 내릴 수 있는 건 아닙니다. 사법부의 역할이 중요하기는 해도 사법부가 침범하지 않아야 하는 민감한 부분도 있을 수 있는데, 그게 바로 통치행위입니다.

　통치행위(統治行爲)는 국가행위 중에서 <u>**고도의 정치성**</u>을 갖기 때문에 **사법심사의 대상이 되지 않거나 <u>사법심사가 제한</u>**되는 행위를 말합니다.

2. 특징

통치행위를 할 수 있는 주체는 주로 **행정부**가 거론되는데, **입법부(국회)**도 통치행위의 주체가 될 수 있습니다. 하지만 사법부는 통치행위의 주체가 아니라는 게 일반적인 견해입니다.

Ⅱ. 인정여부

1. 학설의 견해
가. 부정설

법치주의를 실질적으로 확립하려면 사법부의 판단을 받지 않는 부분이 없어야 한다는 이유로 통치행위를 부정하는 견해입니다.

나. 긍정설
① **재량행위설:** 통치행위는 정치행위의 문제인데, 정치문제는 행정부의 재량에 속하므로 사법심사가 불가능하다는 견해입니다.
② **내재적 제약설(권력분립설):** 민주정치의 관점에서 볼 때 정치적 책임성이 없는 법원은 사법심사를 할 수 없다는 견해입니다.
③ **사법자제설:** 원칙적으로 사법심사가 가능하나, 사법부가 정치화되는 걸 방지하기 위해 사법심사를 자제해야 한다는 견해입니다.

2. 판례의 태도
가. 대법원

대법원은 **남북정상회담개최 자체**를 통치행위로 인정하면서 사법심사가 제한된다고 판단하여, **통치행위**

를 긍정하는 입장입니다.

한편 대법원이 통치행위의 개념을 인정하고 있지만, 통치행위로 쉽게 판단하는 건 아니고 예외적인 경우에만 통치행위로 보아 사법심사를 자제하고 있습니다. 통치행위를 쉽게 인정하면 사법심사가 제한되어 기본권을 보장하는 법원의 역할을 다할 수 없기 때문입니다. 또한 **통치행위 여부에 대한 판단은 오로지 사법부만** 할 수 있습니다(대판 2004. 3. 26, 2003도7878).

나. 헌법재판소

헌법재판소도 대법원과 마찬가지로 통치행위의 개념 자체는 인정하고 있습니다. 대표적으로 **이라크에 대한 국군 파병결정**을 통치행위로 판단했습니다. 헌법재판소는 통치행위의 개념을 인정하면서도, **통치행위가 국민의 기본권침해와 직접 관련되는 경우에는 사법심사의 대상**이 된다는 입장입니다.

통치행위의 개념을 인정하는 것과 사법심사의 가능성은 구분해야 합니다. 통치행위의 개념 자체가 '사법심사가 제한되는 영역'이기는 하지만, 헌법재판소의 입장에서 알 수 있듯이 통치행위의 개념을 인정하면서도 사법심사가 가능하다고 본 사례가 있기 때문입니다.

III. 주요 사례

1. 통치행위로 보아 사법심사를 "부정"한 사례

통치행위로 보아 사법심사를 부정한 사례로는 **외국으로의 국군 파병결정, 대통령의 사면** 등이 있습니다(판례 1~ 2).

> ● **판례 1: 외국에의 국군의 파견결정**은 국민 내지 국익에 영향을 미치는 복잡하고도 중요한 문제로서 고도의 정치적 결단이 요구되는 사안이므로 헌법재판소의 심판대상이 되지 않는다(헌재 2004. 4. 29, 2003헌마814).
> **[사실관계]** 미국은 대량살상무기의 제조 및 보유를 문제삼아 2003년 이라크 전쟁을 개시하였고, 대한민국은 미국의 요청에 따라 이라크에 대한 국군파견을 결정하였다. 그러자 청구인은 이라크 파병 결정이 침략적 전쟁을 부인한 헌법에 위반된다는 이유로 헌법소원심판을 청구하였다.
> ● **판례: 2: 사면**은 형의 선고의 효력 또는 공소권을 상실시키거나 형의 집행을 면제시키는 국가원수의 고유한 권한을 의미하며, 사법부의 판단을 변경하는 제도로서 권력분립의 원리에 대한 예외가 된다(헌재 2000. 6. 1, 97헌바74).

2. 통치행위가 아닌 것으로 보아 사법심사를 "긍정"한 사례

통치행위가 아닌 것으로 보아 사법심사를 긍정한 사례로는 **독립유공자서훈취소, 전시증원연습을 하기로 한 결정** 등이 있습니다(판례 3~4).

> ● **판례 3: 서훈취소**가 대통령이 국가원수로서 행하는 행위라고 하더라도 법원이 사법심사를 자제하여야 할 고도의 정치성을 띤 행위라고 볼 수는 없다(대판 2015. 4. 23, 2012두26920).

> ● **판례 4:** 2007년 **전시증원연습**은 대표적인 한미연합 군사훈련으로서 사법심사를 자제하여야 하는 통치행위에 해당된다고 보기 어렵다(헌재 2009. 5. 28, 2007헌마369).

3. 복합적 사례

가. 남북정상회담 개최 사건

남북정상회담 개최 자체는 고도의 정치적 성격을 지니고 있는 행위이므로 정당성 여부를 심판하는 것이 적절하지 못하여 **사법심사의 대상이 되지 않습니다.** 하지만, 남북정상회담 개최과정에서 **대북송금을 한 행위**는 헌법상 법치국가의 원리와 법 앞에 평등원칙 등에 비추어 볼 때 **사법심사의 대상**이 됩니다(판례 5).

> ● **판례 5: 남북정상회담의 개최**는 고도의 정치적 성격을 지니고 있는 행위라 할 것이므로 그 당부를 심판하는 것은 사법권의 내재적·본질적 한계를 넘어서는 것이 되어 적절하지 못하지만, 남북정상회담의 개최과정에서 북한측에 사업권의 대가 명목으로 **송금한 행위 자체**는 헌법상 법치국가의 원리와 법 앞에 평등원칙 등에 비추어 볼 때 **사법심사의 대상**이 된다(대판 2004. 3. 26, 2003도7878).

나. 신행정수도 건설 사건

신행정수도건설에 관해 **국민투표에 붙일지 여부에 관한 대통령의 의사결정**은 고도의 정치적 결단을 요하는 문제여서 사법심사를 자제함이 바람직합니다. 하지만, 대통령의 의사결정이 국민의 **기본권침해와 직접 관련되는 경우**에는 헌법재판소의 심판대상이 될 수 있고, 이에 따라 대통령의 의사결정과 관련된 법률도 헌법재판소의 심판대상이 될 수 있습니다(판례 6).

> ● **판례 6:** 신행정수도건설이나 수도이전의 문제를 **국민투표에 붙일지 여부에 관한 대통령의 의사결정**은 고도의 정치적 결단을 요하는 문제여서 사법심사를 자제함이 바람직하다고는 할 수 있다. 그러나 대통령의 의사결정이 **국민의 기본권침해와 직접 관련되는 경우에는 헌법재판소의 심판대상**이 될 수 있고, 이에 따라 의사결정과 관련된 법률도 헌법재판소의 심판대상이 될 수 있다(헌재 2004. 10. 21, 2004헌마554).

다. 금융실명제에 관한 긴급재정 · 경제명령 사건

헌법재판소는 대통령의 긴급재정 · 경제명령이 통치행위에 속하지만, **통치행위가 국민의 기본권 침해와 직접 관련되는 경우에는 당연히 헌법재판소의 심판대상**이 된다고 봅니다(판례 7).

> ● **판례 7:** 대통령의 **긴급재정경제명령**은 중대한 재정 경제상의 위기에 처하여 국회의 집회를 기다릴 여유가 없을 때에 발동되는 일종의 국가긴급권으로서 대통령이 고도의 정치적 결단을 요하고 가급적 그 결단이 존중되어야 할 것이나, 헌법재판소는 헌법의 수호와 국민의 기본권 보장을 사명으로 하는 국가기관이므로 비록 고도의 정치적 결단에 의하여 행해지는 국가작용이라고 할지라도 **그것이 국민의 기본권 침해와 직접 관련되는 경우에는 당연히 헌법재판소의 심판대상**이 될 수 있다(헌재 1996. 2. 29, 93헌마186).

라. 비상계엄 선포 사건

일반적으로 대통령의 비상계엄의 선포나 확대 행위의 당 · 부당을 판단할 권한이 사법부에는 없지만, 비상계엄의 선포나 확대가 **국헌문란의 목적을 달성하기 위하여 행하여진 경우**에는 법원이 그 자체가 범죄행위에 해당하는지의 여부에 관하여 심사할 수 있습니다(판례 8). 또한 헌법재판소는 계엄 선포가 고도의 정치적 결단을 요하는 행위라고 하더라도 대통령의 탄핵심판절차에서 헌법 및 법률 위반 여부를 심사할 수 있다는 입장입니다(판례 9).

> ● **판례 8:** 대통령의 비상계엄의 선포나 확대 행위는 고도의 정치적 · 군사적 성격을 지니고 있는 행위라 할 것이므로, 계엄선포의 요건 구비 여부나 선포의 당 · 부당을 판단할 권한이 사법부에는 없다고 할 것이나, 비상계엄의 선포나 확대가 **국헌문란의 목적을 달성하기 위하여 행하여진 경우**에는 법원은 그 자체가 범죄행위에 해당하는지의 여부에 관하여 심사할 수 있다(대판 1997. 4. 17, 96도3376).
>
> ● **판례 9: 대통령의 계엄 선포권**은 전시 · 사변 또는 이에 준하는 국가비상사태에 있어서 병력으로써 군사상의 필요에 응하거나 공공의 안녕질서를 유지할 필요가 있을 때 발동되는 국가긴급권으로, **그 행사에 대통령의 고도의 정치적 결단을 요한다**고 볼 수 있다. 그러나 국가긴급권은 평상시의 헌법질서에 따른 권력행사방법만으로는 대처할 수 없는 중대한 위기상황에 대비하여 헌법이 중대한 예외로서 인정한 비상수단이므로, 헌법이 정한 국가긴급권의 발동요건 · 사후통제 및 국가긴급권에 내재하는 본질적 한계는 엄격히 준수되어야 한다(헌재 2015. 3. 26. 2014헌가5 참조). 계엄의 선포에 관해서는 헌법 제77조 및 계엄법에서 그 요건과 절차, 사후통제 등에 대하여 규정하고 있고, 탄핵심판절차는 고위공직자가 권한을 남용하여 헌법이나 법률을 위반하는 경우 그 권한을 박탈함으로써 헌법질서를 지키는 헌법재판이라는 점을 고려하면(헌재 2017. 3. 10. 2016헌나1 참조), 비록 이 **사건 계엄 선포가 고도의 정치적 결단을 요하는 행위라 하더라도 탄핵심판절차에서 그 헌법 및 법률 위반 여부를 심사할 수 있다**고 봄이 상당하다(헌재 2025. 4. 4. 2024헌나8).

01 통치행위의 주체는 통상 정부가 거론되나 국회와 사법부에 의한 통치행위를 인정하는 것이 일반적이다. (2013, 서울시7급) ·········· [O, X]

02 통치행위에 관한 사법자제설은 사법심사가 가능함에도 사법의 정치화를 방지하기 위하여 법원 스스로 자제한다는 견해이다. (2013, 서울시7급) ·········· [O, X]

03 통치행위가 국민의 기본권 침해와 직접 관련이 있는 경우는 헌법소원의 대상이 될 수 있다. (2013, 서울시7급) ·········· [O, X]

04 통치행위의 개념을 인정한다고 하더라도 과도한 사법심사의 자제가 기본권을 보장하고 법치주의 이념을 구현하여야 할 법원의 책무를 태만히 하거나 포기하는 것이 되지 않도록 그 인정을 지극히 신중하게 하여야 하며, 그 판단은 오로지 사법부만에 의하여 이루어져야 한다. (2013, 지방직9급) ·········· [O, X]

05 헌법재판소는 이라크파병결정과 관련하여 외국에의 국군파병결정은 국방 및 외교에 관련된 고도의 정치적 결단을 요하는 문제로, 헌법재판소가 이에 대하여 사법적 기준만으로 이를 심판하는 것은 자제되어야 한다고 판시하였다. (2013, 서울시7급) ·········· [O, X]

06 남북정상회담의 개최과정에서 재정경제부장관에게 신고하지 아니하거나 통일부장관의 협력사업 승인을 얻지 아니한 채 북한 측에 사업권의 대가 명목으로 송금한 행위는 고도의 정치적 성격을 지니고 있는 행위라 할 것이므로 특별한 사정이 없는 한 그 당부를 심판하는 것은 사법권의 내재적 · 본질적 한계를 넘어서는 것이 되어 적절하지 못하다. (2013, 지방직9급) ·········· [O, X]

07 헌법재판소는 신행정수도 건설이나 수도이전의 문제를 국민투표에 붙일지 여부에 관한 대통령의 의사결정이 사법심사의 대상이 될 경우 위 의사결정은 고도의 정치적 결단을 요하는 사안이라고 볼 수 없으며, 국민의 기본권 침해와 직접 관련되는 문제이므로 헌법재판소의 심판대상이 될 수 있다고 판시하였다. (2017, 경행특채) ·· [O, X]

08 대통령의 긴급재정·경제명령은 국가긴급권의 일종으로서 고도의 정치적 결단에 의하여 발동되는 행위이고 그 결단을 존중하여야 할 필요성이 있는 행위라는 의미에서 이른바 통치행위에 속한다. (2013, 지방직9급) ·· [O, X]

09 대통령의 긴급재정·경제명령은 고도의 정치적 결단에 의하여 발동되는 이른바 통치행위에 속하지만 그것이 국민의 기본권침해와 직접 관련되는 경우에는 헌법재판소의 심판대상이 된다. (2015, 국가직 9급) ·· [O, X]

10 비상계엄의 선포와 그 확대행위가 국헌문란의 목적을 달성하기 위하여 행하여진 경우에는 법원은 그 자체가 범죄행위에 해당하는지의 여부에 관하여 심사할 수 있다. (2015, 국가직 9급) ··············· [O, X]

정답 **01** X   **02** O   **03** O   **04** O   **05** O   **06** X   **07** X   **08** O   **09** O   **10** O

Ⅰ. 의의

1. 개념

법치행정(法治行政)의 원리는 행정작용이 사람에 의한 지배가 아니라 법의 지배에 따라 이뤄져야 한다는 원리를 말합니다. 다르게 표현하면 행정이 법률에 맞게 이뤄져야 한다는 의미로 **행정의 법률적합성 원칙**이라고도 부릅니다.

2. 종류

가. 법률의 법규창조력

본래적 의미는 국민의 권리나 의무에 관한 사항을 규율하는 법규는 국민의 대표기관인 의회에서 제정한 법률로써만 가능하다는 것입니다. 그런데 오늘날에는 그 의미가 확장되어서 법률의 위임이 있으면 행정부도 법규를 만들 수 있다고 봅니다.

나. 법률우위의 원칙

법률우위(法律優位)의 원칙은 "국가의 행정은 합헌적 절차에 따라 제정된 **법률**(이때의 법률은 헌법, 형식적 의미의 법률, 법규명령, 행정법의 일반원칙 등)**에 위반되어서는 안 된다.**"라는 것을 의미합니다. 특히 실질적 법치주의에 따라 법률의 내용 자체도 헌법에 부합해야 합니다.

다. 법률유보의 원칙

법률유보(法律留保)의 원칙은 "국가의 행정은 **법적 근거**를 갖고서 이루어져야 한다"는 것을 의미합니다. 흔히 유보는 어떤 일을 당장 처리하지 아니하고 나중으로 미루어 둔다는 뜻으로 많이 사용되지만, 법률유보의 유보는 그런 뜻이 아닙니다. 유보에는 멈추어 두고 보존(保存)한다는 뜻도 있는데, 이 의미에 가깝습니다. 행정작용의 근거가 법률에 보존되어 있어야 한다고 생각하면 쉽습니다.

Ⅱ. 법률유보의 원칙의 의의

1. 의의

가. 예시

코로나가 심각한 상황에서 홍길동이 마스크를 쓰지 않아서 행정청이 과태료를 부과하자, 홍길동은 "무슨 근거로 과태료를 부과하냐?"고 따졌습니다. 홍길동의 말이 적반하장이라고 생각할 수 있지만, 사실 이 질문이 바로 법률유보의 원칙을 잘 보여 주는 겁니다. 홍길동의 말에는 **과태료 부과라는 행정작용을 하려면 법률적인 근거가 있어야 한다**는 뜻이 포함되어 있기 때문입니다. 물론 감염병예방법 제83조에는 과태료 부과의 법적인 근거가 있으니 과태료 부과에는 문제가 없습니다.

나. 법적 근거의 의미

법률유보원칙에서 말하는 법적 근거는 **작용법적 근거**를 의미합니다. 작용법적 근거와 구별되는 개념은 조직법적 근거입니다. **조직법적 근거**는 행정조직의 권한을 규정하는 규범으로서 행정작용의 모든 영역에 있어서 당연히 존재해야 합니다. **작용법적 근거**는 행정주체가 현실적으로 행정을 할 때 필요한 권한 사항을 규정하는 규범입니다. 예컨대, 질병관리청이 마스크 미착용을 이유로 과태료를 부과하기 위해서는 단순히 질병관리에 관한 사항을 질병관리청의 권한으로 정한 조직법적 근거로는 부족하고, 과태료 부과에 관한 구체적인 권한을 규정한 작용법적 근거가 필요한 것입니다.

2. 법률우위의 원칙과 법률유보의 원칙의 비교

가. 문제 상황

법률우위의 원칙은 행정작용에 법률이 위반되는지를 따지는 것이므로 관련 법령이 "있는" 경우에 생기는 문제입니다. 그에 반해 법률유보의 원칙은 관련 법령이 "없는" 경우에도 그러한 행정작용을 할 수 있는지가 문제됩니다.

나. 성격

법률우위의 원칙은 단순히 법률에 위반되지 않으면 되므로 소극적인 성격을 가집니다. 하지만 법률유보의 원칙은 일정한 행위를 하려면 특정한 법률상 근거가 있어야 하기 때문에 적극적인 성격을 가집니다.

다. 법률의 의미

법률우위의 원칙에서 말하는 법률은 헌법, 형식적 의미의 법률, 행정법 일반원칙 등을 포함하는 **일체의 법규범**을 말합니다.

법률유보의 원칙에서 말하는 법률은 기본적으로 **국회가 제정한 형식적 의미의 법률**을 말하며, 국회의 의결을 거치지 않은 명령이나 **불문법원으로서의 관습법·판례법은 포함되지 않습니다.** 다만 **법률유보의 원칙의 진정한 의미는 '법률에 근거한 규율'이므로 기본권 제한의 형식이 반드시 법률이이어야 하는 것은 아니므로** 법률에 근거를 두면서 헌법 제75조가 요구하는 위임요건을 구비하면 위임입법에 의해서도 기본권을 제한하는 게 가능합니다(판례 1).

● **판례 1: 법률유보원칙은 '법률에 의한 규율'을 요청하는 것이 아니라 '법률에 근거한 규율'을 요청하는 것이므로,** 기본권 제한에는 법률의 근거가 필요할 뿐이고 **기본권 제한의 형식이 반드시 법률의 형식일 필요는 없으므로** 법규명령, 규칙, 조례 등 실질적 의미의 법률을 통해서도 기본권 제한이 가능하다(헌재 2013. 7. 25, 2012헌마167).

라. 예산과 조례의 경우

예산은 법률과 마찬가지로 국회의 의결을 거쳐 정해집니다. 예산이 법률유보의 원칙에서 말하는 법률이 될 수 있는지, 즉 예산을 근거로 국민에 대해 행정작용을 할 수 있는지가 문제되는데, 예산은 법률과 달리 국가기관만을 구속할 뿐 일반국민을 구속하지는 않으므로 **법률유보원칙에서 말하는 법률에 예산은 포함되지 않습니다**(헌재 2006. 4. 25, 2006헌마409).

한편, 법률유보의 원칙 적용 관련해서 조례에 대해서는 더 완화된 기준을 적용합니다. 법령의 규정보다 더 침익적인 조례라고 하더라도, 국가의 법령이 각 지자체가 지방의 실정에 맞게 규율하는 것을 용인하는 취지인 경우에는 법률유보원칙에 위반되지 않습니다.

마. 적용범위

법률우위의 원칙은 "모든" 행정작용에 적용됩니다. 하지만 법률유보의 원칙은 특정한 행정작용에 대해서 주로 문제되고, **법률유보의 원칙 적용범위**가 주요 쟁점입니다.

※ 법률우위의 원칙과 법률유보의 원칙 비교

구분	법률우위의 원칙	법률유보의 원칙
의의	행정이 법률에 위반되지 않아야 함	행정의 법적 근거가 필요함
법률의 의미	헌법, 법률, 행정법 일반원칙	형식적 의미의 법률
성격	소극적 성격	적극적 성격
문제 상황	관련 법령이 "있는" 경우	관련 법률이 "없는" 경우
적용범위	모든 행정작용	학설상 논의 존재

III. 법률유보의 원칙의 적용범위

1. 문제 상황

법률유보의 원칙이 적용된다는 의미는 특정한 행정작용을 하기 위해서는 법적 근거가 필요하다는 것인데, 어떠한 행정작용에서 법적 근거를 요구할지에 대한 견해 대립이 있습니다.

법률유보의 원칙이 적용되는 범위(법적 근거가 있어야 행정작용을 할 수 있는 범위)가 넓어지면 행정청의 자의적인 법집행을 막을 수 있는 장점이 있습니다. 하지만 행정의 자율성이 감소하고 경직된 행정을 초래하여 신축적인 대응을 약화시키는 단점이 있습니다. 행정청이 단속을 잘 하지 않아 사건이 발생했을 때, 행정청이 "관련 법령이 없어서"라고 대답하는 게 대표적인 사례입니다.

2. 학설

가. 다양한 학설들

① **전부유보설**: 모든 행정작용에 대해서 법적 근거가 필요하다는 견해입니다.

② **침해유보설**: 국민의 자유와 재산을 침해 또는 제한하는 침해적 행정작용에 대해서만 법적 근거가 필요하다는 견해입니다.

③ **급부행정유보설**: 침해적 행정작용뿐만 아니라 급부행정작용에 대해서도 법률의 근거가 필요하다는 견해입니다.

④ **중요사항유보설(본질성설)**: 행정작용 중 중요한(본질적) 사항에 대해서는 법률적 근거가 필요하고, 중요하지 않은(비본질적) 사항에 대해서는 법률적 근거가 필요하지 않다는 견해입니다. 중요사항유보설의 일종인 의회유보설은 입법부(국회)의 역할을 강조합니다. 따라서 의회유보설에 따를 때, **중요한(본질적) 사항은 위임입법에 위임할 수 없고 국회가 직접 "법률"의 형식으로 정해야** 합니다.

나. 다수설: 중요사항유보설

다수설은 중요사항유보설인데, 중요사항유보설에 따를 때 "중요한(본질적) 사항"이 무엇인지가 중요해지는데, 이건 판례를 통해서 살펴보겠습니다.

3. 판례

가. 기본 입장

기본적이고 본질적 사항은 반드시 국회가 정해야 한다는 입장으로, 중요사항유보설인 것으로 평가되며, **의회유보설**의 입장을 취하고 있습니다. **국민의 기본권 실현에 관련된 영역에 대해서는 국민의 대표자가 본질적 사항을 직접 결정해야 한다는 의미까지 포함**하고 있으며, **기본권과 연관이 높고 이익 조정 필요성이 클수록 국회가 직접 개입해야 할 필요성이 높아집니다**(판례 2~3).

> ● **판례 2**: 오늘날의 법률유보원칙은 단순히 행정작용이 법률에 근거를 두기만 하면 충분한 것이 아니라, 특히 국민의 기본권 실현에 관련된 영역에 있어서는 행정에 맡길 것이 아니고 **국민의 대표자인 입법자 스스로 그 본질적 사항에 대하여 결정하여야 한다는 의회유보원칙까지 내포**한다(대판 2020. 9. 3, 2016두32992).
>
> ● **판례 3**: 어떠한 사안이 국회가 형식적 법률로 스스로 규정하여야 하는 본질적 사항에 해당되는지는, 개별적으로 결정하여야 하지만, 규율대상이 **국민의 기본권 및 기본적 의무와 관련한 중요성을 가질수록 그리고 그에 관한 공개적 토론의 필요성 또는 상충하는 이익 사이의 조정 필요성이 클수록, 그것이 국회의 법률에 의해 직접 규율될 필요성은 더 중대**된다(대판 2015. 8. 20, 2012두23808).

나. 중요사항(본질적 사항)으로 본 판례

지방의회의원에 대해 유급보좌인력을 두는 것, 텔레비전 방송수신료금액의 결정, 병의 복무기간, 법외노조 통보는 중요한 사항이므로 국회가 법률로 정해야 합니다(판례 4~7).

> ● **판례 4: 지방의회의원에 대하여 유급보좌인력을 두는 것**은 지방의회의원의 신분·지위 및 그 처우에 관한 법령상의 제도에 중대한 변경을 초래하는 것으로서, 개별 지방의회의 조례로써 규정할 사항이 아니라 국회의 법률로써 규정하여야 할 입법사항이다(대판 2013. 1. 16, 2012추84).
>
> ● **판례 5: 텔레비전 방송수신료금액의 결정**은 납부의무자의 범위 등과 함께 수신료에 관한 본질적인 중요한 사항이므로 국회가 스스로 행하여야 하는 사항이다(헌재 1999. 5. 27, 98헌바70).

● **판례 6: 병의 복무기간**은 국방의무의 본질적 사항이므로 반드시 법률로 정해야 한다(대법원 1985. 2. 28. 선고 85초13).

● **판례 7: 법외노조 통보**는 적법하게 설립된 노동조합의 법적 지위를 박탈하는 중대한 침익적 처분으로서 원칙적으로 국민의 대표자인 입법자가 스스로 형식적 법률로써 규정하여야 할 사항이고, 행정입법으로 규정하기 위하여는 반드시 법률의 명시적이고 구체적인 위임이 있어야 한다(대판 2020. 9. 3, 2016두32992).

다. 중요사항(본질적 사항)으로 보지 않은 판례

국가유공자 단체의 대의원 선출에 관한 사항은 법률유보의 원칙이 적용되는 영역이 아닙니다(판례 8).

● **판례 8:** 국가유공자 단체의 대의원의 선출에 관한 사항은 각 단체의 구성과 운영에 관한 것으로서 국가의 통치조직과 작용에 관한 기본적이고 본질적인 사항이라고 볼 수 없으므로, 법률유보 내지 의회유보의 원칙이 지켜져야 할 영역이라고 할 수 없다(헌재 2006. 3. 30, 2005헌바31).

IV. 위반의 효과

법률우위의 원칙 또는 법률유보의 원칙에 위반된 행정작용은 위법한데, 위법의 정도는 행정작용의 종류에 따라 다릅니다.

법률우위(유보)원칙에 위배된 법규명령은 무효이나, 행정행위는 중대명백설에 따라 무효이거나 취소할 수 있는 행위가 됩니다. 효력이 다른 이유는 법규명령에는 공정력이 없지만, 행정행위에는 공정력이 있기 때문입니다.

※ 본질적 사항과 비본질적 사항의 비교

구분	중요한(본질적) 사항 O	중요한(본질적) 사항 X
법률규정 필요여부	필요함	불필요함
법률규정 부재 시	법률유보의 원칙 위반 → 위법 (법규명령: 무효, 행정행위: 무효 또는 취소)	법률유보의 원칙 위반 X → 적법
주요 사례	지방의회의원의 유급보좌관 두는 것, TV수신료결정, 병의 복무기간, 법외노조통보	국가유공자 단체 대의원 선출

01 법률우위의 원칙이란 국가의 행정은 합헌적 절차에 따라 제정된 법률에 위반되어서는 아니 된다는 것을 말한다. (2018, 교육행정직 9급) ⸻⸻ [O, X]

02 법률유보의 원칙은 행정권의 발동에 있어서 조직규범의 근거가 필요하다는 것을 말한다. (2019, 서울시 1회 7급) ⸻⸻ [O, X]

03 법률유보원칙에서 요구되는 법적 근거는 작용법적 근거를 의미하며, 조직법적 근거는 모든 행정권 행사에 있어서 당연히 요구된다. (2018, 서울시 9급) ⸻⸻ [O, X]

04 법률유보의 원칙에 있어서 법률은 형식적 의미의 법률을 의미하므로 관습법은 포함되지 않는 다. (2013, 국회속기직) ⸻⸻ [O, X]

05 법률유보의 원칙은 '법률에 의한 규율'만을 요청하는 것이 아니라, '법률에 근거한 규율'을 요청하는 것이기 때문에 기본권의 제한에는 법률의 근거가 필요할 뿐이고 기본권제한의 형식이 반드시 법률의 형식일 필요는 없다. (2023, 지방직 9급) ⸻⸻ [O, X]

06 우리 헌법재판소는 오늘날 법률유보원칙은 특히 국민의 기본권 실현과 관련된 영역에 있어서는 국민의 대표자인 입법자가 그 본질적 사항에 대해서 스스로 결정하여야 한다는 요구까지 내포하는 것은 아니라고 판시한 바 있다. (2010, 지방직 7급) ⸻⸻ [O, X]

07 대법원은 지방의회의원에 대하여 유급보좌인력을 두는 것은 지방의회의원의 신분·지위 및 그 처우에 관한 현행 법령상의 제도에 중대한 변경을 초래하는 것으로서, 이는 개별 지방의회의 조례로써 규정할 사항이 아니라 국회의 법률로써 규정하여야 할 입법사항이라고 한다. (2017, 국가직 9급) ⸻⸻ [O, X]

08 헌법재판소는 텔레비전방송수신료의 금액결정은 납부의무자의 범위 등과 함께 수신료에 관한 본질적인 중요한 사항이므로 국회가 스스로 행하여야 하는 사항에 속한다는 입장이다. (2013, 지방직 9급) ⋯⋯⋯⋯⋯⋯⋯⋯⋯⋯⋯⋯⋯⋯⋯⋯⋯⋯⋯⋯⋯⋯⋯⋯⋯⋯⋯⋯⋯ [O, X]

09 법외노조통보는 적법하게 설립된 노동조합의 법적 지위를 박탈하는 중대한 침익적 처분으로서 원칙적으로 국민의 대표자인 입법자가 스스로 형식적 법률로써 규정하여야 할 사항이고, 행정입법으로 이를 규정하기 위하여는 반드시 법률의 명시적이고 구체적인 위임이 있어야 한다. (2024, 변호사시험) ⋯⋯⋯⋯⋯⋯⋯⋯⋯⋯⋯⋯⋯⋯⋯⋯⋯⋯⋯⋯⋯⋯⋯⋯⋯⋯ [O, X]

10 법률유보의 원칙에 반하는 행정작용은 위법하다. (2017, 교육행정직 9급) ⋯⋯⋯⋯⋯⋯ [O, X]

정답　01 O　02 X　03 O　04 O　05 O　06 X　07 O　08 O　09 O　10 O

　　행정작용의 적법성 여부를 가리는 기준을 **법원(法源)**이라고 하는데, 법원은 일반적으로 "법을 지켜야 한다"고 할 때의 (넓은 의미의) 법이라고 생각하면 쉽습니다. 법원은 **성문법원**(헌법, 법률, 행정입법, 자치법규)와 **불문법원**(관습법, 판례, 조리)으로 구분되는데, 조약과 관습법이 시험에 자주 출제됩니다. 헌법에 의하여 체결·공포된 조약과 일반적으로 승인된 국제법규는 국내법과 같은 효력을 가지고, 조례가 국내법과 같은 효력을 가지는 조약(예: 관세 및 무역에 관한 일반협정)에 위배되면 그 조례는 효력이 없습니다. 사회의 거듭된 관행이 법적 규범으로 변화한 걸 관습법이라고 합니다. 관습법이 성립하기 위해서는 객관적 요건으로 반복된 관행이 있어야 하고, 주관적 요건으로 반복된 관행에 대한 국민들의 법적인 확신이 있어야 합니다.

　　행정법의 일반원칙도 행정법의 법원인데, 신뢰보호의 원칙, 비례의 원칙, 평등의 원칙, 자기구속의 원칙, 부당결부금지의 원칙 등이 있습니다.

　　신뢰보호의 원칙은 행정의 상대방이 가지는 정당한 신뢰는 보호해 줘야 한다는 원칙으로, 행정작용이 바뀔 때 주로 문제됩니다. 신뢰보호의 원칙이 적용되려면 행정청의 선행조치(공적인 견해표명), 보호가치 있는 신뢰, 상대방(국민)의 처리, 인과관계, 선행조치에 반하는 후행조치가 있어야 하고, 공익이나 제3자의 이익을 침해하지 않아야 합니다.

　　비례의 원칙은 행정목적을 달성하기 위해 과도한 수단을 사용해서는 안 된다는 원칙으로, 3가지 세부원칙(적합성, 필요성, 상당성)으로 구성됩니다. **평등의 원칙**은 국민을 공평하게 대우해야 한다는 의미인데, 이 때의 평등은 절대적 평등이 아니라 상대적 평등입니다. **자기구속의 원칙**은 행정청이 동일한 사안에 대해 제3자에게 한 것과 동일한 결정을 해야 한다는 원칙입니다. 행정규칙의 법적 성질과 관련하여 주로 논의되는데, 행정규칙은 원래 대외적 구속력이 없지만 행정규칙이 정한 바에 따라 행정관행이 이뤄지면 자기구속의 원칙에 따라 간접적으로 대외적 구속력을 갖게 됩니다. **부당결부금지의 원칙**은 행정작용을 할 때 실질적 관련성이 없는 부당한 걸 결부시켜서는 안 된다는 것으로, 주로 부관의 위법성을 검토할 때 이용됩니다.

　　행정법의 효력은 주로 지역적, 인적, 시간적 효력이 문제되는데, 특히 **불소급의 원칙**이 중요합니다. **진정소급(眞正遡及)**은 효력 발생일 이전에 이미 완성된 사항에 소급하는 것이고, **부진정소급(不眞正遡及)**은 아직 완성되지 않고 현재 진행 중인 사항에 대해 소급하는 것입니다. 진정소급은 원칙적 불허용-예외적 허용인데 반해, 부진정 소급은 원칙적 허용-예외적 불허용입니다.

Ⅰ. 의의

1. 개념

행정법에서 말하는 법원은 두 가지 종류가 있습니다. 첫째, 사법권을 행사하는 국가기관으로서의 법원(法院)입니다. 일상적으로 법원이라는 말을 사용할 때는 이 법원을 의미합니다. 둘째, 행정작용을 적법성 여부를 가리는 기준이 되는 **법원(法源)**입니다. 이때의 법원은 법의 원천(근원)이라는 뜻이며, "법의 존재형식 또는 인식근거"라고 불리기도 합니다. 법원이라는 말이 잘 와 닿지 않으면 쉽게 **"법" 또는 "법의 다양한 형태"**라고 생각해도 크게 틀리지 않습니다. 행정작용이 법에 위반되면 위법한데, 그 법이 바로 법원인 겁니다.

2. 성문법주의

행정법의 법원은 크게 **성문법원(成文法源)**과 **불문법원(不文法源)**으로 구분되는데, 행정법은 문서상으로 확정된 법인 성문법을 근간으로 하는 성문법주의를 원칙으로 합니다. 그러나 행정법의 규율대상은 매우 광범위하고 복잡할 뿐만 아니라 행정의 영역은 계속 확장되고 있어 성문법만으로는 충분하지 않을 때도 있습니다. 그럴 때에는 성문법의 공백이 발생할 수 있고, 이러한 공백은 불문법을 통해 보충합니다.

Ⅱ. 성문법원

1. 헌법, 법률, 행정입법, 자치법규

가. 헌법

헌법(憲法)은 국가의 최고규범으로 당연히 행정법의 법원이 되고, 헌법에 위반된 법규범 및 행정작용은 위법합니다.

나. 법률

행정법의 법원으로서의 법률은 국회가 제정한 좁은 의미의 **법률(法律)**을 의미합니다. 예를 들면, 건축법, 식품위생법, 개인정보보호법 등이 있습니다. 법률은 행정입법보다 우월한 효력을 가지는데, 대통령의 "긴급명령"과 "긴급재정·경제명령"은 법률과 동일한 효력을 가집니다.

다. 행정입법(명령)

입법부가 아니라 행정부(행정기관)가 만든 법을 **행정입법(政立法)**이라고 하는데, 행정입법에는 법규명령과 행정규칙이 있습니다.

라. 자치법규

자치법규(自治法規)는 지방자치단체가 법령의 범위 안에서 제정하는 자치에 관한 규정을 말합니다. 자치법규의 종류로는 "지방의회"가 제정하는 **조례(條例)**와 "지방자치단체의 장"이 정하는 **규칙(規則)**이 있습니다.

마. 각 성문법원간 단계구조

각 성문법원은 "헌법 → 법률 → 행정입법(명령) → 자치법규"로 이뤄지는 단계구조를 가지고 있어서 하위
법령은 상위법령에 위반될 수 없고, 만약 위반되는 경우에는 효력이 없습니다.

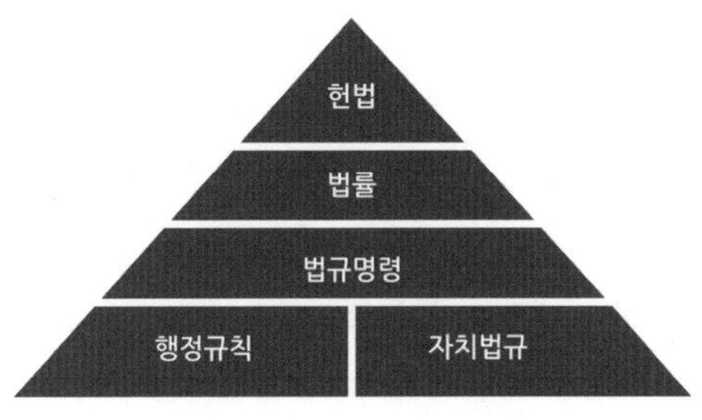

〈그림 6〉 성문법원의 단계구조

2. 조약 및 국제법규

가. 개념

조약(條約)은 국가와 국가 사이 또는 국가와 국제기구 사이의 문서에 의한 합의를 말합니다. 조약은 아니
지만 법원에 해당하는 것으로는 "일반적으로 승인된 국제법규"가 있습니다. 일반적으로 승인된 국제법규는
우리나라가 당사국으로 체결한 건 아니지만, 국제사회에서 일반적으로 규범성이 승인된 것(예: 포로의 지위
에 관한 제네바협정 등)을 말합니다.

나. 법원성

**헌법에 의하여 체결·공포된 조약과 일반적으로 승인된 국제법규는 국회의 입법절차가 없더라도 국내법과
같은 효력**을 가집니다(헌법 제6조 제1항). 그러나, **"남북 사이의 화해와 불가침 및 교류협력에 관한 합의서"는
국가 간의 조약이 아니고 법적인 구속력이 있지 않아 국내법과 동일한 효력이 있지는 않습니다**(판례 1).

● **판례 1:** 남북 사이의 화해와 불가침 및 교류협력에 관한 합의서는 남북한 당국이 특수관계인 남북관계에 관
하여 채택한 합의문서로서, 법적 구속력이 있는 것은 아니어서 국가 간의 조약 또는 이에 준하는 것으로 볼 수
없고, 따라서 국내법과 동일한 효력이 인정되는 것도 아니다(대판 1999. 7. 23, 98두14525)

다. 조례와의 충돌

조례가 국내법과 같은 효력을 가지는 조약 및 국제법규에 위배되는 경우, 그 조례는 효력이 없습니다. 따
라서 **관세 및 무역에 관한 일반협정(GATT)에 위반된 지방자치단체의 조례는 효력이 없습니다**(판례 2).

● **판례 2: 관세 및 무역에 관한 일반협정(GATT)은 국회의 동의를 얻어 공포·시행된 조약으로, 국내법령과 동일한 효력을 가지므로 지방자치단체가 제정한 조례가 GATT에 위반되는 경우 그 조례는 효력이 없다**(대판 2005. 9. 9, 2004추10).

　　[사실관계] 전라북도의회는 전라북도의 초·중·고등학교에서 실시하는 학교급식에서 전라북도에서 생산되는 우수농산물을 우선적으로 사용하도록 하는 내용의 조례안을 의결하였다. 한편, GATT에 따르면 수입국이 수입산품에 대해 차별적인 대우를 하는 것은 금지된다.

라. 국제법규가 사인에 대해 직접적 효력을 미치는지의 여부

국제법규는 국가 사이의 권리·의무 관계를 설정하는 것이므로, 일반 개인인 사인(私人)에 대해서 직접적 효력을 갖지는 않습니다. 따라서 반덤핑부과처분이 WTO 협정위반이라는 이유만으로 사인이 직접 국내 법원에 회원국 정부를 상대로 그 처분의 취소를 구하는 소를 제기할 수는 없습니다(판례 3).

● **판례 3:** 관세 및 무역에 관한 일반협정(GATT)은 국가와 국가 사이의 권리·의무관계를 설정하는 국제협정으로, 이와 관련한 법적 분쟁은 WTO 분쟁해결기구에서 해결하는 것이 원칙이고, **사인에 대하여는 협정의 직접 효력이 미치지 않고,** 협정에 따른 회원국 정부의 반덤핑부과처분이 WTO 협정위반이라는 이유만으로 사인이 직접 국내 법원에 회원국 정부를 상대로 그 처분의 취소를 구하는 소를 제기하거나 협정위반을 처분의 독립된 취소사유로 주장할 수는 없다(대판 2009. 1. 30, 2008두17936).

　　[사실관계] 기획재정부장관이 중국산 도자기 타일을 수입하여 판매하는 업체에게 덤핑방지관세를 부과하자, 해당 업체가 관세부과는 GATT위반이라고 주장하며 기획재정부장관을 상대로 취소소송을 제기하였다.

III. 불문법원

1. 행정 관습법

가. 의의

관습법(慣習法)은 사회의 거듭된 관행으로 생성한 사회생활규범이 사회의 법적 확신과 인식에 의하여 법적 규범으로 승인·강행되기에 이른 것을 말합니다. 쉽게 말해, 반복된 관행이었던 규범이 법적인 효력을 갖게 된 게 관습법이고, 행정에 관한 관습법이 행정 관습법입니다(판례 4~5).

● **판례 4: 관행어업권**은 어떤 어업장에 대한 공동어업권 설정 이전부터 어업의 면허 없이 당해 어업장에서 오랫동안 계속하여 수산동식물을 채취함으로써 그것이 대다수 사람들에게 일반적으로 시인될 정도에 이른 것을 말하는 것이다(대판 1999. 6. 11, 97다41028).

● **판례 5:** 세금 도입 이래 20년 이상 병원에 대하여 사업소세를 부과하지 않으면서 **비과세조치**를 계속 유지한 경우, 묵시적으로 사업소세 비과세의 의사를 표시한 것으로 볼 수 있으므로, 국세기본법에서 정한 비과세관행이 성립하였다고 볼 수 있다(대판 2009. 12. 24, 2008두15350).

나. 성립요건

관습법이 성립하기 위해서는 객관적 요건으로 반복된 관행이 있어야 하고, 주관적 요건으로 반복된 관행에 대한 국민들의 법적인 확신이 있어야 합니다. 관습법은 영원불변의 법이 아닙니다. 일단 관습법이 성립되었다고 하더라도 사회의 변화로 반복된 관행에 대한 **국민들의 법적인 확신이 없어지거나 관습법이 전체 법질서에 부합하지 않게 되면 관습법은 효력을 상실**합니다(판례 6).

> ● **판례 6:** 성년 남자만이 종중의 구성원이 되고 여성은 종중의 구성원이 될 수 없다는 종래의 관습은 변화된 우리의 전체 법질서에 부합하지 않아 정당성과 합리성이 없으므로 더 이상 법적 효력을 가질 수 없다(대판 2005. 7. 21, 2002다1178).

다. 효력

관습법은 성문법이 없는 경우 성문법을 보충하는 한도에서 적용되고 성문법을 개정 또는 폐지하는 효력은 없다는 것이 다수설의 입장입니다.

라. 관습헌법의 문제

헌법재판소는 불문헌법(不文憲法) 내지 관습헌법을 인정하고 있습니다. 예를 들어, 우리나라의 수도가 서울이라는 점을 관습헌법의 일종으로 봅니다. 관습헌법은 성문헌법과 동일한 효력을 가지고 있으므로, **성문헌법개정의 방법에 의해서 개정**할 수 있습니다(헌재 2004. 10. 21, 2004헌마554).

> **※ 뉴스 속 행정법: 헌재, '수도이전특별법 위헌' 결정**
>
> 헌법재판소 전원재판부는 신행정수도 건설특별법에 대한 헌법소원 사건에서 재판관 8대 1의 의견으로 위헌결정을 내렸다. (중략) 재판부는 결정문에서 7명의 다수의견을 통해 "서울이 수도라는 점은 헌법상 명문의 조항이 있는 것은 아니지만 조선왕조 이래 600여 년간 오랜 관습에 의해 형성된 관행이므로 **관습헌법**으로 성립된 불문헌법에 해당된다"고 밝혔다.
>
> - 출처: 연합뉴스(2004. 10. 21.)

2. 판례

가. 대법원 판례

대법원은 우리나라의 최고 법원입니다. 대법원의 판례가 법률해석의 일반적인 기준을 제시한 경우에 유사한 사건을 재판하는 하급심법원의 법관은 판례의 견해를 존중하여 재판해야 합니다. 하지만 대법원의 **판례가 하급심법원을 직접 기속(구속)하는 효력이 있는 것은 아닌데**, 그건 사건마다 사실관계 등이 서로 다르기 때문입니다(판례 7).

● **판례 7:** 대법원의 판례가 법률해석의 일반적인 기준을 제시한 경우에 유사한 사건을 재판하는 하급심법원의 법관은 판례의 견해를 존중하여 재판하여야 하는 것이나, 판례가 사안이 서로 다른 사건을 재판하는 하급심법원을 직접 기속하는 효력이 있는 것은 아니다(대판 1996. 10. 25. 96다31307).

나. 헌법재판소 결정

헌법재판소의 위헌결정은 법원 기타 국가기관 및 지방자치단체를 기속(구속)하고(헌법재판소법 제47조), 헌법재판소가 위헌으로 결정한 법률은 효력을 상실합니다. 즉, 헌법재판소의 위헌결정도 행정법의 법원이 됩니다.

그러나 헌법재판소가 법률의 위헌 여부를 판단하기 위하여 법령을 해석하거나 그 적용 범위를 판단하더라도 그러한 헌법재판소의 법률해석이 대법원이나 각급 법원을 구속하지는 않는데, 그건 법령의 해석 및 적용 권한은 헌법재판소가 아니라 대법원에 있기 때문입니다(대판 2009. 2. 12, 2004두10289).

3. 조리(행정법의 일반원칙)

조리(條理)는 많은 사람들이 승인하는 공동생활의 원리인 도리(道理)를 의미하며, 사회통념, 선량한 풍속 기타 사회질서, 신의성실의 원칙이라는 말로 표현되기도 합니다. 조리는 일반적인 상식이라고 생각하면 쉽습니다. 행정법의 일반원칙도 조리의 일종입니다. 행정법의 일반원칙은 다른 법원(法源)과의 관계에서 보충적 역할에 그치지 않으며 헌법적 효력을 갖기도 합니다.

01 법원(法源)을 법의 인식근거로 보면 헌법은 행정법의 법원이 될 수 없다. (2016, 서울시 9급) ·············· [O, X]

02 일반적으로 승인된 국제법규라도 의회에 의한 입법절차를 거쳐야 행정법의 법원(法源)이 된다. (2015, 경행특채 2차) ·· [O, X]

03 "남북 사이의 화해와 불가침 및 교류협력에 관한 합의서"는 국가 간의 조약이다.
(2017, 교육행정직 9급) ·· [O, X]

04 지방자치단체가 제정한 조례가 헌법에 의하여 체결, 공포된 조약에 위반되는 경우 그 조례는 효력이 없다. (2021, 국가직 9급) ·· [O, X]

05 대법원은 초, 중, 고등학교의 학교급식을 위해 지방자치단체에서 생산되는 우수농산물을 사용하여 식재료를 만드는 자에게 식재료 구입비의 일부를 지원하는 지방자치단체의 조례안이 "1994년 관세 및 무역 보호에 관한 일반협정(GATT)"에 위반되어 무효라고 판시한 바 있다.
(2012, 지방직 9급) ·· [O, X]

06 회원국 정부의 반덤핑부과처분이 WTO 협정위반이라는 이유만으로 사인이 직접 국내법원에 회원국 정부를 상대로 그 처분의 취소를 구하는 소를 제기할 수 있다. (2019, 국가직(하) 9급) ·········· [O, X]

07 사회의 거듭된 관행으로 생성된 사회생활규범이 관습법으로 승인되었다고 하더라도 사회구성원들이 그러한 관행의 법적 구속력에 대하여 확신을 갖지 않게 되었다면 그러한 관습법은 법적 규범으로서의 효력이 부정될 수밖에 없다. (2017, 국가직(하) 9급) ·············· [O, X]

08 헌법재판소는 "신행정수도의 건설을 위한 특별조치법"의 위헌확인사건에서 관습헌법은 성문헌법과 같은 헌법개정절차를 통해서 개정될 수 있다고 판시하였다. (2012, 지방직(상) 9급) ·············· [O, X]

09 헌법재판소에 의한 법률의 위헌결정은 국가기관과 지방자치단체를 기속한다는 헌법재판소법
제47조에 의해 법원으로서의 성격을 가진다. (2012, 지방직(상) 9급) ································ [O, X]

10 법원(法院)은 보충적 법원으로서의 조리에 따라 재판할 수 있다. (2018, 교육행정직 9급) ·················· [O, X]

정답   **01** X   **02** X   **03** X   **04** O   **05** O   **06** X   **07** O   **08** O   **09** O   **10** O

Ⅰ. 의의

1. 개념

신뢰보호(信賴保護)의 원칙은 국민이 법률적 규율이나 제도가 장래에 지속할 것이라는 합리적인 신뢰를 바탕으로 개인의 법적 지위를 형성한 경우에는 국민의 신뢰를 되도록 보호해야 한다는 원칙으로, 법치국가 원리의 파생원칙입니다. 쉽게 말해 행정기관의 특정 작용에 대해 행정의 상대방이 신뢰하였는데, 그러한 신뢰가 정당한 경우에는 그 신뢰를 보호해 줘야 한다는 원칙을 말합니다.

예를 들어 보겠습니다. 식당을 운영하고 싶은 A가 B행정청에게 식품위생업허가가 가능한지를 문의하자 B행정청은 허가가 가능하다고 답변하였습니다. 그후 A는 매장으로 사용할 상가를 임차하고 조리기구도 구매하였는데, B행정청은 식품위생업 불허가결정을 하였습니다. 이런 경우 식품위생업허가가 가능할 것이라고 믿은 A의 신뢰는 보호받을 필요가 있으므로 A 입장에서는 B행정청의 불허가결정이 신뢰보호의 원칙에 위반된다고 주장할 여지가 있는 겁니다.

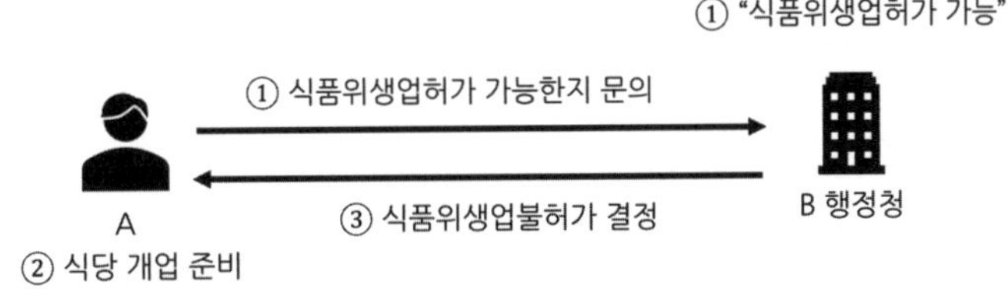

〈그림 7〉 신뢰보호의 원칙 예시 사례

2. 근거

가. 이론적 근거

신뢰보호의 원칙을 인정하는 이유는 정당한 신뢰를 보호해 주지 않으면 법률관계가 혼란스러워질 수 있기 때문입니다. 그래서 다수설과 판례는 **법적 안정성**을 이론적 근거로 제시합니다(판례 1).

> ● **판례 1:** 국민이 종전의 법률관계나 제도가 장래에도 지속될 것이라는 합리적인 신뢰를 바탕으로 법적 지위를 형성하여 온 경우 국가 등은 **법치국가의 원칙에 의한 법적 안정성**을 위하여 권리의무에 관련된 법규·제도의 개폐에 있어서 국민의 기대와 신뢰를 보호하지 않으면 안된다(헌재 2014. 4. 24, 2010헌마747).

나. 법적 근거

행정기본법에 신뢰보호의 원칙에 관한 규정이 있습니다. 행정기본법 제정 이전에도 다양한 법률에 신뢰보호의 원칙을 반영한 조항들이 있었고 대표적인 예로는 행정절차법(제4조 제2항), 국세기본법(제18조 제3항), 행정심판법(제27조 제5항) 등이 있습니다.

○ **행정기본법 제12조(신뢰보호의 원칙)** ① 행정청은 공익 또는 제3자의 이익을 현저히 해칠 우려가 있는 경우를 제외하고는 행정에 대한 국민의 정당하고 합리적인 신뢰를 보호하여야 한다.

② 행정청은 권한 행사의 기회가 있음에도 불구하고 장기간 권한을 행사하지 아니하여 국민이 그 권한이 행사되지 아니할 것으로 믿을 만한 정당한 사유가 있는 경우에는 그 권한을 행사해서는 아니 된다. 다만, 공익 또는 제3자의 이익을 현저히 해칠 우려가 있는 경우는 예외로 한다.

3. 적용영역

신뢰보호의 원칙은 **행정의 전 영역**에 적용되는데, **행정작용이 바뀔 때** 주로 문제됩니다. 자주 문제되는 사례로는 **수익적 행위의 취소와 철회, 확약·행정계획의 변경, 개정 법규명령의 적용** 등이 있습니다.

4. 위반의 효과

신뢰보호의 원칙에 위반되는 행정작용은 **위헌·위법**한 것이 됩니다.

II. 요건

1. 행정청의 선행조치(공적인 견해표명)

가. 의의

행정의 상대방인 국민에게 신뢰를 주는 "행정청"의 "선행조치"가 있어야 하는데, 판례는 행정청의 선행조치를 **"공적인 견해표명"**이라 표현합니다. 선행조치는 꼭 행정행위여야 하는 것은 아니고 **법령, 확약, 행정계획, 행정지도 등의 사실행위** 등도 선행조치가 될 수 있습니다.

적극적인 무언가를 하는 행위뿐만 아니라 소극적인 행동, 즉 **아무것도 하지 않는 행위**도 선행조치가 될 수 있습니다. 또한 선행조치는 명시적 의사표시뿐만 아니라 **묵시적 의사표시**로도 가능합니다. 적법한 행정행위뿐만 아니라 **위법한 행정행위**도 신뢰보호의 원칙의 선행조치가 될 수 있습니다.

나. 판단기준

공적인 견해표명을 할 수 있는 행정청을 판단할 때, 형식적인 기준에 따를 것인지 아니면 실질적인 기준에 따를 것인지가 문제되는데, 판례는 **실질을 중시**합니다. 즉, **행정조직상의 형식적인 권한분장이 중요한 것이 아니라 상대방의 신뢰가능성에 비추어 실질에 의해 판단**하는 겁니다(판례 2). 즉, 행정에 관한 공적인 견해표명을 할 조직상의 권한이 없는 경우에도 상대방이 신뢰하였다면 행정청의 선행조치로 인정될 수 있는 겁니다.

● **판례 2:** 공적 견해표명이 있었는지의 여부를 판단할 때 반드시 행정조직상의 **형식적인 권한분장에 구애될 것은 아니고** 담당자의 조직상의 지위와 임무, 당해 언동을 하게 된 구체적인 경위 및 그에 대한 납세자의 **신뢰가능성에 비추어 실질에 의하여 판단**하여야 한다(대판 1996. 1. 23, 95누13746).

  [사실관계] 지방세의 과세관청이 아닌 보건사회부장관(현: 보건복지부)이 "의료취약지 병원설립운영자 신청공고"를 하면서 국세 및 지방세를 비과세하겠다고 발표하였는데, 지방자치단체가 지방세인 재산세 등을 부과하였다.

다. 선행조치(공적인 견해표명)를 "인정"한 판례

● **판례 3:** 종교법인이 종교회관 건립 목적으로 토지거래계약허가를 받으면서 **토지형질변경이 가능**하다는 담당 공무원의 답변을 신뢰하였는데, 다른 사유로 토지형질변경신청을 불허한 것은 신뢰보호원칙에 위반된다(대판 1997. 9. 12, 96누18380).
● **판례 4:** **폐기물처리업**에 대하여 사전에 관할 관청으로부터 **적정통보**를 받았음에도 다수 청소업자의 난립을 이유로 폐기물처리업 허가를 불허하는 경우, 신뢰보호의 원칙에 위반된다(대판 1998. 5. 8, 98두4061).
● **판례 5:** 4년 동안 면허세를 부과할 수 있다는 사실을 알면서도 **세금을 부과하지 않았다면**, 비과세에 관한 선행조치가 있었다고 볼 수 있다(대판 1980. 6. 10, 80누6).

라. 선행조치(공적인 견해표명) "부정"한 판례

● **판례 6:** 폐기물관리법령에 의한 폐기물처리업 사업계획에 대한 적정통보와 국토이용관리법령에 의한 국토이용계획변경은 각기 그 제도적 취지와 결정단계에서 고려해야 할 사항들이 다르므로 **폐기물처리업 사업계획에 대한 적정통보가 국토이용계획변경신청을 승인**하겠다는 공적인 견해표명은 아니다(대판 2005. 4. 28, 2004두8828).
● **판례 7:** 개발사업 시행 전 **민원예비심사 단계에서의 '저촉사항 없음'이라는 기재가 개발부담금을 부과하지 않을 것**이라는 공적인 견해표명은 아니다(대판 2006. 6. 9, 2004두46).
● **판례 8:** **병무청 민원팀장의 민원봉사 차원에서 한 상담**을 신뢰한 경우에는 신뢰보호의 원칙이 적용되지 않는다(대판 2003. 12. 26, 2003두1875).
● **판례 9:** **헌법재판소의 위헌결정**은 행정청이 개인에 대하여 신뢰의 대상이 되는 공적인 견해를 표명한 것이라고 할 수 없으므로 그 결정에 관련한 개인의 행위에 대하여는 신뢰보호의 원칙이 적용되지 않는다(대판 2003. 6. 27, 2002두6965).
● **판례 10:** 정구장(테니스장) 시설을 설치한다는 내용의 도시계획결정이 특정인을 그 도시계획사업의 시행자로 지정을 한다는 공적인 견해 표명은 아니다(대판 2000. 11. 10, 2000두727).
● **판례 11:** 재량 행사의 준칙인 **행정규칙의 공표**만으로는 상대방이 보호가치 있는 신뢰를 갖게 되었다고 볼 수 없다(대법원 2009. 12. 24. 선고 2009두7967 판결).

바. 유의사항

선행조치에 관한 판례를 공부할 때 단순히 특정한 행정청의 조치(또는 표시)가 공적인 견해표명이냐 아니냐를 외울 것이 아니라, 후행조치와의 연관성을 생각해서 후행조치에 대한 공적인 견해표명인지 아닌지 살펴봐야 합니다. 즉 A라는 조치가 공적인 견해표명이냐 아니냐를 외울 게 아니라, B라는 후행조치에 대한 공적인 견해표명으로 볼 수 있느냐를 따져야 하는 겁니다.

예를 들어, 폐기물처리업에 대한 적정통보가 공적인 견해표명이냐 아니냐를 묻는 것은 적절한 질문이 아닙니다. 폐기물처리업에 대한 적정통보는 특별한 사정이 없으면 폐기물처리업 허가를 해 주겠다는 공적인 견해표명이지만, 국토이용계획변경을 해 주겠다는 뜻은 아니기 때문입니다.

2. 보호가치 있는 신뢰

가. 의의

보호가치 있는 신뢰가 되려면 **상대방에게 귀책사유(잘못)이 없어야** 합니다. 행정의 상대방이 중요한 사실을 은폐하거나 속이는 등 부정행위를 해서 행정청이 선행조치를 한 경우에는 귀책사유가 있어서 보호가치가 없고 신뢰보호를 주장할 수 없습니다.

귀책사유의 유무는 행정의 상대방과 그로부터 신청행위를 위임받은 **수임인 등 관계자 모두를 기준으로 판단**합니다. 또한 부정행위가 없다고 하더라도 하자가 있음을 알았거나 **중대한 과실로 알지 못한 경우**에도 귀책사유가 있습니다.

나. 주요 판례

(1) 사실관계

건축주가 건축사에게 건축설계를 맡겼는데 건축사의 잘못으로 건축법을 위반하였습니다. 행정청은 이 사실을 알지 못하고 건축주에게 건축허가를 하였는데, 나중에 건축법 위반 사실을 확인하였고 건축주에게 철거명령을 하였습니다. 그러자 건축주는 "선행조치인 건축허가에 대해 신뢰하였는데, 철거명령은 선행조치에 배치되고 신뢰보호의 원칙에 위반되어 위법하다"라고 주장했습니다.

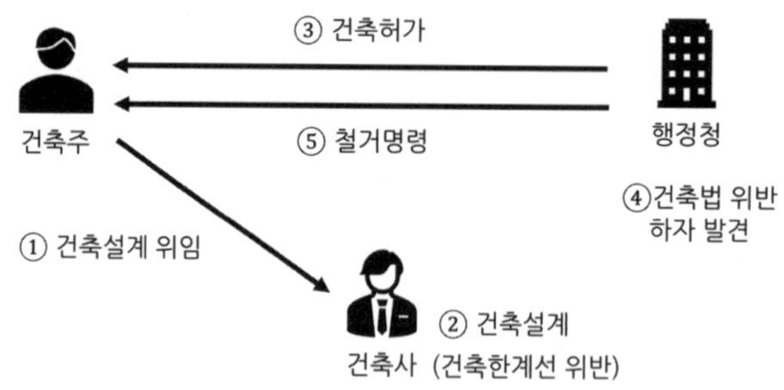

〈그림 8〉 보호가치 있는 신뢰 관련 판례

(2) 법원의 판결

법원은 **건축주의 신뢰는 보호가치가 없어 신뢰보호의 원칙이 적용되지 않고 건축사의 잘못이 있는 경우에도 건축주에게 철거명령을 내릴 수 있다고 판단**했습니다(판례 12). 건축주 입장에서는 본인 잘못이 아니라서 억울하다 느낄 수 있지만, 판례는 관계자 모두를 기준으로 하지 않으면 다른 사람에게 일을 맡겨서 법을 어기게 만드는 문제가 생길 수 있다는 점을 고려한 것으로 보입니다.

> ● **판례 12:** 건축주와 그로부터 건축설계를 위임받은 건축사가 상세계획지침에 의한 건축한계선의 제한이 있다는 사실을 간과한 채 건축설계를 하고 이를 토대로 건축물의 신축 및 증축허가를 받은 경우, **그 신축 및 증축허가가 정당하다고 신뢰한 데에 귀책사유가 있다**(대판 2002. 11. 8, 2001두1512).

다. 국가에 의해 유인된 신뢰

법령이 개정되었더라도 기존 법령에 대한 신뢰를 가질 수 있는데, **그러한 신뢰가 국가에 의해 유인된 것이라면 특별히 보호가치가 있는 신뢰이익이 인정**될 수 있습니다(판례 13).

> ● **판례 13:** 만일 법률에 따른 개인의 행위가 단지 법률이 반사적으로 부여하는 기회의 활용을 넘어서 **국가에 의하여 일정 방향으로 유인된 것이라면 특별히 보호가치가 있는 신뢰이익이 인정**될 수 있고, 원칙적으로 개인의 신뢰보호가 국가의 법률개정이익에 우선된다고 볼 여지가 있다(헌재 2002. 11. 28, 2002헌바45).

3. 상대방(국민)의 처리

상대방(국민)이 단순히 행정청의 선행조치를 신뢰한 것에서 그치지 않고, 행정기관의 선행조치에 대한 신뢰에 따라 그에 상응하는 **특정한 행위**(예: 이주, 특정 사업의 착수)를 해야 합니다.

4. 인과관계

행정기관의 선행조치와 이를 신뢰하고 행한 상대방(국민)의 조치 사이에는 **인과관계**가 있어야 합니다. 선행조치와 처리 사이에 인과관계가 없다면 처리는 우연에 불과하여 보호받아야 할 이유가 없습니다.

5. 선행조치에 반하는 후행 행정작용

행정기관이 상대방의 신뢰와 **모순되는 행정권**을 행사하였고 이로 인해 상대방의 권익 침해가 있어야 합니다.

6. 공익이나 제3자의 이익을 침해하지 않을 것

상대방의 신뢰를 보호하더라도 공익이나 제3자의 이익을 뚜렷하게(현저히) 침해하지는 않아야 합니다.

1. 법률적합성 원리와의 충돌

가. 문제 상황

신뢰보호의 원칙을 주장하는 주된 사례는 선행 행정작용이 위법한 경우입니다. 원래는 위법해서 해 주면 안 되는 것인데 행정청이 실수로 가능한 것으로 보고 선행조치를 하였고 그 선행조치를 신뢰한 행정의 상대방이 신뢰를 보호해 달라고 요청하는 것입니다. 만약 선행 행정작용이 적법한 행정작용이라면 군이 신뢰보호의 원칙을 주장하지 않고 법에 따라 해 달라고 요청하면 됩니다.

위법한 행정작용에 대해서 신뢰보호의 원칙이 인정될 수 있지만, 신뢰보호의 원칙이 적용되는 범위가 넓어질수록 법치행정의 원칙 또는 행정의 법률적합성이 침해되는 측면이 있습니다.

나. 공익과 사익의 비교

신뢰보호의 원칙을 인정하는 이유는 법치국가원리 내용 중 하나인 "법적 안정성"을 위한 것이지만, 법치국가원리의 또 다른 내용인 "법률적합성의 원리"와 충돌될 가능성이 존재합니다. 따라서 신뢰보호의 원칙은 사인의 신뢰를 보호해야 할 필요성(사익)과 법령을 준수해야 할 필요성(공익)을 비교하여, 사익이 공익보다 더 큰 경우에 적용됩니다. 그에 반해 <u>사익보다 공익이 더 큰 경우에는 신뢰보호의 원칙이 적용되지 않습니다.</u>

2. 무효인 행정행위

무효인 행정행위에 대해서는 신뢰보호의 원칙이 적용되지 않는다는 것이 판례의 취지입니다(판례 14).

> ● **판례 14: 국가가 결격사유가 있는 것을 알지 못하고 공무원으로 임용하였다가 사후에 결격사유가 있는 자임을 발견하고 공무원 임용행위를 취소**하는 것은 당사자에게 원래의 임용행위가 당초부터 당연무효이었음을 통지하여 확인시켜 주는 행위에 지나지 아니하는 것이므로, 공무원 임용을 취소함에 있어서 신의칙 내지 신뢰의 원칙을 적용할 수 없다(대판 1987. 4. 14, 86누459).

3. 실효

행정청이 상대방에게 장차 어떤 처분을 하겠다는 공적인 의사표시를 하였더라도, <u>유효기간 내에 상대방의 신청이 없었다거나 공적인 의사표명이 있은 후에 사실적·법률적 상태가 변경되었다면, 공적인 의사표명은 행정청의 별다른 의사표시가 없더라도 실효</u>됩니다(판례 15).

> ● **판례 15:** 행정청이 상대방에게 장차 어떤 처분을 하겠다고 확약 또는 공적인 의사표명을 하였다고 하더라도, 그 자체에서 상대방으로 하여금 언제까지 처분의 발령을 신청하도록 유효기간을 두었는데도 **그 기간 내에 상대방의 신청이 없었다거나** 확약 또는 공적인 의사표명이 있은 후에 **사실적·법률적 상태가 변경**되었다면, 그와 같은 확약 또는 공적인 의사표명은 **행정청의 별다른 의사표시를 기다리지 않고 실효**된다(대판 1996. 8. 20, 95누10877).

4. 사정변경

신뢰형성의 기초가 되는 **사실관계가 변경된 경우에는 공적인 견해표명에 반하는 처분을 하더라도 신뢰보호의 원칙에 위반되지 않습니다**(판례 16).

> ● **판례 16:** 신뢰보호의 원칙은 행정청이 공적인 견해를 표명할 당시의 사정이 그대로 유지됨을 전제로 적용되는 것이 원칙이므로, **사후에 사정이 변경된 경우**에는 공적 견해가 더 이상 개인에게 신뢰의 대상이 된다고 보기 어려운 만큼, 특별한 사정이 없는 한 **행정청이 그 견해표명에 반하는 처분을 하더라도 신뢰보호의 원칙에 위반된다고 할 수 없다**(대판 2020. 6. 25, 2018두34732).

01 "행정기본법"에 의하면 행정청은 권한 행사의 기회가 있음에도 불구하고 장기간 권한을 행사하지 아니하여 국민이 그 권한이 행사되지 아니할 것으로 믿을 만한 정당한 사유가 있는 경우에는, 공익 또는 제3자의 이익을 현저히 해칠 우려가 있는 경우를 제외하고는 그 권한을 행사해서는 아니 된다. (2023, 국가직 7급) [O, X]

02 신뢰보호의 원칙상 법령이나 비권력적 사실행위인 행정지도 등은 신뢰보호의 대상이 되는 선행조치에 포함되지 않는다. (2019, 국가직 7급) [O, X]

03 행정기관의 공적인 견해나 의사는 묵시적으로 표시되어도 '공적인 견해의 표명'으로 인정될 수 있다. (2008, 지방직 9급) [O, X]

04 행정청의 공적인 견해표명 여부는 행정조직법상의 권한분장에 따라 판단하여야 한다.
(2008, 지방직 9급) [O, X]

05 행정관청이 폐기물처리업 사업계획에 대하여 폐기물관리법령에 의한 적정통보를 한 경우에는 그 사업부지 토지에 대한 국토이용계획변경신청을 승인하여 주겠다는 취지의 공적 견해를 표명한 것으로 볼 수 있다. (2017, 지방직 7급) [O, X]

06 병무청 담당부서의 담당공무원에게 공적 견해의 표명을 구하는 정식의 서면질의 등을 하지 아니한 채 총무과 민원팀장에 불과한 공무원이 민원봉사차원에서 상담에 응하여 안내한 것을 신뢰한 경우, 신뢰보호의 원칙이 적용되지 않는다. (2013, 국가직 9급) [O, X]

07 개발사업을 시행하기 전에 사건 토지 지상에 예식장 등을 건축하는 것이 관계 법령상 가능한지 여부를 질의하여 민원 부서로부터 '저촉사항 없음'이라고 기재된 민원예비심사 결과를 통보받았다면, 이는 이후의 개발부담금부과처분에 관하여 신뢰보호의 원칙을 적용하기 위한 공적인 견해표명을 한 것에 해당한다. (2024, 국가직 9급) [O, X]

08 헌법재판소의 위헌결정은 행정청이 개인에 대하여 신뢰의 대상이 되는 공적인 견해를 표명한 것이라고 할 수 있으므로, 그 결정에 관련된 개인의 행위에 대하여는 신뢰보호의 원칙이 적용된다. (2019, 지방직 9급) .... [O, X]

09 수익적 행정행위가 수익자의 귀책사유가 있는 신청에 의해 행하여졌다면 그 신뢰의 보호가치성은 인정되지 않는다. (2019, 소방직 9급) .... [O, X]

10 신뢰보호의 원칙이 적용되기 위한 요건 중 귀책사유의 유무는 상대방과 그로부터 신청행위를 위임받은 수임인 등 관계자 모두를 기준으로 판단하여야 한다. (2021, 국가직 7급) .... [O, X]

11 건축주 甲은 건축사 乙에게 건축설계와 신청행위를 의뢰하였는데 乙의 귀책사유로 건축한계선을 위반하여 철거명령을 받게 된 경우, 甲과 그로부터 신청행위를 위임받은 수임인 乙등 관계자 모두를 기준으로 판단할 때 甲에게 귀책사유가 있다고 볼 수 있으므로 甲은 신뢰보호원칙에 의해 보호받을 수 없다. (2011, 국가직 9급) .... [O, X]

12 법률에 따른 개인의 행위가 국가에 의하여 일정 방향으로 유인된 신뢰의 행사가 아니라 단지 법률이 부여한 기회를 활용한 것이라 하더라도, 신뢰보호의 이익이 인정된다. (2018, 국가직 7급) .... [O, X]

13 행정청이 상대방에게 장차 어떤 처분을 하겠다고 공적인 의사표명을 하면서 상대방에게 언제까지 처분의 발령을 신청하도록 유효기간을 둔 경우, 그 기간 내에 상대방의 신청이 없었다면 그 공적인 의사표명은 행정청의 별다른 의사표시를 기다리지 않고 실효된다. (2020, 지방직 7급) .... [O, X]

14 행정청이 공적인 의사표시를 한 이후 사실적, 법률적 상태의 변경이 있더라도 행정청이 이를 취소하지 않는 한 여전히 공적인 의사표명은 유효하다. (2021, 지방직 9급) .... [O, X]

15 신뢰보호의 원칙은 행정청이 공적인 견해를 표명할 당시의 사정이 그대로 유지됨을 전제로
적용되는 것이 원칙이므로, 사후에 그와 같은 사정이 변경된 경우에는 특별한 사정이 없는 한
행정청이 그 견해표명에 반하는 처분을 하더라도 신뢰보호의 원칙에 위반된다고 할 수 없다.
(2021, 국회직 8급) ·· [O, X]

Ⅰ. 비례의 원칙

1. 의의

행정의 목적을 달성하기 위해서 다양한 수단을 사용할 수 있는데, 수단이 강해질수록 목적의 달성가능성은 높아집니다. 예컨대, 사회적 거리두기를 엄격하게 적용할수록 코로나 억제라는 목적을 달성하기 쉬워집니다. 즉, 행정목적의 달성가능성과 행정수단의 강도 사이에는 비례 관계가 있습니다.

비례(比例)의 원칙이란 행정목적을 달성하기 위해 행정적인 수단을 사용함에 있어, **"목적과 수단" 사이에 합리적인 비례관계**가 유지되어야 한다는 원칙을 말합니다. 쉽게 말해 행정목적 달성을 위해 행정수단을 사용하는 것은 괜찮지만, 과도한 수단을 사용해서는 안 된다는 겁니다. 그래서 비례의 원칙을 **과잉금지(過剩禁止)의 원칙**이라 부르기도 합니다.

2. 법적 근거

가. 헌법적 근거

비례의 원칙을 명시적으로 규정한 헌법 규정은 없습니다. 하지만 다수설은 헌법 제37조 제2항, 법치국가의 원리 등에서 비례의 원칙을 도출할 수 있는 것으로 해석하고 있습니다. 즉 비례의 원칙은 **헌법적 근거를 가진 헌법적 원칙**입니다.

> ○ **헌법 제37조** ② 국민의 모든 자유와 권리는 국가안전보장·질서유지 또는 공공복리를 위하여 **필요한 경우에 한하여** 법률로써 제한할 수 있으며, 제한하는 경우에도 자유와 권리의 본질적인 내용을 침해할 수 없다.

나. 개별법적 근거

개별법에도 비례의 원칙을 반영한 법률이 있는데, 대표적인 법률로, 경찰관 직무집행법(제1조 제2항), 행정규제기본법(제5조 제3항), 행정절차법(제48조 제1항) 등이 있습니다. 그동안 비례의 원칙은 학설과 판례상으로 논의되고 개별법률에만 규정되어 있었는데, **행정기본법 제10조**에 명시적으로 반영되었습니다.

> ○ **경찰관 직무집행법 제1조(목적)** ② 이 법에 규정된 경찰관의 직권은 그 직무 수행에 **필요한 최소한도에서 행사**되어야 하며 남용되어서는 아니 된다.

> ○ **행정기본법 제10조(비례의 원칙)** 행정작용은 다음 각 호의 원칙에 따라야 한다.
> 1. 행정목적을 달성하는 데 **유효하고 적절**할 것
> 2. 행정목적을 달성하는 데 **필요한 최소한도**에 그칠 것
> 3. 행정작용으로 인한 **국민의 이익 침해**가 그 행정작용이 의도하는 공익보다 크지 아니할 것

3. 적용범위

비례의 원칙은 요건이 별로 많지 않아 적용되는 범위가 매우 넓습니다. 이에 반해, 신뢰보호의 원칙은 요건이 엄격해서 적용되는 범위가 비례의 원칙에 비해 좁은 편입니다. 또한 헌법상 기본원리이기 때문에 **모든 국가작용에 적용**됩니다. 행정작용뿐만 아니라 입법작용에도 적용되어, 법을 만들 때에도 비례의 원칙을 지켜야 합니다. 비례의 원칙은 침해행정인지, 급부행정인지 가릴 것 없이 **행정작용 전반에 적용**되기 때문에, 행정의 상대방에게 불이익을 가하는 침해행정뿐만 아니라 이익을 주는 급부행정을 할 때도 비례의 원칙을 지켜야 합니다.

4. 세부원칙

가. 의의

비례의 원칙은 일반적으로 적합성·필요성·상당성의 3가지 세부원칙으로 구성됩니다.

첫째, **적합성**의 원칙입니다. 적합성의 원칙은 행정기관이 사용한 수단은 그 목적을 달성하는 데 적합해야 한다는 것을 의미합니다. 둘째, **필요성**의 원칙인데, "최소침해의 원칙"이라고 합니다. 필요성의 원칙은 행정기관이 사용할 수 있는 여러 적합한 수단 중에서 상대방의 권리 침해가 가장 적은 수단을 선택해야 한다는 것을 의미합니다. 셋째, **상당성**의 원칙입니다. 상당성의 원칙은 행정작용에 의한 사익 침해의 정도와 그로 인해 달성되는 공익 중에서, 달성되는 공익이 더 커야 한다는 원칙을 말합니다. 상당성의 원칙을 "균형성의 원칙", "협의의 비례의 원칙"이라고도 합니다. 판례는 재량권 행사가 적법한지를 판단할 때 상당성의 원칙을 기준으로 사용합니다. 한편, 헌법재판소는 3가지 원칙 이외에 **목적의 정당성**까지 고려합니다.

나. 예시

비례의 원칙을 예로 들어 설명해 보겠습니다. A의 건축물이 아주 노후되어 붕괴위험이 있을 정도가 되자, B 행정청은 건축물의 소유자 A에게 건물을 고치라는 보수명령을 내렸습니다. 보수명령은 건물의 안전성을 확보하기 위한 적합한 수단이 되기 때문에 적합성의 원칙을 충족합니다. 노후 건물에 대해 사용할 수 있는 수단으로 보수명령과 철거명령이 있다고 할 때, 집주인의 입장에서는 철거명령이 더 큰 침해를 야기합니다. 만약 **보수명령만으로도 충분한데, 집을 아예 철거하라는 철거명령을 내린다면 이러한 철거명령은 필요성의 원칙에 위반**됩니다.

한편 보수명령을 하면 집주인은 수리비용도 들고 보수하는 동안 집을 사용하지 못해서 불편을 겪습니다. 이렇게 집주인이 겪는 불편(사익)과 건물의 안전 확보(공익)의 정도를 비교하는 게, 상당성의 원칙입니다. 이때 공익이 더 크면 상당성의 원칙을 충족하는 것이고, 침해되는 사익이 더 크면 상당성의 원칙 위반입니다.

다. 세부원칙들의 관계

비례의 원칙에 위반되는지를 판단할 때에는 단계적인 절차를 거칩니다. 먼저 적합성의 원칙의 충족 여부를 본 다음에, 적합성의 원칙을 충족하면, 필요성의 원칙을 살펴보고, 마지막으로 상당성의 원칙을 검토합니다. **3가지 세부원칙 모두를 충족해야 적법하고, 3가지 세부원칙 중 하나라도 충족하지 못하면 비례의 원칙 위반으로 위법**합니다.

라. 위반의 효과

비례의 원칙을 위반한 행정작용은 "위법"한 행정작용이 됩니다. 또한 비례의 원칙은 헌법적인 원칙으로 비례의 원칙을 위반한 법률은 "위헌"이기도 하므로 헌법재판소는 비례의 원칙을 위헌법률심사의 기준으로 삼고 있습니다.

5. 주요 판례

가. 비례의 원칙 "위반"이라고 본 사례

● **판례 1:** 음주운전 금지규정 위반 전력이 1회 이상 있는 사람이 **다시 음주운전 금지규정 위반행위를 한 경우 2년 이상 5년 이하의 징역 등에 처하도록 규정**한 구 도로교통법 제148조의2 제1항 중 '제44조 제1항 또는 제2항을 1회 이상 위반한 사람으로서 다시 같은 조 제1항을 위반한 사람'에 관한 부분은 책임과 형벌 간의 비례원칙에 위반된다(헌재 2022. 5. 26, 2021헌가30).

  [설명] 구 도로교통법은 가중요건이 되는 과거의 위반행위와 처벌대상이 되는 재범 음주운전 금지규정 위반행위 사이에 아무런 시간적 제한을 두지 않고 있는데, 과거 범죄를 이유로 아무런 시간적 제한 없이 가중처벌하는 것은 책임과 형벌 사이의 비례성을 인정하기 어렵다고 본 것이다.

  [개정 전 법령] 제148조의2(벌칙) ① 제44조제1항 또는 제2항을 2회 이상 위반한 사람(중략)은 2년 이상 5년 이하의 징역(중략)에 처한다. 〈개정 2020. 6. 9.〉

  [개정 법령] 도로교통법 제148조의2(벌칙) ① 제44조제1항 또는 제2항을 위반(중략)하여 벌금 이상의 형을 선고받고 **그 형이 확정된 날부터 10년 내에** 다시 같은 조 제1항 또는 제2항을 위반한 사람(중략)은 다음 각 호의 구분에 따라 처벌한다. 〈개정 2023. 1. 3.〉

● **판례 2:** 단지 1회 훈령에 위반하여 요정에 출입하여 적발된 경우 **파면처분**보다 가벼운 징계처분으로도 훈령의 목적을 달성할 수 있어, 파면처분은 비례의 원칙에 어긋난다(대판 1967. 5. 2, 67누24).

● **판례 3:** 청소년유해매체물로 결정된 사실을 모르고 만화를 대여한 **도서대여업자에게 700만원 과징금을 부과한 처분**은 위법하다(대판 2001. 7. 27, 99두9490).

● **판례 4:** 미결수용자(재판 결과가 확정되지 않은 상태로 구금돼 있는 피의자 또는 피고인)에게 **재소자용 의류를 입게 하는 것**은 비례의 원칙에 위반된다(헌재 1999. 5. 27, 97헌마137).

※ **뉴스 속 행정법: 헌재 "윤창호법 위헌… 형벌 강화는 최후의 수단"**

2회 이상 음주운전으로 적발될 경우 징역·벌금형으로 가중 처벌하게 한 도로교통법(일명 윤창호법)이 헌법에 어긋난다는 헌법재판소의 판단이 나왔다. 헌재는 25일 도로교통법 148조의2의 규정 중 '음주운전 금지규정을 2회 이상 위반한 사람' 부분이 죄형법정주의의 명확성 원칙과 과잉금지원칙 등을 위배했다는 내용의 헌법소원에서 재판관 7대2의 의견으로 위헌 결정을 내렸다.

- 출처: 연합뉴스(2021. 11. 25.)

나. 비례의 원칙 "위반이 아니라고" 본 사례

> ● **판례 5:** 수입 녹용을 절단하여 측정한 회분함량(일정한 온도조건에서 태운 뒤 남은 재의 무게와 시료 무게와의 비율)이 기준치를 0.5% 초과하였다는 이유로 **수입 녹용 전부에 대하여 전량 폐기 또는 반송처리**를 지시한 경우에 재량의 일탈·남용에 해당하지 않는다(대판 2006. 4. 14, 2004두3854).
> ● **판례 6:** 사법시험 제2차 시험에서 **과락제도**를 적용하는 것은 비례의 원칙에 위반되지 않는다(대판 2007. 1. 11, 2004두10432).

II. 평등의 원칙

1. 의의
가. 개념
평등(平等)의 원칙은 특별히 합리적인 사유가 존재하지 않는 한, 행정기관은 행정작용을 할 때 상대방인 국민을 공평하게 대우해야 한다는 것을 의미합니다. 평등의 원칙은 일체의 차별적 대우를 부정하는 절대적 평등을 의미하는 것이 아니라 입법과 법의 적용에 있어서 합리적 근거 없는 차별을 하여서는 아니된다는 **상대적 평등**을 뜻하고 합리적 근거 있는 차별 내지 불평등은 평등의 원칙에 반하는 것이 아닙니다(헌재 1994. 2. 24, 92헌바43).

나. 근거
평등의 원칙은 헌법 제11조에 근거를 둔 원칙으로, 행정기본법도 평등의 원칙을 규정하고 있습니다.

> ○ **행정기본법 제9조(평등의 원칙)** 행정청은 합리적 이유 없이 국민을 차별하여서는 아니 된다.

2. 내용
가. 기능
평등원칙은 모든 공권력행사를 통제하는 법원칙인데, 특히 행정청의 재량권을 통제하는 기능을 합니다.

나. 판단방법
행정청의 행정행위가 합리적 이유 없는 차별대우에 해당하여 헌법상 평등원칙을 위반하였는지를 확정하기 위해서는 먼저 행위의 근거가 된 법규의 의미와 목적을 통해 행정청이 본질적으로 같은 것을 다르게 대우했는지, 즉 다른 대우를 받아 비교되는 **두 집단 사이에 본질적인 동일성이 존재**하는지를 확정한 뒤, 그러한 차별대우가 확인되면 비례의 원칙에 따라 행위의 정당성 여부를 심사하여 헌법상 평등원칙을 위반하였는지를 판단해야 합니다(대판 2024. 7. 18, 2023두36800).

다. 한계
평등의 원칙은 **위법한 행정작용에서는 적용되지 않는데, 이를 "불법의 평등은 인정될 수 없다."**라고 표현하기도 합니다. 예를 들어 두 차량이 모두 신호를 위반하였는데 뒤의 차량만 단속을 한 경우, 뒤의 차량 운전자는 "앞의 차량도 신호위반을 하였는데 단속을 하지 않았으니 나만 단속하는 건 평등의 원칙에 위반된 다."라고 주장할 수는 없는 겁니다.

라. 위반의 효과

평등의 원칙은 헌법상의 원칙으로서 평등의 원칙에 위반한 경우에는 위헌·위법한 행정작용이 됩니다.

3. 관련 판례

가. 평등의 원칙 "위반"이라고 본 판례

> ● **판례 7:** 함께 화투놀이를 한 3명은 견책에 처하고, 1명에게는 파면처분을 한 것은 공평의 원칙상 그 재량의 범 위를 벗어나서 위법하다(대판 1972. 12. 26, 72누194).
> ● **판례 8:** 지방의회의 감사를 위하여 출석요구를 받은 증인이 불출석한 경우의 과태료를 사회적 신분에 따라 차등을 두는 것은 헌법에 규정된 평등의 원칙에 위배되어 무효이다(대판 1997. 2. 25, 96추213).

나. 평등의 원칙 "위반이 아니라고" 본 판례

> ● **판례 9:** 같은 정도의 비위를 저지른 자들 사이에 있어서도 그 직무의 특성 및 개전의 정이 있는지 여부에 따라 **징계의 종류의 선택과 양정에 있어서 차별적으로 취급하는 것은 평등원칙에 반하지 아니한다**(대판 1999. 8. 20, 99두2611).

III. 자기구속의 원칙

1. 의의

가. 개념

자기구속(自己拘束)의 원칙은 행정청이 동일한 사안에 대해 제3자에게 한 것과 동일한 결정을 해야 한다 는 원칙을 말합니다. 즉, 행정청이 자기 스스로 정하여 시행하고 있는 기준이 있다면 스스로 그 기준에 구속 되어 합리적 이유 없이 그 기준에서 벗어날 수 없다는 의미입니다.

예를 들어, "A라는 기준을 충족하면 B라는 허가를 내준다"라는 내부 기준이 있다고 가정해 보겠습니다. 홍길동이 A라는 기준을 충족해서 B허가를 내줬다면, 이몽룡이 A라는 기준을 충족했을 경우에도 B허가를 내줘야 한다는 겁니다.

나. 이론적 근거

헌법재판소와 대법원은 **평등의 원칙 또는 신뢰보호의 원칙**을 근거로 자기구속의 원칙을 인정합니다. 다 른 사람과 동일하게 대우한다는 점에서 평등의 원칙과 비슷하고, 행정청의 기준을 신뢰한 행정의 상대방을 보호한다는 점에서 신뢰보호의 원칙과 연결됩니다.

2. 행정규칙과 자기구속의 원칙

가. 의의

자기구속의 원칙은 행정입법 중 "행정규칙"의 법적 성질과 관련하여 주로 논의됩니다. 행정규칙은 일반적으로 행정조직 내부에서만 효력을 가질 뿐 원칙적으로 대외적인 구속력을 가지지 않습니다. 따라서 행정처분이 그에 위반하였다고 하더라도 그러한 사정만으로 곧바로 위법하게 되는 것은 아닙니다. 그러나 행정규칙이 정한 바에 따라 행정관행이 이뤄지면 **자기구속의 원칙에 따라 간접적으로 대외적 구속력**을 갖게 됩니다.

특히 재량권 행사의 기준을 정한 "재량준칙"에서 중요한 의미를 갖습니다. **재량준칙에 따라 행정관행이 이루어지게 되면 행정기관은 자기구속을 받게 되므로, 재량준칙을 위반하는 처분은 평등의 원칙이나 신뢰보호의 원칙에 위배되어 재량권을 위법한 처분**이 됩니다(판례 10).

> ● **판례 10:** 재량권 행사의 준칙인 행정규칙이 그 정한 바에 따라 되풀이 시행되어 행정관행이 이루어지게 되면 평등의 원칙이나 신뢰보호의 원칙에 따라 행정기관은 그 상대방에 대한 관계에서 그 규칙에 따라야 할 **자기구속**을 받게 되므로, 이러한 경우에는 특별한 사정이 없는 한 그를 위반하는 처분은 평등의 원칙이나 신뢰보호의 원칙에 위배되어 재량권을 일탈·남용한 위법한 처분이 된다(대판 2009. 12. 24, 2009두7967).

나. 예시

예를 들어 보겠습니다. "청소년에게 술을 판매하면 1개월의 영업정지에 처한다"라는 행정규칙이 있다고 가정해 보겠습니다. 그런데 이러한 행정규칙에 따라 청소년에게 술을 판매하였을 때에는 계속 영업정지 1개월의 처분을 하였는데, 이 기준과 달리 청소년에게 술을 팔았을 때 2개월의 영업정지 처분을 하면 어떻게 될지를 생각해 보겠습니다.

원칙적으로 행정규칙은 법규성이 없고 대외적인 구속력이 없습니다. 즉 행정규칙을 따르지 않더라도 위법은 아닙니다. 그런데 영업정지 처분을 2개월 하는 것은 그동안 1개월만 정지처분을 해 온 행정청의 관행과는 차이가 있고, 달리 말해 **자기구속의 원칙에 위배**될 수 있는 겁니다.

결론적으로 "청소년에게 술을 판매하면 1개월의 영업정지에 처한다"라는 행정규칙을 따랐는지에 따라 행정행위의 위법/적법 여부가 결정되어, 행정규칙이 사실상의 대외적 구속력을 가지게 됩니다. 그렇다고 하더라도 행정규칙이 그 자체로 직접적인 대외적 구속력을 가지는 것이 아니라 **자기구속의 원칙을 매개로 해서 간접적으로 대외적 구속력**을 가지는 겁니다.

3. 적용요건

가. 재량행위일 것

첫째, **재량행위**의 영역이어야 합니다. 기속행위에서는 자기구속의 원칙이 문제되지 않는데, 그건 기속행위의 경우 행정청에 아무런 선택의 자유가 없기 때문입니다.

나. 동종의 사안일 것

둘째, **동종의 사안**이어야 합니다. 행정청이 기존에 행정작용을 한 사안과 동종의 사안이어야 하고, 다른 사안이라면 당연히 다른 행정처분을 할 수 있습니다.

다. 동일한 행정청일 것

셋째, **동일한 행정청**이어야 합니다. 행정청의 자기구속은 기존의 행정작용을 한 행정청에게 적용되고, 다른 행정청이라면 자기구속을 받지 않습니다.

라. 선례 관련

자기구속의 원칙을 적용하기 위해 선례(先例), 즉 앞선 사례가 반드시 필요한 지에 대해서는 학설상 다툼이 있습니다. 판례는 **재량준칙이 공표된 것만으로는 자기구속의 원칙이 적용될 수 없고, 재량준칙이 되풀이 시행되어 행정관행이 성립한 경우에 적용될 수 있다**는 입장입니다(판례 11).

● **판례 11:** 농림수산식품부의 지침이 되풀이 시행되어 행정관행이 이루어졌다고 볼 수 없어 행정의 자기구속의 원칙에 위배되지 않는다(대판 2009. 12. 24, 2009두7967).

---

4. 적용상 한계

자기구속의 원칙은 행정관행이 적법한 경우에만 적용되고, **위법행위에 대해서는 적용되지 않습니다.** 다시 말해, 위법한 행정처분이 수차례에 걸쳐 반복적으로 행하여졌다 하더라도 그러한 처분이 위법한 것인 때에는 행정청에 대하여 자기구속력을 갖지 않습니다(판례 12).

● **판례 12:** 행정청이 조합설립추진위원회의 설립승인 심사에서 **위법한 행정처분을 한 선례**가 있다고 하여 그러한 기준을 따라야 할 의무는 없다(대판 2009. 6. 25, 2008두13132).

---

5. 위반의 효과

자기구속의 원칙을 위반한 행정작용은 위헌·위법입니다.

IV. 부당결부금지의 원칙

1. 의의

가. 개념

부당결부금지(不當結付禁止)의 원칙은 말 그대로 행정작용을 할 때 불이익한 걸 부당하게 결부시켜서는 안 된다는 원칙입니다. 즉, **행정주체가 행정작용을 할 때 상대방에게 행정작용과 실질적인 관련이 없는 의무를 부과하거나 그 이행을 강제하여서는 안 된다**는 원칙이 부당결부금지의 원칙인 겁니다.

부당결부금지의 원칙에서 핵심 키워드는 **"실질적 관련성"**입니다. 만약 행정작용과 부과된 의무 사이에 실질적 관련성이 없으면 부당결부금지의 원칙에 위반되어서 위법하고, 실질적 관련성이 있으면 부당결부금지 원칙 위반이 아니어서 적법합니다(판례 13).

> ● **판례 13:** 고속도로 부지에 송유관 매설을 허가하면서 상대방과 체결한 협약에 따라 송유관 이전 비용을 상대
> 방에게 부담하도록 한 부관은 부당결부금지 원칙에 위반되지 않는다(대판 2009. 2. 12, 2005다65500).
>   **[설명]** 접도구역(도로에 접한 구역)의 송유관 매설에 관한 허가를 얻게 됨으로써 접도구역이 아닌 사유지를
>   이용하여 매설하는 경우에 비해 공사절차 등의 면에서 이익을 얻으므로 송유관 이전 비용을 부담시키는 것
>   은 합리적인 이유가 있다.

나. 법적 근거

행정기본법에도 부당결부금지의 원칙이 명시되어 있습니다.

> ○ **행정기본법 제13조(부당결부금지의 원칙)** 행정청은 행정작용을 할 때 상대방에게 해당 행정작용과 실질적인
> 관련이 없는 의무를 부과해서는 아니 된다.

2. 적용
가. 요건

부당결부금지원칙의 요건은 ① 행정청의 공권력행사가 존재할 것, ② 공권력의 행사가 상대방의 반대급
부와 관련이 있을 것, ③ 공권력의 행사와 반대급부 사이에 실질적 관련성이 없을 것입니다.

나. 적용범위

부당결부금지의 원칙은 주로 **부관**에서 문제됩니다. 수익적 행정행위를 하면서 상대방에게 불이익한 부
관을 붙인 경우에 부당결부인지 아닌지는 실질적 관련성을 기준으로 판단합니다. 부관 이외에도 부당결부
금지의 원칙은 공법상 계약, 행정의 실효성 확보수단 등에서도 적용됩니다.

국가 외의 자가 재산의 소유권을 무상으로 국가에 이전하여 국가가 취득하는 것을 **기납채납(寄附採納)**이
라고 합니다. 공동주택 건설이 건설되면 교통량이 많아져서 도로가 필요하므로 **사업주체에게 진입도로 설
치를 위한 부지를 기부채납하도록 하는 것은 부당결부금지 원칙에 위반되지 않습니다**(판례 14). 하지만 **주
택사업과 관련없는 토지를 기부채납하게 만드는 것은 부당결부금지 원칙에 위반**됩니다(판례 15).

> ● **판례 14:** 주택건설사업계획의 승인처분을 하면서 공동주택 건설 사업주체에게 진입도로 설치를 위해 부지를
> 기부채납하도록 한 부관은 부당결부금지 원칙에 위반되지 않는다(대판 1997. 3. 14, 96누16698).
> ● **판례 15:** **주택사업과 관련없는 토지를 기부채납**하도록 하는 부관은 부당결부금지원칙에 위반된다(대판
> 1997. 3. 11, 96다49650).

3. 위반의 효과

부당결부금지원칙을 위반한 행정작용은 위헌·위법입니다.

4. 관련 문제: 복수운전면허의 철회

가. 문제 상황

한 사람이 여러 종류의 자동차운전면허를 취득한 경우에 이를 취소·정지할 때 여러 종류의 면허를 전부 취소할 수 있는지, 특정 종류의 면허만 취소할 수 있는지가 문제됩니다.

나. 판례

여러 종류의 자동차운전면허를 취소 또는 정지하는 경우에 **서로 별개의 것으로 취급하는 것이 원칙**이고, 다만 취소사유가 특정 면허에 관한 것이 아니고 **다른 면허와 공통된 것이거나 운전면허를 받은 사람에 관한 것일 경우**에는 여러 면허를 전부 취소할 수도 있습니다(대판 2012. 5. 24, 2012두1891).

V. 기타 원칙

1. 적법절차의 원칙

적법절차(適法節次)의 원칙은 개인의 권익을 제한하는 모든 국가작용은 적법한 절차에 따라 행해져야 한다는 원칙을 말합니다. 행정절차에 관해서는 "행정절차법"에서 규정하고 있는데, 설령 행정절차법에 규정이 없는 경우에도 행정권의 행사가 적정한 절차에 따라 행해지지 않았다면 그러한 행정권 행사는 적법절차의 원칙 위반으로 위헌·위법입니다.

2. 신의성실의 원칙 및 권한남용금지의 원칙

가. 의의

신의성실(信義誠實)의 원칙은 모든 사람은 공동체의 일원으로서 상대방에 대한 신의를 지켜야 한다는 의미로 모든 법에 적용되는 일반적인 원칙입니다. **권한남용(權限濫用)금지의 원칙**은 행정기관이 권한을 법적으로 정해진 공익목적에 위반하여 행사하는 것을 금지하는 원칙입니다.

행정기본법 제11조에 신의성실의 원칙 및 권한남용금지의 원칙에 관한 규정이 있습니다.

ㅇ **행정기본법 제11조(성실의무 및 권한남용금지의 원칙)** ① 행정청은 법령등에 따른 의무를 성실히 수행하여야 한다.
② 행정청은 행정권한을 남용하거나 그 권한의 범위를 넘어서는 아니 된다.

나. 관련 판례

뒤늦게 출생연원일을 정정한 뒤 정년 연장을 요구하더라도 신의성실의 원칙에 반하지 않습니다(판례 16). 부당한 목적을 가지고 행해진 세무조사는 권한남용에 해당하여 위헙합니다(판례 17).

● **판례 16:** 지방공무원 임용신청 당시 잘못 기재된 호적상 출생연월일을 생년월일로 기재하고, 이에 근거한 공무원인사기록카드의 생년월일 기재에 대하여 처음 임용된 때부터 약 36년 동안 전혀 이의를 제기하지 않다가, 정년을 1년 3개월 앞두고 호적상 출생연월일을 정정한 후 그 출생연월일을 기준으로 정년의 연장을 요구하는 것이 신의성실의 원칙에 반하지 않는다(대판 2009. 3. 26, 2008두21300).

　[판시] 공무원의 임용권자에 대한 인사기록변경신청기간을 제한하지 않고 있는 점 등을 고려할 때 정의관념에 비추어 용인될 수 없는 정도의 상태에 이르렀다고 볼 수 없다.

● **판례 17:** 세무조사가 과세자료의 수집 또는 신고내용의 정확성 검증이라는 본연의 목적이 아니라 부정한 목적을 위하여 행하여진 것이라면 이는 세무조사에 중대한 위법사유가 있는 경우에 해당하고 이러한 세무조사에 의하여 수집된 과세자료를 기초로 한 과세처분 역시 위법하다(대판 2016. 12. 15, 2016두47659).

※ 김변쓰 팁: 행정법의 일반원칙 정리

행정법의 주요한 일반원칙의 핵심내용을 한 문장으로 정리하면 다음과 같습니다.

- **신뢰보호의 원칙:** "기존에 했던 약속을 지켜야 한다."
- **비례의 원칙:** "과도한 수단을 사용해서는 안 된다."
- **평등의 원칙:** "차별하지 말라."
- **자기구속의 원칙:** "하던 대로 하라."
- **부당결부금지의 원칙:** "상관없는 걸 갖다 붙이지 말라."

01 "행정기본법"은 비례의 원칙을 명문으로 규정하고 있다. (2022, 국가직 7급) ································· [O, X]

02 같은 정도의 비위를 저지른 자들 사이에 있어서도 그 직무의 특성 등에 비추어 개전의 정이 있는지 여부에 따라 징계종류의 선택과 양정에서 차별적으로 취급하는 것은 평등원칙에 반하지 아니한다. (2014, 사회복지직 9급) ································· [O, X]

03 대법원과 헌법재판소는 평등의 원칙과 신뢰보호의 원칙을 행정의 자기구속의 원칙의 근거로 삼고 있다. (2013, 국가직 9급) ································· [O, X]

04 재량준칙이 공표된 것만으로는 행정의 자기구속의 원칙이 적용될 수 없고, 재량준칙이 되풀이 시행되어 행정관행이 성립한 경우에 행정의 자기구속의 원칙이 적용될 수 있다. (2018, 국가직 9급) ································· [O, X]

05 위법한 행정처분이 수차례에 걸쳐 반복적으로 행하여진 경우 행정의 자기구속의 원칙이 적용된다. (2013, 국가직 9급) ································· [O, X]

06 처분이 위법하더라도 그 처분이 수차례 반복적으로 행하여졌다면 그러한 처분은 행정청에 대하여 자기구속력을 갖게 된다. (2016, 교육행정직 9급) ································· [O, X]

07 부당결부금지원칙의 원칙은 행정기관이 행정작용을 함에 있어서 그것과 실질적 관련성이 없는 반대급부를 결부시켜서는 안 된다는 원칙을 말한다. (2008, 지방직(하) 7급) ································· [O, X]

08 주택사업계획승인을 발령하면서 주택사업계획승인과 무관한 토지를 기부채납하도록 부관을 붙인 경우는 부당결부금지 원칙에 반해 위법하다. (2015, 국가직 9급) ································· [O, X]

09 한 사람이 여러 종류의 자동차운전면허를 취득하는 경우뿐 아니라 이를 취소함에도 서로 별
개의 것으로 취급하는 것이 원칙이다. (2023, 군무원 9급) ··· [O, X]

10 공무원 임용신청 당시 잘못 기재된 호적상 출생연원일을 생년월일로 기재하고, 임용 후 36년
동안 이의를 제기하지 않다가, 정년을 1년 3개월 앞두고 정정된 출생년원일을 기준으로 정년
연장을 요구하는 것은 신의성실의 원칙에 반한다. (2021, 국가직 9급) ·································· [O, X]

정답 **01** O **02** O **03** O **04** O **05** X **06** X **07** O **08** O **09** O **10** X

제4항   행정법의 효력

Ⅰ. 의의

1. 개념

행정법의 효력이란 행정법이 영향을 미치는 범위를 말하는데, 주로 지역적·인적·시간적 효력이 문제됩니다.

2. 지역적 효력

가. 원칙

행정법규는 **그 법규의 제정권한이 있는 지역적 범위** 내에서만 효력이 있습니다. 예를 들어, 대통령령이나 부령은 전국에 효력이 미치지만, 조례는 해당 지방자치단체의 관할구역에 미칩니다.

나. 예외

국가의 법률 또는 명령이면서 영토의 일부 지역 내에서만 적용되는 경우(예: 제주특별자치도 설치 및 국제자유도시 조성을 위한 특별법)와 행정법규가 그 제정기관의 본래 관할구역을 넘어 적용되는 경우도 있습니다.

3. 인적 효력

가. 원칙

속지주의(屬地主義) 원칙에 따라 행정법규는 영토 및 관할구역 안에 있는 자연인 및 법인에게 적용됩니다.

나. 예외

치외법권이 인정되는 외국원수, 외국사절 등에게는 우리 행정법이 적용되지 않습니다.

국내에 거주하는 미합중국 군대의 구성원에 대해서는 "대한민국과 아메리카합중국 간의 상호방위조약 제4조에 의한 시설과 구역 및 대한민국에서의 합중국 군대의 지위에 관한 협정"(이른바, 한미행정협정)에 의해 국내법령의 적용이 제한됩니다.

국외에 있는 한국인에게도 여권법, 병역법 등 우리 행정법규가 적용됩니다.

Ⅱ. 시간적 효력

1. 효력 발생 시기

가. 법률 등 중앙정부의 법령

(1) 일반적인 경우

일반적으로 법률, 대통령령, 총리령 및 부령은 그 시행일에 관해 특별한 규정이 없으면 공포한 날로부터

<u>20일을 경과</u>함으로써 효력이 발생합니다.

(2) 국민의 권리제한 등과 관련 있는 경우

국민의 권리제한, 의무부과와 직접 관련되는 법률, 대통령령, 총리령 및 부령은 특별한 사유가 없는 한 공포일로부터 **적어도 30일이 경과**한 날로부터 시행되도록 해야 합니다. 국민에게 권리제한 등 불이익한 일이 발생할 수 있을 때에는 시행시기를 일반적인 경우보다 늦춘 겁니다.

나. 조례와 규칙

조례와 규칙은 특별한 사정이 없는 한 공포한 날로부터 **20일**이 경과한 때에 효력이 발생합니다.

다. 기간 계산

(1) 행정기본법

법령등(훈령·예규·고시·지침 등을 포함)을 공포한 날부터 시행하는 경우에는 공포한 날을 시행일로 합니다(행정기본법 제7조 제1호).

법령등을 공포한 날부터 일정 기간이 경과한 날부터 시행하는 경우 법령등을 **공포한 날을 첫날에 산입하지 않습니다**(행정기본법 제7조 제2호).

법령등을 공포한 날부터 일정 기간이 경과한 날부터 시행하는 경우 **그 기간의 말일이 토요일 또는 공휴일인 때에는 그 말일로 기간이 만료**합니다(행정기본법 제7조 제3호).

(2) 예시: A법을 2025년 9월 1일에 공포하는 경우

시행일 관련 규정	시행일
공포한 날부터 시행	2025년 9월 1일
공포 후 6개월이 경과한 날부터 시행	2026년 3월 2일 (9월 1일: 산입 X, 6개월 경과한 날: 3월 1일)

2. 공포의 방법, 공포일

가. 공포의 방법

헌법개정·법률·조약·대통령령·총리령 및 부령은 **관보**(官報, 정부가 국민들에게 널리 알릴 사항을 편찬하여 간행하는 국가의 공고 기관지)에 게재하여 공포를 합니다(법령공포법 제11호 제1항). 관보는 종이로 발행하는 관보와 전자적인 형태로 발행하는 관보가 있는데, 양자는 동일한 효력을 갖습니다.

대통령이 확정된 법률을 공포하지 않아 국회의장이 법률을 공포하는 경우에는 서울특별시에서 발행되는 **일간신문 2개 이상에 게재**함으로써 합니다.

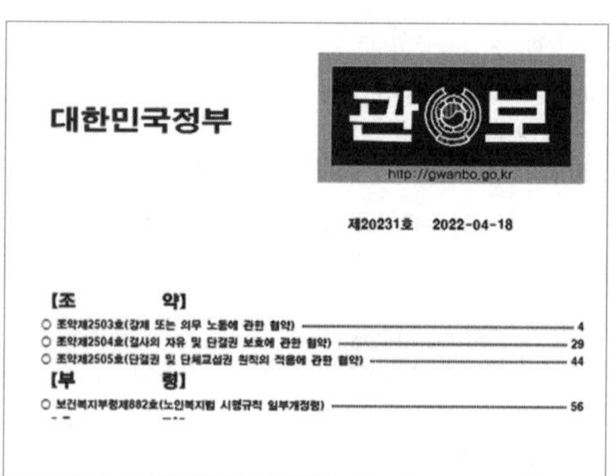

〈그림 9〉 관보

나. 공포일

공포일은 법령등을 게재한 **관보 또는 신문이 발행된 날**로 합니다. 관보게재일은 **일반이 열람 또는 구독할 수 있는 상태에 놓이게 된 최초의 시기**를 말합니다(판례 1).

> ● **판례 1:** 관보 게재일이라 함은 관보에 인쇄된 발행일자를 뜻하는 것이 아니고 관보가 전국의 각 관보보급소에 발송 배포되어 이를 일반인이 열람 또는 구독할 수 있는 상태에 놓이게 된 최초의 시기를 뜻한다(대판 1969. 11. 25, 69누129).

III. 불소급의 원칙

1. 의의: 진정소급과 부진정소급

가. 개념

소급(遡及)은 시간을 거슬러 올라가서 과거의 일에 영향을 미치는 걸 말하는데, 소급에는 2가지 종류가 있습니다. **진정소급(眞正遡及)**은 법규의 효력 발생일 이전에 **이미 완성된 사항**에 소급하는 것이고, **부진정소급(不眞正遡及)**은 **아직 완성되지 않고 현재 진행 중인 사항**에 대해 소급하는 것입니다.

예컨대, 어느 대학교에서 토익 700점 이상의 취득을 졸업요건으로 정하는 경우를 가정해 보겠습니다. 이런 상황에서 이미 졸업을 한 학생(A)에게 이 요건을 적용해서 700점 이상의 토익 점수를 취득하라고 요구하거나 700점 미만이라는 이유로 졸업을 무효로 만드는 건 진정소급입니다. 하지만, 현재 대학에 다니고 있는 재학생(B)에게 해당 요건을 적용하는 건 부진정소급입니다.

나. 예시

2025년 7월 1일에 새로운 법령이 제정된 경우를 가정해 보겠습니다. 2026년의 기간(C구간)에 대해 새로운 법령을 적용하는 건 특별한 사정이 없는 한 문제가 없습니다. 그런데, 2024년의 기간(A구간), 2025년의 기간(B구간)에 대해 새로운 법령을 적용하는 건 소급적용에 해당합니다. 이때 이미 완성된 법률관계인 A구간에 대한 새로운 법령 적용이 진정소급이고, 진행 중인 법률관계인 B구간에 대한 새로운 법령 적용이 부진정소급입니다.

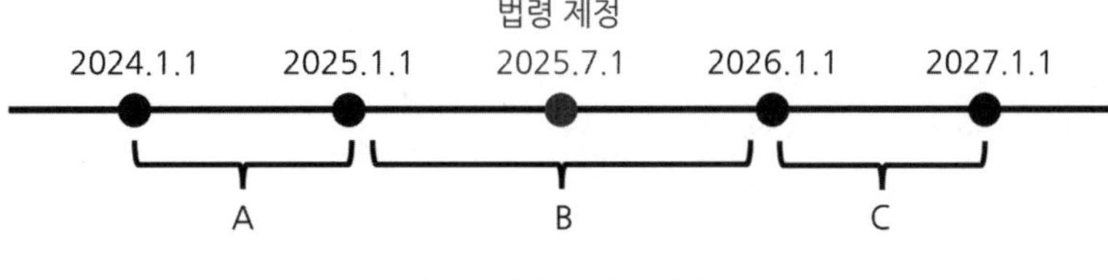

〈그림 10〉 진정소급과 부진정소급

2. 진정소급의 경우

가. 원칙

진정소급을 하면 법적 안정성이 크게 흔들리고 당사자의 신뢰도 침해받으므로 원칙적으로 허용되지 않습니다.

나. 예외

진정소급을 금지하는 건 법적 안정성을 지키기 위한 것이므로. 법령을 소급적용하더라도 **① 일반 국민의 이해에 직접 관계가 없는 경우, ② 오히려 그 이익을 증진하는 경우, ③ 불이익이나 고통을 제거하는 경우 등의 특별한 사정이 있는 경우에 한하여 예외적으로 법령의 소급적용이 허용**됩니다(판례 2). 또한 신뢰보호의 요청에 우선하는 **심히 중대한 공익상의 사유**가 소급입법을 정당화하는 경우 등에도 진정소급이 허용됩니다(판례 3).

> ● **판례 2:** 행정법규의 소급적용은 일반적으로는 법치주의의 원리에 반하고 법률생활의 안정을 위협하는 것이어서, 이를 인정하지 않는 것이 원칙이고(법률불소급의 원칙 또는 행정법규불소급의 원칙), 다만 법령을 소급적용하더라도 **일반 국민의 이해에 직접 관계가 없는 경우, 오히려 그 이익을 증진하는 경우, 불이익이나 고통을 제거하는 경우 등의 특별한 사정이 있는 경우에 한하여 예외적으로 법령의 소급적용이 허용**된다(대판 2005. 5. 13, 2004다8630).
> ● **판례 3: 구 친일반민족행위자 재산의 국가귀속에 관한 특별법**은 진정소급입법에 해당하지만 친일재산의 소급적 박탈은 소급입법을 예상할 수 있었던 예외적인 사안이고, 진정소급입법을 통해 침해되는 법적 신뢰는 심각하다고 볼 수 없지만 달성되는 **공익적 중대성은 압도적**이므로 진정소급입법이 허용된다(대판 2012. 2. 23, 2010두17557).

3. 부진정소급의 경우

가. 원칙

부진정소급은 현재 진행 중인 상황에 대한 것이라 엄밀한 의미에서는 소급이 아니고, 소급을 하더라도 당사자에게 크게 불이익이 발생하지는 않아 **원칙적으로 인정**됩니다(판례 4).

> ● **판례 4:** 개발이익환수에관한법률 부칙 제2조는 법 시행 당시 개발이 **진행중인 사업**에 대하여 장차 개발이 완료되면 개발부담금을 부과하려는 것으로 부진정소급입법에 해당하므로 원칙적으로 허용된다(헌법재판소 98헌바19, 2001. 2. 22.).

나. 예외

예외적으로 공익과 사익을 비교하여 **개정 전의 법령을 적용할 때의 사익이 개정 후의 법령을 적용할 때의 공익보다 우월할 경우에는 소급이 되지 않을 수** 있습니다(판례 5).

● **판례 5:** 개정 법령이 국민의 재산권과 관련하여 종전보다 불리한 법률효과를 규정하고 있는 경우에도 개정 법령이 시행되기 이전에 이미 완성 또는 종결된 것이 아니라면 개정 법령을 적용하는 것이 헌법상 금지되는 소급입법에 의한 재산권 침해라고 할 수는 없다. 다만 개정 전 법령의 존속에 대한 국민의 신뢰가 개정 법령의 적용에 관한 공익상의 요구보다 더 보호가치가 있다고 인정되는 경우에 국민의 신뢰를 보호하기 위하여 적용이 제한될 수 있는 여지가 있을 따름이다(대판 2014. 4. 24, 2013두26552).

※ 정리: 진정소급과 부진정소급의 비교

구분		진정 소급	부진정 소급
의미		이미 완성된 법률관계에 적용	진행 중인 법률관계에 적용
허용 여부	원칙	금지	허용
	예외	허용 (국민의 이해와 직접 관계가 없는 경우, 심히 중대한 공익상 사유가 있는 경우)	금지 (사익이 공익보다 우월한 경우)

01 행정법령의 대인적 효력은 속지주의를 원칙으로 한다. (2016, 교육행정직 9급) ⸺⸺⸺⸺⸺ [O, X]

02 대통령령, 총리령 및 부령은 특별한 규정이 없는 한 공포한 날로부터 14일이 경과함으로써 효력을 발생한다. (2009, 국가직 9급) ⸺⸺⸺⸺⸺⸺⸺⸺⸺⸺⸺⸺⸺⸺⸺⸺⸺⸺ [O, X]

03 조례와 규칙은 특별한 규정이 없으면 공포한 날부터 20일이 경과함으로써 효력을 발생한다. (2021, 군무원 9급) ⸺⸺⸺⸺⸺⸺⸺⸺⸺⸺⸺⸺⸺⸺⸺⸺⸺⸺⸺⸺ [O, X]

04 국민의 권리 제한 또는 의무 부과와 직접 관련되는 법률, 대통령령, 총리령 및 부령은 긴급히 시행하여야 할 특별한 사유가 있는 경우를 제외하고는 공포일로부터 적어도 30일이 경과한 날부터 시행되도록 하여야 한다. (2020, 국가직 9급) ⸺⸺⸺⸺⸺⸺⸺⸺⸺⸺ [O, X]

05 대통령의 법률안거부권행사로 인하여 재의결권 법률을 국회의장이 공포하는 경우에는 서울특별시에서 발행되는 둘 이상의 일간신문에 게재함으로써 한다. (2015, 지방직 9급) ⸺⸺ [O, X]

06 새 법령이 시행되기 전에 종결된 사실에 대하여는 당해 법령을 적용하지 않는 것을 원칙으로 한다. (2009, 국가직 9급) ⸺⸺⸺⸺⸺⸺⸺⸺⸺⸺⸺⸺⸺⸺⸺⸺⸺⸺⸺ [O, X]

07 법령을 소급적용하더라도 일반국민의 이해에 직접 관계가 없는 경우에는 법령의 소급적용이 허용된다. (2021, 군무원 9급) ⸺⸺⸺⸺⸺⸺⸺⸺⸺⸺⸺⸺⸺⸺⸺⸺⸺⸺⸺ [O, X]

08 신뢰보호의 요청에 우선하는 심히 중대한 공익상의 사유가 소급입법을 정당화하는 경우 등에는 예외적으로 진정소급입법이 허용된다. (2014, 국가직 9급) ⸺⸺⸺⸺⸺⸺⸺⸺⸺ [O, X]

09 근거 법령이 개정된 경우에 경과규정에 달리 정함이 없는 한 개정법령에서 정한 기준에 의하는 것이 원칙이나, 개정 전 법령의 존속에 대한 국민의 신뢰가 개정 법령의 적용에 관한 공익상의 요구보다 더 보호가치가 있다고 인정되는 경우에는 그 적용이 제한될 수 있다.

(2023, 소방간부) ·· [O, X]

10 부진정소급입법은 원칙적으로 허용되지만 소급효를 요구하는 공익상의 사유와 신뢰보호의 요청 사이의 형량과정에서 신뢰보호의 관점이 입법자의 형성권에 제한을 가한다.

(2017, 국가직 7급) ·· [O, X]

행정작용의 주인공으로는 **행정주체(行政主體)와 행정객체(行政客體)**가 있습니다. 행정주체는 말 그대로 행정작용을 하는 쪽이고, 행정객체(행정의 상대방)는 행정작용의 대상이 되는 쪽입니다. 행정주체로는 ① 국가, ② 지방자치단체, ③ 공법상 법인(공법상 사단, 공법상 권리능력 있는 영조물), ④ 공무수탁사인이 있습니다. 한편, 행정주체는 추상적인 존재라 실제적인 행정작용을 하기 어렵습니다. 행정주체를 위해 현실적으로 행정을 담당하는 기관이 바로 행정기관이고, **행정청**이 대표적인 행정기관입니다. 행정청은 피고적격(被告適格)의 문제와 연결되는데, 항고소송의 피고는 행정주체가 아니라 행정청입니다. 즉, 항고소송의 피고는 "서울시"(행정주체)가 아니라 "서울시장"(행정청)이 되는 겁니다.

공법관계와 사법관계를 구별하는 가장 큰 이유는 쟁송수단이 다르기 때문입니다. 공법관계(예: 국유재산의 무단점유자에 대해 변상금을 부과하는 행위)에 관한 분쟁이 있는 경우에는 행정소송을 제기해야 하지만, 사법관계(예: 일반재산을 대부하는 행위)에 관한 분쟁이 있으면 민사소송을 제기해야 합니다.

개인적 공권은 개인이 행정주체에 대해 가지는 권리로서 행정주체에 일정한 행위를 요구할 수 있는 힘을 의미합니다. 개인적 공권은 원고적격과 밀접한 연관이 있습니다. 개인적 공권이 있는 사람은 법률상 이익을 가지고 원고적격을 갖추고 있어 항고소송을 제기할 수 있습니다. 공권이 성립하려면 행정청의 의무가 존재해야 하고 사익보호성이 인정되어야 합니다. 한편, 다소 특수한 공권으로 무하자재량행사청구권과 행정개입청구권이 있습니다.

기간은 시간적 간격을 뜻하는데, 시작점인 기산점과 종료점인 만료점이 있습니다. 원칙적으로 기산점을 계산할 때 초일(첫 번째 날)은 포함시키지 않고, 만료점이 공휴일이면 그다음 날에 만료됩니다. **시효**에는 소멸시효와 취득시효가 있습니다. 소멸시효는 권리자가 권리를 행사하지 않아 권리를 소멸시키는 것이고, 취득시효는 일정한 사실상태가 지속되면 권리를 취득하는 것입니다.

사인이 하는 공법행위 중에서 대표적인 유형이 **신고**입니다. 통지가 행정청에 도달하기만 하면 효과가 발생하는 신고를 **자기완결적 신고(수리를 요하지 않는 신고**, 예: 출생신고)라 하고, 행정청이 수리를 해야 효과가 발생하는 신고를 **행정요건적 신고(수리를 요하는 신고**, 예: 주민등록신고)라 합니다.

건축을 하려면 **건축허가**를 받아야 하는데, 건축허가를 받으면 다른 인허가가 의제되는 경우가 있습니다. 기본적으로 건축허가는 기속행위이지만, 개발행위를 수반하는 건축허가는 재량행위입니다. **건축신고**는 원칙적으로 자기완결적 신고입니다. 그런데, 인허가의제 효과가 있는 건축신고는 행정요건적 신고입니다. 또한 건축신고 반려행위는 항고소송의 대상이 됩니다.

Ⅰ. 의의

1. 행정주체

행정주체(行政主體)는 말 그대로 행정작용을 하는 주체로서 행정작용에 따른 행정법상의 권리·의무의 귀속주체가 됩니다. **권리·의무의 귀속주체**가 된다는 말은 법적인 권리(예: 소유권)와 의무(예: 보호의무)를 가진다는 뜻이고, 이를 **권리능력(權利能力)**이라고 표현하기도 합니다.

2. 행정객체

행정객체(行政客體) 또는 행정의 상대방은 행정주체에 의한 행정권행사의 대상이 되는 사람을 말합니다. 예컨대, 구청장이 식당을 운영하는 홍길동에게 영업정지처분을 하는 경우, 식당 운영자인 홍길동이 행정객체가 되는 겁니다. 한편, **지방자치단체는 그 구성원(지방직 공무원)에 대한 관계에서는 행정주체의 입장이지만, 국가 또는 광역지방자치단체와의 관계에서는 행정객체가 되기도 합니다.**

Ⅱ. 행정기관

1. 의의

행정주체는 권리·의무의 귀속주체이기는 하지만, 추상적인 존재라 실제적인 행정작용을 하기 어렵습니다. 그래서 실제로 행정을 수행하는 기관이 필요한데, 이러한 기관이 바로 **행정기관(行政機關)**입니다. 행정주체가 사람이라고 비유했을 때, 행정기관은 사람의 팔 또는 다리라고 생각하면 쉽습니다.

행정기관은 행정주체의 내부조직으로서, 행정주체를 위하여 현실적으로 행정을 담당합니다. 행정부에 있는 각 부(部), 예를 들면 기획재정부, 외교부, 법무부, 국방부, 행정안전부, 공정거래위원회, 중앙토지수용위원회 등이 대표적인 행정기관입니다.

2. 종류

가. 행정청

행정청(行政廳)은 행정기관의 일종으로, **행정에 관한 의사를 결정하여 외부에 표시하는 국가 또는 지방자치단체의 기관**을 말합니다. 쉽게 **생각해서 "서울시"가 행정주체라면, "서울시장"은 행정기관(행정청)**입니다. 행정청의 주요한 특징은 의사를 결정한 뒤, **"외부에 표시"**한다는 점입니다. 달리 말하면, 행정청의 명의로 행정처분을 한다는 것이고 이는 피고적격의 문제와 연결됩니다.

피고적격은 소송에서 피고가 될 수 있는 자격을 말하는데, 항고소송의 피고는 행정주체가 아니라 행정청입니다. 처분에 대해 항고소송을 제기할 때 "서울시"를 피고로 삼을 것이 아니라 "서울시장"을 피고로 삼아야 하는 겁니다. 그건 "서울시" 명의로 행정처분을 한 게 아니라, "서울시장"의 명의로 행정처분을 하기 때문입니다.

나. 의결기관, 보조기관, 보좌기관

의결기관은 의사를 결정하는 권한만 가지고 있고 외부에 표시할 권한은 없는 기관을 의미하고, **공무원징계위원회** 등 각종 징계위원회가 그 예입니다. 그 밖에 차관, 국장, 실장 등의 보조기관, 비서실 등의 보좌기관이 있습니다.

〈그림 11〉 행정주체와 행정객체

3. 특징

행정기관은 권리·의무의 귀속주체가 아니어서 독립적인 법인격이 없습니다. 따라서 **행정기관이 한 행위의 효과는 법인격을 가진 행정주체에게 귀속**됩니다. 예를 들어, 서울시장이 토지를 매수하는 경우 그 토지의 소유권은 행정기관인 서울시장이 가지는 것이 아니라 행정주체인 서울시가 갖는 겁니다.

Ⅲ. 행정주체의 종류

1. 국가와 지방자치단체

가. 국가

국가인 대한민국은 당연히 행정주체가 됩니다.

나. 지방자치단체

지방자치단체는 일정한 지역 내에서 행정권을 행사하는 행정주체입니다. 지방자치단체는 보통자치단체와 특별지방자치단체로 구분되고, 보통자치단체는 광역지방자치단체(특별시, 광역시, 특별자치시, 도 등)와 기초지방자치단체(시, 군, 자치구 등)로 나눌 수 있습니다.

2. 공법상 법인

가. 공법상 사단법인

공법상 **사단법인(社團法人)**은 특수한 사업을 수행하기 위해 일정한 자격을 가진 사람에 의해 구성된 법인을 말합니다. 대표적으로 **주택재건축정비사업조합**, 농지개량조합, 대한변호사협회 등이 있습니다(판례 1).

> ● **판례 1:** 도시 및 주거환경정비법에 따른 **주택재건축정비사업조합**은 관할 행정청의 감독 아래 주택재건축사업을 시행하는 공법인으로서, 그 목적 범위 내에서 법령이 정하는 바에 따라 일정한 행정작용을 행하는 **행정주체**의 지위를 갖는다(대판 2009. 10. 15, 2008다93001).

나. 공법상 재단법인

공법상 **재단법인(財團法人)**은 국가나 지방자치단체가 출연한 재산을 관리하기 위해 설립된 법인을 말합니다. 대표적으로 한국연구재단, 한국한중앙연구원 등이 있습니다.

다. 영조물법인

영조물법인(營造物法人)은 공행정목적을 수행하기 위해 설립된 공법상 **영조물(營造物**, 일정한 행정목적을 수행하는 인적·물적 시설의 종합체)로서 권리능력이 있는 법인을 말합니다. 대표적으로 한국방송공사, 서울대학교, 국립의료원 등이 있습니다.

3. 공무수탁사인

가. 의의

공무수탁사인(公務受託私人)은 국가나 지방자치단체로부터 공법상 권한을 부여받아 자기의 이름으로 공적인 사무를 독립하여 공법적으로 수행하는 사인(개인 또는 단체)을 말합니다.

공무수탁사인 제도는 사무처리의 능률성을 높이고 전문성을 확보하기 위한 것입니다. 구체적인 예로는, 사인이 **공공사업의 시행자로서 다른 사람의 토지를 수용**하는 경우, "민영교도소 등의 설치, 운영에 관한 법률"상 **민영교도소가 교정업무를 수행**하는 경우, 배의 선장(항공기의 기장)이 경찰사무를 수행하는 경우, 건축사가 건축공사에 관한 검사를 하는 경우가 있습니다.

나. 구별개념

행정청을 위하여 기술적인 집행 등의 단순히 보조역할을 하는 **행정보조인**(예: 아르바이트로 우편업무를 수행하는 사인, 사고현장에서 경찰의 부탁을 받아 경찰을 돕는 사람), **사법상 계약에 의해 단순히 경영위탁을 받은 사인**(예: 주차위반을 견인하는 민간사업자, 생활폐기물의 수집·운반·처리를 하는 대행업자 등)은 공무수탁사인이 아닙니다.

한편 소득세의 원천징수의무자(소득이나 수익을 지급할 때 세금의 일부를 거둬들이는 의무를 지는 사람)가 공무수탁사인에 해당하는지에 대한 논의가 있는데, **판례는 소득세원천징수의무자의 원천징수행위를 행정처분이 아니라고 판단**하였습니다(판례 2).

다. 법률상 지위

공무수탁사인은 수탁받은 공무를 수행하는 범위 내에서는 **행정주체**입니다. 따라서 공무수탁사인을 상대로 당사자소송 또는 민사소송을 제기하는 경우에 **피고는 공무수탁사인**이 됩니다.

공무수탁사인은 행정소송법에 따른 **행정청**이기도 합니다. 따라서 공무수탁사인의 위법한 행정처분으로 권리를 침해당한 사람은 공무수탁사인을 상대방(피고)으로 하여 행정심판이나 항고소송을 제기할 수 있습니다.

공무수탁사인은 국가배상법상의 공무원에 해당하므로, 공무수탁사인의 위법한 직무집행으로 손해가 발생하면 국가 등이 손해배상책임을 부담합니다.

01 지방자치단체는 행정주체이지 행정권 발동의 상대방인 행정객체는 될 수 없다.
(2017, 사회복지직 9급) .... [O, X]

02 행정청은 독립적인 법인격이 인정되지 않으므로 행정청의 대외적인 권한행사의 법적 효과는
행정주체에게 귀속된다. (2020, 소방간부) .... [O, X]

03 "도시 및 주거환경정비법"상 주택재건축정비사업조합은 공법인으로서 목적범위 내에서 법령
이 정하는 바에 따라 일정한 행정작용을 행하는 행정주체의 지위를 갖는다.
(2017, 사회복지직 9급) .... [O, X]

04 행정안전부장관은 행정주체가 될 수 있다. (2013, 국가직 9급) .... [O, X]

05 "공익사업을 위한 토지 등의 취득 및 보상에 관한 법률"상 토지수용권을 행사하는 사인은 공
무수탁사인에 해당한다. (2018, 서울시 1회 7급) .... [O, X]

06 "민영교도소의 설치, 운영에 관한 법률"상 교정업무를 수행하는 민영교도소는 공무수탁사인
에 해당한다. (2018, 서울시 1회 7급) .... [O, X]

07 공무수탁사인은 행정임무를 자기 책임하에 수행함이 없이 단순한 기술적 집행만을 행하는 사
인인 행정보조인과는 구별된다. (2010, 지방직 9급) .... [O, X]

08 "도로교통법"상 견인업무를 대행하는 자동차견인업자는 공무수탁사인에 해당된다.
(2018, 서울시 1회 7급) .... [O, X]

09 "소득세법"에 의한 원천징수의무자의 원천징수행위는 법령에서 규정된 징수 및 납부의무를 이행하기 위한 것에 불과한 것이지, 공권력의 행사로서의 행정처분에 해당되지 아니한다고 보는 것이 판례의 입장이다. (2010, 지방직 9급) .... [O, X]

10 공무수탁사인은 수탁받은 공무를 수행하는 범위 내에서 행정주체이고 행정절차법이나 행정 소송법에서는 행정청이다. (2017, 사회복지직 9급) .... [O, X]

<table>
<tr><td>정답</td><td>01 X</td><td>02 O</td><td>03 O</td><td>04 X</td><td>05 O</td><td>06 O</td><td>07 O</td><td>08 X</td><td>09 O</td><td>10 O</td></tr>
</table>

Ⅰ. 의의

1. 구별의 필요성

공법(公法)관계와 **사법(私法)관계**를 구분해야 하는 이유는 적용되는 법원리와 쟁송수단이 다르기 때문입니다.

가. 적용법규

공법관계에는 공법원리(예: 행정법의 일반원칙 등)와 공법규정(예: 행정기본법)이 적용됩니다. 하지만, 사법관계에는 사법원리(예: 사적자치의 원칙)와 사법규정(예: 민법)이 적용됩니다.

나. 쟁송수단

공법관계에 관한 분쟁이 있는 경우에는 행정소송을 제기해야 하지만, 사법관계에 관한 분쟁이 있는 경우에는 민사소송을 제기해야 합니다.

※ 김변쓰 팁: 사법(私法)과 사법(司法)

사법(私法)과 사법(司法)은 한글 표기는 동일하지만 그 뜻이 다릅니다. 드라마 〈이상한 변호사 우영우〉 제15화에서 우영우 변호사는 사법(私法)과 사법(司法)을 구별해야 한다고 강조합니다. 우영우 변호사의 말처럼, 두 개념은 구분되고 발음도 다릅니다. 사법부의 활동을 뜻하는 경우에는 [사법]이라고 읽지만, 공법과 대비되는 개념은 [사뻡]이라고 발음합니다.

---

2. 구별의 기준

1차적으로는 **관계법령의 규정 내용과 성질** 등을 기준으로 공법관계와 사법관계를 구별합니다. 관계법령이 행정상 강제집행 등을 인정하고 있거나, 법적 분쟁에 대해 행정상 쟁송을 제기하도록 명문으로 규정하고 있으면 공법관계일 가능성이 높습니다.

1차적 기준으로 구분이 어려운 경우에는 2차적 기준이 사용됩니다. 다양한 학설이 있는데, 통설인 **복수(複數, 둘 이상의 수)기준설**에 따를 때 행정주체에게 **우월한 법적 지위를 부여하고 있거나 공공성이 강한 경우**에는 공법관계로 봅니다.

3. 공부 방법

공법관계와 사법관계의 구별에 관한 일반적인 기준을 아는 것도 중요하지만, **구체적인 사례(판례)**를 통해 양자를 잘 구별하는 게 더욱 중요합니다. 공법관계와 사법관계를 구별하기 위해서는 각 행정작용의 내용 및 성질, 관련 사실관계를 정확히 알아야 해서 행정법 공부가 충분하지 않은 사람에게 양자를 구분하는 일은 어려운 편입니다. 초심자의 경우에는 처음부터 모든 게 이해되지 않는다고 좌절하기보다는 '예습' 정도로 생각하고 행정법 전반을 공부한 뒤 다시 한 번 확인하는 게 좋습니다.

1. 공법관계로 본 사례

● **판례 1:** 국유재산의 **무단점유자에 대한 변상금**(辨償金, 남에게 끼친 손해를 물어주기 위해 내는 돈) **부과처분**은 행정소송의 대상이 되는 행정처분이다(대판 1988. 2. 23, 87누1046).

● **판례 2: 행정재산의 사용·수익에 대한 허가**는 관리청이 공권력을 가진 우월적 지위에서 행하는 행정처분으로서 특정인에게 행정재산을 사용할 수 있는 권리를 설정하여 주는 강학상 특허이다 (대판 2006. 3. 9, 2004다31074).

● **판례 3:** 구 지방재정법의 규정에 따라 **기부채납받은 행정재산에 대해 공유재산 관리청이 기부자에게 사용·수익을 허가하는 것**은 행정처분이다(대판 2001. 6. 15, 99두509).

● **판례 4: 국립의료원 부설 주차장에 관한 위탁관리용역운영계약**의 실질은 행정재산에 대한 사용·수익을 허가하는 강학상 특허에 해당한다(대판 2006. 3. 9, 2004다31074).

● **판례 5: 행정재산** 사용·수익 허가 이후의 **사용료 부과**는 관리청이 공권력을 가진 우월적 지위에서 행한 것으로서 항고소송의 대상이 되는 행정처분이다(대판 1996. 2. 13, 95누11023).

● **판례 6: 행정재산의 사용·수익 허가에 대한 취소**는 항고소송의 대상이 되는 행정처분이다(대판 1997. 4. 11, 96누17325).

2. 사법관계로 본 사례

● **판례 7: 국유잡종재산**[현재: 일반재산]**을 대부**(貸付, 빌려주어 사용과 수익을 허락함)**하는 행위**는 국가가 사경제주체로서 상대방과 대등한 위치에서 행하는 사법상 계약이다(대판 2000. 2. 11, 99다61675).

※ 참고: 국유재산의 분류(국유재산법 제6조)

행정재산	공용 재산	국가가 직접 사무용, 사업용, 공무원의 주거용으로 사용하는 재산 예) 청사, 관사, 학교 등
	공공용 재산	국가가 직접 공공용으로 사용하는 재산 예) 도로, 하천, 항만, 공항, 공유수면 등
	기업용 재산	정부기업이 직접 사무용, 사업용, 직원 주거용으로 사용하는 재산 예) 상하수도, 철도 등
	보존용 재산	법령이나 그 밖의 필요에 따라 국가가 보존하는 재산 예) 문화재, 사적지, 국립공원 등
일반재산		행정재산 외의 국유재산

1. 공법관계로 본 사례

● **판례 8: 국가나 지자체에 근무하는 청원경찰**은 임용권자가 행정기관의 장이고 국가나 지자체에서 보수를 받고 공무원연금법에 따른 퇴직급여를 지급받으므로 **국가나 지자체에 근무하는 청원경찰에 대한 징계처분**을 다투는 소송은 행정소송이다(대판 1993. 7. 13, 92다47564).

● **판례 9:** 서울특별시립무용단원의 공연 활동은 지방문화 · 예술을 진흥시키고자 하는 공공적 업무수행의 일환이고 공무원연금법에 따른 연금을 지급받으므로 **서울특별시립무용단 단원의 위촉**은 공법상 계약이고, 해촉에 대해서는 공법상 당사자소송으로 다퉈야 한다(대판 1995. 12. 22, 95누4636).

2. 사법관계로 본 사례

● **판례 10: 사립학교 교원에 대한 해임처분**을 다투는 소송은 민사소송이다(대판 1993. 2. 12, 92누13707).

● **판례 11:** 서울특별시 지하철공사 사장은 행정청이 아니고 **서울특별시 지하철공사의 임원과 직원의 근무관계**의 성질은 사법관계이므로 징계처분에 대한 불복절차는 민사소송에 의해야 한다(대판 1989. 9. 12, 89누2103).

III. 계약 또는 금전 문제 관련 판례

1. 공법관계로 본 사례

● **판례 12:** 텔레비전방송수신료는 공영방송사업이라는 특정한 공익사업의 경비조달을 위하여 텔레비전수상기를 소지한 특정 집단에 대하여 부과되는 특별부담금으로 방송법 상의 **수신료 징수권한**이 있는지 여부를 다투는 소송은 행정소송 중 당사자소송이다(대판 2008. 7. 24, 2007다25261).

● **판례 13:** "하천구역 편입토지 보상에 관한 특별조치법"에 따른 **손실보상금** 지급을 구하는 소송은 공법상 당사자소송이다(대판 2006. 5. 18, 2004다6207).

2. 사법관계로 본 사례

● **판례 14:** 공익사업을 위한 토지 등의 취득 및 보상에 관한 법령에 의한 **협의취득은 사법상의 법률행위**이므로 당사자 사이의 자유로운 의사에 따라 채무불이행책임이나 매매대금 과부족금에 대한 지급의무를 약정할 수 있다(대판 2012. 2. 23, 2010다91206).

● **판례 15:** 국가를 당사자로 하는 계약에 관한 법률에 따라 국가가 당사자가 되는 이른바 **공공계약**은 사경제 주체로서 상대방과 대등한 위치에서 체결하는 사법상 계약이다(대판 2020. 5. 14, 2018다298409).

● **판례 16:** 개발부담금 부과처분이 취소된 경우, **부당이득으로서의 과오납금 반환**을 구하기 위해서는 민사소송을 제기해야 한다(대판 1995. 12. 22, 94다51253).

● **판례 17:** 조세부과처분이 당연무효임을 전제로 하여 **이미 납부한 세금의 반환**을 청구하는 것은 민사상의 부당이득반환청구로서 민사소송절차에 따라야 한다(대판 1995. 4. 28, 94다55019).

● **판례 18:** 입찰보증금의 국고귀속조치는 국가가 사법상의 재산권의 주체로서 행위하는 것이지 공권력을 행사하는 것이거나 공권력작용과 일체성을 가진 것이 아니라 할 것이므로 이에 관한 분쟁은 행정소송이 아닌 민사소송의 대상이 될 수밖에 없다(대판 1983. 12. 27, 81누366).

01 행정상 법률관계를 공법관계와 사법관계로 구분하는 것은 각각의 소송절차와도 관련된다.
(2018, 교육행정직 9급) [O, X]

02 행정재산의 사용, 수익에 대한 허가는 공법관계에 해당한다. (2017, 교육행정직 9급) [O, X]

03 국유재산법상의 국유재산무단사용 변상금 부과처분은 공법관계에 해당한다.
(2017, 국가직(하) 7급) [O, X]

04 일반재산의 대부계약은 지방자치단체가 상대방과 대등한 지위에서 행하는 공법상 계약으로
이를 다투는 소송은 당사자소송이다. (2020, 국회직 8급) [O, X]

05 국가나 지방자치단체에 근무하는 청원경찰의 징계처분에 대한 소송은 행정소송에 해당한다.
(2018, 지방직 9급) [O, X]

06 서울특별시립무용단 단원의 위촉은 공법상의 계약이므로, 그 단원의 해촉에 대하여는 공법상
의 당사자소송으로 그 무효 확인을 청구할 수 있다. (2014, 지방직 7 급) [O, X]

07 "하천구역편입토지보상에 관한 특별조치법" 제2조 제1항의 규정에 의한 손실보상금의 지급을
구하는 소송은 민사소송이다. (2013, 서울시 9급) [O, X]

08 "개발이익환수에 관한 법률"상 개발부담금부과처분이 취소된 경우 그 과오납금의 반환을 청
구하는 소송은 행정소송에 해당한다. (2018, 지방직 9급) [O, X]

09 "공익사업을 위한 토지 등의 취득 및 보상에 관한 법률"에 따른 협의취득은 공법관계이다.
(2019, 소방직 9급) ··· [O, X]

10 구 예산회계법상 입찰보증금의 국고귀속조치는 공법관계에 해당한다. (2017, 교육행정직 9급) ············ [O, X]

제3항　공권과 공의무

Ⅰ. 서론

공법관계는 공법상의 권리·의무로 이뤄지는 관계입니다. 행정주체와 행정객체는 모두 공법상의 권리·의무를 가집니다. 행정주체인 국가·지방자치단체가 가지는 권리·의무를 국가적 공권·국가적 의무라 부르고, 행정객체인 개인이 가지는 권리·의무를 개인적 공권·개인적 공의무라고 합니다. 네 가지 유형 중에서 행정법에서 주로 논의되는 영역은 **개인적 공권**입니다.

Ⅱ. 개인적 공권

1. 의의

가. 개념

개인적 공권(個人的 公權)은 개인이 직접 자기의 이익을 위하여 행정주체에 대해 가지는 권리로서 **행정주체에게 일정한 행위를 요구할 수 있는 힘**을 의미합니다. 개인적 공권이 중요한 이유는 개인적 공권을 가지느냐에 따라 법적인 권리구제 가능성이 달라지기 때문입니다. 즉, 개인적 공권이 침해된 사람은 침해 상태를 제거해 달라는 항고소송을 제기할 "원고적격"을 가지고 개인적 공권이 위법하게 침해된 경우 "행정상 손해배상"을 청구할 수 있습니다.

나. 구별개념: 개인적 공권(법률상 이익) vs 반사적 이익

개인적 공권이 있는 사람은 법률상 이익을 가지고 있는데, 법률상 이익과 구별되는 개념으로 **반사적 이익(反射的 利益)**이 있습니다. 법률상 이익은 법률이 구체적으로 보호하고 있는 이익이지만, 반사적 이익은 일정한 규율을 행한 결과 부수적으로 생기는 이익을 말합니다. 예를 들어, 코로나19 바이러스의 확산을 막기 위해 집합금지명령을 내리면 배달업이 호황을 누리지만 행정청이 배달업을 하는 사람들의 이익을 위해서 집합금지명령을 하는 건 아닙니다. 집합금지명령의 결과로 배달업을 하는 사람들이 누리는 이익이 반사적 이익의 일종입니다.

법률상 이익은 **원고적격과 밀접한 연관**이 있는데, 법률상 이익이 침해되면 원고적격이 인정되어 취소소송을 제기할 수 있지만, 반사적 이익이 침해되면 원고적격이 인정되지 않아 취소소송을 제기할 수 없습니다.

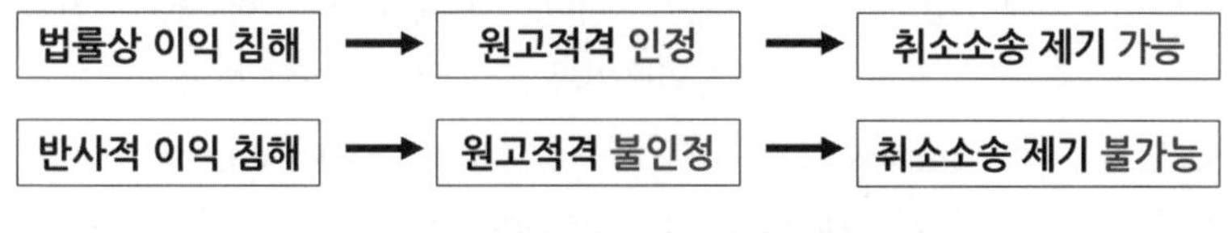

〈그림 12〉 법률상 이익과 반사적 이익

다. 성립

개인적 공권은 법률의 규정으로부터 도출되는 것이 일반적입니다. 그리고 헌법 규정에 의해 개인적 공권이 도출되기 하는데, 헌법 규정의 성격에 따라 개인적 공권 인정 여부가 달라집니다. 한편, 개인적 공권은 **조리, 공법상 계약, 법규명령, 관습법에 의해서도 성립**할 수 있습니다(판례 1).

● **판례 1:** 법령상 검사임용 신청 및 처리의 제도에 관한 명문 규정이 없다고 하여도 **조리상 임용권자는 임용신청자들에게 임용 여부의 응답을 해줄 의무**가 있다(대판 1991. 2. 12, 90누5825).

　[사실관계] 사법시험에 합격하여 사법연수원을 수료한 A는 검사임용신청을 하였다가 임용거부처분을 받자 거부처분취소소송을 제기하였다.

---

2. "법률"에 의한 공권의 성립요건

가. 행정청의 의무가 존재할 것

개인적 공권은 행정청에게 일정한 행위를 요구할 수 있는 권리이기 때문에, 개인적 공권이 성립하려면 행정주체가 일정한 의무를 부담해야 합니다. 달리 말해, **행정주체에게 일정한 의무를 부과하는 강행법규**(강제법규)가 존재해야 합니다.

나. 사익보호성

법규가 특정인의 이익(사익)을 보호하는 걸 목적으로 하는 걸 **사익보호성(私益保護性)**이라고 하는데, **사익보호성이 있어야 개인적 공권이 인정**됩니다. 이에 반해 법규가 오로지 공익만을 보호하고 있는 경우에는 사익보호성이 인정되지 않고, 그와 같은 경우에는 개인적 공권이 성립하지 않습니다.

한편 법규가 사익을 보호하고 있는지를 판단할 때 법규의 범위를 어디까지로 볼 것인지가 문제됩니다. 판례는 법률상 이익 여부를 판단할 때 직접적 근거법률 이외에 **관련 법률까지도 고려**하고 있습니다(판례 2).

● **판례 2:** 행정처분의 직접 상대방이 아닌 제3자도 당해 행정처분으로 인하여 법률상 보호되는 이익을 침해당한 경우에는 취소소송을 제기하여 판단받을 자격이 있고, 이때 법률상 보호되는 이익은 **당해 처분의 근거 법규 및 관련 법규**에 의하여 보호되는 개별적·직접적·구체적 이익이 있는 경우를 말한다(대판 2005. 5. 12, 2004두14229).

---

3. "헌법"에 의한 공권의 성립요건

가. 문제 상황

개인적 공권은 법률에 의해 성립하는 것이 일반적입니다. 그런데 법률에 의해서는 공권이 성립하지 않는 경우에, 헌법을 근거로 개인적 공권을 주장할 수 있을지가 문제됩니다. 만약 헌법을 근거로 개인적 공권을 주장할 수 있다면, 헌법상 기본권침해를 이유로 행정소송을 제기할 수 있습니다.

그런데 문제는 헌법은 일반적인 법률에 비해서 추상성이 매우 강하다는 점입니다. 헌법 규정에 따른 개인적 공권을 인정하면 개인적 공권의 인정범위가 지나치게 넓어질 수 있는 부작용이 생길 수 있습니다.

나. 기본권에 의한 개인적 공권의 성립 범위

소극적 방어권인 **자유권적 기본권**은 그 자체가 구체적인 성격을 가지는 기본권이어서 법률에 의해 구체화되지 않아도 헌법상 자유권적 기본권의 침해를 이유로 취소소송 등을 제기할 수 있습니다.

그러나 사회적 기본권은 다릅니다. 환경권과 같은 **사회권적 기본권**은 추상성이 강하고 특정한 행동을 촉구하는 적극적인 성격을 가지고 있어, **법률에 의해 구체화되어야만 개인적 공권이 인정**됩니다. 사회적권 기본권의 예로는 **근로자의 퇴직급여청구권, 의료보험수급권, 공무원연금수급권, 환경권** 등이 있습니다(판례 3~4).

> ● **판례 3: 근로자가 퇴직급여를 청구할 수 있는 권리**는 헌법상 바로 도출되는 것이 아니라 퇴직급여법 등 관련 법률이 구체적으로 정해야 인정될 수 있다(헌재 2011. 7. 28, 2009헌마408).
> ● **판례 4: 환경영향평가 대상지역 밖에 거주하는 주민**은 헌법상의 환경권 또는 환경정책기본법에 근거하여 공유수면매립면허처분과 농지개량사업 시행인가처분의 무효확인을 구할 원고적격이 없다(대판 2006. 3. 16, 2006두330).

4. 개인적 공권의 특징

가. 이전의 제한

개인적 공권은 공익적 목적을 위해 인정되는 권리이므로 한 사람이 전적으로 가지고 상속이나 양도 등이 되지 않은 것이 원칙입니다. 예를 들어, 국가에 대한 보조금청구채권을 다른 사람에게 넘길 수는 없습니다(대판 2008. 4. 24, 2006다33586).

나. 포기의 제한

개인적 공권은 상대방과 합의를 하더라도 함부로 포기할 수 없는 경우가 많습니다. 예컨대, **행정소송을 제기하지 않겠다는 약속(부제소특약)을 하더라도 이러한 약속은 무효**입니다(판례 5).

> ● **판례 5:** 행정소송에 있어서 **소권**(訴權, 소송을 제기할 수 있는 권리)**은** 개인의 국가에 대한 공권이므로 **당사자의 합의로써 포기할 수 없다**(대판 1995. 9. 15, 94누4455).

III. 무하자재량행사청구권, 행정개입청구권

1. 무하자재량행사청구권

가. 의의

무하자재량행사청구권(無瑕疵裁量行使請求權)은 행정청에 대해 재량권을 하자 없이 행사하여 줄 것을 요구할 수 있는 권리입니다. 재량행위는 행정청이 어떠한 행정행위를 할지 말지를 정할 수 있는 행정행위이기 때문에 행정객체가 특정한 행정행위를 요구하기 어렵습니다. 특정한 행위를 해 달라고 요구할 수는 없지만, 적어도 "재량을 행사할 때 완전히 마음대로 하지는 말고 적어도 하자는 없게 재량을 행사해 달라."라고 요구할 수 있는 권리는 있는데, 그게 바로 무하자재량행사청구권입니다.

무하자재량행사청구권에 관한 대표적인 판례는 검사임용 거부 사건인데, 다수설은 해당 판례를 무하자재량행사청구권의 개념을 인정한 판례로 보고 있습니다(판례 6).

> ● **판례 6:** 검사의 임용 여부는 임용권자의 자유재량에 속하는 사항이나, 임용권자는 재량권의 한계 일탈이나 남용이 없는 위법하지 않은 응답을 할 의무가 있고 임용신청자도 **재량권의 한계 일탈이나 남용이 없는 적법한 응답을 요구할 권리**가 있다(대판 1991. 2. 12, 90누5825).

2. (협의의) 행정개입청구권

가. 의의

(협의의) 행정개입청구권(行政介入請求權)은 개인이 자기의 이익을 위하여 타인에 대해 일정한 행위를 발동하여 줄 것을 행정청에게 청구하는 권리를 말합니다. 예를 들어, 건축주(A)가 대형 건물을 건축하자 이웃에 사는 B가 행정청에게 공사중지 등의 시정명령을 요구하는 경우입니다.

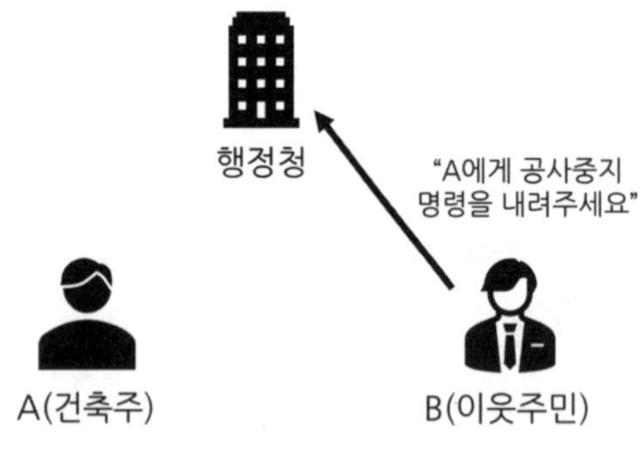

〈그림 13〉 행정개입청구권

나. 논의되는 영역

재량행위에서는 원칙적으로 하자 없는 재량행사를 청구할 수 있을 뿐 특정한 처분을 해 달라는 청구를 할 수가 없습니다. 다만 예외적으로 재량행위인 경우에도 행정개입청구권이 인정되는 때가 있는데, 그건 **"재량이 영(0)으로 수축**되는 경우"입니다. "재량이 0으로 수축된다"라는 건 쉽게 말해, 재량이 1도(하나도) 없어진다는 의미입니다.

① 사람의 생명, 신체 및 재산 등 중요한 법익에 급박하고 현저한 위험이 존재하고, ② 행정권을 발동시키면 그러한 위험이 제거될 수 있고, ③ 피해자의 개인적인 노력만으로는 권익침해를 막기 어렵다면, 재량이 0으로 수축됩니다.

다. 인정여부

판례는 **제3자 소유의 건축물에 대해 철거를 요구할 수 있는 권리가 인정되지 않는다**고 판시하였는데, 다수설은 **행정개입청구권을 부정**하고 있는 것으로 해석합니다(판례 7).

● **판례 7:** 국민이 행정청에 대하여 **제3자 소유의 건축물에 대한 철거 등의 조치를 요구할 수 있는 권리는 인정되지 않는다**(대판 1999. 12. 7, 97누17568).

01 공권과 반사적 이익의 구별은 행정소송에서 원고적격의 인정여부와 관련이 있다.
(2004, 서울교행 9급) ··· [O, X]

02 개인적 공권은 명확한 법규의 존재를 전제로 하는 것이므로 성문법에 근거하지 않으면 성립
할 수 없다. (2012, 국가직 9급) ··· [O, X]

03 처분의 근거법규가 공익뿐만 아니라 개인의 이익도 아울러 보호하고 있는 경우에 공권이 인
정될 수 있다. (2011, 사회복지직 9급) ··· [O, X]

04 처분의 직접적인 근거법규뿐만 아니라 관계법규가 사익을 보호하는 것으로 인정되는 경우에
도 공권이 성립될 수 있다. (2015, 교육행정직 9급) ·· [O, X]

05 소극적 방어권인 헌법상의 자유권적 기본권은 법률의 규정이 없더라도 직접 공권이 성립될
수 있다. (2017, 지방직 9급) ··· [O, X]

06 근로자가 퇴직급여를 청구할 수 있는 권리와 같은 이른바 사회적 기본권은 헌법규정에 의하
여 바로 도출되는 개인적 공권이라 할 수 없다. (2012, 국가직 9급) ·· [O, X]

07 환경정책기본법 제6조의 규정 내용 등에 비추어 국민에게 구체적인 권리를 부여한 것으로 볼
수 없더라도 환경영향평가대상지역 밖에 거주하는 주민에게 헌법상의 환경권 또는 환경정책
기본법에 근거하여 공유수면매립면허처분과 농지개량사업시행인가처분의 무효확인을 구할
원고적격이 있다. (2017, 지방직 9급) ··· [O, X]

08 행정소송에 있어서의 소권은 개인의 국가에 대한 공권이므로 당사자의 합의로써 이를 포기할
수 없다. (2017, 경행특채) ··· [O, X]

09 처분의 근거법규가 재량규정으로 되어 있는 경우에는 공권이 성립될 수 없다.

(2008, 국가직 9급) ··· [O, X]

10 개인의 신체, 생명 등 중요한 법익에 급박하고 현저한 침해의 우려가 있는 경우 재량권이 영으

로 수축된다. (2015, 국가직 9급) ··· [O, X]

정답 **01** O **02** X **03** O **04** O **05** O **06** O **07** X **08** O **09** X **10** O

Ⅰ. 기간

1. 의의

기간(期間)은 일정시점에서 다른 시점까지의 시간적 간격을 말합니다. 즉 기간 개념에는 출발점과 종료점이 있다는 걸 알 수 있는데, 법학에서는 출발점을 **기산점(起算點)**이라 하고, 종료점을 **만료점(滿了點)**이라고 부릅니다.

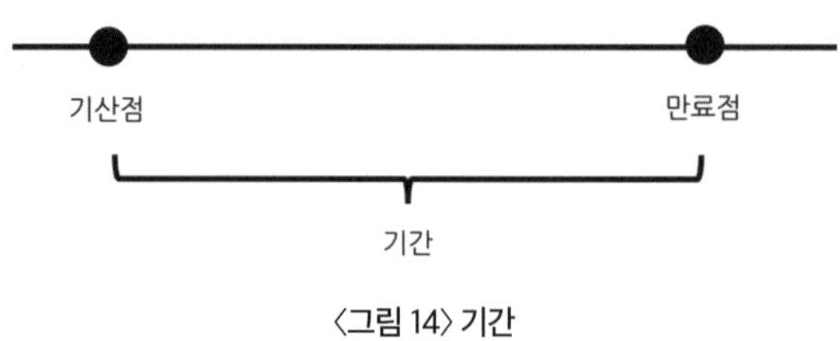

〈그림 14〉 기간

2. 기간 계산의 원칙

가. 민법규정의 준용

행정기본법 또는 다른 법령에 특별한 규정이 없다면 "민법" 규정을 준용합니다(행정기본법 제6조 제1항)

나. 기산점 관련

기산점에 관한 것으로는 **초일 불산입(初日 不算入)**의 원칙이 있습니다(민법 제157조). 초일 불산입의 원칙은 초일, 즉 첫 번째 날은 계산할 때 산입(포함)시키지 않는다는 뜻입니다. 한편, **법령등 또는 처분에서 국민의 권익을 제한하거나 의무를 부과하는 경우(예: 영업정지) 권익이 제한되거나 의무가 지속되는 기간을 계산할 때에는 기간의 첫날을 산입**합니다. 다만, 첫날을 산입하는 게 국민에게 불리한 경우(예: 일정 기간 이내에 건물을 철거하도록 명하는 경우) 첫날을 산입하지 않습니다(행정기본법 제6조 제2항).

다. 만료점 관련

기간이 끝나는 만료점은 기간의 말일(마지막 날)이지만, 말일이 공휴일이면 그다음 날에 만료됩니다(민법 제159조, 민법 제161조). 한편, 법령등 또는 처분에서 국민의 권익을 제한하거나 의무를 부과하는 경우(예: 영업정지) 권익이 제한되거나 의무가 지속되는 기간을 계산할 때에는 그 기간의 말일이 토요일 또는 공휴일인 때에는 그 말일로 기간이 만료합니다. 다만, 토요일 또는 공휴일에 만료하는 게 국민에게 불리한 경우(예: 금전납부의무) 그 다음 날에 만료합니다(행정기본법 제6조 제2항).

라. 예시

2021년 10월 15일 오전 10시부터 7일을 계산하는 경우, 초일(10월 15일)은 포함되지 않으므로 기산점은 10월 16일 오전 0시이고, 만료점은 10월 22일 밤 12시(24시)입니다.

2021년 10월 10일 오전 10시부터 7일을 계산하는 경우, 초일(10월 10일)은 포함되지 않으므로 기산점은 10월 11일 오전 0시이고, 만료점은 원래 10월 17일 12시(24시)이나 10월 17일이 공휴일이므로 다음 날인 10월 18일 밤 12시(24시)가 만료점이 됩니다.

2021년 10월						
일	월	화	수	목	금	토
					1	2
3 개천절	4 대체휴일	5	6	7	8	9 한글날
10	11 대체휴일	12	13	14	15 포함X	16 ①
17 ②	18 ③	19 ④	20 ⑤	21 ⑥	22 ⑦	23
24/31	25	26	27	28	29	30

2021년 10월						
일	월	화	수	목	금	토
					1	2
3 개천절	4 대체휴일	5	6	7	8	9 한글날
10 포함X	11 대체휴일 ①	12 ②	13 ③	14 ④	15 ⑤	16 ⑥
17	18 ⑦	19	20	21	22	23
24/31	25	26	27	28	29	30

〈그림 15〉 기간 계산 예시

3. 법령등의 시행일의 기간 계산

가. 원칙

법령등(훈령·예규·고시·지침 등을 포함)을 공포한 날부터 시행하는 경우에는 공포한 날을 시행일로 합니다(행정기본법 제7조 제1호).

법령등을 공포한 날부터 일정 기간이 경과한 날부터 시행하는 경우 법령등을 **공포한 날을 첫날에 산입하지 않습니다**(행정기본법 제7조 제2호).

법령등을 공포한 날부터 일정 기간이 경과한 날부터 시행하는 경우 **그 기간의 말일이 토요일 또는 공휴일인 때에는 그 말일로 기간이 만료**합니다(행정기본법 제7조 제3호).

나. 예시

□ **행정기본법 부칙 〈법률 제17979호, 2021. 3. 23.〉**
○ **제1조(시행일)** 이 법은 **공포한 날**부터 시행한다. 다만, **제22조**, 제29조, 제38조부터 제40조까지는 **공포 후 6개월이 경과한 날부터 시행**하고, **제23조**부터 제26조까지, 제30조부터 제34조까지, 제36조 및 제37조는 **공포 후 2년이 경과한 날**부터 시행한다.

행정기본법은 공포한 날(2021. 3. 23.)부터 시행하므로 2021. 3. 23.부터 시행합니다.

제22조(제재처분의 기준)는 공포 후 6개월이 경과한 날부터 시행하는데, 6개월을 계산할 때 공포한 날(2021. 3. 23.)은 포함하지 않으므로 6개월이 경과한 날(제22조의 시행일)은 2021. 9. 24.입니다.

제23조(제재처분의 제척기간)는 공포 후 2년이 경과한 날부터 시행하는데, 2년을 계산할 때 공포한 날(2021. 3. 23.)은 포함하지 않으므로 2년의 말일은 2024. 3. 23.이고 2024. 3. 23.이 토요일이기는 하지만 행정기본법 제7조 제3호에 따라 2024. 3. 23.에 2년이 만료하므로, 시행일은 2024. 3. 24.입니다.

1. 의의

소멸시효(消滅時效)는 권리자가 권리를 행사할 수 있는데도 행사하지 않는 사실상태가 일정 기간 계속된 경우에, 그 권리를 소멸시키는 제도입니다. 소멸시효 제도를 인정하고 있는 것은 법적인 안정성을 확보하기 위해서입니다.

2. 금전채권의 소멸시효

가. 원칙

민법상 금전채권의 소멸시효기간은 일반적으로 10년이지만, 행정법관계에서는 소멸시효기간이 다릅니다. 국가 또는 지방자치단체와 국민 사이의 금전채권(채무)의 경우, 다른 법률에 규정이 없는 때에는 **5년** 동안 행사하지 아니하면 시효로 인하여 권리가 소멸합니다(국가재정법 제96조). 국민이 국가에 대해 가지는 금전채권뿐만 아니라, 국가가 국민에 대해 가지는 금전채권도 마찬가지입니다.

이때 금전의 급부를 목적으로 하는 권리인 이상 금전급부의 발생원인에 관하여는 아무런 제한이 없으므로 국가의 공권력의 발동으로 하는 행위는 물론 국가의 **사법(私法)상의 행위에서 발생한 국가에 대한 금전채무도 포함**합니다(대판 1967. 7. 4, 67다751).

나. 예외

다른 법률에 규정이 있는 때에는 소멸시효 기간이 달라지는데, 대표적인 예로는 **국가배상청구권**입니다. 국가배상법은 소멸시효에 관한 규정이 없지만, 국가배상법 제8조에 따라 소멸시효에 관해서는 민법이 적용됩니다. 이에 따라, 국가배상청구권은 그 손해와 **가해자를 안 날로부터 3년** 또는 불법행위가 있던 날로부터 5년의 소멸시효가 적용됩니다(민법 제166조, 제766조).

3. 기산점과 소멸시효의 중단

가. 기산점

소멸시효 제도는 법적인 안정성을 위해 필요합니다. 여러 가지 사정으로 권리를 행사할 수 없었는데, 단순히 시간이 지났다는 이유로 권리를 소멸시킨다는 점에서 채권자에게 가혹한 면이 있습니다. 이러한 불합리를 해소하기 위해서 소멸시효의 기산점은 "권리를 행사할 수 있는 때"로 정하고 있습니다. "권리를 행사할 수 있는 때"란 권리를 행사함에 있어서 법률상의 장애(예: 이행기의 미도래 등)가 없는 경우를 말합니다.

나. 소멸시효의 중단

소멸시효의 중단은 소멸시효가 더 이상 진행되지 않는 것인데, 소멸시효가 중단되면 이미 진행한 시효기간은 효력을 전부 상실하게 되며, 그 중단사유가 종료하였을 때로부터 다시 시효기간을 계산합니다(민법 제178조).

민법상 소멸시효가 중단되는 사유로는 ① **청구(예: 소송제기)**, ② **압류(예: 가압류, 가처분)**, ③ **채무자의 승인**이 있습니다. 권리자가 권리행사를 하거나(청구 또는 압류) 채무자가 채무에 대해서 인정하면(승인) 소멸시효가 중단되는 겁니다.

다. 주요 판례

개별법에 소멸시효에 관한 규정이 별도로 존재하는 경우도 있는데, 대표적인 사례가 국가재정법입니다. 법령의 규정에 따라 국가가 개발부담금을 부과한 뒤 납입고지를 하면 개발부담금 부과에 대한 시효가 중단됩니다(국가재정법 제96조 제4항). 한편, **납입고지에 의한 부과처분이 취소되더라도 시효중단의 효력은 상실되지 않습니다**(판례 1).

● **판례 1:** 예산회계법(현재: 국가재정법)상 납입고지에 의한 시효중단의 효력은 그 **납입고지에 의한 부과처분이 취소되더라도 상실되지 않는다**(대판 2000. 9. 8, 98두19933).

[사실관계] 행정청이 A에게 개발부담금 부과처분을 한 뒤 납입고지를 하였는데, 행정청의 개발부담금 부과처분이 취소되었다.

● **판례 2:** 변상금 부과처분에 대한 **취소소송이 진행중**이라도 부과권자로서는 위법한 처분을 스스로 취소하고 그 하자를 보완하여 다시 적법한 부과처분을 할 수도 있는 것이어서 **그 부과권의 소멸시효가 진행**된다(대판 2006. 2. 10, 2003두5686).

● **판례 3:** 국세기본법상 국세징수권의 소멸시효의 중단사유인 '압류'는 세무공무원이 납세자의 재산에 대한 압류 절차에 착수하는 것을 가리키므로, 세무공무원이 국세징수법 체납자의 가옥·선박·창고 기타의 장소를 수색하였으나 **압류할 목적물을 찾아내지 못하여 압류를 실행하지 못하고 수색조서를 작성**하는 데 그친 경우에도 **소멸시효 중단의 효력**이 있다(대판 2001. 8. 21, 2000다12419).

III. 취득시효

1. 의의

취득시효(取得時效)는 권리가 없는 자도 일정한 사실상태가 계속되는 경우에는 권리를 취득하는 제도입니다. 대표적으로 점유취득시효가 있습니다. 원래는 부동산의 소유자가 아니었던 사람도 특정한 요건을 갖춘 상태에서 일정한 기간 동안 부동산을 점유(차지)하면 그 부동산의 소유권을 갖게 됩니다.

2. 국유재산의 취득시효

일반적인 재산은 취득시효 제도를 통해 소유권을 취득할 수 있지만, 국유재산에는 예외를 두고 있습니다.

국유재산에는 행정재산과 일반재산이 있고, 행정재산은 다시 공용재산, 공공용재산, 기업용재산, 보존용재산으로 구분됩니다. 한편, **일반재산은 시효취득을 할 수 있으나 일반재산이 아닌 국유재산(행정재산)은 시효취득의 대상이 되지 않습니다**(국유재산법 제7조 제2항, 판례 4).

국유·공유의 **공물(公物,** 공적인 목적을 위해 사용되는 물건)은 원칙적으로 시효취득이 대상이 아니지만, 공물이 **공용폐지가 되면 시효취득**을 할 수 있습니다(판례 5). **공용폐지(公用廢止)**란 공물의 성질을 소멸시키는 행정청의 의사표시를 말합니다.

● **판례 4: 문화재보호구역 내의 국유토지는 국유재산법의 "보존재산"에 해당하므로 시효취득의 대상이 되지 아니한다**(대판 1994. 5. 10, 93다23442)

● **판례 5: 행정재산은 공용이 폐지되지 않는 한 사법상 거래의 대상이 될 수 없으므로 취득시효의 대상이 되지 않는다**(대판 1994. 3. 22, 93다56220).

01 행정법관계에서 기간의 계산에 관하여 특별한 규정이 없으면 민법의 기간계산에 관한 규정이 적용된다. (2016, 국가직 9급) ·· [O, X]

02 법령등 또는 처분에서 국민의 권익을 제한하거나 의무를 부과하는 경우 권익이 제한되거나 의무가 지속되는 기간을 계산할 때에는 기간을 일, 주, 월 또는 연으로 정한 경우에는 기간의 첫날을 산입한다. 다만, 그러한 기준을 따르는 것이 국민에게 불리한 경우에는 그러하지 아니 하다. (2024, 국가직 9급) ·· [O, X]

03 금전의 급부를 목적으로 하는 국가의 권리로서 시효에 관하여 다른 법률에 규정이 없는 것은 10년 동안 행사하지 아니하면 소멸한다. (2016, 교육행정직 9급) ·· [O, X]

04 국가재정법상 5년의 소멸시효가 적용되는 '금전의 급부를 목적으로 하는 국가의 권리'에는 국가의 사법(私法)상 행위에서 발생한 국가에 대한 금전채무도 포함한다. (2016, 지방직 9급) ················· [O, X]

05 공법의 특수성으로 인해 소멸시효의 중단, 정지에 관한 민법 규정은 적용되지 않는다. (2020, 소방직 9급) ·· [O, X]

06 납입고지에 의한 소멸시효의 중단은 그 납입고지에 의한 부과처분이 추후 취소되면 효력이 상실된다. (2016, 지방직 9급) ··· [O, X]

07 세무공무원이 국세징수법 제26조에 의하여 체납자의 가옥, 선박, 창고 기타의 장소를 수색하였으나 압류할 목적물을 찾아내지 못하여 압류를 실행하지 못하고 수색조서를 작성하는데 그친 경우에도 소멸시효의 중단의 효력이 있다. (2016, 경행특채) ··· [O, X]

08 문화재보호구역 내의 국유토지는 "국유재산법"상 보존재산에 해당하므로 시효취득의 대상이
될 수 있다. (2018, 지방직 7급) ⸻ [O, X]

09 국유재산법상 일반재산은 취득시효의 대상이 될 수 없다. (2016, 지방직 9급) ⸻ [O, X]

10 국유재산 또는 공유재산 중 일반재산을 제외한 공물은 공용폐지가 없는 한 시효취득의 대상
이 되지 않는다. (2017, 서울시 7급) ⸻ [O, X]

정답	01 O	02 O	03 X	04 O	05 X	06 X	07 O	08 X	09 X	10 O

Ⅰ. 의의

공법행위(公法行爲)는 **사법행위(私法行爲)**와 대비되는 개념으로, 공법적 법률효과가 발생하는 행위를 말합니다. 일반적으로 공법행위(예: 행정행위, 공법상 계약 등)는 행정주체 또는 행정청이 하는 경우가 대부분이지만, **사인(私人)**도 공법행위를 할 수 있습니다. 사인의 공법행위란 사인이 행하는 행위로서 공법적 효과를 발생시키는 일체의 행위를 말하는데, 대표적으로는 **신고(申告)**가 있습니다.

Ⅱ. 특징

1. 공정력 등 인정 여부

사인의 공법행위는 행정주체의 공법행위와 마찬가지로 공법적 효과를 발생시키는 것이 목적이지만, 행정행위에 인정되는 특수한 효력인 **공정력, 존속력, 집행력 등은 인정되지 않습니다**.

2. 행위능력

가. 의의

행위능력(行爲能力)은 법률행위를 할 수 있는 능력을 의미하는데, 우리 민법상 인정되고 있는 제한능력자(구: 무능력자)는 미성년자, 피한정후견인(구: 한정치산자), 피성년후견인(구: 금치산자)가 있습니다. 미성년자가 법률행위를 하려면 법정대리인의 동의를 얻어야 하고, 만약 법정대리인의 동의 없이 한 법률행위는 취소할 수 있습니다(민법 제5조).

나. 민법규정의 적용

원칙적으로 **행위능력에 관한 민법 규정은 사인의 공법행위에도 유추적용**됩니다.

3. 대리

대리(代理)는 대리인이 제3자(본인)을 위해 법률행위를 하고 법률효과가 제3자(본인)에게 발생하게 하는 것입니다. 사인의 공법행위는 개별법률에서 대리를 금지하고 있는 경우도 있고, 일신전속적 행위는 그 성질상 대리가 허용되지 않습니다(예컨대, 투표를 대신할 수는 없습니다). 그러나 일신전속적 행위가 아니라면 대리가 허용되며(행정심판법 제18조), 그 경우에는 대리에 관한 민법규정이 유추적용됩니다.

4. 부관

행정법관계의 명확성을 위해 사인의 공법행위에는 **부관을 붙일 수 없는 게 원칙**입니다. 예컨대 공무원이 사직서를 제출하면서 조건을 붙이는 것은 허용되지 않습니다.

III. 의사표시

1. 효력 발생

사인의 공법행위는 법률에 특별한 규정이 없는 한 **도달주의(到達主義)가 적용되어 의사표시가 상대방에게 도달한 때 효력이 발생합니다.** 단, 개별법상 발신주의를 채택하고 있는 경우(예: 국세기본법 제5조의2 제1항)가 있습니다.

2. 하자
가. 민법 규정

민법상 **의사표시(意思表示)**에 하자가 있는 경우, 의사표시가 무효이거나 의사표시를 취소할 수 있습니다. A가 B에게 진심이 아닌 의사표시를 했는데(예: "시험에 합격하면 10억 원을 주겠다."라고 말한 경우) B가 A의 의사표시가 진심이 아니라는 걸 알았다면 그러한 의사표시는 무효입니다. 또한 의사표시의 중요한 부분에 착오가 있는 경우(예: 새제품인 줄 알고 구매했는데 중고제품이었던 경우), 사기·강박에 의해 의사표시를 한 경우(예: 제품을 배송받을 줄 알고 대금을 보냈는데 제품이 배송되지 않은 경우)에는 의사표시를 취소할 수 있습니다.

의사표시 하자 내용	효과	근거 법률
진의(진심) 아닌 의사표시 (상대방이 진의 아님을 안 경우)	무효	민법 제107조
중요한 부분에 대한 착오	취소 가능	민법 제109조
사기·강박에 의한 의사표시	취소 가능	민법 제110조

나. 민법 규정의 적용 가능성

중요한 부분에 대한 **착오, 사기·강박**에 의한 의사표시의 경우에는 민법 규정을 유추적용하여, **의사표시를 취소**할 수 있습니다(판례 1). 그러나 **진의(진심) 아닌 의사표시**에 관한 규정은 유추적용되지 않으므로, **진의 아닌 의사표시(비진의의사표시)도 유효**합니다(판례 2).

> ● **판례 1:** 사직서의 제출이 감사기관이나 상급관청 등의 강박에 의한 경우에는 그 정도가 의사결정의 자유를 박탈할 정도에 이른 것이라면 그 의사표시는 무효이다(대판 1997. 12. 12, 97누13962).
> ● **판례 2: 비진의의사표시에 관한 규정은 유추적용되지 않으므로,** 하사관이 진의가 아니면서도 전역지원서를 제출한 경우, 전역지원서는 표시된 대로 유효하다(대판 1994. 1. 11, 93누10057).
> **[사실관계]** 군인사정책상 필요에 의해 여군 단기복무하사관이 복무연장지원서와 함께 전역지원서를 동시에 제출하였다.

3. 철회, 보완

사인의 공법행위는 상대방에게 도달한 후에도 **그에 의거한 행정행위가 성립하기 전에는 철회할 수 있는 것**이 원칙입니다(판례 3).

> ● **판례 3:** 공무원이 한 **사직 의사표시의 철회나 취소는 의원면직처분이 있을 때까지 할 수 있는 것**이고, 일단 면직처분이 있고 난 이후에는 철회나 취소할 여지가 없다(대판 2001. 8. 24, 99두9971).

01 사인의 공법행위에는 행정행위에 인정되는 공정력, 존속력, 집행력 등이 인정되지 않는다.
(2015, 지방직 7급) ·· [O, X]

02 사인의 공법행위에는 행위능력에 관한 민법의 규정이 원칙적으로 적용된다. (2016, 서울시 9급) ············· [O, X]

03 명문의 금지규정이 있거나 일신전속적인 행위는 대리가 허용될 수 없으나, 그렇지 않은 사인
의 공법행위는 대리에 관한 민법규정이 유추적용될 수 있다. (2014, 국가직 7급) ································· [O, X]

04 사인의 공법행위에는 부관을 붙일 수 없다. (2022, 소방간부) ·· [O, X]

05 사인의 공법행위는 원칙적으로 발신주의에 따라 그 효력이 발생한다. (2023, 지방직 9급) ························ [O, X]

06 권고사직의 형식을 취하고 있더라도 사직의 권고가 공무원의 의사결정의 자유를 박탈할 정도
의 강박에 해당하는 경우에는 당해 권고사직은 무효이다. (2014, 국가직 7급) ···································· [O, X]

07 사인의 공법행위에 적용되는 일반규정은 없으며, 특별한 규정이 없는 한 민법상 비진의의사
표시의 무효에 관한 규정은 사인의 공법행위에 적용된다. (2021, 서울시 7급) ···································· [O, X]

08 사직원 제출자의 내심의 의사가 사직할 뜻이 없었더라도 민법상 비진의의사표시의 무효에 관
한 규정이 적용되지 않으므로 그 사직원을 받아들인 의원면직처분을 당연무효라 볼 수는 없
다. (2016, 지방직 7급) ··· [O, X]

09 공무원의 사직의 의사표시는 상대방에게 도달한 후에는 철회할 수 없다. (2014, 국가직 7급)·····················[O, X]

10 공무원에 의해 제출된 사직원은 그에 터잡은 의원면직처분이 있을 때까지 철회될 수 있고, 일
단 면직처분이 있고 난 이후에도 자유로이 취소 및 철회될 수 있다. (2023, 지방직 9급)·····················[O, X]

정답　01 O　02 O　03 O　04 O　05 X　06 O　07 X　08 O　09 X　10 X

Ⅰ. 의의

1. 개념

신고(申告)는 사인(개인)이 공법적 효과를 발생시킬 목적으로 행정주체에게 일정한 사실을 알리는 행위로서, 대표적인 사인의 공법행위입니다.

2. 종류

신고의 종류로는 자기완결적 신고(수리를 요하지 않는 신고)와 행정요건적 신고(수리를 요하는 신고)가 있습니다.

자기완결적(自己完結的) 신고는 사인이 행정청에 대해 일정한 사항을 통지하고 통지가 그 행정청에 도달하기만 하면 효과가 발생하는 신고를 말합니다. 이러한 자기완결적 신고에서는 신고의 효과가 발생하기 위해 행정청의 수리가 필요하지 않기 때문에 "수리를 요하지 않는 신고"라고도 부릅니다.

행정요건적(行政要件的) 신고는 사인이 법령등에서 행정청에 대해 일정한 사항을 통지하고 행정청이 이를 수리(受理)함으로써 법적 효과가 발생하는 신고를 말합니다. 행정요건적 신고를 "수리를 요하는 신고"라고도 부릅니다.

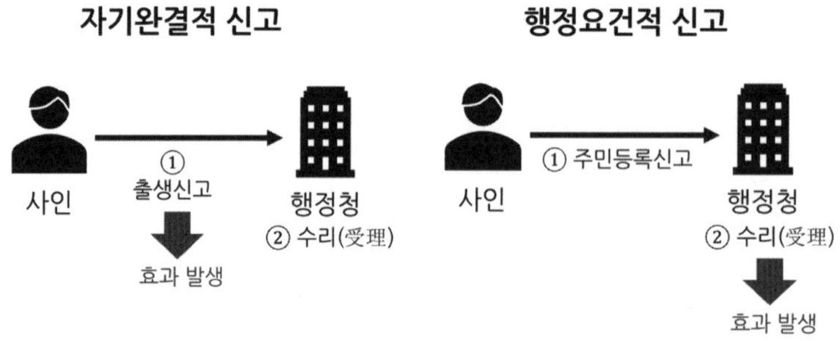

〈그림 16〉 자기완결적 신고와 행정요건적 신고

3. 행정절차법 및 행정기본법의 신고

행정절차법과 행정기본법에 신고에 관한 규정이 있습니다. **행정절차법 제40조의 신고는 자기완결적 신고**이고 **행정기본법 제34조의 신고는 행정요건적 신고**를 의미한다는 것이 일반적인 견해입니다.

○ **행정절차법 제40조(신고)**

① 법령등에서 행정청에 일정한 사항을 통지함으로써 의무가 끝나는 신고를 규정하고 있는 경우 신고를 관장하는 행정청은 신고에 필요한 구비서류, 접수기관, 그 밖에 법령등에 따른 신고에 필요한 사항을 게시(인터넷 등을 통한 게시를 포함한다)하거나 이에 대한 편람을 갖추어 두고 누구나 열람할 수 있도록 하여야 한다.

② 제1항에 따른 신고가 다음 각 호의 요건을 갖춘 경우에는 **신고서가 접수기관에 도달된 때에 신고 의무가 이행**된 것으로 본다.

1. 신고서의 기재사항에 흠이 없을 것

2. 필요한 구비서류가 첨부되어 있을 것

3. 그 밖에 법령등에 규정된 형식상의 요건에 적합할 것

○ **행정기본법 제34조(수리 여부에 따른 신고의 효력)** 법령등으로 정하는 바에 따라 행정청에 일정한 사항을 통지하여야 하는 신고로서 **법률에 신고의 수리가 필요하다고 명시되어 있는 경우**(행정기관의 내부 업무 처리 절차로서 수리를 규정한 경우는 제외한다)에는 행정청이 수리하여야 효력이 발생한다.

II. 자기완결적 신고(수리를 요하지 않는 신고)

1. 대표적인 예

자기완결적 신고의 대표적인 예로는 ① 출생신고, 사망신고, ② 신고체육시설업(당구장업, 골프연습장업)의 신고, **골프장이용료변경신고(판례 1)**, ③ **수산제조업의 신고(판례 2)**, ④ 부가가치세법상의 사업자등록, ⑤ 숙박업·목욕장업·세탁업의 영업신고 등이 있습니다.

● **판례 1:** 체육시설의설치·이용에 관한 법률에 의한 **골프장이용료 변경신고는 도지사에게 제출하여 접수된 때에 신고가 있었다**고 볼 것이고, 도지사의 수리행위가 있어야만 신고가 있었다고 볼 것은 아니다(대결 1993. 7. 6, 93마635).
● **판례 2: 수산제조업의 신고**를 하고자 하는 자는 신고서에 주요 기기의 명칭·수량 및 능력에 관한 서류, 제조공정에 관한 서류를 첨부하여 시장·군수·구청장에게 제출하면 된다(대판 1999. 12. 24, 98다57419, 57426).

2. 행정청의 심사 방식

행정청은 신고에 관한 형식적 요건(예: 신고서의 기재사항이 모두 기재되었는지, 구비서류를 모두 첨부하였는지)에 관해서 심사하고, **형식적 요건이 갖춰졌다면 신고를 수리**해야 합니다(판례 3). 다만, **다른 법에 따른 요건을 구비해야 하는 경우에는 그 법의 요건도 충족해야** 하고(판례 4), 자기완결적 신고의 경우에도 중대한 공익상의 필요가 있으면 수리 거부가 가능합니다(판례 5).

● **판례 3: 정보통신매체를 이용하여 학습비를 받고 불특정 다수인에게 원격평생교육**을 실시하기 위한 신고는 신고서 기재사항에 흠결이 없고 정해진 서류가 구비된 때에는 이를 수리하여야 하고, 형식적 요건을 모두 갖추었음에도 신고대상이 된 교육이나 학습이 공익적 기준에 적합하지 않는다는 등 **실체적 사유를 들어 신고 수리를 거부할 수는 없다**(대판 2011. 7. 28, 2005두11784).

● **판례 4:** 식품위생법에 따른 식품접객업(일반음식점영업)의 영업신고의 요건을 갖춘 자라고 하더라도, 그 영업신고를 한 당해 건축물이 건축법 소정의 허가를 받지 아니한 **무허가 건물이라면 적법한 신고를 할 수 없다**(대판 2009. 4. 23, 2008도6829).

● **판례 5:** 숙박업을 하고자 하는 자가 법령이 정하는 시설과 설비를 갖추고 행정청에 신고를 하면, 행정청은 원칙적으로 수리해야 하고, 행정청이 **법령이 정한 요건 이외의 사유를 들어 수리를 거부하려면 거부해야 할 중대한 공익상의 필요가 있어야 한다**(대판 2017. 5. 30, 2017두34087).

　　[설명] 숙박업허가는 "자기완결적 신고"로 보는 것이 일반적인 견해이나, "행정요건적 신고"로 보는 견해도 있습니다. 수험생 입장에서는 법적 성질을 이론적으로 엄밀하게 따지기 보다는, 판례의 판시 내용을 정확하게 알아 두는 게 좋습니다.

3. 신고수리 및 수리거부의 의미

가. 신고수리의 의미

신고를 수리하거나 신고필증을 교부하는 행위는 사인이 일정한 사실을 행정기관에 알렸다는 사실을 확인해 주는 것으로, 신고 수리나 신고필증 교부 그 자체가 법적인 효과를 발생시키지는 않습니다. 즉, **의료법에 따른 의원개설 신고에 대해 신고필증을 교부하지 않았다고 하더라도 개설신고의 효력**이 있습니다(판례 6).

● **판례 6:** 의료법시행규칙 제22조 제3항에 의하면 **의원개설 신고서**를 수리한 행정관청이 소정의 신고필증을 교부하도록 되어있다 하여도 이는 신고사실의 확인행위로서 신고필증을 교부하도록 규정한 것에 불과하고 그와 같은 **신고필증의 교부가 없다 하여 개설신고의 효력을 부정할 수 없다**(대판 1985. 4. 23, 84도2953).

나. 수리 및 수리거부의 처분성

수리를 하지 않아도 법적인 효과는 발생하므로, 수리 또는 수리거부는 국민의 권리의무에 구체적이고 직접적인 영향을 미치지 않습니다. 따라서 **원칙적으로 수리(또는 수리거부)는 처분성이 인정되지 않습니다.** 다만, 예외적으로 수리거부의 처분성이 인정되는 경우가 있는데, 대표적인 사례가 (인허가의제 효과가 없어 자기완결적 신고에 해당하는) 건축신고의 수리거부(반려)입니다(판례 7).

● **판례 7: 건축신고 반려행위**가 이루어진 단계에서 당사자로 하여금 반려행위의 적법성을 다투어 그 법적 불안을 해소한 다음 건축행위에 나아가도록 함으로써 장차 있을지도 모르는 위험에서 미리 벗어날 수 있도록 길을 열어 주고, 위법한 건축물의 양산과 그 철거를 둘러싼 분쟁을 조기에 근본적으로 해결할 수 있게 하는 것이 법치행정의 원리에 부합하므로 건축신고 반려행위는 **항고소송의 대상**이 된다(대판 2010. 11. 18, 2008두167).

4. 신고의 효과

가. 적법한 신고의 효과

적법한 신고가 있으면 행정청의 수리 여부와 무관하게 신고서가 접수기관에 도달한 때 신고의무가 이행된 것으로 보고, 신고의 효과가 발생합니다.

나. 부적법한 신고의 효과

요건을 갖추지 못한 신고서가 제출되면 행정청은 지체 없이 보완을 요구해야 하고, 보완기간 내에 보완되지 않으면 그 이유를 명시하여 신고서를 돌려보내야 합니다. 부적법한 신고의 경우에는 행정청이 수리하였더라도 신고의 효과가 발생하지 않습니다. 따라서 **요건을 갖추지 못한 부적법한 신고를 하고 신고 대상인 영업을 했다면 이는 무신고영업으로 불법영업**이 됩니다.

Ⅲ. 행정요건적 신고(수리를 요하는 신고)

1. 대표적인 예

행정요건적 신고의 대표적인 예는 ① **수산업법상 어업신고**(판례 8), ② **주민등록신고**(판례 9~10), ③ 등록체육시설업(골프장, 스키장, 자동차 경주장업)의 신고, ④ **영업양도에 따른 지위승계신고**(판례 11), ⑤ 명의변경 신고(건축법상의 건축주 명의변경신고, 채석허가 수허가자 명의변경신고), ⑥ **납골당 설치신고** 등이 있습니다.

> ● **판례 8: 수산업법 제44조(현 제47조) 소정의 어업의 신고**는 행정청의 수리에 의하여 비로소 그 효과가 발생하는 이른바 '수리를 요하는 신고'이다(대판 2000. 5. 26, 99다37382).
>
> ● **판례 9: 주민등록신고**는 행정청이 수리한 경우에 비로소 신고의 효력이 발생하는 행정요건적 신고이다(대판 2009. 1. 30, 2006다17850).
>
> ● **판례 10:** 주민등록전입신고 수리 여부에 대한 심사는 주민등록법의 입법 목적의 범위 내에서 제한적으로 이루어져야 하고, **전입신고를 받은 시장·군수 또는 구청장의 심사 대상은 전입신고자가 30일 이상 생활의 근거로 거주할 목적으로 거주지를 옮기는지 여부만으로 제한**된다. **전입신고자가 거주의 목적 이외에 다른 이해관계에 관한 의도를 가지고 있는지 여부,** 무허가 건축물의 관리, 전입신고를 수리함으로써 당해 지방자치단체에 미치는 영향 등과 같은 사유는 주민등록전입신고의 수리 여부를 심사하는 단계에서는 **고려 대상이 될 수 없다**(대판 2009. 6. 18. 선고 2008두10997).
>
> **[사실관계]** 행정청은 무허가 건축물을 실제 생활의 근거지로 삼아 10년 이상 거주해 온 사람의 주민등록 전입신고를 거부하였다.
>
> **[판시]** 부동산투기나 이주대책 요구 등을 방지할 목적으로 주민등록전입신고를 거부하는 것은 주민등록법의 입법 목적과 취지 등에 비추어 허용될 수 없다.

2. 행정청의 심사방식

형식적 요건만 심사하는 경우도 있고, 실질적 요건도 심사하는 경우가 있습니다(판례 11). 수리를 요하는 신고에서도 법령이 정한 요건을 구비한 적법한 신고가 있으면 행정청은 의무적으로 수리하여야 하며, 법령에 없는 사유를 내세워 수리를 거부할 수는 없습니다.

> ● **판례 11**: 구 노인복지법에 의한 유료노인복지주택의 설치신고를 받은 행정관청은 그 유료노인복지주택의 시설 및 운영기준이 법령에 부합하는지와 유료노인복지주택이 적법한 입소대상자에게 분양되었는지와 설치신고 당시 부적격자들이 입소하고 있지는 않은지 여부까지 심사하여 그 신고의 수리 여부를 결정할 수 있다(대판 2007. 1. 11, 2006두14537).

3. 신고수리 및 수리거부의 의미

가. 신고수리의 의미

신고만으로는 법적인 효과가 발생하지 않고, **신고의 수리가 있어야 비로소 법적 효과**가 발생합니다. 신고필증의 교부는 수리가 이뤄졌음을 증명하는 행위인데, **신고필증 교부가 반드시 필수적인 것은 아닙니다**(판례 12). 그러나 신고필증은 사인의 신고를 수리하였음을 공적으로 증명하는 의미를 갖는 행위라는 점에서 법적인 성격을 가집니다.

> ● **판례 12**: 납골당설치 신고는 이른바 '수리를 요하는 신고'이므로 행정청의 수리처분이 있어야만 신고한 대로 납골당을 설치할 수 있으나, **수리행위에 신고필증 교부 등 행위가 꼭 필요한 것은 아니다**(대판 2011. 9. 8, 2009두6766).

나. 수리 및 수리거부의 처분성

수리를 해야 비로소 법적인 효과가 발생하므로, 수리 또는 수리거부는 국민의 권리의무에 구체적이고 직접적인 영향을 미칩니다. **행정요건적 신고의 수리(또는 수리거부)는 처분성이 인정**됩니다(판례 13).

> ● **판례 13**: **식품위생법에 의한 영업양도에 따른 지위승계신고를 수리**하는 허가관청의 행위는 영업허가자의 변경이라는 법률효과를 발생시키는 행위라고 할 것이다(대판 1995. 2. 24, 94누9146)

4. 신고의 효과

가. 적법한 신고의 효과

행정청이 수리를 해야 법적 효과가 발생합니다.

나. 부적법한 신고의 효과

요건을 갖추지 못한 신고를 수리한 경우, 그 수리행위는 하자 있는 행정행위가 됩니다. 그 하자가 중대명백하면 수리행위가 무효가 되어 신고의 효과가 발생하지 않지만(판례 14), 수리행위의 하자가 취소사유에 불과하다면 취소 전까지는 유효하여 일정한 법적 효과가 발생합니다.

> ● **판례 14: 장기요양기관의 폐업신고**와 노인의료복지시설의 폐지신고는 '수리를 필요로 하는 신고'에 해당한다. 그러나 행정청이 그 신고를 수리하였다고 하더라도 **신고서 위조 등의 사유가 있어 신고행위 자체가 효력이 없다면, 그 수리행위는 유효한 대상이 없는 것으로서, 수리행위 자체에 중대·명백한 하자가 있는지를 따질 것도 없이 당연히 무효**이다(대판 2018. 6. 12, 2018두33593).

※ 정리: 자기완결적 신고와 행정요건적 신고의 비교

	자기완결적 신고	행정요건적 신고
특징	수리를 요하지 않는 신고	수리를 요하는 신고
행정청의 심사	형식적 심사	형식적 심사 or 형식적 + 실질적 심사
효력 발생	사인이 신고하여 행정청 도달시	행정청의 수리시
수리의 의미	수리는 법적인 효과 발생과 무관	수리가 있어야 법적인 효과 발생
수리거부의 법적성질	원칙: 처분성 없음	처분성 있음

01 "행정절차법"에서는 수리를 요하는 신고를 규정하고 있고, "행정기본법"에서는 수리를 요하지 않는 신고를 규정하고 있다. (2023, 소방직 9급) ····· [O, X]

02 법령등에서 행정청에서 일정한 사항을 통지함으로써 의무가 끝나는 신고를 규정하고 있는 경우, 신고가 법령등에 규정된 형식상의 요건에 적합하면 신고서가 접수기관에 도달된 때에 신고 의무가 이행된 것으로 본다. (2023, 소방직 9급) ····· [O, X]

03 정보통신매체를 이용하여 원격평생교육을 불특정다수인에게 학습비를 받고 실시하기 위해 인터넷 침, 뜸 학습센터를 평생교육시설로 신고한 경우, 관할행정청은 신고서 기재사항에 흠결이 없고 형식적 요건을 모두 갖추었더라도 신고대상이 된 교육이나 학습이 공익적 기준에 적합하지 않다는 등의 실체적 사유를 들어 신고수리를 거부할 수 있다. (2016, 지방직 9급) ····· [O, X]

04 구 "의료법 시행규칙" 제22조 제3항에 의하면 의원개설신고서를 수리한 행정관청이 소정의 신고필증을 교부하도록 되어 있기 때문에 이와 같은 신고필증의 교부가 없으면 개설신고의 효력이 없다. (2019, 지방직 9급) ····· [O, X]

05 식품접객업 영업신고에 대해서는 식품위생법 이 건축법에 우선 적용되므로, 영업신고가 식품위생법 상의 신고요건을 갖춘 경우라면 그 영업신고를 한 해당 건축물이 건축법상 무허가건축물이라도 적법한 신고에 해당된다. (2016, 국가직 9급) ····· [O, X]

06 주민등록의 신고는 행정청에 도달하기만 하면 신고로서의 효력이 발생하는 것이 아니라 행정청이 수리한 경우에 비로소 신고의 효력이 발생한다. (2012, 지방직 9급) ····· [O, X]

07 행정청은 전입신고자가 거주의 목적 이외에 다른 이해관계를 가지고 있는지 여부를 심사하여 주민등록법상 주민등록전입신고의 수리를 거부할 수 있다. (2017, 사회복지직 9급) ····· [O, X]

08 수산업법 제44조 소정의 어업의 신고는 행정청의 수리에 의하여 비로소 그 효과가 발생하는 수리를 요하는 신고이다. (2017, 서울시 9급) ···················· [O, X]

09 납골당설치신고는 수리를 요하는 신고이므로 신고필증의 교부가 필요하다. (2020, 소방간부) ··············· [O, X]

10. 장기요양기관의 폐업신고 자체가 효력이 없음에도 행정청이 이를 수리한 경우, 그 수리행위가 당연무효가 되는 것은 아니다. (2020, 국가직 7급) ···················· [O, X]

정답	01 X	02 O	03 X	04 X	05 X	06 O	07 X	08 O	09 X	10 X

Ⅰ. 건축허가

1. 의의

건축물을 건축하려면 특별자치시장·특별자치도지사 또는 시장·군수·구청장의 **허가를 받아야** 합니다(건축법 제11조 제1항).

2. 법적 성질

가. 대물적 허가

건축허가는 대물적 허가의 성질을 가집니다(판례 1).

> ● **판례 1:** 건축허가는 대물적 성질을 갖는 것이어서 행정청으로서는 허가를 할 때에 건축주 또는 토지 소유자가 누구인지 등 인적 요소에 관하여는 형식적 심사만 한다(대판 2017. 3. 15, 2014두41190).

나. 기속행위, 재량행위

(1) 기속행위로 본 경우

판례는 기본적으로 건축허가를 **기속행위**로 보고 있으며, 기속행위인 건축허가의 요건을 갖췄는데도 불구하고 법령에서 정한 제한사유 이외의 사유를 들어 허가를 거부하는 것은 허용되지 않습니다(판례 2).

> ● **판례 2:** 건축허가권자는 건축허가신청이 건축법 등 관계 법규에서 정한 제한에 배치되지 않는 이상 당연히 건축허가를 해야 하고, **중대한 공익상의 필요가 없는데도 법령에서 정한 제한사유 이외의 사유를 들어 요건을 갖춘 자에 대한 허가를 거부할 수는 없다**(대판 2009. 9. 24, 2009두8946).

(2) 재량행위로 본 경우

건축법상의 **위락시설이나 숙박시설용 건축물에 대한 건축허가**는 교육환경과 주거환경과의 이익형량을 해야 하므로 재량행위입니다(건축법 제11조 제4항). 또한 개발제한구역 내의 건축물의 건축은 재량행위입니다(판례 3).

> ● **판례 3: 개발제한구역 내에서의 건축물의 건축 등에 대한 예외적 허가**는 그 상대방에게 수익적인 것으로서 **재량행위에 속하는 것**이라고 할 것이므로 그에 관한 행정청의 판단이 사실오인, 비례·평등의 원칙 위배, 목적위반 등에 해당하지 아니하는 이상 재량권의 일탈·남용에 해당한다고 할 수 없다(대판 2004. 7. 22, 2003두7606).

3. 국토계획법상의 개발행위허가(형질변경허가)

가. 개발행위허가

국토계획법에 따라 일정한 **개발행위**는 허가를 받아야 합니다. 허가가 필요한 개발행위로는, ① 건축물의 건축 또는 공작물의 설치, ② 토지의 형질 변경, ③ 토석의 채취, ④ 토지 분할, ⑤ 녹지지역·관리지역 또는 자연환경보전지역에 물건을 1개월 이상 쌓아놓는 행위가 있습니다(국토계획법 제56조 제1항).

〈그림 17〉 개발행위허가(출처: 서울시 도시계획용어사전)

나. 건축허가와 개발행위허가의 관계

건축허가를 받으면, 「국토의 계획 및 이용에 관한 법률」(국토계획법)에 따른 개발행위허가를 받은 것으로 의제됩니다(건축법 제11조 제5항). 건축허가는 일종의 **인·허가의제**입니다.

건축허가를 담당하는 행정청은 건축법상 건축허가를 발급할 때 건축주의 건축계획이 국토계획법상 개발행위 허가기준을 충족하였는지를 함께 심사해야 합니다. 만약 건축법상 건축허가기준을 충족하였으나 국토계획법상 개발행위 허가기준을 충족하지 못한 경우에는 **건축법상 건축허가의 발급을 거부**하여야 합니다(판례 4).

> ● **판례 4:** 건축주의 건축계획이 건축법상 건축허가기준을 충족하더라도 국토계획법상 개발행위 허가기준을 충족하지 못한 경우에는 해당 건축물의 건축은 법질서상 허용되지 않는 것이므로, 건축행정청은 건축법상 건축허가를 발급하면서 국토계획법상 개발행위(건축물의 건축) 허가가 의제되지 않은 것으로 처리하여서는 안 되고, 건축법상 건축허가의 발급을 거부하여야 한다(대판 2020. 7. 23, 2019두31839).

다. 법적 성질

토지형질변경허가 및 토지형질변경허가를 수반하는 건축허가는 재량행위입니다(판례 5).

> ● **판례 5:** 국토계획법에 따른 **토지의 형질변경허가**는 금지요건이 불확정개념으로 규정되어 있어 금지요건에 해당 여부 판단에 관해 행정청에게 **재량권이 부여**되어 있으므로, 토지에 대한 형질변경행위를 수반하는 건축허가는 건축법에 의한 건축허가와 국토계획법에 의한 토지 형질변경허가의 성질을 아울러 갖는 것이므로 **토지의 형질변경행위를 수반하는 건축허가는 재량행위**이다(대판 2012. 12. 13, 2011두29205).

1. 의의

건축법 제11조에 해당하는 허가 대상 건축물이라고 하더라도, 일정한 요건을 갖춘 경우(예: 바닥면적의 합계가 85㎡ 이내의 증축·개축)에는 특별자치시장·특별자치도지사 또는 시장·군수·구청장에게 신고를 하면 건축허가를 받은 것으로 봅니다(건축법 제14조 제1항). 건축신고에도 인허가의제 효과가 인정되므로(건축법 제14조 제2항), 건축신고를 하면 다른 법령의 인허가를 받은 것으로 의제되는 경우가 있습니다.

2. 법적 성질

가. 일반적인 건축신고(인·허가의제 효과가 "없는" 건축신고)

인·허가의제 효과가 없는 일반적인 건축신고는 **자기완결적 신고(수리를 요하지 않는 신고)**입니다. 즉, 신고를 하면 건축주는 행정청의 수리처분이라는 별도의 조치를 기다리거나 허가처분을 받지 않더라도 건축을 할 수 있는 겁니다(판례 6).

> ● **판례 6:** 신고대상인 건축물의 건축행위를 하고자 할 경우에는 관계 법령에 정해진 적법한 요건을 갖춘 신고만을 하면 그와 같은 건축행위를 할 수 있고, 행정청의 수리처분 등 별단의 조처를 기다릴 필요가 없다(대판 1999. 4. 27, 97누6780).

나. 인·허가의제 효과가 "있는" 건축신고

하지만, 인·허가의제 효과가 있는 건축신고는 다릅니다. 판례는 **인·허가의제 효과를 수반하는 건축신고**는 일반적인 건축신고와는 달리, 특별한 사정이 없는 한 행정청이 그 실체적 요건에 관한 심사를 한 후 수리하여야 하는 이른바 **행정요건적 신고(수리를 요하는 신고)**로 봅니다(판례 5). 따라서 건축신고를 수리하는 행정청은 인·허가의제 사항 관련 법률에 규정된 요건에 대해서도 심사를 해야 하고, **만약 인·허가의제 관련 요건을 갖추지 못하면 건축신고의 수리를 거부할 수 있습니다**(판례 7). 건축법에서 인·허가의제 제도를 둔 취지는 건축신고에 관한 창구를 단일화하여 절차를 간소화시키려는 것이지, 인·허가의제 관련 법률에 따른 각각의 인·허가 요건에 관한 모든 심사를 배제하려는 것이 아니기 때문입니다.

> ● **판례 7:** 건축법에서 인·허가의제 제도를 둔 취지는 인·허가의제사항과 관련하여 절차를 간소화하며 비용과 시간을 절감함으로써 국민의 권익을 보호하려는 것이지 인·허가의제사항 관련 법률에 따른 각각의 인·허가 요건에 관한 일체의 심사를 배제하려는 것으로 보기는 어렵다. **인·허가의제 효과를 수반하는 건축신고**는 일반적인 건축신고와는 달리, 특별한 사정이 없는 한 행정청이 그 실체적 요건에 관한 심사를 한 후 수리하여야 하는 이른바 **'수리를 요하는 신고'**로 보는 것이 옳다. 국토의 계획 및 이용에 관한 법률상의 **개발행위허가로 의제되는 건축신고가 개발행위허가의 기준을 갖추지 못한 경우에 행정청은 건축신고의 수리를 거부**할 수 있다(대판 2011. 1. 20, 2010두14954).

3. 반려행위의 처분성

가. 건축신고 반려행위

종전 판례는 건축신고의 반려행위 또는 수리거부행위가 항고소송의 대상이 아니라고 보았습니다(대판 1999. 10. 22. 98두18435). 건축신고만 하면 행정청의 수리행위 등 별다른 조치를 기다릴 필요 없이 건축을 할 수 있기 때문에, 행정청이 수리거부가 구체적인 권리 의무에 직접 변동을 초래하지 않는다고 보았기 때문입니다.

그런데, 그 뒤 판례는 종전 판례를 변경하여, **건축신고 반려행위가 항고소송의 대상**이 된다고 봅니다(판례 8). 건축신고가 반려되었는데, 건축물의 건축을 개시하면 시정명령, 이행강제금, 벌금의 대상이 되거나 당해 건축물을 사용해야 하는 행위의 허가가 거부될 우려가 있어 **건축주는 불안정한 지위**에 놓이게 됩니다. 따라서 건축신고 반려행위가 이루어진 단계에서 반려행위의 적법성을 다투어 그 법적 불안을 해소하는 것이 법치행정에 부합하기 때문입니다.

> ● **판례 8: 건축신고 반려행위**가 이루어진 단계에서 당사자로 하여금 반려행위의 적법성을 다투어 그 법적 불안을 해소한 다음 건축행위에 나아가도록 함으로써 장차 있을지도 모르는 위험에서 미리 벗어날 수 있도록 길을 열어 주고, 위법한 건축물의 양산과 그 철거를 둘러싼 분쟁을 조기에 근본적으로 해결할 수 있게 하는 것이 법치행정의 원리에 부합하므로 건축신고 반려행위는 **항고소송의 대상**이 된다(대판 2010. 11. 18, 2008두167).

나. 건축 착공신고 반려행위

건축신고를 한 뒤에 공사를 착수하려면 착공신고를 해야 합니다(건축법 제21조). 판례는 건축 착공신고를 하지 않으면 공사중지 등의 시정명령이 부과되어 불안정한 지위에 놓이게 되므로 **행정청의 건축 착공신고 반려행위** 역시 **항고소송의 대상**이라고 봅니다(판례 9).

> ● **판례 9: 착공신고 반려행위**가 이루어진 단계에서 당사자로 하여금 반려행위의 적법성을 다투어 법적 불안을 해소한 다음 건축행위에 나아가도록 함으로써 장차 있을지도 모르는 위험에서 미리 벗어날 수 있도록 길을 열어 주고, 위법한 건축물의 양산과 철거를 둘러싼 분쟁을 조기에 근본적으로 해결할 수 있게 하는 것이 법치행정의 원리에 부합하므로 행정청의 착공신고 반려행위는 항고소송의 대상이 된다(대판 2011. 6. 10, 2010두7321).

※ 정리: 건축허가 · 건축신고의 법적 성질

구분		법적 성질
건축허가	일반적인 경우	기속행위
	위락시설 · 숙박시설용 건축물의 경우	재량행위
	개발행위를 수반하는 건축허가	재량행위
건축신고	일반적인 경우(인 · 허가의제 효과 X)	자기완결적 신고
	인 · 허가의제 효과있는 건축신고	행정요건적 신고
	건축신고 · 착공신고 반려행위	처분성 O(항고소송의 대상)

01 건축허가는 대물적 성질을 갖는 것이어서 행정청으로서는 허가를 할 때에 건축주 또는 토지 소유자가 누구인지 등 인적 요소에 관하여는 형식적 심사만 한다. (2022, 지방직 9급) ·············· [O, X]

02 건축허가권자는 중대한 공익상의 필요가 없음에도 관계법령에서 정하는 제한사유 이외의 사유를 들어 건축허가요건을 갖춘자에 대한 허가를 거부할 수 있다. (2019, 국가직 9급) ·············· [O, X]

03 개발제한구역 내에서의 건축물의 건축 등에 대한 예외적 허가는 재량행위에 속하는 것이며, 그에 관한 행정청의 판단이 비례, 평등의 원칙 위배, 목적위반 등에 해당하지 아니하는 이상 이를 재량권의 일탈, 남용에 해당한다고 할 수 없다. (2014, 지방직 7급) ·············· [O, X]

04 "국토의 계획 및 이용에 관한 법률"의 규정에 의한 토지의 형질변경허가는 그 금지요건이 불확정개념으로 규정되어 있어 그 금지요건에 해당하는지 여부를 판단함에 있어서 행정청에게 재량권이 부여되어 있다고 할 것이므로 재량행위에 속한다. (2019, 서울시 9급) ·············· [O, X]

05 "국토의 계획 및 이용에 관한 법률"상 토지의 형질변경허가는 그 금지요건이 불확정개념으로 규정되어 있으므로, 동법상 지정된 도시지역 안에서 토지의 형질변경행위를 수반하는 건축법 상의 건축허가는 재량행위이다. (2021, 국가직 7급) ·············· [O, X]

06 건축법 제14조 제2항에 의한 인·허가의제 효과를 수반하는 건축신고는 행정청이 그 실체적 요건에 관한 심사를 한 후 수리하여야 하는 이른바 수리를 요하는 신고이다. (2012, 국가직 9급) ·············· [O, X]

07 "국토의 계획 및 이용에 관한 법률"상의 개발행위허가로 의제되는 건축신고가 개발행위허가의 기준을 갖추지 못한 경우 행정청은 그 수리를 거부할 수 있다. (2015, 경행특채 1차) ·············· [O, X]

08　다른 법령에 의한 인허가가 의제되지 않는 일반적인 건축신고는 자기완결적 신고이므로 이에
대한 수리거부행위는 항고소송의 대상이 되는 처분이 아니다. (2020, 서울시 9급) ·········· [O, X]

09　건축신고의 반려행위는 항고소송의 대상이 되는 처분이 아니다. (2012, 국가직 9급) ·········· [O, X]

10　"건축법"상 착공신고가 반려될 경우 당사자에게 그 반려행위를 다툴 실익이 없는 것이므로 착
공신고 반려행위의 처분성이 인정되지 않는다. (2017, 지방직 9급) ·········· [O, X]

정답　01 O　02 X　03 O　04 O　05 O　06 O　07 O　08 X　09 X　10 X

제2장

행정작용법

　행정입법은 행정부가 만든 법을 말합니다. 행정입법에는 **법규명령**과 **행정규칙**이 있는데, 양자의 가장 큰 차이는 **법규성(대외적 구속력)**입니다. 법규명령은 법규성(대외적 구속력)이 있어 행정작용을 할 때 법규명령을 반드시 지켜야 하고 행정작용이 법규명령을 위반하면 위법합니다. 하지만 행정규칙은 법규성(대외적 구속력)이 없어 행정규칙을 위반했다고 해서 무조건 위법한 행정작용이 되는 건 아닙니다.

　법규명령의 세부 종류로는 대통령령, 총리령, 부령, 중앙선거관리위원회 규칙 등이 있습니다. 일반적으로 법규명령은 처분성이 없어 법규명령 그 자체가 항고소송의 대상이 되지 않지만, 예외적으로 **처분적 법규명령**(예: 두밀분교 폐지조례)는 항고소송의 대상이 됩니다. 법규명령은 상위법령의 위임에 따라 제정되는데, 위임을 할 때 지켜야 하는 사항이 있습니다. 원칙적으로 구체적 범위를 정해서 위임을 해야 하고 일반적, 포괄적으로 위임해서는 안 됩니다. 국회전속적 입법사항은 국회가 법률로 정할 사항이라 위임이 안 되고, 처벌규정의 위임도 제한적으로만 허용됩니다.

　법규명령이 대외적인 규범인데 반해, 행정규칙은 행정부 내부를 대상으로 한 대내적인 규범으로 고시와 훈령, 지시, 예규, 일일명령 등의 형식을 가집니다. 행정규칙이 적법하려면 주체, 절차, 형식, 내용상의 요건을 갖춰야 하며 공표가 이뤄져야 합니다. 적법요건을 갖추지 못한 행정규칙은 무효입니다.

　법규명령과 행정규칙은 내용과 형식 면에서 구분되는 게 맞지만 현실적으로 두 규범이 혼재된 경우도 있습니다. 행정청 내부의 사무처리 기준은 내용적으로 보면 행정규칙으로 제정해야 하지만 법규명령(시행령, 시행규칙)에 규정한 경우가 있고, 반대로 국민의 권리·의무에 관한 사항은 내용적으로 보면 법규명령으로 제정해야 하지만 훈령이나 고시에 규정한 경우도 있습니다. 이때 전자를 **법규명령 형식의 행정규칙**이라고 부르고, 후자를 **행정규칙 형식의 법규명령**이라 합니다.

　법규명령 형식의 행정규칙 중에서 특히 **제재적 처분**의 법적 성질이 주로 문제됩니다. 이에 관해 판례는 대통령령 형식을 취한 경우와 총리령·부령 형식을 취한 경우를 다르게 취급합니다. 제재적 행정처분의 기준이 대통령령(시행령) 형식으로 정해져 있으면 법규명령으로, 총리령·부령(시행규칙) 형식으로 정해진 경우에는 행정규칙으로 봅니다.

　행정규칙 형식의 법규명령(법령보충적 행정규칙)이 상위법령의 내용을 보충·구체화하는 기능을 가진 경우에는 법규명령이라는 것이 판례의 태도입니다.

제1항　법규명령과 행정규칙

Ⅰ. 의의

일반적으로 행정부는 법을 집행하는 곳이지만, 때로는 행정부가 법을 만들기도 합니다. 행정부가 만든 법령을 **행정입법(行政立法)**이라고 합니다. 입법부가 아니라 행정부가 직접 법령을 만드는 건 두 가지 이유가 있습니다. 첫째, 행정부가 해야 할 일은 많은데 입법부가 법률을 만드는 데는 시간이 오래 걸리기 때문입니다. 둘째, 일반적으로는 입법부보다는 행정부가 전문성이 더 뛰어나기 때문입니다.

Ⅱ. 법규명령

1. 개념

법규명령(法規命令)은 법률을 구체화시키는 행정입법을 말합니다. 일반적으로 법규명령은 **상위법령인 법률의 위임**에 따라 만들어지는데, 상위법령이 하위법령에 권한을 부여하는 걸 **수권(授權)**이라고 합니다. 법규명령은 국민을 구속하는 힘이 있이 있고, 이걸 다른 말로 **법규성(法規性)**이 있다고 표현합니다.

2. 예시

식품위생법에 따르면 누구든지 질병에 걸린 동물을 식품으로 판매해서는 안 됩니다.

> ○ **식품위생법 제5조(병든 동물 고기 등의 판매 등 금지)** 누구든지 **총리령으로 정하는 질병**에 (중략) 걸려 죽은 동물의 고기 (중략) 또는 혈액을 식품으로 판매(중략)하여서는 아니 된다.

그런데 식품위생법 제5조만 봐서는 어떤 질병에 걸린 동물을 식품으로 판매하면 안 되는지를 정확하게 알수 없습니다. 질병의 종류에 대해서는 법률에서 직접 정하지 않고 하위법령에 위임하고 있기 때문입니다.
법률의 위임에 따라(식품위생법의 수권을 받아) 총리령(식품위생법 시행규칙)에서 구체적인 사항을 정하고 있는데, 이러한 총리령이 바로 법규명령입니다. 총리령인 식품위생법 시행규칙을 보면 금지되는 질병이 명시되어 있습니다.

> ○ **식품위생법 시행규칙[총리령 제1774호] 제4조(판매 등이 금지되는 병든 동물 고기 등)** 법 제5조에서 "총리령으로 정하는 질병"이란 다음 각 호의 질병을 말한다.
> 1. 「축산물 위생관리법 시행규칙」 별표 3 제1호다목에 따라 도축이 금지되는 가축전염병
> 2. 리스테리아병, 살모넬라병, 파스튜렐라병 및 선모충증

1. 개념

행정 업무를 수행하는 사람은 공무원인데 공무원마다 각기 다르게 일을 처리하면 혼란이 생길 수 있습니다. 이처럼 행정을 통일적으로 처리하기 위해 만든 게 바로 **행정규칙(行政規則)**입니다. 즉 행정규칙은 **행정조직 내부에서 정한 사무의 처리기준**입니다. 행정규칙은 법률적 근거가 없더라도 제정할 수 있습니다.

2. 예시

기업들이 공정하게 경쟁을 하도록 만드는 법이 「독점규제 및 공정거래에 관한 법률(공정거래법)」인데, 공정거래법에 따르면 다른 기업을 부당하게 지원해서는 안 됩니다. 그런데 무엇이 부당한 지원행위인지에 대해서는 공무원마다 생각이 다르고 따라서 어떤 공무원은 부당한 지원행위라고 판단하지만 다른 공무원은 그렇지 않다고 생각할 수 있습니다. 이런 혼란을 피하기 위해 공정거래위원회는 부당한 지원행위의 심사지침을 만들었는데, 그게 바로 행정규칙입니다.

○ **부당한 지원행위의 심사지침[공정거래위원회예규 제396호]**
Ⅰ. 목적
이 심사지침은 (중략) 불공정거래행위의 유형 및 기준 제9호의 **운영과 관련하여 객관적이고 구체적인 심사기준을 마련**하는데 그 목적이 있다.

---

1. 형식적 차이

법규명령인지 행정규칙을 구별하는 가장 쉬운 방법은 법령의 형식을 보는 겁니다. 형식과 내용이 반드시 일치하는 건 아니지만, 일단 형식으로 구분하는 게 간편합니다.
법규명령은 대체로 「○○○법 **시행령(대통령령)**」 또는 「○○○법 **시행규칙(총리령, 부령)**」으로 끝이 납니다. 시행규칙은 '규칙'으로 끝나서 행정규칙으로 착각하기 쉬운데 법규명령이라는 점을 유의해야 합니다.
행정규칙의 일반적인 형식은 **훈령, 예규, 고시, 지침 등**인데, 법규명령에 비해 형식이 다양한 편입니다. 법규명령(시행령, 시행규칙)이 아니면 행정규칙으로 생각해도 크게 무리는 아닙니다.

2. 내용적 차이

가. 법규성

법규명령과 행정규칙의 가장 큰 차이는 **법규성(法規性)**입니다. 법규성은 행정작용의 위법 또는 적법을 가리는 기준이 되는 성질을 말합니다. 법규성이 있다는 건 반드시 따라야 하는 '법'이라는 의미이고, 반대로 법규성이 없다는 건 꼭 따라야 하는 '법'은 아니라는 뜻입니다.

법규성은 **대외적 구속력**이라고 표현하기도 합니다. 대외적 구속력은 **국민과 법원을 구속하는 힘**을 말합니다. 법규성이 있으면 국민들이 이걸 따라야 하고, 법원은 적법여부를 판단할 때 반드시 고려해야 합니다(이걸 다른 말로 '재판규범성'이라 부릅니다).

나. 행정입법의 법규성

(1) 법규명령

법규명령은 이름에서도 드러나듯이 법규성이 있습니다. 법률을 보충하거나 상세화시키는 역할을 하니 거의 법률과 비슷하다고 보면 됩니다. **법규명령은 법규성 및 대외적 구속력도 있고 재판규범성도 인정**됩니다. 달리 말하면, **어떠한 행정행위가 법규명령을 준수하였다면 적법한 행정행위이고 법규명령을 어겼다면 위법한 행정행위**입니다.

(2) 행정규칙

그에 반해 행정규칙은 법규성이 없습니다. 원래 행정규칙은 행정부의 통일적 업무처리를 위한 내부 기준에 불과하기 때문입니다. **행정규칙은 법규성 및 대외적 구속력이 없고 재판규범성이 인정되지 않습니다.** 이건 행정규칙을 준수했다고 해서 반드시 적법한 건 아니고 위법할 수도 있다는 겁니다. 반대로 행정규칙을 위반했다고 해서 반드시 위법한 건 아니고 적법할 수도 있습니다(판례 1). 즉 법규명령은 적법/위법을 가릴 때 핵심적인 역할을 하는 '법'이지만, 행정규칙은 적법/위법을 가릴 때 하나의 참고자료 정도인 겁니다.

> ● **판례 1:** 상급행정기관이 소속 공무원이나 하급행정기관에 대하여 업무처리지침이나 법령의 해석·적용 기준을 정해 주는 **'행정규칙'은 일반적으로 행정조직 내부에서만 효력을 가질 뿐 대외적으로 국민이나 법원을 구속하는 효력이 없다. 처분이 행정규칙을 위반하였다고 해서 그러한 사정만으로 곧바로 위법하게 되는 것은 아니고, 처분이 행정규칙을 따른 것이라고 해서 적법성이 보장되는 것도 아니다.** 처분이 적법한지는 행정규칙에 적합한지 여부가 아니라 상위법령의 규정과 입법 목적 등에 적합한지 여부에 따라 판단해야 한다(대판 2019. 7. 11, 2017두38874).

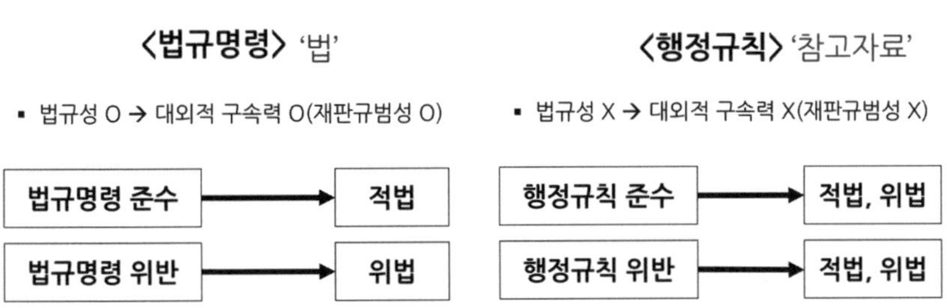

〈법규명령〉 '법'　　　　　　　〈행정규칙〉 '참고자료'

▪ 법규성 O → 대외적 구속력 O(재판규범성 O)　　　▪ 법규성 X → 대외적 구속력 X(재판규범성 X)

| 법규명령 준수 | → | 적법 |
| 법규명령 위반 | → | 위법 |

| 행정규칙 준수 | → | 적법, 위법 |
| 행정규칙 위반 | → | 적법, 위법 |

〈그림 18〉 법규명령과 행정규칙

※ 정리: 법규명령과 행정규칙의 비교

	법규명령	행정규칙
형식	시행령(대통령령), 시행규칙(총리령, 부령)	훈령, 고시 등
법적 근거	위임명령: 개별적, 구체적 위임(수권) 필요 집행명령: 개별적, 구체적 수권 불필요	법적 근거 불필요
성질/효력	법규성 O, 대내적/대외적 구속력	법규성 X, 대내적 구속력
위반의 효과	위법한 작용	위법 또는 적법한 작용
공포	공포 필요	공포 불필요

01 법규명령이란 일반적으로 행정권이 정립하는 일반적, 추상적 규정으로서 법규의 성질을 가지는 것을 말한다. (2009, 국가직 7급) ⋯⋯⋯⋯⋯⋯⋯⋯⋯⋯⋯⋯⋯⋯⋯⋯⋯⋯⋯⋯⋯⋯⋯⋯⋯⋯⋯⋯⋯⋯⋯⋯⋯⋯⋯ [O, X]]

02 행정규칙은 보통 훈령, 고시, 예규의 형식으로 행하여지고 고유한 서식에 따라야 한다. (2011, 국회직 9급) ⋯⋯⋯⋯⋯⋯⋯⋯⋯⋯⋯⋯⋯⋯⋯⋯⋯⋯⋯⋯⋯⋯⋯⋯⋯⋯⋯⋯⋯⋯⋯⋯⋯⋯⋯⋯⋯⋯ [O, X]

03 행정규칙의 제정을 위해서는 행정의 법률적합성의 원칙상 위임입법금지의 원칙에 따라 법률적 근거가 필요하다. (2008, 지방직 9급) ⋯⋯⋯⋯⋯⋯⋯⋯⋯⋯⋯⋯⋯⋯⋯⋯⋯⋯⋯⋯⋯⋯⋯⋯⋯⋯⋯⋯⋯ [O, X]

04 상급행정기관이 하급행정기관에 대하여 업무처리지침이나 법령의 해석, 적용에 관한 기준을 정하여 발하는 이른바 행정규칙은 일반적으로 대외적 구속력을 갖는다. (2020, 소방직 9급) ⋯⋯⋯⋯⋯ [O, X]

05 행정처분이 법규성이 없는 내부지침 등의 규정에 위배된다고 하더라도 그 이유만으로 처분이 위법하게 되는 것은 아니고, 또 그 내부지침 등에서 정한 요건에 부합한다고 하여 반드시 그 처분이 적법한 것이라고 할 수도 없다. (2019, 서울시 7급) ⋯⋯⋯⋯⋯⋯⋯⋯⋯⋯⋯⋯⋯⋯⋯⋯⋯⋯⋯⋯⋯ [O, X]

06 대외적으로 처분 권한이 있는 처분청이 상급행정기관의 지시를 위반하는 처분을 한 경우, 그러한 사정만으로 처분이 곧바로 위법하게 되는 것은 아니다. (2023, 국가직 7급) ⋯⋯⋯⋯⋯⋯⋯⋯⋯ [O, X]

정답   01 O   02 X   03 X   04 X   05 O   06 O

Ⅰ. 법규명령의 종류와 제정 절차

1. 내용에 따른 분류
가. 위임명령

위임명령(委任命令)은 법률 또는 상위명령에서 구체적으로 범위를 정하여 위임한 사항을 규정하는 명령을 말합니다. 위임명령은 위임받은 범위 안에서 **국민의 권리·의무에 관한 새로운 사항을 규정할 수 있습니다.** 법규명령이라고 하면, 일반적으로 위임명령을 뜻합니다.

나. 집행명령

집행명령(執行命令)은 상위법령의 집행을 위하여 필요한 세부적·기술적 사항을 규정하는 명령입니다. 위임명령과 달리 **국민의 권리·의무에 관한 새로운 사항을 규정할 수 없고, 개별적인 법적근거나 수권(위임)이 필요없습니다**(판례 1).

● **판례 1:** 구 사법시험령은 변호사법 등이 규정한 사법시험의 시행과 절차 등에 관한 세부사항을 구체화하고 사법연수생의 임용절차를 집행하기 위한 집행명령의 일종이다(대판 2007. 1. 11, 2004두10432).

---

2. 형식에 따른 분류
가. 대통령령

대통령이 제정하는 법규명령을 말하는데, 보통 「○○○법 **시행령**」으로 불립니다.

나. 총리령, 부령

국무총리 또는 행정각부의 장이 발하는 명령을 말하는데, 보통 「○○○법 **시행규칙**」으로 불립니다. 행정각부 장관이 부령으로 제정할 수 있는 범위는 법률 또는 대통령령이 위임한 사항이나 또는 법률 또는 대통령령을 실시하기 위하여 필요한 사항에 한정되므로 법률 또는 대통령령으로 정할 사항을 부령으로 정한 경우에는 그 부령은 무효입니다(대판 1962. 1. 25, 4294민상9).

행정각부의 장에 해당하지 않는 국무총리 직속기관(예: 법제처장 등)이나 **행정각부 소속기관**(예: 경찰청장 등)은 **독립하여 법규명령(예: 처령, 청령)을 제정할 수 없고,** 총리령 또는 부령 형식으로 제정합니다.

○ **경찰청과 그 소속기관 직제 시행규칙**
[시행 2023. 1. 1.] [**행정안전부령** 제368호, 2022. 12. 29., 일부개정]
제1조(목적) 이 규칙은 경찰청과 그 소속기관에 두는 보조기관·보좌기관의 직급 및 직급별 정원, 과 또는 이에 상당하는 담당관의 설치 및 사무분장 등 「경찰청과 그 소속기관 직제」에서 위임된 사항과 그 시행에 필요한 사항을 규정함을 목적으로 한다.

다. 기타

국회규칙, 법원규칙, 헌법재판소규칙, 중앙선거관리위원회규칙도 법규명령에 해당합니다. 다만, 감사원 규칙의 법적 성질에 대해서는 행정규칙으로 보는 견해와 법규명령으로 보는 견해가 갈립니다.

3. 처분적 법규명령

가. 의의

처분적(處分的) 법규명령은 대통령령·총리령·부령과 같이 법규명령의 형식을 취하지만, 실질적으로는 관련자가 개별적이고 규율사건이 구체적이어서 행정행위의 성질을 갖는 법규명령을 말합니다.

나. 법적성질

일반적·추상적 규율인 법령(행정입법)은 원칙적으로 처분이 아닙니다. 하지만 예외적으로 **행정입법이 지만 구체적 성질을 가지는 처분법규는 처분에 해당**하고, 항고소송의 대상이 됩니다. 대표적인 사례로는 **두 밀분교 폐지조례**가 있습니다. 자세한 사항은 "행정행위의 개념" 부분을 참고하시길 바랍니다.

> **※ 김변쓰 팁: 조례의 법적 성질**
>
> 조례의 법적 성질에 대해서는 다양한 논의가 있고, "조례=법규명령"으로 단정하기는 어렵습니다. 그러나 조례는 넓게 보면 행정기관인 지방의회에 의해 제정되는 법이므로 행정입법에 속하는 것으로 볼 수도 있고(박균성, 행정법 2, 제177면), 대부분의 행정법 교과서는 두밀분교폐지조례를 "처분적 법규명령"의 대표 사례로 제시하고 있습니다. 이 부분은 너무 깊게 고민하지 말고, '조례를 법규명령의 일종으로 보기도 한다' 정도로 정리하시면 되겠습니다.

4. 법규명령의 제정 절차

가. 대통령령

대통령령은 일반적으로 다음과 같은 절차를 거쳐서 제정됩니다.

> ① 법령안의 입안 → ② 관계 기관과의 협의 → ③ 사전 영향평가 → ④ 입법예고 → ⑤ 규제심사 → ⑥ 법제처 심사 → ⑦ **차관회의·국무회의 심의** → ⑧ **대통령재가 및 국무총리와 관계 국무위원의 부서** → ⑨ 공포

나. 총리령, 부령

총리령, 부령은 일반적으로 다음과 같은 절차를 거쳐서 제정됩니다. 총리령, 부령은 **국무회의의 심의**를 거치지 않고 국무총리와 관계 국무위원의 부서(副署, 서명)가 필요하지 않다는 점에서 대통령령과 차이가 있습니다.

> ① 법령안의 입안 → ② 관계 기관과의 협의 → ③ 사전 영향평가 → ④ 입법예고 → ⑤ 규제심사 → ⑥ 법제처 심사 → ⑦ 공포

1. 근거

법규명령(위임명령)이 적법하기 위해서는 법률 또는 상위명령이 구체적으로 범위를 정하여 위임(수권)을 해야 합니다. 만약 **법령의 위임이 없는데도 법령에 규정된 사항을 부령에서 규정하면 그건 행정규칙에 해당할 수는 있지만 법규명령은 아닙니다**(판례 2).

> ● **판례 2:** 법령의 위임이 없음에도 법령에 규정된 **처분 요건에 해당하는 사항을 부령에서 변경하여 규정한 경우**에는 그 부령의 규정은 행정청 내부의 사무처리 기준 등을 정한 것으로서 행정조직 내에서 적용되는 행정명령의 성격을 지닐 뿐 국민에 대한 **대외적 구속력은 없다**고 보아야 한다. 따라서 어떤 행정처분이 그와 같이 법규성이 없는 시행규칙 등의 규정에 위배된다고 하더라도 그 이유만으로 처분이 위법하게 되는 것은 아니라 할 것이고, 또 그 규칙 등에서 정한 요건에 부합한다고 하여 반드시 그 처분이 적법한 것이라고 할 수도 없다. **이 경우 처분의 적법 여부는 그러한 규칙 등에서 정한 요건에 합치하는지 여부가 아니라 일반 국민에 대하여 구속력을 가지는 법률 등 법규성이 있는 관계 법령의 규정을 기준으로 판단**하여야 한다(대판 2013. 9. 12, 2011두10584).

2. 근거법령의 변동

가. 근거법령이 새롭게 제정된 경우

일반적으로 법률의 위임에 의하여 효력을 갖는 법규명령의 경우, 법률에 위임의 근거가 없으면 법규명령으로서 효력이 없습니다(무효). 그런데 **사후에 법개정으로 위임의 근거가 부여되면 그때부터는 유효한 법규명령**이 됩니다(판례 3). 효력이 소급하는 게 아니라, 위임의 근거가 생긴 이후부터 유효라는 걸 유의해야 합니다.

나. 근거법령이 없어진 경우

반대로 법령의 위임에 의한 유효한 법규명령이 법개정으로 위임의 근거가 없어지게 되면 그때부터 무효인 법규명령이 됩니다(판례 3).

> ● **판례 3:** 법규명령의 경우, 구법에 위임의 근거가 없어 **무효였더라도 사후에 법개정으로 위임의 근거가 부여되면 그 때부터는 유효한 법규명령**이 되나, 반대로 구법의 위임에 의한 유효한 법규명령이 법개정으로 **위임의 근거가 없어지게 되면 그 때부터 무효인 법규명령**이 된다(대판 1995. 6. 30, 93추83).

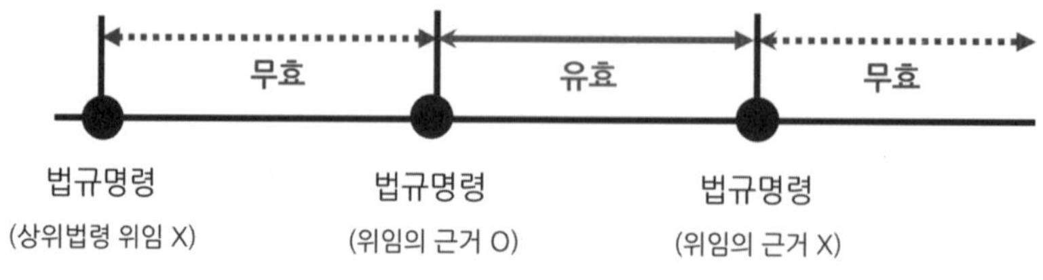

〈그림 19〉 법규명령의 근거법령

1. 의의

법규명령은 "수권법령의 한계"와 "위임명령상의 한계"를 벗어나지 않아야 적법합니다. 일반적으로 법규명령의 한계로 수권법령의 한계와 위임명령상의 한계가 거론되지만, 그런데 사실 두 가지 요건은 성격이 다릅니다. "수권법령의 한계"는 엄밀하게 말하면 "법규명령"이 지켜야 하는 한계가 아니고, "법규명령"에 권한을 부여하는 상위법령(예: 법률 등)이 지켜야 하는 한계입니다.

2. 수권법령의 한계(상위법령이 법규명령에 위임할 때 지켜야 할 사항)

가. 일반적·포괄적 위임금지

(1) 원칙

상위법령은 **구체적으로 범위를 정하여** 위임을 해야 하고, 일반적·포괄적 위임을 해서는 안 됩니다(헌법 제75조).

> ○ **대한민국헌법 제75조** 대통령은 법률에서 구체적으로 범위를 정하여 위임받은 사항과 법률을 집행하기 위하여 필요한 사항에 관하여 대통령령을 발할 수 있다.

포괄적으로 위임을 한다는 건 국회가 입법권을 행사하지 않고 행정부에 일을 아예 맡겨 버린다는 겁니다. 구체적으로 범위를 정한다는 건, **적어도 위임명령에 규정될 내용 및 범위의 기본사항이 구체적으로 규정되어 있어서 누구라도 당해 법률이나 상위명령으로부터 위임명령에 규정될 내용의 대강을 예측**할 수 있어야 한다는 뜻입니다.

얼마나 구체적으로 정해야 하는지는 규율대상의 성격에 따라 달라집니다. 조세법규와 같이 국민의 **기본권을 직접적으로 제한하거나 침해할 소지가 있는 영역**에서는 일반적인 경우보다 **더 구체적으로 위임**을 해야 하지만(판례 4), **급부행정영역에서는 침해적인 행정보다는 덜 구체적**으로 위임해도 됩니다(판례 5).

> ● **판례 4:** 조세법규와 같이 국민의 기본권을 직접적으로 제한하거나 침해할 소지가 있는 영역에서는 구체성·명확성의 요구가 강화되어 그 위임의 요건과 범위가 일반적인 급부행정의 영역에서보다 더 엄격하게 제한되어야 한다(헌재 2002. 8. 29, 2000헌바50).
> ● **판례 5:** 보건위생 등 급부행정 영역에서는 기본권 침해 영역보다는 구체성의 요구가 다소 약화되어도 무방하다(대결 1995. 12. 8, 95카기16).

(2) 예외: 조례와 공법상 단체의 정관의 경우

일정한 사항을 조례로 정하도록 위임하는 경우에는 포괄적 위임이 가능합니다. 조례의 제정권자인 지방의회는 민주적 정당성을 지니고 있는 주민의 대표기관이고 헌법이 지방자치단체에 포괄적인 자치권을 보장하고 있기 때문에 조례에 대한 법률의 위임은 법규명령에 대한 법률의 위임처럼 반드시 구체적으로 범위를 정하여 할 필요가 없습니다(판례 6).

법률이 **공법적 단체**(예: 도시 및 주거환경정비법상 주택재개발 조합) 등의 **정관에 자치법적 사항을 위임한 경우에는 위임입법의 금지는 원칙적으로 적용되지 않습니다(판례 7).** 포괄적인 위임입법을 금지하는 것은 행정부가 행정입법을 자의적 제정하여 국민의 자유와 권리를 침해할 수 있기 때문인데, 행정부가 아닌 공법적 기관의 경우에는 그와 같은 우려가 약하기 때문입니다(헌재 2006. 3. 30, 2005헌바31). **다만 국민의 권리의무에 관한 기본적이고 본질적인 사항은 국회가 정해야 합니다**(판례 7).

> ● **판례 6:** 조례의 제정권자인 지방의회는 선거를 통해서 그 지역적인 민주적 정당성을 지니고 있는 주민의 대표기관이고 헌법이 지방자치단체에 포괄적인 자치권을 보장하고 있는 취지로 볼 때, **조례에 대한 법률의 위임은** 법규명령에 대한 법률의 위임과 같이 반드시 구체적으로 범위를 정하여 할 필요가 없으며 **포괄적인 것으로 족하다**(헌재 1995. 4. 20, 92헌마264).
> ● **판례 7: 법률이 공법적 단체 등의 정관에 자치법적 사항을 위임한 경우에는 헌법 제75조가 정하는 포괄적인 위임입법의 금지는 원칙적으로 적용되지 않으나**, 그 사항이 국민의 권리ㆍ의무에 관련되는 것일 경우에는 적어도 국민의 권리ㆍ의무에 관한 기본적이고 본질적인 사항은 국회가 정하여야 한다(대판 2007. 10. 12, 2006두14476).

나. 국회전속적 입법사항의 위임금지

(1) 원칙

헌법상 또는 법이론상 법률로써 정해야 할 사항(예: 납세의무에 관한 본질적 사항, 국민이 되는 요건, 통신ㆍ방송의 시설기준, 재산권의 사용ㆍ수용ㆍ제한 및 그에 대한 보상 등)은 국회가 법률로 정해야 하고, 법규명령으로 정할 수는 없습니다(판례 8).

> ● **판례 8:** 국민에게 납세 의무를 부과하려면 납세의무에 관한 기본적, 본질적 사항은 국민의 대표기관인 국회가 제정한 법률로 규정하여야 하고, 법률의 위임 없이 명령 또는 규칙 등의 행정입법으로 납세의무에 관한 기본적, 본질적 사항(신고의무 이행에 필요한 기본적인 사항과 신고의무불이행 시 납세의무자가 입게 될 불이익 등)을 규정하는 것은 조세법률주의 원칙에 위배된다(대판 2015. 8. 20, 2012두23808).

(2) 예외

다만 국회전속적 입법사항이라고 하더라도, 세부적인 사항(예: 과세요건과 징수절차에 관한 사항 등)에 대해서는 구체적으로 범위를 정하여 법규명령에 위임하는 것이 허용됩니다.

다. 처벌규정 위임의 제한적 허용

(1) 원칙

죄형법정주의의 원칙상 처벌규정은 원칙적으로 위임이 불가합니다.

(2) 예외

다음과 같이 일정한 요건을 갖춘 경우에는 제한적으로 위임이 허용됩니다(판례 9).

① 긴급한 필요가 있거나 미리 법률로서 자세히 정할 수 없는 부득이한 사정이 있을 것

② 수권법률(위임법률)이 처벌대상인 행위가 어떠한 것일 거라고 이를 예측할 수 있을 정도로 구체적으
로 정할 것

③ 형벌의 종류 및 그 상한과 폭을 명확히 규정할 것

> ● **판례 9:** 형벌법규에 대하여도 특히 긴급한 필요가 있거나 미리 법률로서 자세히 정할 수 없는 부득이한 사정이 있는 경우에 한하여 수권법률(위임법률)이 구성요건의 점에서는 처벌대상인 행위가 어떠한 것일거라고 이를 예측할 수 있을 정도로 구체적으로 정하고, 형벌의 점에서는 형벌의 종류 및 그 상한과 폭을 명확히 규정하는 것을 조건으로 위임입법이 허용되며 이러한 위임입법은 죄형법정주의에 반하지 않는다(헌재 1996. 2. 29, 94헌마213).

3. 위임명령 제정상의 한계(법규명령이 지켜야 할 사항)

가. 전면적 재위임의 금지

법령에 의하여 위임받은 사항을 전혀 규정하지 않고 하위명령에 **전면적으로 재위임**하는 것은 허용되지 않습니다. 다만, **위임받은 사항에 대해 대강을 정하고 그중 특정사항을 다시 하위법령에 위임하는 것은 허용**됩니다(판례 10).

> ● **판례 10:** 법률에서 위임받은 사항을 전혀 규정하지 아니하고 그대로 재위임하는 것은 허용되지 않으며 위임받은 사항에 관하여 대강을 정하고 그 중의 특정사항을 범위를 정하여 하위법령에 다시 위임하는 경우에만 재위임이 허용된다(헌재 1996. 2. 29, 94헌마213).

나. 내용적 한계

위임명령은 수권(위임)의 범위 내에서 제정되어야 하며, **그 범위를 넘어서서 수권하지 않은 사항에 대해서는 규정할 수 없습니다**(판례 11). 또한 위임명령은 상위법령을 위반해서는 안 되고 내용이 명확하고 실현가능해야 합니다.

> ● **판례 11:** 시행령이 법률의 위임 규정의 문언적 의미의 한계를 벗어났다든지, 위임 규정에서 사용하고 있는 용어의 의미를 넘어 그 범위를 확장하거나 축소함으로써 위임 내용을 구체화하는 단계를 벗어나 새로운 입법을 한 것으로 평가할 수 있다면, 이는 위임의 한계를 일탈한 것으로서 허용되지 않는다(대판 2012. 12. 20, 2011두30878).

- 대법원 1996. 9. 20. 선고 95누8003 판결 [조례무효확인]

1. 사실관계

두밀분교는 경기도 가평군 가평읍 두밀리의 공립초등학교였는데, 농어촌 인구가 감소함에 따라 두밀분교의 학생수도 줄어들었습니다. 그러자 ① 경기도 교육감은 소규모 학교 통폐합 정책의 일환으로 경기도립학교설치조례 [별표] "상색초등학교 두밀분교장"란을 삭제하는 내용의 개정 조례안을 경기도교육위원회을 거쳐 경기도의회에 제출하였습니다. ② 경기도의회는 개정 조례안을 의결하였고, 경기도 교육감은 개정 조례안을 공포하였다. 이후 ③ 두밀분교 학부모들은 경기도 교육감을 상대로 "개정 조례안"이 무효임을 확인해 달라는 소송을 제기하였습니다.

2. 주요 쟁점

가. 조례의 처분성

> **[판례]** 조례가 집행행위의 개입 없이도 그 자체로서 직접 국민의 구체적인 권리의무나 법적 이익에 영향을 미치는 등의 법률상 효과를 발생하는 경우 그 조례는 항고소송의 대상이 되는 행정처분에 해당한다.

나. 교육 관련 조례 소송의 피고적격

> **[판례]** 조례에 대한 무효확인 소송을 제기함에 있어서 피고적격이 있는 처분등을 행한 행정청은, 행정주체인 지방자치단체 또는 지방자치단체의 내부적 의결기관으로서 지방자치단체의 의사를 외부에 표시할 권한이 없는 지방의회가 아니라, 지방자치단체의 집행기관으로서 조례로서의 효력을 발생시키는 공포권이 있는 지방자치단체의 장이라고 할 것이다. 한편 시·도의 교육·학예에 관한 사무의 집행기관은 시·도 교육감이고 시·도 교육감에게 지방교육에 관한 조례안의 공포권이 있다고 규정되어 있으므로, 교육에 관한 조례의 무효확인 소송을 제기함에 있어서는 그 집행기관인 시·도 교육감을 피고로 하여야 할 것이다.

01 위임명령은 새로운 법규사항을 정할 수 있으나 집행명령은 상위법령의 집행에 필요한 절차나 형식을 정하는데 그쳐야 하며 새로운 법규사항을 정할 수 없다. (2010, 지방직 9급) ·················· [O, X]

02 집행명령은 상위법을 집행하기 위한 것이므로 상위법령의 수권이 원칙적으로 요구된다. (2011, 국회직 9급) ··· [O, X]

03 법령의 위임이 없음에도 법령에 규정된 처분 요건에 해당하는 사항을 부령에서 변경하여 규정한 경우에 처분의 적법 여부는 그러한 부령에서 정한 요건을 기준으로 판단하여야 한다. (2021, 지방직 7급) ··· [O, X]

04 법규명령이 법률상 위임의 근거가 없어 무효이더라도 나중에 법률의 개정으로 위임의 근거가 부여되면 그때부터는 유효한 법규명령으로서 구속력을 갖는다. (2018, 국가직 9급) ·········· [O, X]

05 조례에 대한 법률의 위임은 반드시 구체적으로 범위를 정하여 해야 한다. (2018, 서울시 2회 7급) ········· [O, X]

06 법률이 공법적 단체 등의 정관에 자치법적 사항을 위임한 경우에는 헌법 제75조가 정하는 포괄적인 위임입법의 금지는 원칙적으로 적용되지 않는다고 봄이 상당하다. (2017, 서울시 7급) ·········· [O, X]

07 법률이 공법적 단체 정관에 자치법적 사항을 위임한 경우에는 헌법 제75조가 정하는 포괄적인 위임입법의 금지는 원칙적으로 적용되지 않지만, 그 사항이 국민의 권리, 의무에 관련되는 것일 경우에는 적어도 국민의 권리, 의무에 관한 기본적이고 본질적인 사항은 국회가 정하여야 한다. (2021, 국가직 9급) ··· [O, X]

08 특히 긴급한 필요가 있거나 미리 법률로 자세히 정할 수 없는 부득이한 사정이 있어 법률에 형벌의 종류, 상한, 폭을 명확히 규정하더라도, 행정형벌에 대한 위임입법은 허용되지 않는다. (2019, 국가직 9급) [O, X]

09 법규명령이 법률에서 위임받은 사항에 관하여 대강을 정하고 그중의 특정사항에 대하여 범위를 정하여 하위법령에 다시 위임하는 경우에는 재위임이 허용된다. (2018, 국가직 9급) [O, X]

10 위임명령이 위임내용을 구체화하는 단계를 벗어나 새로운 입법을 한 것으로 평가할 수 있다면, 위임의 한계를 벗어난 것으로서 허용되지 않는다. (2020, 소방직 9급) [O, X]

정답	01 O	02 X	03 X	04 O	05 X	06 O	07 O	08 X	09 O	10 O

Ⅰ. 법규명령의 하자

1. 의의

법규명령이 적법하려면 주체, 절차, 형식, 내용상의 적법요건을 갖춰야 합니다. 즉, 법규명령은 정당한 권한을 가진 기관이 권한 내의 사항에 관해 법에서 정한 절차에 따라 제정해야 합니다. 만약 법규명령이 적법요건을 갖추지 못하면 하자 있는 법규명령이 됩니다.

2. 효력

가. 하자 있는 "법규명령"의 효력

행정행위에는 공정력이 있어 하자가 있다고 해서 무조건 무효는 아니지만 법규명령은 다릅니다. 법규명령에는 공정력이 없으므로 **하자 있는 법규명령은 무효**입니다. 다만 **법규명령의 규정이 모법에 저촉되는지의 여부가 명확하지 않다면, 모법 위반으로 무효라고 판단하는 건 신중하게 접근**해야 합니다(판례 1).

> ● **판례 1:** 어느 시행령의 규정이 모법에 저촉되는지의 여부가 명백하지 아니하는 경우에는 모법과 시행령의 다른 규정들과 그 입법 취지, 연혁 등을 종합적으로 살펴 모법에 합치된다는 해석도 가능한 경우라면 그 규정을 모법위반으로 무효라고 선언하여서는 안 된다(대판 2001. 8. 24, 2000두2716).

나. 하자 있는 법규명령에 따른 "행정행위"의 효력

법규명령의 하자와 하자 있는 법규명령에 따른 행정행위의 하자는 구분해야 합니다. 하자 있는 법규명령에 따른 **"행정행위"의 효력은 중대성과 명백성에 따라 달라집니다. 하자가 중대하고 명백한 경우에는 무효이나, 그렇지 않은 경우에는 취소할 수 있는 행정행위**에 불과합니다(판례 2).

> ● **판례 2:** 시행령이 헌법이나 법률에 위반되어 무효라고 선언한 대법원의 판결이 선고되지 않은 상태에서는 시행령 규정의 위헌 내지 위법 여부가 해석상 다툼의 여지가 없을 정도로 명백하였다고 인정되지 않는 이상 객관적으로 명백한 것이라 할 수 없으므로, 이러한 시행령에 근거한 행정처분의 하자는 **취소사유**에 해당할 뿐 무효사유는 아니다(대판 2007. 6. 14, 2004두619).

3. 법규명령의 소멸

법규명령은 상위 법령에 근거하여 성립하는 것이므로, **상위 법령이 폐지된 경우에는 원칙적으로 법규명령도 소멸**합니다. 같은 논리로 **법규명령(위임명령)의 근거법령이 헌법재판소에 의해 위헌결정이 이뤄지면, 법규명령도 원칙적으로 효력을 상실**합니다(판례 3).

다만, **집행명령의 근거법령이 개정된 것에 불과한 경우**에는 새로운 집행명령이 제정될 때까지 기존의 집행명령이 효력을 유지합니다(판례 4).

> ● **판례 3:** 법규명령의 위임근거가 되는 법률에 대하여 위헌결정이 선고되면 그 위임에 근거하여 제정된 법규명령도 원칙적으로 효력을 상실한다(대판 2001. 6. 12, 2000다18547).
>
> ● **판례 4:** 상위법령이 개정됨에 그친 경우에는 개정법령과 성질상 모순, 저촉되지 아니하고 개정된 상위법령의 시행에 필요한 사항을 규정하고 있는 이상 그 집행명령은 상위법령의 개정에도 불구하고 당연히 실효되지 아니하고 개정법령의 시행을 위한 집행명령이 제정, 발효될 때까지는 여전히 그 효력을 유지한다(대판 1989. 9. 12, 88누6962).

II. 법규명령에 대한 통제

1. 규범통제의 유형

추상적 규범통제(抽象的 規範統制)는 법령으로 인한 행정작용과 그로 인한 구체적인 법적 분쟁이 "있기 전"에 일반적 · 추상적 법령에 대해 소송을 제기하는 걸 말합니다. 이에 반해 **구체적 규범통제(具體的 規範統制)**는 법령에 근거해서 "행정작용이 있고 그로 인한 구체적인 법적 분쟁이 발생한 이후에" 그 법령에 대해 소송을 제기하는 걸 말합니다. 「항공보안법」 제27조의2를 예로 들어보겠습니다.

> ○ **항공보안법 제27조의2(항공보안장비 성능 인증의 취소)** 국토교통부장관은 성능 인증을 받은 항공보안장비가 다음 각 호의 어느 하나에 해당하는 경우에는 그 인증을 취소할 수 있다. 다만, 제1호에 해당하는 때에는 그 인증을 취소하여야 한다.
> 1. 거짓이나 그 밖의 부정한 방법으로 인증을 받은 경우

인증 취소라는 행정작용 전에 항공보안법 제27조의2 규정 자체에 대해서 다투는 게 추상적 규범통제이고, 인증 취소라는 구체적인 행정처분이 있을 때 비로소 항공보안법 규정을 다투는 게 구체적 규범통제입니다.

2. 구체적 규범통제의 원칙

가. 의의

우리 법제에 따를 때 **원칙적으로 추상적 규범통제는 인정되지 않습니다.** 행정소송의 대상은 구체적인 권리의무에 관한 분쟁이어야 하므로 구체적인 권리의무에 관한 분쟁을 떠나서 법령 자체의 무효확인을 구하는 청구는 행정소송의 대상이 아닌 사항에 대한 것으로서 부적법합니다. 즉, 법규명령이 헌법 · 법률에 위반되는지에 대해 대법원이 심사를 하기 위해서는 법규명령이 헌법 · 법률 위반 여부가 **재판의 전제가 된 경우**여야 합니다(헌법 제107조 제2항, 판례 5).

● **판례 5**: 법원이 법규명령 등이 위헌·위법인지를 심사하려면 그것이 '재판의 전제'가 되어야 한다. 여기에서 '재판의 전제'란 구체적 사건이 법원에 계속 중이어야 하고, 위헌·위법인지가 문제되는 법규명령 등의 특정 조항이 해당 소송사건의 재판에 적용되는 것이어야 하며, **그 조항이 위헌·위법인지에 따라 그 사건을 담당하는 법원이 다른 판단을 하게 되는 경우**를 말한다(대판 2021. 6. 24, 2016두58659).

나. 예시

A행정청이 B에게 식품위생법 시행령에 근거해서 영업정지처분을 하였습니다. 이때 B가 "식품위생법 시행령이 상위법령에 위반되어 무효이고 무효인 법규명령에 근거하여 이뤄진 영업정지처분도 위법하다."라고 주장한다면, 식품위생법 시행령의 위헌·위법 여부가 재판의 전제가 됩니다. 이런 경우에는 법원이 식품위생법 규정에 대한 심사를 할 수 있습니다.

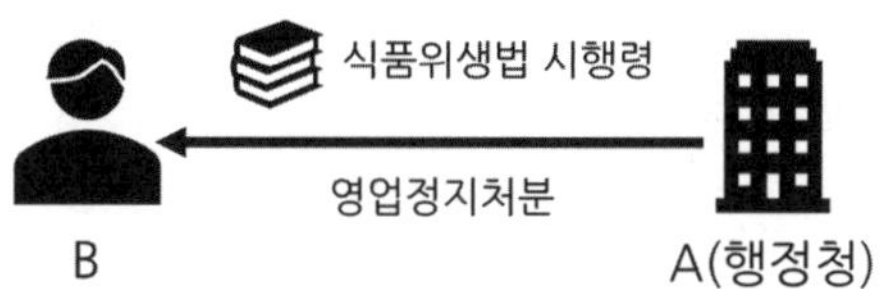

〈그림 20〉 구체적 규범통제

다. 후속 조치

구체적 규범통제에 의해 위헌·위법이라고 판단된 법규명령은 다른 사건에도 적용되지 않도록 해야 합니다. 이에 따라 **대법원은 법규명령을 위헌·위법이라고 확정하면 지체없이 행정안전부장관에게 통보**하고, 이를 통보받은 행정안전부장관은 지체없이 **관보에 게재**해야 합니다(행정소송법 제6조).

3. 예외적인 경우

가. 법원의 통제

법규명령(조례)은 일반적·추상적 규범으로 항고소송의 대상이 되는 '처분등'에 해당하지 않는 것이 원칙이지만, 예외적으로 **법규명령(조례)이 구체성을 가져 처분적 성질을 가지는 경우(예: 처분적 법규명령·조례)에는 항고소송의 대상**이 될 수 있습니다.

나. 헌법재판소의 통제

처분적 법규명령이 항고소송의 대상이 되는 것과 유사하게, **법규명령 등이 별도의 집행행위가 없더라도 직접 기본권을 침해하는 경우에는 헌법소원심판의 대상**이 됩니다(판례 6).

> ● **판례 6:** 입법부·행정부·사법부에서 제정한 규칙이 별도의 집행행위를 기다리지 않고 직접 기본권을 침해하
> 는 것일 때에는 모두 헌법소원심판의 대상이 될 수 있는 것이다(헌재 1990. 10. 15, 89헌마178).
>
> **[판시]** 법무사법시행규칙 제3조 제1항은 "법원행정처장은 법무사를 보충할 필요가 있다고 인정되는 경우에
> 는 대법원장의 승인을 얻어 법무사시험을 실시할 수 있다."라고 규정하였던 바, 이는 법원행정처장이 법무사
> 를 보충할 필요가 없다고 인정하면 법무사시험을 실시하지 아니해도 된다는 것으로서 법무사자격을 취득하
> 고자 하는 모든 국민의 헌법 제11조 제1항의 평등권과 헌법 제15조의 직업선택의 자유를 침해한 것이다.

III. 행정입법부작위

1. 의의

행정입법 부작위는 법규명령을 제정·개정할 의무가 있음에도 불구하고 합리적인 이유없이 행정청이 입
법을 지체하는 것을 말합니다. 행정입법 부작위가 인정되려면 행정입법의 제정의무가 인정되어야 하는데,
법률의 규정이 충분히 명확하여 **상위법령의 규정만으로 집행이 이뤄질 수 있다면 행정입법의 제정의무가
인정되지 않습니다**(판례 7).

> ● **판례 7:** 행정권의 행정입법 등 법집행의무는 헌법적 의무이나, 하위 행정입법의 제정 없이 상위 법령의 규정
> 만으로도 집행이 이루어질 수 있는 경우라면 하위 행정입법을 하여야 할 헌법적 작위의무는 인정되지 아니한다
> (헌재 2005. 12. 22, 2004헌마66).

2. 종류

입법부작위의 종류는 진정 입법부작위와 부진정 입법부작위가 있습니다. **진정 입법부작위**는 입법자가
헌법상 입법의무가 있는 어떤 사항에 관하여 전혀 입법을 하지 않은 것이고, **부진정 입법부작위**는 입법자가
어떤 사항에 관하여 입법은 하였으나 그 입법의 내용·범위·절차면에서 불완전·불충분·불공정하게 규율
하는 것입니다.

3. 헌법소원

진정 입법부작위는 공권력의 불행사로서 헌법소원의 대상이 될 수 있지만(판례 8), 부진정 입법부작위는
불완전한 법규정 자체를 대상으로 하여 그것이 헌법위반이라는 적극적인 헌법소원을 청구할 수 있을 뿐 이
를 입법부작위라 하여 헌법소원을 제기할 수는 없습니다(헌재 2014. 3. 25. 2014헌마211).

> ● **판례 8:** 치과의사로서 전문의가 되고자 하는 자는 대통령령이 정하는 수련을 거쳐 보건복지부장관의 자격인
> 정을 받아야 하고 전문의의 자격인정 및 전문과목에 관하여 필요한 사항은 대통령령으로 정하고 전문의자격의
> 인정에 관하여 "일정한 수련과정을 이수한 자로서 전문의자격시험에 합격"할 것을 요구하고 있는데도, '시행규
> 칙'이 새로운 입법을 하지 않고 있는 것은 진정입법부작위에 해당한다(헌재 1998. 7. 16, 96헌마246).

4. 항고소송

부작위위법확인소송의 대상은 처분의 부작위이고 입법의 부작위는 아니므로 **행정입법 부작위에 대해 부작위위법확인소송을 제기할 수는 없습니다**(판례 9).

> ● **판례 9:** 부작위위법확인소송의 대상이 될 수 있는 것은 구체적 권리의무에 관한 분쟁이어야 하고 추상적인 법령에 관하여 제정의 여부 등은 그 자체로서 국민의 구체적인 권리의무에 직접적 변동을 초래하는 것이 아니어서 부작위위법확인소송의 대상이 될 수 없다(대판 1992. 5. 8, 91누11261).
>
> **[사실관계]** "특정다목적댐법"에 의하면 다목적댐 건설로 인한 손실보상 의무가 국가에게 있고 손실보상 절차와 그 방법 등 필요한 사항은 대통령령으로 규정하도록 되어 있음에도 대통령령이 제정되지 않았다.

5. 국가배상청구소송

행정입법 부작위로 손해가 발생한 경우 국가배상청구소송 제기가 가능합니다(판례 10).

> ● **판례 10:** 군법무관의 보수를 법관 및 검사의 예에 준하도록 규정하면서 그 구체적 내용을 시행령에 위임하고 있는 경우 행정부가 정당한 이유 없이 시행령을 제정하지 않은 것은 위 보수청구권을 침해하는 불법행위에 해당한다(대판 2007. 11. 29, 2006다3561).

01 위법한 법규명령은 무효가 아니라 취소할 수 있다. (2017, 교육행정직 9급) ⋯⋯⋯⋯⋯⋯⋯⋯⋯ [O, X]

02 헌법 제107조 제2항의 규정에 따르면 행정입법의 심사는 일반적인 재판절차에 의하여 구체적 규범통제의 방법에 의하도록 하고 있으므로, 원칙적으로 당사자는 구체적 사건의 심판을 위한 선결문제로서 행정입법의 위법성을 주장하여 법원에 대하여 당해 사건에 대한 적용 여부의 판단을 구할 수 있을 뿐 행정입법 자체의 합법성의 심사를 목적으로 하는 독립한 신청을 제기할 수는 없다. (2018, 국회직 8급) ⋯⋯⋯⋯⋯⋯⋯⋯⋯⋯⋯⋯⋯⋯⋯⋯⋯⋯⋯⋯⋯⋯⋯⋯⋯⋯⋯⋯⋯⋯⋯⋯⋯⋯⋯⋯ [O, X]

03 행정소송에 대한 대법원판결에 의하여 명령, 규칙이 헌법 또는 법률에 위반된다는 것이 확정된 경우에는 대법원은 지체없이 그 사유를 행정안전부장관에게 통보하여야 하고, 그 통보를 받은 행정안전부장관은 지체 없이 이를 관보에 게재하여야 한다. (2014, 지방직 7급) ⋯⋯⋯⋯⋯ [O, X]

04 조례가 집행행위의 개입 없이 직접 국민의 구체적 권리·의무에 영향을 미치는 등의 효과가 발생하면 그 조례는 항고소송의 대상이 된다. (2018, 서울시 2회 7급) ⋯⋯⋯⋯⋯⋯⋯⋯⋯⋯⋯ [O, X]

05 헌법재판소는 대법원규칙인 "구 법무사법 시행규칙"에 대해, 법규명령이 별도의 집행행위를 기다리지 않고 직접 기본권을 침해하는 것일 때에는 헌법 제107조 제2항의 명령·규칙에 대한 대법원의 최종심사권에도 불구하고 헌법소원심판의 대상이 된다고 한다. (2017, 국가직 9급) ⋯⋯⋯ [O, X]

06 입법부가 법률로써 행정부에게 특정한 사항을 위임했음에도 불구하고 행정부가 정당한 이유 없이 이를 이행하지 않는다면 권력분립의 원칙과 법치국가 내지 법치행정의 원칙에 위배된다. (2016, 지방직 9급) ⋯⋯⋯⋯⋯⋯⋯⋯⋯⋯⋯⋯⋯⋯⋯⋯⋯⋯⋯⋯⋯⋯⋯⋯⋯⋯⋯⋯⋯⋯⋯⋯⋯⋯⋯ [O, X]

07 행정입법부작위의 위헌·위법성과 관련하여, 하위 행정입법의 제정 없이 상위 법령의 규정만으로 집행이 이루어질 수 있는 경우에도 상위 법령의 명시적 위임이 있다면 하위 행정입법을 제정하여야 할 작위의무는 인정된다. (2016, 지방직 9급) [O, X]

08 치과전문의 시험실시를 위한 시행규칙 규정의 제정 미비로 인해 치과전문의 자격을 갖지 못한 사람은 부작위위법확인소송을 통하여 구제받을 수 있다. (2017, 지방직(하) 9급) [O, X]

09 법률의 집행을 위해 시행규칙을 제정할 의무가 있음에도 불구하고 행정청이 시행규칙을 제정하지 않고 있는 경우, 부작위위법확인소송을 통하여 다툴 수 있다. (2016, 국가직 7급) [O, X]

10 대통령령의 입법부작위에 대한 국가배상책임은 인정되지 않는다. (2021, 지방직 9급) [O, X]

I. 종류

1. 내용에 따른 분류

가. 조직규칙, 근무규칙

조직규칙은 행정의 내부조직과 질서를 규율하는 규칙을 말하고, 근무규칙은 하급기관이나 공무원의 근무에 관한 규칙을 말합니다.

나. 법률해석규칙

법률해석규칙은 법률을 통일적으로 적용하기 위해 법규범의 해석과 적용에 관한 규칙을 말합니다.

다. 법률보충규칙

법률보충규칙은 법률의 내용이 너무 일반적일 때 법률을 보충하거나 구체화하는 규칙입니다.

라. 재량준칙

재량준칙(裁量準則)은 재량권이 인정되는 영역에서 재량권 행사의 기준이 되는 지침으로 행정법에서 중요하게 다뤄지는 행정규칙이 바로 재량준칙입니다.

2. 형식에 따른 분류

가. (광의의) 훈령

광의의 **훈령(訓令)**은 좁은 의미의 훈령(상급기관이 하급기관에 대하여 장기간에 걸쳐 권한행사를 일반적으로 지시하기 위하여 발하는 명령), 지시, 예규, 일일명령으로 나뉩니다.

나. 고시

고시(告示)는 행정기관이 고시라는 명칭으로 법령이 정하는 바에 따라 일정한 사항을 **불특정한 다수의 일반인에게 알리는 행위**로서, 법규의 성질을 갖지 않는 행정입법을 말합니다.

행정법에서는 고시가 다양한 의미로 사용되므로 상황에 맞게 그 뜻을 이해해야 합니다. 구체적으로는 ① 행정입법인 고시, ② 행정행위인 고시(도로법 제25조의 도로구역 결정 고시), ③ 행정행위의 적법요건인 고시(공익사업법 제22조의 사업인정 고시), ④ 사실행위인 고시(국적법 제17조의 귀화 고시) 등이 있습니다(판례 1).

> ● **판례 1:** 고시가 일반·추상적 성격을 가질 때는 법규명령 또는 행정규칙에 해당하지만, **고시가 구체적인 규율의 성격을 갖는다면 행정처분에 해당**한다(헌재 1998. 4. 30, 97헌마141).

1. 원칙: 내부적 효력

대외적 구속력을 가지는 법규명령과 달리 행정규칙은 **"대외적 구속력"이 없고, 법규성도 없습니다.** 다만 행정규칙은 "내부적인 구속력"은 가지므로 하급행정기관은 행정규칙을 준수할 의무가 있고, 이를 위반할 경우 **징계책임**을 집니다.

행정규칙은 법규성 및 대외적 구속력이 없고 재판규범성이 인정되지 않습니다. 즉, 행정규칙을 준수했다고 해서 반드시 적법한 건 아니고 위법할 수도 있다는 겁니다. 반대로 행정규칙을 위반했다고 해서 반드시 위법한 건 아니고 적법할 수도 있습니다(판례 2).

> ● **판례 2**: 상급행정기관이 소속 공무원이나 하급행정기관에 대하여 업무처리지침이나 법령의 해석·적용 기준을 정해 주는 **'행정규칙'은 일반적으로 행정조직 내부에서만 효력을 가질 뿐 대외적으로 국민이나 법원을 구속하는 효력이 없다.** 처분이 행정규칙을 위반하였다고 해서 그러한 사정만으로 곧바로 위법하게 되는 것은 아니고, **처분이 행정규칙을 따른 것이라고 해서 적법성이 보장되는 것도 아니다.** 처분이 적법한지는 행정규칙에 적합한지 여부가 아니라 상위법령의 규정과 입법 목적 등에 적합한지 여부에 따라 판단해야 한다(대판 2019. 7. 11, 2017두38874).

2. 예외: 대외적 구속력

가. 재량준칙

재량준칙은 재량행사에 관한 내부적인 기준으로 대외적 구속력이 없습니다. 하지만 재량준칙이 반복되어 시행되어 행정관행이 성립한 경우, **평등의 원칙, 자기구속의 원칙을 매개로 하여 간접적으로 대외적인 구속력**을 가집니다(판례 3). 그렇다고 하더라도 행정규칙이 그 자체로 직접적인 대외적 구속력을 가지는 것이 아니라 자기구속의 원칙을 매개로 해서 간접적으로 대외적 구속력을 가지는 겁니다.

> ● **판례 3**: 재량권 행사의 준칙인 행정규칙이 그 정한 바에 따라 되풀이 시행되어 행정관행이 이루어지게 되면 평등의 원칙이나 신뢰보호의 원칙에 따라 행정기관은 그 상대방에 대한 관계에서 그 규칙에 따라야 할 **자기구속**을 받게 되므로, 이러한 경우에는 특별한 사정이 없는 한 그를 위반하는 처분은 평등의 원칙이나 신뢰보호의 원칙에 위배되어 재량권을 일탈·남용한 위법한 처분이 된다(대판 2009. 12. 24, 2009두7967).

한편, **재량준칙이 공표된 것만으로는 상대방이 보호가치 있는 신뢰를 갖게 되었다고 볼 수 없어 자기구속의 원칙이 적용된다고 보기 어렵고** 자기구속의 원칙이 적용되려면 재량준칙이 되풀이 시행되어 행정관행이 성립되어야 합니다(판례 4).

> ● **판례 4:** 지침이 되풀이 시행되어 행정관행이 이루어졌다거나 **그 공표만으로 신청인이 보호가치 있는 신뢰를 갖게 되었다고 볼 수 없고** 그 처분이 행정의 자기구속의 원칙 및 행정규칙에 관련된 신뢰보호의 원칙에 위배되거나 재량권을 일탈·남용한 위법이 없다(대판 2009. 12. 24, 2009두7967).
>
> **[사실관계]** 시장이 농림수산식품부에 의하여 공표된 '2008년도 농림사업시행지침서'에 명시되지 않은 '시·군별 건조저장시설 개소당 논 면적' 기준을 충족하지 못하였다는 이유로 신규 건조저장시설 사업자 인정신청을 반려하였다.

나. 법령보충규칙

법령보충규칙도 행정규칙이므로 그 자체로서 직접적으로 대외적인 구속력을 가지지 않습니다. 하지만 상위법령과 결합하여 일체가 되는 한도 내에서 **상위법령의 일부가 됨으로써 대외적 구속력**이 발생됩니다(판례 5). 이 경우에도 **행정규칙 그 자체는 대외적 구속력이 없다**는 걸 유의해야 합니다.

> ● **판례 5:** 법령의 직접적 위임에 따라 수임행정기관이 그 법령을 시행하는데 필요한 구체적 사항을 정하였을 때, 그 제정형식은 비록 법규명령이 아닌 고시·훈령·예규 등과 같은 행정규칙이더라도 그것이 상위법령의 위임한계를 벗어나지 않는 경우 **법령보충적 행정규칙**은 상위법령과 결합하여 일체가 되는 한도 내에서 상위법령의 일부가 됨으로써 대외적 구속력이 발생되는 것일 뿐 그 행정규칙 자체는 대외적 구속력을 갖는 것은 아니다(헌재 2004. 10. 28, 99헌바91).

III. 적법요건 및 하자

1. 적법요건

가. 주체, 절차, 형식, 내용상 요건

행정규칙이 적법하려면 **주체, 절차, 형식, 내용**상의 요건을 갖춰야 합니다. 즉, ① 권한 있는 기관이 제정하여야 하고(주체), ② 법에서 정한 절차와 형식이 있으면 그에 따라야 합니다(절차, 형식). 또한 ③ 내용면에서는 행정규칙의 내용이 법규나 상위규칙에 위반하지 않고, 실현가능하고, 명확해야 합니다.

나. 공포(공표)의 필요성

행정규칙은 적당한 방법으로 통보되고 도달하면 효력을 갖고 반드시 국민에게 공포되어야만 하는 것은 아닙니다(대판 1990. 5. 22, 90누639). 다만, 행정절차법에서는 행정청은 필요한 처분기준을 당해 처분의 성질에 비춰 될 수 있는 한 구체적으로 공표하도록 정하고 있습니다(행정절차법 제20조).

2. 하자

적법요건을 갖추지 못한 행정규칙은 하자있는 행정규칙입니다. 행정행위의 하자에는 무효 사유와 취소 사유가 있지만, **하자 있는 행정규칙에는 무효**입니다.

1. 법원에 의한 통제

가. 원칙

행정규칙 그 자체로는 국민의 구체적인 권리의무에 직접 영향을 미치지 않아 처분성이 인정되지 않으므로 원칙적으로 항고소송의 대상이 되지 않습니다. 예를 들어 **대학입시기본계획의 내신성적산정지침은 행정처분에 해당하지 않습니다**(판례 6).

> ● **판례 6:** 교육부장관이 내신성적 산정기준의 통일을 기하기 위해 대학입시기본계획의 내용에서 내신성적 산정기준에 관한 시행지침을 마련하여 시·도 교육감에서 통보한 것은 행정조직 내부에서 내신성적 평가에 관한 내부적 심사기준을 시달한 것에 불과하며, 그러한 사정만으로 해당 지침에 의하여 곧바로 개별적이고 구체적인 권리의 침해를 받은 것으로는 도저히 인정할 수 없으므로, **내신성적 산정지침을 항고소송의 대상이 되는 행정처분으로 볼 수 없다**(대판 1994. 9. 10, 94두33).

나. 예외

예외적으로 고시가 **다른 집행행위의 매개 없이 그 자체로서 직접 국민의 구체적인 권리의무나 법률관계를 규율**하는 성격을 가질 때에는 행정처분에 해당하여 항고소송을 제기할 수 있는데, 판례는 보건복지부 고시인 **약제급여·비급여목록 및 급여상한금액표**가 행정처분에 해당한다고 보았습니다(판례 7).

> ● **판례 7: 보건복지부 고시인 약제급여·비급여목록 및 급여상한금액표**는 다른 집행행위의 매개 없이 그 자체로서 국민건강보험가입자, 국민건강보험공단, 요양기관 등의 법률관계를 직접 규율하는 성격을 가지므로 항고소송의 대상이 되는 행정처분에 해당한다(대판 2006. 9. 22, 2005두2506).
>
> **[사실관계]** 약제급여·비급여목록 및 급여상한금액표는 특정 제약회사의 특정 약제에 대하여 국민건강보험가입자 또는 국민건강보험공단이 지급하여야 하거나 요양기관이 상환받을 수 있는 약제비용의 구체적 한도액을 특정하여 설정하고 있다.

2. 헌법재판소에 의한 통제

가. 원칙

행정규칙은 국민에게 직접적인 효력이 없으므로 원칙적으로 헌법소원의 심판대상이 될 수 없습니다.

나. 예외

다음과 같은 경우에는 헌법소원의 대상이 됩니다.

① 직접 국민의 기본권을 침해하는 경우(판례 8)

② 재량준칙이 되풀이 시행되어 자기구속을 당하게 된 경우(판례 9)

③ 행정규칙이 법령의 규정에 의하여 행정관청에 법령의 구체적 내용을 보충할 권한을 부여한 경우(판례 10)

● **판례 8: 국립대학인 서울대학교의 "94학년도 대학입학고사주요요강"**은 행정쟁송의 대상이 될 수 있는 행정처분이나 공권력의 행사는 될 수 없지만 그 내용이 국민의 기본권에 직접 영향을 끼치는 내용이고 앞으로 법령의 뒷받침에 의하여 그대로 실시될 것이 틀림없을 것으로 예상되어 그로 인하여 직접적으로 기본권 침해를 받게 되는 사람에게는 사실상의 규범작용으로 인한 위험성이 이미 현실적으로 발생하였다고 보아야 할 것이므로 이는 **헌법소원의 대상이 되는 공권력의 행사에 해당**된다(헌재 1992. 10. 1, 92헌마68).

● **판례 9:** 재량권행사의 준칙인 규칙이 그 정한 바에 따라 되풀이 시행되어 행정관행이 이룩되게 되면, 평등의 원칙이나 신뢰보호의 원칙에 따라 행정기관은 그 상대방에 대한 관계에서 그 규칙에 따라야 할 자기구속을 당하게 되는 경우에는 **대외적인 구속력을 가지게 되는바**, 이러한 경우에는 헌법소원의 대상이 될 수도 있다(헌재 2001. 5. 31, 99헌마413).

● **판례 10: '청소년유해매체물의 표시방법'에 관한 정보통신부고시**는 정보통신망이용촉진및정보보호등에관한법률 등의 위임규정에 의하여 제정된 것으로서 국민의 기본권을 제한하는 것인바 **상위법령과 결합하여 대외적 구속력을 갖는 법규명령으로 기능하고 있는 것이므로 헌법소원의 대상**이 된다(헌재 2004. 1. 29, 2001헌마894).

| 핵심 기출 문제

01 고시가 일반, 추상적 성격을 가질 때는 법규명령 또는 행정규칙에 해당하지만, 고시가 구체적인 규율의 성격을 갖는다면 행정처분에 해당한다. (2018, 경행특채) ················· [O, X]

02 상급행정기관이 하급행정기관에 대하여 업무처리지침이나 법령의 해석적용에 관한 기준을 정하여서 발하는 이른바 행정규칙은 일반적으로 행정조직 내부에서의 효력뿐만 아니라 대외적인 구속력도 갖는다. (2011, 국가직 9급) ················· [O, X]

03 재량권행사의 준칙인 행정규칙 그 정한 바에 따라 되풀이 시행되어 행정관행이 이루어지게 되면 평등의 원칙이나 신뢰보호의 원칙에 따라 행정기관은 그 상대방에 대한 관계에서 그 규칙에 따라야 할 자기구속을 받게 된다. (2020, 서울시 9급) ················· [O, X]

04 대법원은 재량준칙이 되풀이 시행되어 행정관행이 성립된 경우에는 당해 재량준칙에 자기구속력을 인정한다. 따라서 당해 재량준칙에 반하는 처분은 법규범인 당해 재량준칙을 직접 위반한 것으로서 위법한 처분이 된다고 한다. (2017, 국가직 9급) ················· [O, X]

05 재량준칙이 공표된 것만으로는 행정의 자기구속의 원칙이 적용될 수 없고, 재량준칙이 되풀이 시행되어 행정관행이 성립한 경우에 행정의 자기구속의 원칙이 적용될 수 있다.
(2018, 국가직 9급) ················· [O, X]

06 교육부장관이 대학입시기본계획에서 내신성적 산정기준에 관한 시행지침을 마련하여 시, 도 교육감에게 통보한 경우, 각 고등학교에서 위 지침에 일률적으로 기속되어 내신성적을 산정할 수밖에 없고 대학에서도 이를 그대로 내신성적으로 인정하여 입학생을 선발할 수밖에 없으므로 내신성적 산정지침은 항고소송의 대상이 되는 행정처분에 해당한다. (2024, 지방직 9급) ········ [O, X]

07 어떠한 고시가 다른 집행행위의 매개 없이 그 자체로서 직접 국민의 구체적인 권리의무나 법률관계를 규율하는 성격을 가질 때에는 행정처분에 해당한다. (2021, 국가직 7급) ················· [O, X]

08 보건복지부 고시인 "구 약제급여·비급여목록 및 급여상한금액표"는 그 자체로서 국민건강보험가입자, 국민건강보험공단, 요양기관 등의 법률관계를 직접 규율하는 성격을 가지므로 항고소송의 대상이 되는 행정처분에 해당한다. (2018, 국가직 9급) ································· [O, X]

09 헌법재판소 판례에 의하면, 재량준칙인 행정규칙도 행정의 자기구속의 법리에 의거하여 헌법소원심판의 대상이 될 수 있다. (2016, 서울시 9급) ································· [O, X]

10 헌법재판소의 결정에 따르면, 대학입학고사 주요 요강은 항고소송의 대상인 처분은 아니지만 헌법소원의 대상이 되는 공권력의 행사에는 해당된다. (2014, 지방직 7급) ································· [O, X]

정답   01 O   02 X   03 O   04 X   05 O   06 X   07 O   08 O   09 O   10 O

제5항　형식과 내용의 불일치

Ⅰ. 서론

행정입법의 내용과 형식이 일치하는 것이 일반적이지만, 일치하지 않는 경우도 있습니다.

행정청 내부의 사무처리 기준은 내용적으로 보면 행정규칙으로 제정해야 하지만 법규명령(시행령, 시행규칙) 형식으로 규정된 경우가 있습니다. 반대로 국민의 권리·의무에 관한 사항은 내용적으로 보면 법규명령으로 제정해야 하지만 훈령이나 고시의 형식으로 규정된 경우도 있습니다. 이때 전자를 **법규명령 형식의 행정규칙**이라고 부르고, 후자를 **행정규칙 형식의 법규명령**이라 합니다. 이처럼 형식과 내용이 서로 다르게 규정되는 경우, 해당 법규의 법적성질이 무엇인지(법규명령인지, 행정규칙인지) 문제됩니다.

구분	내용	형식
법규명령 형식의 행정규칙	행정청 내부의 사무처리 기준	법규명령(시행령, 시행규칙)
행정규칙 형식의 법규명령	국민의 권리·의무에 관한 사항	행정규칙(훈령, 고시 등)

Ⅱ. 법규명령 형식의 행정규칙

1. 문제 상황

행정사무처리기준 등과 같이 행정내부적 사항은 고시·훈령 등의 형식(행정규칙)으로 정하는 것이 타당합니다. 그런데, 대통령령(시행령), 총리령·부령(시행규칙)의 형식으로 규정하는 경우, 그 규정이 법규명령인지 행정규칙인지 불분명합니다.

특히 문제가 되는 건 영업허가의 취소 또는 정지처분과 같은 <u>**제재적 처분의 경우**</u>입니다. 제재적 처분의 기준은 위반행위에 대해 어떠한 제재를 가할지에 관한 기준으로 행정의 통일적 처리를 위한 내부적 '가이드라인'과 같은 것이니 행정규칙의 성격을 가집니다. 그런데 제재적 처분의 기준이 대통령령, 총리령·부령이라는 법규명령의 형식을 취하고 있다면 이건 법규명령으로 봐야 하는지, 행정규칙으로 봐야 하는지 의문이 생기는 겁니다.

참고로, 제재적 처분기준의 법적 성격은 "재량권남용 여부의 판단기준"과 "협의의 소익" 문제 등과 연관됩니다.

2. 학설

가. 법규명령설

법규명령이라는 "형식"을 중시하여 법규명령으로 보는 견해입니다.

나. 행정규칙설

행정청의 사무처리기준이라는 "실질"을 중시하여 행정규칙으로 보는 견해입니다.

다. 수권여부기준설

법령의 수권(위임)이 있으면 법규명령, 수권이 없으면 행정규칙이라는 견해입니다.

3. 판례

판례는, 제재적 행정처분의 기준이 **대통령령 형식을 취한 경우와 총리령·부령 형식을 취한 경우를 다르게 취급**합니다. 한편, 판례는 대통령령과 총리령·부령을 구별하는 이유는 명식적으로 제시하고 있지 않은데, 대통령령과 총리령·부령을 구별할 실익이 높지 않아 판례에 대한 학자들의 비판이 많습니다.

가. 대통령령(시행령) 형식인 경우

(1) 원칙

제재적 행정처분의 기준이 **대통령령(시행령) 형식으로 정해진 경우에는 법규명령**으로 봅니다.

법규명령은 대외적 구속력이 있는 법규이니 그대로 따라야 하고, 재량의 여지가 없는 것이 원칙입니다(판례 1). 예를 들어, 「○○○법 시행령」에 "위반 행위를 하면 3개월의 영업정지 처분을 한다."라고 규정되어 있으면 위반 행위시 3개월의 영업정지를 해야 하는 겁니다.

> ● **판례 1:** 주택건설촉진법 시행령의 처분기준은 대외적 구속력이 있는 법규명령이고 영업정지기간에 대해서 재량의 여지가 없다(대판 1997. 12. 26, 97누15418 판결).

(2) 예외적 판례

하지만, 판례는 구 청소년보호법 시행령상의 과징금처분기준에 대한 과징금 처분기준에 대해서는 다소 다른 판단을 하였습니다. **구 청소년보호법 시행령의 과징금처분기준**은 다음과 같았습니다.

위반행위	과징금액
8. 법 제24조제1항의 규정에 의한 청소년고용금지의무를 위반한 때	800만 원

유흥업소를 운영하던 사람이 청소년 2명을 고용하자 행정청은 과징금 1,600만 원을 부과하였습니다. 구 청소년보호법 시행령의 과징금처분 기준을 법규명령으로 보면, 행정청의 처분에는 문제가 없어 보입니다. 그런데 판례는 과징금처분기준을 법규명령으로 보면서도, 과징금 처분기준의 과징금 **액수를 '정액'이 아니라 '최고한도액'**으로 보아 무조건 과징금을 1,600만 원으로 정할 것이 아니라 여러 요소를 종합적으로 고려하여 과징금 액수를 정해야 한다고 판단하였습니다(판례 2). 논리적으로 보면 의문이 남는 결론이라 학자들의 비판이 많고 그래서 시험 문제에도 자주 출제됩니다.

● **판례 2: 구 청소년보호법 시행령의 과징금 처분기준은 법규명령이나, 과징금 처분기준에서 정한 액수는 최고한도액**이다(대판 2001. 3. 9, 99두5207).

나. 총리령·부령(시행규칙) 형식인 경우

제재적 행정처분의 기준이 총리령·부령(시행규칙) 형식으로 정해진 경우에는 행정규칙으로 봅니다. 예를 들어, **도로교통법 시행규칙이 정한 운전면허행정처분기준, 식품위생법 시행규칙이 정한 행정처분기준, 공공기관의 운영에 관한 법률에 따른 공기업·준정부기관 계약사무규칙 및 국가를 당사자로 하는 계약에 관한 법률 시행규칙의 처분기준은 행정규칙으로서 대외적 구속력과 법규성이 없습니다(판례 3~5).** 따라서 이러한 처분기준에 적합하다고 하여 곧바로 당해 처분이 적법한 것도 아니고, 처분기준을 위반하였다고 해서 반드시 위법한 것도 아닙니다. 다만, 판례는 제재적 처분의 기준이 부령의 형식으로 규정된 경우에도 행정청이 행정처분을 할 때는 당해 기준을 존중해야 한다고 봅니다(판례 6).

● **판례 3: 도로교통법 시행규칙**이 정한 운전면허행정처분기준은 **부령의 형식**으로 되어 있으나, 그 규정의 성질과 **내용상 행정청 내부의 사무처리준칙을 규정한 것에 지나지 않아 대외적으로 국민이나 법원을 기속하는 효력이 없다**(대판 1997. 5. 30, 96누5773).

● **판례 4: 구 식품위생법시행규칙 제53조에서 [별표 15]로 식품위생법 제58조에 따른 행정처분의 기준**을 정하였다고 하더라도 이는 형식만 부령으로 되어 있을 뿐, 그 성질은 행정기관 내부의 사무처리준칙을 정한 것으로서 행정명령의 성질을 가지는 것이고, 대외적으로 국민이나 법원을 기속하는 힘이 있는 것은 아니다(대판 1995. 3. 28, 94누6925).

● **판례 5:** 공공기관의 운영에 관한 법률 제39조 제2항, 제3항에 따라 입찰참가자격 제한기준을 정하고 있는 구 **공기업·준정부기관 계약사무규칙** 제15조 제2항, **국가를 당사자로 하는 계약에 관한 법률 시행규칙** 제76조 제1항 [별표 2], 제3항 등은 비록 부령의 형식으로 되어 있으나 규정의 성질과 내용이 공기업·준정부기관이 행하는 입찰참가자격 제한처분에 관한 행정청 내부의 재량준칙을 정한 것에 지나지 아니하여 대외적으로 국민이나 법원을 기속하는 효력이 없다(대판 2014. 11. 27, 2013두18964).

● **판례 6:** 행정처분기준이 비록 행정청 내부의 사무처리 준칙을 정한 것에 지나지 않아 대외적으로 법원이나 국민을 기속하는 효력은 없지만, 행정처분기준에서 정하고 있는 범위를 벗어나는 처분을 하기 위해서는 **그 기준을 준수한 행정처분을 할 경우 공익상 필요와 상대방이 받게 되는 불이익 등과 사이에 현저한 불균형이 발생한다는 등의 특별한 사정이 있어야** 한다(대판 2010. 4. 8, 2009두22997).

4. 유의사항

본 쟁점은 제재적 행정처분의 기준이 문제되는 사안에 국한된 논의라는 점에 유의해야 합니다. 즉, 제재적 행정처분의 기준이 아니라 일반적인 사항이 총리령·부령(시행규칙) 형식으로 정해진 경우에는 행정규칙이 아니라 법규명령입니다(판례 7).

● **판례 7:** 시외버스운송사업의 사업계획변경에 관한 절차, 인가기준 등을 구체적으로 규정한 구 여객자동차 운수사업법 **시행규칙**은 <u>**법규명령**</u>이다(대판 2006. 6. 27, 2003두4355).

※ 정리: 법규명령의 법적 성질

구분	일반적인 경우	제재적 행정처분의 경우
대통령령(시행령)	법규명령	법규명령
총리령, 부령(시행규칙)	법규명령	**행정규칙**

III. 행정규칙 형식의 법규명령(법령보충적 행정규칙)

1. 문제 상황

우리 헌법(헌법 제75조, 제95조)이 인정하고 있는 법규명령은 **대통령령, 총리령, 부령**입니다.

○ **대한민국헌법 제75조** 대통령은 법률에서 구체적으로 범위를 정하여 위임받은 사항과 법률을 집행하기 위하여 필요한 사항에 관하여 **대통령령**을 발할 수 있다.
○ **대한민국헌법 제95조** 국무총리 또는 행정각부의 장은 소관사무에 관하여 법률이나 대통령령의 위임 또는 직권으로 **총리령 또는 부령**을 발할 수 있다.

행정기관이 상위법령을 보충하는 하위법령을 제정하면서 대통령령(시행령)이나 총리령·부령(시행규칙)과 같은 법규명령의 형식을 취하지 않고, **고시·훈령과 같은 행정규칙의 형식을 취한 경우** 두 가지 질문을 던질 수 있습니다.

① 첫째, 이러한 고시·훈령이 법적으로 가능한가?
② 둘째, (가능하다면) 그 법적 성질이 무엇인가?

2. 학설

가. 위헌무효설

우리 헌법상 법규명령의 형식은 한정적이므로 행정규칙 형식의 법규명령은 허용되지 않아 위헌무효라는 견해입니다.

나. 법규명령설

상위법령의 위임이 있고 상위법령을 보충·구체화하는 기능이 있는 고시, 훈령은 법규명령의 성질을 가진다는 견해입니다.

다. 행정규칙설

헌법이 규정하는 법규명령 형식은 대통령령, 총리령, 부령 등으로 한정되므로 이러한 형식이 아닌 경우에는 행정규칙이라는 견해입니다.

3. 판례

가. 헌법 위반 여부

헌법 제75조와 제95조를 한정적(열거적)인 규정으로 보면, 대통령령, 총리령, 부령이 아니면서 법령을 보충하는 역할을 할 수는 없습니다. 하지만 헌법재판소는 **헌법이 인정하고 있는 위임입법의 형식은 한정적인 것이 아니라 예시적인 것**이라고 봅니다. 쉽게 말해, 헌법에서 규정된 대통령령, 총리령, 부령은 예시일 뿐 그게 전부는 아니라는 겁니다. 따라서 법률이 입법사항을 고시 등의 형식으로 위임하는 것도 가능합니다(판례 8).

> ● **판례 8:** 표시 · 광고하여야 할 중요정보 항목 및 표시장소 등을 법규명령이 아니라 공정거래위원회 "고시"로 규정하는 것도 가능하다(헌재, 2012. 2. 23, 2009헌마318).

한편 행정규제기본법 제4조 제2항은 전문적 · 기술적 사항 등은 고시 등으로 정할 수 있다고 규정하고 있습니다.

> ○ **행정규제기본법 제4조(규제 법정주의)** ② 규제는 법률에 직접 규정하되, 규제의 세부적인 내용은 법률 또는 상위법령(上位法令)에서 구체적으로 범위를 정하여 위임한 바에 따라 대통령령 · 총리령 · 부령 또는 조례 · 규칙으로 정할 수 있다. 다만, 법령에서 전문적 · 기술적 사항이나 경미한 사항으로서 업무의 성질상 위임이 불가피한 사항에 관하여 구체적으로 범위를 정하여 위임한 경우에는 고시 등으로 정할 수 있다.

나. 법적 성격

판례는 상위법령의 위임(수권)이 있고 상위법령의 내용을 보충 · 구체화하는 기능을 가진 경우에는 **법규명령**으로 봅니다(판례 9~11).

> ● **판례 9:** 소득세법시행령의 위임에 따라 그 규정의 내용을 보충하는 기능을 가진 국세청 훈령인 **재산제세사무처리규정**은 법규명령이다(대판 1987. 9. 29, 86누484).
> ● **판례 10:** 정보통신망법 시행령의 위임규정에 의해 제정된 **청소년유해매체물에 관한 정보통신부고시**는 법규명령이다(헌재 2004. 1. 29, 2001헌마894).
> ● **판례 11:** 구 **지방공무원보수업무 등 처리지침** [별표 1] '직종별 경력환산율표 해설'이 정한 **민간근무경력의 호봉 산정에 관한 부분**은 지방공무원법 지방공무원 보수규정의 위임에 따라 법령의 내용이 될 사항을 구체적으로 정한 것이므로 상위법령과 결합하여 대외적인 구속력이 있는 법규명령으로서의 효력을 갖는다(대판 2016. 1. 28, 2015두53121).

다. 대외적 구속력

(1) 원칙

법령보충적 행정규칙은 법적 성질이 법규명령이기 때문에 대외적인 구속력을 가집니다(판례 12). 다만, 이러한 대외적인 구속력은 상위법령과 결합하여 상위법령의 일부가 됨으로써 가지는 것이지, 행정규칙 그 자체로서 직접적으로 대외적 구속력을 가지는 건 아닙니다.

> ● **판례 12:** 법령의 규정이 특정행정기관에게 그 법령내용의 구체적 사항을 정할 수 있는 권한을 부여하면서 그 권한행사의 절차나 방법을 특정하고 있지 아니한 관계로 수임행정기관이 행정규칙의 형식으로 그 법령의 내용이 될 사항을 구체적으로 정하고 있는 경우, 그러한 **행정규칙은 행정기관에 법령의 구체적 내용을 보충할 권한을 부여한 법령규정의 효력에 의하여 그 내용을 보충**하는 기능을 갖게 되고, 따라서 당해 법령의 위임한계를 벗어나지 아니하는 한 그것들과 결합하여 대외적인 구속력이 있는 **법규명령으로서의 효력**을 갖게 된다(대판 1987. 9. 29, 86누484).
>
> **[사실관계]** 구 소득세법에 의하면 양도소득세의 양도차익계산은 기준시가에 의할 것을 원칙으로 하면서 다만 대통령령이 정하는 경우에는 실지거래가액에 의하도록 규정하고 구 소득세법시행령은 국세청장으로 하여금 양도소득세의 실지거래가액이 적용될 거래를 지정하게 하면서 그 지정의 절차나 방법에 관하여 아무런 제한을 두고 있지 않았다. 이에 따라 국세청장이 **재산제세사무처리규정**에서 양도소득세의 실지거래가액이 적용될 거래의 유형을 열거하고 있었다.
>
> **[판시]** 재산제세사무처리규정이 국세청장의 훈령형식으로 되어 있다 하더라도 이에 의한 거래지정은 소득세법시행령의 위임에 따라 그 규정의 내용을 보충하는 기능을 가지면서 그와 결합하여 대외적 효력을 발생하게 된다.

(2) 한계

법령보충적 행정규칙도 법규명령의 한계인 포괄적 위임의 금지 원칙 등이 적용됩니다. 또한 **상위법령에 위반되거나 위임의 한계를 벗어난 경우에는 대외적 구속력이 인정되지 않습니다**(판례 13).

> ● **판례 13:** 특정 고시가 비록 법령에 근거를 둔 것이더라도 규정 내용이 **법령의 위임 범위를 벗어난 것일 경우에는 법규명령으로서의 대외적 구속력을 인정할 여지는 없다**(대판 2016. 8. 17, 2015두51132).

상위법령에서 시행규칙으로 정하도록 형식을 정해서 위임했는데 고시 등의 행정규칙으로 정한 경우에는 대외적 구속력이 인정되지 않습니다(판례 14).

> ● **판례 14:** 행정규칙이나 규정이 상위법령의 위임범위를 벗어난 경우에는 법규명령으로서 대외적 구속력을 인정할 여지는 없다. 이는 상위법령의 위임규정에서 특정하여 정한 권한행사의 '절차'나 '방식'에 위배되는 경우도 마찬가지이므로, **상위법령에서 세부사항 등을 시행규칙으로 정하도록 위임하였음에도 이를 고시 등 행정규칙으로 정하였다면 그 역시 대외적 구속력을 가지는 법규명령으로서 효력이 인정될 수 없다**(대판 2012. 7. 5, 2010다72076).

01 법규명령 형식의 행정규칙과 관련하여 대법원은 대통령령(시행령)과 부령(시행규칙) 간의 구분 없이 실질적인 행정규칙의 성질을 인정하고 있다. (2011, 국가직 9급) ⋯⋯⋯⋯⋯⋯⋯⋯ [O, X]

02 대법원은 제재적 처분의 기준이 부령 형식으로 규정되어 있더라도 그것은 행정청 내부의 사무처리준칙을 정한 것에 지나지 아니하여 대외적으로 국민이나 법원을 기속하는 효력이 없고, 당해 처분의 적법여부는 위 처분기준뿐만 아니라 관계 법령의 규정내용과 취지에 따라야 한다고 판단하였다. (2014, 국가직 9급) ⋯⋯⋯⋯⋯⋯⋯⋯⋯⋯⋯⋯⋯⋯⋯⋯⋯⋯⋯⋯ [O, X]

03 도로교통법 시행규칙 제53조 제1항이 정한 [별표 16]의 운전면허행정처분기준은 부령의 형식으로 되어 있으나, 그 규정의 성질과 내용이 행정청 내부의 사무처리준칙을 규정한 것에 지나지 아니하므로 대외적으로 국민이나 법원을 기속하는 효력이 없다. (2013, 국가직 9급) ⋯⋯⋯ [O, X]

04 구 식품위생법 시행규칙 제53조가 정한 [별표 15]의 행정처분기준은 구 식품위생법 제58조에 따른 영업허가의 취소 등에 관한 행정처분의 기준을 정한 것으로 대외적 구속력이 있다. (2014, 지방직 9급) ⋯⋯⋯⋯⋯⋯⋯⋯⋯⋯⋯⋯⋯⋯⋯⋯⋯⋯⋯⋯⋯⋯⋯⋯⋯⋯⋯⋯⋯⋯⋯ [O, X]

05 "공공기관의 운영에 관한 법률"에 따라 입찰참가자격 제한 기준을 정하고 있는 "구 공기업 준정부기관 계약사무규칙, 국가를 당사자로 하는 계약에 관한 법률 시행규칙"은 대외적으로 국민이나 법원을 기속하는 효력이 없다. (2017, 서울시 9급) ⋯⋯⋯⋯⋯⋯⋯⋯⋯⋯⋯ [O, X]

06 대법원은 구 "여객자동차 운수사업법 시행규칙" 제31조 제2항 제1호, 제2호, 제6호는 구 "여객자동차 운수사업법" 제11조 제4항의 위임에 따라 시외버스운송사업자의 사업계획변경에 관한 절차, 인가기준을 구체적으로 규정한 것으로서 행정청 내부의 사무처리준칙을 규정한 행정규칙에 불과하다고 할 수는 없다고 한다. (2017, 국가직 9급) ⋯⋯⋯⋯⋯⋯⋯⋯⋯⋯ [O, X]

07 헌법재판소 판례에 의하면, 헌법상 위임입법의 형식은 열거적이기 때문에, 국민의 권리, 의무
에 관한 사항을 고시 등 행정규칙으로 정하도록 위임한 법률 조항은 위헌이다. (2016, 서울시 9급) ········ [O, X]

08 법령의 규정이 행정기관에 그 내용의 구체화 권한을 부여하면서 그 권한 행사의 절차나 방법
을 특정하지 않아서 수임행정기관이 행정규칙의 형식으로 그 법령의 내용이 될 사항을 구체
적으로 정한 경우, 그 행정규칙은 당해 법령의 위임한계를 벗어나지 아니하는 한 법령과 결합
하여 대외적으로 구속력이 있는 법규명령으로서 효력을 가진다. (2013, 지방직 7급) ················· [O, X]

09 행정 각부의 장이 정하는 고시가 법령에 근거를 둔 것이라면, 그 규정 내용이 법령의 위임 범
위를 벗어난 것이라도 법규명령으로서 대외적 구속력이 인정된다. (2023, 지방직 7급) ················· [O, X]

10 상위법령에서 세부사항 등을 시행규칙으로 정하도록 위임하였으나 이를 고시의 형식으로 정
하였더라도 규정내용이 위임의 범위를 벗어나지 않았다면 그 고시는 대외적 구속력을 가지는
법규명령으로서 효력이 인정된다. (2022, 변호사시험) ················· [O, X]

정답   01 X   02 O   03 O   04 X   05 O   06 O   07 X   08 O   09 X   10 X

제2절 행정행위의 기초

다양한 행정작용 중에서 가장 중요한 것은 **행정행위**입니다. 행정행위는 "행정청이 행하는 구체적 사실에 관한 법집행으로서의 공권력의 행사 또는 그 거부"입니다. 행정행위는 처분(처분성)과도 밀접한 연관이 있는데, 행정행위는 처분과 비슷하지만 엄격하게 보면 처분이 행정행위보다 조금 더 넓은 개념입니다.

행정행위는 법률효과에 따라 수익적 행정행위, 침익적 행정행위, 복효적 행정행위로 구분됩니다. 또한 내용에 따라서는 법률행위적 행정행위와 준법률행위적 행정행위로 나뉩니다. **법률행위적 행정행위**는 다시 명령적 행정행위(하명, 허가, 면제)와 형성적 행정행위(특허, 인가, 대리)로 세분화되고, **준법률행위적 행정행위**는 확인, 공증, 통지, 수리가 있습니다.

기속행위와 **재량행위**는 행정청의 자율성(재량) 여부에 따른 구분입니다. 기속행위에는 자율성이 없지만 재량행위에는 자율성이 있습니다. 양자를 구별하는 이유는 행정행위의 적법성 여부를 법원이 판단할 때의 사법심사 방식이 다르기 때문입니다. 기속행위에 대해서는 법원이 독자적 결론을 도출하지만, 재량행위는 법원이 독자적인 결론을 도출하지 않는다는 차이가 있습니다. 1차적으로 법률 문언으로 기속행위와 재량행위를 구별하지만, 법률 문언이 불명확하면 법률의 효과를 고려하는데, 침익적 행위는 기속행위에 해당할 가능성이 높고 수익적 행위는 재량행위에 해당할 가능성이 높습니다.

재량행위라고 하더라도 행정청이 재량권을 무제한적으로 행사할 수 있는 건 아니고 일정한 제한이 있는데, 재량의 한계를 넘어선 경우를 **재량의 하자**라고 합니다. 구체적으로 재량의 일탈, 남용, 불행사 등이 있습니다.

재량행위와 비슷하지만 엄밀한 의미에서는 약간 차이가 있는 게 **판단여지**입니다. 법규의 효과가 아니라 "요건"에 불확정 개념이 사용되었을 때 행정청의 판단을 존중하여 사법심사가 제한된다는 개념이 판단여지입니다. 그런데 판례는 재량과 판단여지를 명확하게 구별하지는 않습니다.

행정행위는 여러 단계를 거쳐서 이뤄질 수도 있고 대표적인 예로는 가행정행위, 예비결정, 부분허가가 있습니다. **가행정행위**는 사실관계와 법률관계가 확정되기 전에 행정법 관계의 권리, 의무를 잠정적으로 규율하는 행위(예: 직위해제)입니다. **예비결정(사전결정)**은 종국적인 행정행위를 하기 전에 종국적인 행정행위에 요구되는 여러 요건 중 개개의 요건들에 대해 사전적으로 심사하여 내린 결정(예: 폐기물처리사업계획에 대한 적정결정)입니다. **부분허가(부분승인)**는 단계화된 행정절차에서 사인이 원하는 특정 부분에 대해서만 승인하는 행위(예: 원자력안전법상 부지사전승인처분)입니다.

Ⅰ. 의의

1. 개념

행정행위(行政行爲)는 여러 행정작용 중에서 가장 일반적인 행정작용이면서 제일 중요한 행정작용이기도 합니다. 행정행위는 실정법상의 개념이 아니라 학문상의 개념인데, 실정법에서는 허가·인가·면허·특허·확인·면제 등의 다양한 용어가 사용됩니다.

2. 행정행위와 처분의 관계

행정행위는 **처분(처분성)**과도 밀접한 연관이 있습니다. 강학상의 개념인 행정행위와 행정소송법(행정심판법)상 개념인 처분이 같은 개념인지에 대해서는 견해가 대립합니다. **일원설(一元設)**은 행정행위와 처분의 개념이 동일하다고 봅니다. 하지만 **이원설(二元設)**은 처분은 행정행위뿐만 아니라 "그 밖에 이에 준하는 작용"(예: 권력적 사실행위, 처분적 조례 등)까지 포함하는 것이어서 행정행위보다 넓은 개념이라고 보는 견해인데, 다수설의 입장입니다. 대체로 행정행위는 처분과 비슷하지만 엄격하게 보면 처분이 행정행위보다 조금 더 넓은 개념이라고 생각하시면 됩니다.

3. 중요성

행정행위는 항고소송의 소송요건(대상적격)과 밀접한 연관이 있습니다. 항고소송의 대상이 되려면 처분 등이어야 하므로, 행정행위 또는 그 밖에 이에 준하는 행정작용이 아닌 한 항고소송을 제기할 수가 없다는 말입니다. 행정행위(처분)인지 아닌지에 따라서 소송으로 다툴 수 있는지가 달라지는 것입니다. 또한 행정행위는 공법상 계약·사실행위 등과 달리 행정행위는 고유한 효력(공정력, 강제력, 확정력 등)을 가집니다.

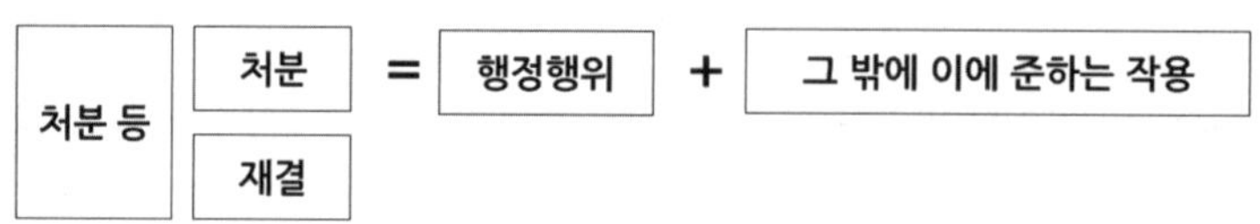

〈그림 21〉 행정행위와 처분의 관계(이원설)

Ⅱ. 개념요소

1. 서론

행정행위의 일반적인 정의는 **"행정청이 행하는 구체적 사실에 관한 법집행으로서의 공권력의 행사 또는 그 거부"**인데, 외워 두면 행정법 공부에 도움이 됩니다. 행정행위의 개념은 매우 중요하기 때문에 개념요소를 하나씩 나눠서 살펴보겠습니다. 각 개념요소들의 의미를 파악하는 것도 중요한데, 해당 개념요소와 구별되는 개념요소와 비교를 하면 더욱 잘 이해할 수 있습니다.

2. "행정청"의 행위

행정행위의 주체는 **행정청(行政廳)**인데, 행정조직법상의 행정청뿐만 아니라 기능적 의미의 행정청까지 포함합니다. 따라서 국회와 법원은 조직적 관점에서는 "행정부"가 아니지만, 국회사무총장과 법원행정처장도 직원임명 등의 행정적인 행위를 하는 경우에는 행정청이 될 수 있습니다. 마찬가지로 지방의회와 지방자치단체장 등도 일정한 작용을 할 때에는 행정청이 되고, 지방의회 의원제명의결은 행정처분에 해당합니다.

국가 및 지방자치단체의 기관 이외에 **행정권한의 위임을 받은 공공단체(예: 한국토지주택공사, 한국자산관리공사 등) 또는 사인(공무수탁사인)도 행정청에 해당**합니다(판례 1).

> ● **판례 1: 교통안전공단의 분담금 납부통지**는 그 납부의무자[아시아나항공 주식회사]의 구체적인 분담금 납부의무를 확정시키는 효력을 갖는 **행정처분**이다(대판 2000. 9. 8, 2000다12716).

3. "구체적 사실"에 관한 행위일 것

가. 서론: 행정작용의 분류

행정작용은 "관련된 사람"의 범위에 따라 **개별적인 작용**과 **일반적인 작용**으로 구별됩니다. 개별적인 작용은 행정작용을 할 때 대상이 되는 사람이 특정되어 정해져 있는 경우이고, 일반적인 작용은 특정한 사람이 아니라 보통의 사람들을 대상으로 한 경우입니다.

또한 행정작용은 작용이 미치는 "시간적인 횟수나 장소적인 범위가 정해져 있느냐"에 따라 **구체적인 작용과 추상적인 작용**으로 구별됩니다. 구체적인 작용은 시간적 횟수나 장소가 한정되어 있는 것이고, 추상적인 작용은 시간적 횟수나 장소가 제한되어 있지 않습니다.

	구체적	추상적
개별적	행정행위 [예: A는 양도세 100만원을 납부하라]	행정행위 [예: A는 도로가 얼면 모래를 뿌려라]
일반적	행정행위(일반처분) [예: 특정 도로는 횡단보도로 건너라]	법령 [예: 운전면허 없이는 운전하지 마라]

행정행위의 가장 전형적인 특징인 개별적·구체적인 작용이지만, 구체성과 개별성 중 하나가 없더라도 행정행위에 해당할 수 있습니다.

나. 처분적 법규

행정행위는 특정한 사람에게 구체적인 내용의 행동을 한다는 점에서 개별적·구체적인 작용입니다. 일반적·추상적 규율인 법령(행정입법)은 원칙적으로 처분이 아닙니다. 하지만 예외적으로 행정입법이지만 **구**

체적 성질을 가지는 **처분법규**는 처분에 해당합니다. 대표적인 사례로는 두밀분교 폐지조례가 있습니다(대판 1996. 9. 20, 95누8003).

또한 판례는 **보건복지부 고시인 약제급여 · 비급여목록 및 급여상한금액표**도 행정처분에 해당한다고 보았습니다. 그 이유는 해당 고시는 특정 약제에 대하여 국민건강보험공단이 지급하여야 하는 약제비용의 구체적 한도액을 특정하고 있어 집행행위의 매개 없이 그 자체로서 국민건강보험가입자, 국민건강보험공단, 요양기관 등의 법률관계를 직접 규율하기 때문입니다.

다. 일반처분

(1) 의의 및 종류

일반처분(一般處分)이란 규율대상은 구체적 사실과 관련되어 있지만, 행정작용의 영향을 받는 대상이 불특정 다수인인 행정작용을 말합니다. 대인적 일반처분의 예로는 특정일 · 특정 시간 · 특정 장소에의 집행행위 금지조치 · 통행금지조치가 있고, 대물적 일반처분의 예로는 속도제한표시 · 일방통행 표지판 · 주차금지구역 설정행위 등이 있습니다.

(2) 법적 성질

다수설과 판례는 일반처분도 처분성을 가진다고 보는데, 예를 들어 **횡단보도 설치행위는 행정처분의 일종**에 해당합니다(판례 2).

> ● **판례 2:** 보행자는 횡단보도가 설치되어 있는 도로에서는 그 곳으로 횡단하여야 하고, 모든 차의 운전자는 보행자가 횡단보도를 통행하고 있는 때에는 횡단보도 앞에서 일시 정지하여 보행자의 횡단을 방해해서는 안 되므로, **지방경찰청장이 횡단보도를 설치**하여 보행자의 통행방법 등을 규제하는 것은 행정청이 특정사항에 대하여 의무의 부담을 명하여 국민의 권리의무에 직접 관계가 있는 행위로 행정처분이다(대판 2000. 10. 27, 98두8964).

4. "법집행행위"일 것

가. 의의

법집행행위는 법을 만드는 입법행위와 법에 따라 판단을 하는 사법행위와 구별되는 행위로 **국민의 권리 · 의무에 직접적 효과**를 가져오는 **외부적 행위**를 의미합니다. 법률행위는 권리 · 의무에 직접 영향을 미치는 행위라는 점에서 단순한 사실행위와 구별되고, 외부적 행위라는 점에서 내부적인 행위와 구분됩니다.

나. 사실행위

사실행위는 일정한 법적 효과의 발생을 목적으로 하는 것이 아니라 교량의 건설, 도로의 청소와 같이 직접 어떠한 사실상의 효과나 결과의 실현을 목적으로 하는 행정작용을 말합니다. 법률행위와 대비되는 개념으로, **법률행위는 권리 · 의무에 영향을 미치지만** 사실행위는 권리 · 의무에 영향을 미치지 않습니다.

국립공원이 만들어지는 과정을 예로 들어 보겠습니다. 첫 번째 단계는 관계부처의 장관이 특정 부동산에 대해 국립공원 지정에 관해 결정하고 외부에 표시하는 과정입니다. 두 번째 단계는 해당 지역 공무원들이 경계를 측량하고 표지판을 설치하는 과정입니다. 국립공원으로 지정되면 그 안에서 할 수 있는 행위가 제한되므로 국민의 권리 · 의무에 영향을 미치는데, 이때 첫번째 단계와 두번째 단계 중에서 "법집행행위"는 "첫

번째 단계"입니다(판례 3). 특정 토지가 국립공원인 건 행정청의 결정 및 그러한 결정의 외부 표시가 있었기 때문이지, 표지판을 설치했기 때문이 아닙니다(결정이 있으면 표지판이 없어도 국립공원이지만, 표지판이 있더라도 결정이 없으면 국립공원은 아닙니다). 이때 표지판 설치 같은 행위가 사실행위인 겁니다.

> ● **판례 3:** 건설부장관이 행한 국립공원지정처분에 따라 시장이 행한 경계측량 및 표지의 설치 등은 공원관리청이 공원구역의 효율적인 보호, 관리를 위하여 이미 확정된 경계를 인식, 파악하는 사실상의 행위에 해당한다(대판 1992. 10. 13, 92누2325).

다. 내부적인 행위

내부적인 행위는 국민을 상대로 한 외부적인 행위가 아니라 말 그대로 행정기관 안에서 일어나는 일입니다. 예를 들어, 공정거래위원회는 공정거래법에 위반되는 행위를 발견하면 검찰총장에게 고발해야 합니다. 그런데 이러한 고발조치 및 고발의견은 행정청의 내부 행위에 불과하여 처분성이 없습니다(대판 1995. 5. 12, 94누13794).

> ※ **뉴스 속 행정법: "공정위 '대금 지급명령 미이행' 우주엔지니어링 대표 檢고발"**
> 공정거래위원회가 하도급대금 지급명령을 불이행한 ㈜우주엔지니어링의 대표이사를 검찰에 고발한다. 우주엔지니어링은 2018년 9월 5일부터 2020년 1월 29일까지 수급사업자에 '대룡지구 다목적농촌용수개발사업 사후 환경모니터링 조사용역 중 동·식물상' 조사용역(3건)을 위탁했다. 이후 우주엔지니어링은 수급사업자로부터 용역결과물을 정상적으로 수령했음에도 하도급대금 2640만 원을 지급하지 않았다.
> - 출처: 뉴스1(2023. 3. 15.)

> ● **판례 4:** 이른바 고발은 수사의 단서에 불과할 뿐 그 자체 국민의 권리의무에 어떤 영향을 미치는 것이 아니고, 공정거래위원회의 고발조치는 사직 당국에 대하여 형벌권 행사를 요구하는 행정기관 상호간의 행위에 불과하여 항고소송의 대상이 되는 행정처분이라 할 수 없으며, 더욱이 공정거래위원회의 고발 의결은 행정청 내부의 의사결정에 불과할 뿐 최종적인 처분은 아닌 것이므로 이 역시 항고소송의 대상이 되는 행정처분이 되지 못한다(대판 1995. 5. 12, 94누13794).

5. "공권력"의 행사일 것

공권력 행사는 국민에 대해 일방적으로 명령·강제하는 권력적 단독행위로서 공법상의 행위입니다. 따라서 행정청이 사무용품을 구매하는 등의 **사법행위(私法行爲)**는 행정행위가 아닙니다. 한편 사법행위(私法行爲)는 공법행위와 대비되는 개념으로, 재판 등의 사법부의 활동을 의미하는 사법행위(司法行爲)와 구별해야 합니다.

공법상의 행위라는 것은 그 행위의 근거가 공법적이라는 것이지 행위의 효과까지 공법적이라는 것을 의미하지는 않습니다. 예를 들어, 수산업법에 따라 어업권 설정행위를 하면 어업권이라는 사권이 발생하지만, 수산업법이라는 공법에 근거한 작용이기 때문에 어업권 설정행위는 행정행위가 되는 것입니다.

01 행정소송법상 '처분'이라 함은 행정청이 행하는 구체적 사실에 관한 법집행행위로서의 공권력의 행사 또는 그 거부와 그 밖에 이에 준하는 행정작용을 말한다. (2013, 국가직 9급) ·········· [O, X]

02 행정소송법상 처분의 개념과 강학상 행정행위의 개념이 다르다고 보는 견해는 처분의 개념을 강학상 행정행위의 개념보다 넓게 본다. (2017, 국가직 7급) ·········· [O, X]

03 행정권한을 위임받은 사인도 행정청으로서 행정행위를 할 수 있다. (2015, 서울시 9급) ·········· [O, X]

04 교통안전공단이 구 교통안전공단법에 의거하여 교통안전분담금 납무의무자에게 한 분담급납부통지는 행정처분이 아니다. (2014, 국가직 9급) ·········· [O, X]

05 행정행위는 행정청이 행하는 구체적 사실에 관한 법집행작용이라는 점에서 행정청에 의한 법의 제정작용은 행정행위가 아니다. (2007, 국회직 8급) ·········· [O, X]

06 구체적 사실을 규율하는 경우라도 불특정 다수인을 상대방으로 하는 처분이라면 행정행위가 아니다. (2016, 서울시 9급) ·········· [O, X]

07 횡단보도를 설치하여 보행자 통행방법 등을 규제하는 것은 특정 사항에 대하여 의무의 부담을 명하는 행위이고, 이는 국민의 권리, 의무에 직접 관계가 있는 행위로서 행정처분이다. (2021, 경행특채) ·········· [O, X]

08 특정 장소에서의 통행금지와 같은 불특정 다수인에 대한 규율행위는 행정행위에 해당한다. (2009, 관세사) ·········· [O, X]

09 건설부장관(현 국토교통부장관)이 행한 국립공원지정처분에 따른 경계측량 및 표지의 설치
등은 처분이 아니다. (2021, 소방직 9급) ··· [O, X]

10 행정행위가 공법상의 행위라는 것은 그 행위의 근거가 공법적이라는 것이지, 행위의 효과까
지 공법적이라는 것을 의미하지는 않는다. (2014, 국회직 8급) ·· [O, X]

정답 01 O 02 O 03 O 04 X 05 O 06 X 07 O 08 O 09 O 10 O

Ⅰ. 법률효과의 성질에 따른 분류

1. 수익적 행정행위와 침익적 행정행위

가. 개념

수익적 행정행위(授益的 行政行爲)는 상대방에게 이익을 주는 행정행위입니다. 국민에 대하여 권리나 이익을 부여하거나 권리의 제한을 없애는 행정행위인데, 예를 들어, 영업에 대한 허가, 과세처분의 취소 등이 있습니다.

침익적 행정행위(侵益的 行政行爲)는 상대방의 이익을 침해하는 행정행위입니다. 국민에게 의무를 부과하거나 권리나 이익을 제한하는 행정행위인데, 예를 들어, 세금 부과처분, 영업정지처분 등이 있습니다.

나. 침익적 행정행위의 특징

행정청은 수익적 행정행위를 할 때보다 침익적 행정행위를 할 때 유의할 사항이 더 많습니다. 침익적 행정행위는 **법률유보의 원칙**이 엄격하게 적용됩니다. 행정절차도 엄격한 편이어서, 침익적 행정행위를 할 때에는 **사전통지와 의견청취절차**를 거쳐야 합니다.

2. 복효적 행정행위

가. 개념

복효적 행정행위(複效的 行政行爲)는 효과가 복수(複數)인 경우로, 달리 말해 수익적인 면과 침익적인 면이 모두 있는 행정행위입니다.

나. 종류

복효적 행정행위는 다시 혼합효 행정행위와 제3자효 행정행위로 나뉩니다.

혼합효 행정행위(混合效 行政行爲)는 한 사람에게 수익적 효과와 침익적 효과가 모두 발생하는 것입니다. 예를 들면 도로점용허가를 하면서 도로점용료납부의 부관을 붙이는 경우, 도로를 사용할 수 있다는 면에서는 수익적이지만, 도로점용료를 내야 한다는 점에서는 침익적입니다. 혼합효 행정행위에 대해서는 "대상적격(예: 부관의 독립쟁송가능성)"이 주로 문제됩니다.

제3자효 행정행위(第三者效 行政行爲)는 한 사람에게는 수익적 효과를 발생시키고 다른 사람에게는 침익적 효과가 발생하는 것인데, 행정청이 A에게 폐기물처리업허가를 하는 경우입니다. 폐기물처리업허가를 받은 A입장에서는 영업을 할 수 있게 되어 수익적이지만, 이웃주민인 B의 입장은 다를 수 있습니다. 집 주변에 폐기물처리 공장이 생기면 생활환경이 나빠질 수 있어, B에게 침익적입니다. 제3자효 행정행위에 대해서는 **"원고적격"**이 주로 문제됩니다.

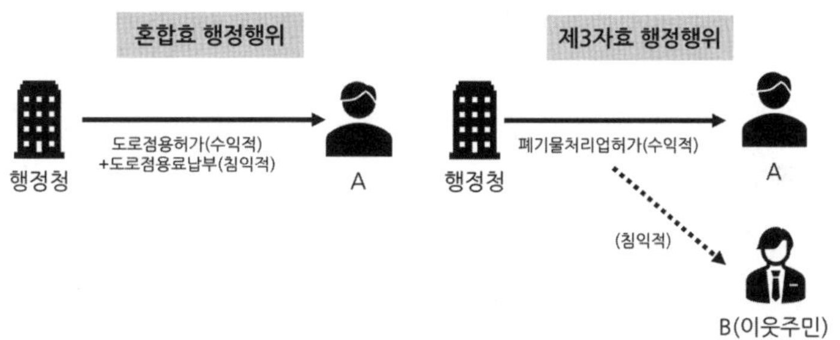

〈그림 22〉 복효적 행정행위

Ⅱ. 내용에 따른 분류

1. 법률행위적 행정행위와 준법률행위적 행정행위

가. 의의

법률행위적 행정행위(法律行爲的 行政行爲)는 "행정청의 의사표시"에 따라 효과가 발생하는 행정행위를 말합니다. 그에 반해 **준법률행위적 행정행위(準法律行爲的 行政行爲)**는 행정청의 의사표시가 아니라, "법률의 규정"에 따라 효과가 발생하는 행위를 말합니다.

예를 들어, 친일반민족행위재산조사위원회의 국가귀속결정은 준법률행위적 행정행위인데, 재산의 국가귀속은 행정청의 "의사"와 무관하게 친일재산귀속법이라는 "법률"에 따라 발생합니다(판례 1).

> ● **판례 1:** 친일반민족행위자 재산의 국가귀속에 관한 특별법의 취지와 내용에 비추어 보면, 친일재산은 친일반민족행위자재산조사위원회가 국가귀속결정을 하여야 비로소 국가의 소유로 되는 것이 아니라 특별법의 시행에 따라 그 취득·증여 등 원인행위시에 소급하여 당연히 국가의 소유로 되고, 위 위원회의 국가귀속결정은 당해 재산이 친일재산에 해당한다는 사실을 확인하는 이른바 준법률행위적 행정행위의 성격을 가진다(대법원 2008. 11. 13. 선고 2008두13491 판결).
>
> ※ 친일재산귀속법 제3조(친일재산의 국가귀속 등) ①친일재산(중략)은 그 취득·증여 등 원인행위시에 이를 국가의 소유로 한다. 그러나 제3자가 선의로 취득하거나 정당한 대가를 지급하고 취득한 권리를 해하지 못한다.

나. 비판론과 공부방법

법률행위적 행정행위인지 준법률행위적 행정행위인지를 구별하는 기준은 효과 발생의 근거가 "행정청의 의사표시"인지의 여부입니다. 그런데 행정행위는 행정청의 자유로운 의사에 따라 법을 집행하는 것이 아니라 법에 기속되어 입법자의 객관화된 의사를 실현하는 것이므로, 법률행위적 행정행위와 준법률행위적 행정행위를 구별하는 것은 바람직하지 않다는 비판이 존재합니다. 하지만, 일반적으로 법률행위적 행정행위와 준법률행위적 행정행위로 경우가 많습니다.

법률행위적 행정행위와 준법률행위적 행정행위를 정의를 통해서 개념적으로 이해하는 건 사실 쉽지 않은 면이 있습니다. 수험의 편의를 위해서는 각 법률행위의 구체적 예시를 이해하면서 개념을 잡는 게 보다 효율적입니다.

2. 법률행위적 행정행위

가. 명령적 행정행위와 형성적 행정행위

법률행위적 행정행위는 명령적 행정행위와 형성적 행정행위로 구분됩니다.

명령적 행정행위(命令的 行政行爲)는 개인의 자유를 제한하거나 그 제한을 해제하는 행위를 말합니다. 이에 반해 **형성적 행정행위(形成的 行政行爲)**는 개인의 권리나 법률상 힘을 새롭게 발생·소멸·변경시키는 행정행위입니다.

나. 명령적 행정행위

(1) 하명

하명(下命)은 상대방에게 의무를 부과하는 행위입니다(예: 집합금지, 불법광고물의 철거 등). 의무의 종류로는 작위, 부작위, 급부, 수인의무가 있습니다. **작위(作爲)의무**는 무언가를 해야 할 의무이고, **부작위(不作爲)의무**는 무언가를 하지 말아야 될 의무입니다. **급부(給付)의무**는 경제적 가치가 있는 무언가를 내거나 지급해야 하는 의무를 말하고, **수인(受忍)의무**는 참고 견뎌야 하는 의무를 말합니다.

(2) 허가

허가(許可)는 법령에 의해 개인의 자유가 제한되고 있는 경우에 그 제한을 해제하여 자유를 적법하게 행사할 수 있도록 회복해 주는 행정행위입니다(예: 일반음식점영업허가, 단란주점영업허가, 운전면허, 공중목욕탕영업허가, 학원 설립인가 등)

(3) 면제

면제(免除)는 작위의무, 수인의무, 급부의무를 특정한 경우에 해제해 주는 행정행위입니다.

다. 형성적 행정행위

(1) 특허

특허(特許)는 특정인에게 특정한 권리를 설정하는 행위를 말합니다(예: 공유수면매립면허, 도로점용허가, 귀화허가 등).

(2) 인가

인가(認可)는 제3자의 법률적 행위(기본행위)를 보충하여 그 법률상의 효과를 완성시키는 행정행위를 말합니다(예: 사립대학의 설립인가, 토지거래계약허가 등).

(3) 대리

대리(代理)는 공법상 행정주체가 제3자가 할 행위를 대신하여 행한 경우에 그 효과를 직접 제3자에게 귀속하는 제도를 말합니다.

3. 준법률행위적 행정행위

가. 확인

확인(確認)은 특정한 사실 또는 법률관계의 존재 여부 또는 정당성 여부에 관해 의문이나 다툼이 있는 경우 행정청이 공적인 권위로 판단하여 확정하는 행위를 말합니다(예: 당선인 결정, 행정심판의 재결 등).

나. 공증

공증(公證)은 특정한 사실 또는 법률관계의 존재를 공적으로 증명하는 행위를 말합니다(예: 공적 장부의 등록·기재, 여권의 발급 등).

다. 통지

준법률행위적 행정행위의 일종인 **통지(通知)**는 행정청이 특정인 또는 불특정 다수인에 대해 특정한 사실 또는 의사를 알리는 행위를 말합니다(예: 행정대집행절차의 계고, 임용기간 만료 조교수에 대한 재임용거부 통지 등).

라. 수리

수리(受理)는 타인의 행정청에 대한 행위를 유효한 행위로서 수령하는 행위를 말합니다(예: 각종 원서·신청서를 받아들이는 행위 등).

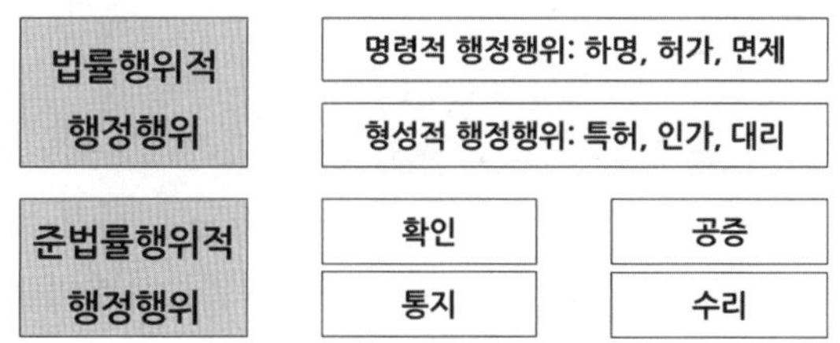

〈그림 23〉 내용에 따른 행정행위 분류

여러 개를 한꺼번에 외울 때 글자의 앞머리를 따서 암기하는 걸 흔히 두문자 암기라고 합니다. 행정행위의 종류도 두문자를 따서 "하허면/특인대/공통수확"으로 외우면 좀 쉽습니다. 예를 들면, 〈"하허면"이라는 시골동네에 특별히 키가 큰 사람(특인대)이 있었는데, 그 사람이 "공통수학"이라는 과목을 잘했다.〉이라고 기억하는 방법이 있습니다.

III. 기타

1. 행정청의 재량 여부에 따른 분류: 재량행위와 기속행위

재량행위(裁量行爲)는 행정청에게 일정한 재량(자율성)이 있는 행위이고, **기속행위(羈束行爲)**는 행정청에게 재량(자율성)이 없고 법에서 정해진 대로 해야 하는 행위입니다. 보다 상세한 사항은 "[제3항] 기속행위와 재량행위"를 참고하시길 바랍니다.

2. 행위의 대상에 따른 분류: 대인적 · 대물적 · 혼합효 행정행위

가. 대인적 행정행위

대인적 행정행위(對人的 行政行爲)는 특정한 사람에게 행하는 행정행위로, 예를 들면 자동차 운전면허, 의사면허, 인간문화재 지정 등이 있습니다. 대인적 행정행위는 그 사람의 특성, 능력을 고려한 행정행위로서 다른 사람에게 양도할 수 없는데, 이걸 법률적으로 **일신전속적(一身專屬的)**이라고 표현합니다. 예컨대 의사면허는 일신전속적이기 때문에 의사인 부모가 자녀에게 의사면허를 양도할 수는 없습니다.

나. 대물적 행정행위

대물적 행정행위(對物的 行政行爲)는 물건이나 사물에게 행하는 행정행위로, 예를 들면 건축물 준공검사, 건물철거명령, 채석허가, 공중위생업소 폐쇄 등이 있습니다. 대물적 행정행위는 특정한 사람의 특성이나 능력을 고려한 행정행위가 아니고 일신전속적이지 않으므로 제3자에게 양도할 수 있습니다. 대물적 행정행위의 효과는 명문의 규정이 없어도 제3자에게 이전될 수 있습니다(판례 2).

● **판례 2:** 건축허가는 대물적 허가의 성질을 가지는 것으로 그 허가의 효과는 허가대상 건축물에 대한 권리변동에 수반하여 이전되고, 별도의 승인처분에 의하여 이전되는 것이 아니다(대판 1979. 10. 30, 79누190).

다. 혼합효 행정행위

혼합효 행정행위(混合效 行政行爲)는 대인적 행정행위와 대물적 행정행위가 결합된 행정행위인데, 예를 들면, 석유 · 가스사업허가, 약국영업허가, 총포영업허가 등이 있습니다. 한편, 앞서 살펴본 것처럼, 혼합효 행정행위는 복효적 행정행위의 일종으로 사용되기도 하니, 맥락에 따라서 의미를 파악해야 합니다.

01 제3자효적 행정행위가 소송상 문제가 되는 영역은 주로 경업자소송이나 지역주민 간의 소송 등이다. (2004, 전북 9급) ┈┈┈┈┈┈┈┈┈┈┈┈┈┈┈┈┈┈┈┈┈┈┈┈┈┈┈ [O, X]

02 화장장 설치허가는 복효적 행정행위에 해당한다. (2004, 국회직 8급) ┈┈┈┈┈┈┈┈┈┈ [O, X]

03 행정청의 의사표시를 요소로 하는 법률행위적 행정행위 중에서 명령적 행위에는 하명, 허가, 대리가 속한다. (2023, 국가직 7급) ┈┈┈┈┈┈┈┈┈┈┈┈┈┈┈┈┈┈┈┈┈┈┈┈┈┈┈ [O, X]

04 명령적 행정행위는 국민에게 새로운 권리, 능력, 기타 포괄적 법률관계를 발생, 변경, 소멸시키는 행위이다. (2007, 국가직 9급) ┈┈┈┈┈┈┈┈┈┈┈┈┈┈┈┈┈┈┈┈┈┈┈┈┈┈┈ [O, X]

05 형성적 행정행위는 명령적 행정행위와 함께 법률행위적 행정행위에 속하며, 이에는 특허, 인가, 대리가 속한다. (2015, 국가직 7급) ┈┈┈┈┈┈┈┈┈┈┈┈┈┈┈┈┈┈┈┈┈┈┈┈┈┈┈ [O, X]

06 명령적 행정행위는 타인을 위하여 그 행위의 효력을 보충, 완성하는 행위와 타인을 대신하여 행하는 행위로 나누어진다. (2007, 국가직 9급) ┈┈┈┈┈┈┈┈┈┈┈┈┈┈┈┈┈┈┈┈┈┈┈┈ [O, X]

07 대물적 행정행위 중 수익적 행정행위인 경우에는 그 효과가 승계된다. (2012, 사회복지직 9급) ┈┈┈┈ [O, X]

08 건축허가는 대물적 허가에 해당하므로, 허가의 효과는 허가대상 건축물에 대한 권리변동에 수반하여 이전되고 별도로 승인처분에 의하여 이전되는 것은 아니다. (2019, 국가직 9급) ┈┈┈┈┈┈ [O, X]

정답　　01 O　　02 O　　03 X　　04 X　　05 O　　06 X　　07 O　　08 O

I. 의의

1. 개념

기속행위(羈束行爲)는 행정의 근거법규가 요건에 따른 행위의 효과를 일의적(一義的) · 확정적으로 규정하고 있어 법규에서 정한 요건이 충족되면 행정청이 반드시 어떠한 행위를 하거나 하지 말아야 하는 행위를 말합니다. 기속행위의 경우, 행정청에게 자율성이 없습니다.

재량행위(裁量行爲)는 행정기관이 행정권을 행사하면서 둘 이상의 다른 내용의 결정 또는 행태 중에서 선택할 수 있는 행위를 말합니다. 처분을 할지 말지를 정하는 걸 **결정재량(決定裁量)**이라고 하고, 여러 처분 종류 중에서 어떤 처분을 할 것인지를 정하는 걸 **선택재량(選擇裁量)**이라고 합니다. 결정재량이든 선택재량이든 재량행위의 경우, 행정청에게 자율성이 있습니다.

2. 예시

도로교통법 제93조는 운전면허의 취소 및 정지에 관해 규정하고 있습니다.

> ○ **도로교통법 제93조(운전면허의 취소·정지)** ① 시·도경찰청장은 운전면허를 받은 사람이 다음 각 호의 어느 하나에 해당하면 (중략) 운전면허를 취소하거나 1년 이내의 범위에서 운전면허의 효력을 **정지시킬 수 있다.** 다만, 제3호의 규정에 해당하는 경우에는 **운전면허를 취소하여야** 한다.
> 1. 제44조제1항을 위반하여 술에 취한 상태에서 자동차등을 운전한 경우
> 3. 제44조제2항 후단을 위반하여 술에 취한 상태에 있다고 인정할 만한 상당한 이유가 있음에도 불구하고 경찰공무원의 측정에 응하지 아니한 경우

음주운전을 한 경우(도로교통법 제93조 제1항 제1호)는 운전면허를 취소하거나 효력을 정지시킬 수 있는데, 반드시 그래야 하는 건 아니고 정지/취소를 할지 말지는 행정청이 정할 수 있습니다. 이게 재량행위입니다. 그에 반해 음주측정을 거부한 경우(도로교통법 제93조 제1항 제3호)에는 반드시 운전면허를 취소해야 하는데, 이건 기속행위입니다.

II. 기속행위와 재량행위의 구별

1. 구별의 필요성

기속행위와 재량행위를 구별해야 하는 가장 중요한 이유는 **사법심사의 방식**이 다르기 때문입니다(판례 1).

● **판례 1**: 행정행위를 기속행위와 재량행위로 구분하는 경우 양자에 대한 사법심사는, 전자[**기속행위**]의 경우 그 법규에 대한 원칙적인 기속성으로 인하여 법원이 사실인정과 관련 법규의 해석·적용을 통하여 **일정한 결론을 도출한 후 그 결론에 비추어 행정청이 한 판단의 적법 여부를 독자의 입장에서 판정**하는 방식에 의하게 되나, 후자[**재량행위**]의 경우 행정청의 재량에 기한 공익판단의 여지를 감안하여 **법원은 독자의 결론을 도출함이 없이 해당 행위에 재량권의 일탈·남용이 있는지 여부만을 심사**하게 되고, 이러한 재량권의 일탈·남용 여부에 대한 심사는 사실오인, 비례·평등의 원칙 위배 등을 그 판단 대상으로 한다(대판 2016. 1. 28, 2015두52432).

기속행위는 법원이 독자적 결론을 도출하지만, 재량행위는 법원이 독자적인 결론을 도출하지 않는다는 것인데, 이건 이런 뜻입니다.

기속행위는 적법한 행정행위가 무엇인지에 대한 정답이 정해져 있습니다. 예컨대, 음주측정을 거부하였다면 운전면허를 취소해야 하고, 음주측정을 거부하지 않았다면 운전면허를 취소해서는 안 됩니다. 그러니 법원은 그 정답(독자적 결론)을 도출한 뒤 독자적 결정과 실제 행정행위를 비교해서 행정행위의 위법성 여부를 판단합니다.

하지만 재량행위에는 정답이 없습니다. 예를 들어, 음주운전을 했을 때 다양한 선택지(운전면허 취소, 정지, 아무런 처분을 하지 않는 것 등)가 있는데 그중에서 무엇을 선택할지는 행정청이 정할 문제입니다. 법원은 가장 올바른 답이 무엇인지를 가지고 있는 건 아니고, 다만 행정청이 그러한 결정을 하는 과정이 제대로 이뤄졌는지를 살핀 뒤에 재량을 제대로 행사하지 않았다면 위법으로 판단하는 겁니다.

같은 원리로 재량이 인정되는 **과징금 납부명령**에 대해 법원은 재량권의 일탈 여부만 판단할 수 있을 뿐이지 **법원이 적정하다고 인정하는 부분을 초과한 부분만 취소할 수는 없습니다**(판례 2).

● **판례 2**: 처분을 할 것인지 여부와 처분의 정도에 관하여 재량이 인정되는 과징금 납부명령에 대하여 그 명령이 재량권을 일탈하였을 경우, 법원으로서는 재량권의 일탈 여부만 판단할 수 있을 뿐이지 재량권의 범위 내에서 어느 정도가 적정한 것인지에 관하여는 판단할 수 없어 그 전부를 취소할 수밖에 없고, 법원이 적정하다고 인정하는 부분을 초과한 부분만 취소할 수는 없다(대판 2009. 6. 23, 2007두18062).

2. 구별기준

가. 1차적 기준

1차적으로는 법률 규정의 표현을 통해서 구분합니다. **"~하여야 한다."** 또는 **"~한다."**라고 규정된 경우에는 기속행위이고, **"~할 수 있다"**라고 규정한 경우에는 재량행위입니다.

이것만 보면 기속행위와 재량행위를 구별하는 게 매우 간단할 것 같지만 실제로는 그렇지 않은데, 그건 법률 규정의 "주어"의 문제와 연결됩니다. 법률 규정의 주어가 "행정청"인 경우에는 법규정의 표현으로 기속행위인지, 재량행위인지를 판단하기가 쉽습니다. 그러나 법률 규정의 주어가 "행정청"이 아니라 "행정행위의 상대방"인 경우에는 법률 규정만으로 기속행위인지 재량행위인지 여부를 판단하기 어렵습니다.

○ **건축법 제11조(건축허가)**

① **건축물을 건축하거나 대수선하려는 자**는 특별자치시장·특별자치도지사 또는 시장·군수·구청장의 허가를 받아야 한다. 다만, 21층 이상의 건축물 등 대통령령으로 정하는 용도 및 규모의 건축물을 특별시나 광역시에 건축하려면 특별시장이나 광역시장의 **허가를 받아야 한다.**

건축물을 건축하려면 시장 등의 허가를 받아야 하는데, 주어가 시장(행정청)이 아니라서 건축법만 봐서는 건축허가가 기속행위인지 재량행위인지 명확하지 않은 겁니다.

나. 2차적 기준

학설로는 요건재량설, 효과재량설, 종합설 등이 있습니다. 다수설과 판례는 원칙적으로 종합설을 따르면서 효과재량설을 보충적으로 활용합니다.

즉 법규정의 표현만으로 구별이 어려운 경우에는, 당해 행위가 속하는 행정 분야의 주된 목적과 특성, 당해 행위 자체의 개별적 성질과 유형 등을 모두 고려하여 판단하지만(판례 3), **침익적 행위는 기속행위**에 해당할 가능성이 높고 수익적 행위는 재량행위에 해당할 가능성이 높습니다. 또한 항상 그런 것은 아니지만 **허가**는 법률로 금지된 개인의 자연적 자유를 회복시키는 행위로서 **기속행위**에 해당할 가능성이 높고, 특허는 공익의 실현이 중요하든 점에서 재량행위에 해당할 가능성이 높습니다.

● **판례 3:** 기속행위와 재량행위의 구분은 해당 행위의 근거가 된 법규의 체재·형식과 문언, 해당 행위가 속하는 행정 분야의 주된 목적과 특성, 해당 행위 자체의 개별적 성질과 유형 등을 모두 고려하여 판단하여야 한다(대판 2020. 10. 15, 2019두45739).

3. 구체적인 사례

재량행위로 본 사례보다 기속행위로 본 사례가 더 적으므로, 기속행위로 본 사례 위주로 공부하는 것이 수험에 적합합니다.

가. 기속행위로 본 사례

● **판례 4: 식품위생법상 일반음식점영업허가**는 성질상 일반적 금지의 해제에 불과하므로 허가권자는 허가신청이 법에서 정한 요건을 구비하였을 때에는 허가하여야 하고 관계 법령에서 정하는 제외사유 외에 공공복리 등을 사유를 들어 허가신청을 거부할 수는 없다(대판 2000. 3. 24, 97누12532).

● **판례 5:** 법무부장관은 신분 또는 정치적 의견을 이유로 박해를 받을 충분한 근거 있는 공포로 인해 국적국의 보호를 받을 없는 외국인에 대하여 그 신청이 있는 경우 **난민협약이 정하는 난민**으로 인정하여야 한다(대판 2008. 7. 24, 2007두3930).

> ● **판례 6**: 국가공무원법 문언에 비추어 **육아휴직 복직명령**은 기속행위이므로 휴직사유가 소멸하였음을 이유로
> 신청하는 경우 임용권자는 지체 없이 복직명령을 하여야 한다(대판 2014. 6. 12, 2012두4852).
> ● **판례 7**: 국유재산의 **무단점유 등에 대한 변상금 징수**는 처분청의 재량을 허용하지 않는 기속행위이다(대판
> 1998. 9. 22, 98두7602).

나. 재량행위로 본 사례

> ● **판례 8**: 구 주택건설촉진법상 **주택건설사업계획의 승인**은 수익적 행정처분으로서 재량행위이다(대판 2007.
> 5. 10, 2005두13315).
> ● **판례 9**: 마을버스운송사업면허의 허용 여부는 사업구역의 교통수요, 노선결정, 운송업체의 수송능력, 공급능
> 력 등에 관하여 기술적·전문적인 판단을 요하는 분야로서 **마을버스운송사업면허**는 재량행위이다(대판 2002.
> 6. 28, 2001두10028).
> ● **판례 10**: 폐기물처리업 허가 관련 법령은 사업계획 적정 여부에 대해 일률적으로 규정하고 있지 않아 **폐기물
> 처리업 허가의 적정 여부 통보**에 관한 기준을 정하는 것은 재량행위이다(대판 2004. 5. 28, 2004두961).
> ● **판례 11**: 법무부장관은 귀화신청인이 법률이 정하는 귀화요건을 갖추었다고 하더라도 **귀화**를 허가할 것인지
> 여부에 관하여 재량권을 가진다(대판 2010. 7. 15, 2009두19069).
> ● **판례 12**: 표시광고법상 부당한 표시·광고 행위를 한 사업자에 대해 공정거래위원회는 **시정명령을 받은 사실
> 의 공표**를 명할 수 있는데, 공표명령을 할 것인지 여부와 공표를 명할 경우에 어떠한 방법으로 공표하도록 할 것
> 인지 등에 관하여 재량을 가진다(대판 2014. 12. 24, 2012두26708).

III. 재량의 하자

1. 의의

재량행위에 대해서 행정청은 재량(자율성)을 갖지만, 행정청에게 무제한적인 자유가 주어지는 것은 아닙
니다. 행정청이 재량의 한계를 넘어 재량권을 행사한 경우를 재량의 **하자(瑕疵)**라고 합니다.

2. 종류

가. 재량의 일탈·남용

법령상 주어진 재량의 한계를 벗어난 경우를 말합니다. 개념적으로, **일탈(逸脫)**은 외적 한계를 넘어 재량
권이 행사된 경우를 의미하고, **남용(濫用)**은 외적 한계는 넘지 않았으나 내적 한계에 위배되는 경우를 의미
합니다. 그러나 **판례는 일탈과 남용을 명확하게 구별하지는 않습니다.**

재량을 일탈·남용한 구체적인 예로는, ① 사실을 오인하여 재량행사를 한 경우, ② 재량권이 법률이 정한
목적과 다르거나 불법적인 동기에 의해 행사된 경우, ③ 행정법의 일반원칙(신뢰보호의 원칙, 평등의 원칙,
비례의 원칙 등)을 위반한 경우 등이 있습니다.

나. 재량의 불행사

재량을 아예 행사하지 않는 재량의 불행사도 재량의 하자인데, 과징금 감경사유에 해당하지 않는다고 오인하여 감경하지 않았다면 재량의 하자입니다(판례 10). 한편, **재량의 불행사는 넓은 의미에서는 재량의 일탈·남용에 포함**됩니다.

● **판례 13:** 감경사유가 존재하더라도 과징금 부과관청이 감경사유까지 고려하고도 과징금을 감경하지 않은 채 과징금 전액을 부과하는 처분을 한 경우에는 이를 위법하다고 단정할 수는 없으나 부동산실명법상 과징금 감경사유가 있음에도 이를 전혀 고려하지 않았거나 **감경사유에 해당하지 않는다고 오인하여 과징금을 감경하지 않았다면 그 과징금 부과처분은 재량권을 일탈·남용한 위법한 처분**이다(대판 2010. 7. 15, 2010두7031).

---

3. 효과와 사법적 통제

가. 효과

재량행위에 하자가 있으면 그러한 행정행위는 위법한 것이고, 법원은 **행정행위를 취소**할 수 있습니다(행정소송법 제27조).

나. 사법적 통제

재량행위가 위법하다는 이유로 소송이 제기된 경우에 소송요건을 갖췄다면 법원은 **각하할 것이 아니라,** 본안심리를 진행하여 재량행위에 일탈·남용이 있으면 인용판결을 하고 일탈·남용이 없으면 기각판결을 합니다.

IV. 판단여지

1. 의의

가. 불확정 개념

불확정 개념(不確定 槪念)이란 **법규의 요건 부분**에 사용된 추상적이며 다의적인 개념(예: 공공의 복지, 공적 질서, 위험 등)을 말합니다.

나. 판단여지설

판단여지설은 법규의 "요건"에 불확정개념이 사용된 일정한 영역에서는 행정청의 전문적·정책적 판단이 존중되며 그 한도에서 법원의 사법심사가 제한된다는 견해입니다.

다. 판단여지가 논의되는 영역

불확정 개념이 사용되었다고 해서 무조건 판단여지가 논의되는 건 아닙니다. 판단여지가 논의되는 영역으로는 다음의 4가지(비대체적 결정, 구속적 가치평가, 예측적 결정, 형성적·정책적 결정)가 거론됩니다.

비대체적 결정의 예로는 시험평가결정(예: 의사시험 등 국가시험), 공무원법상 평가(예: 공무원 임용시험의 적성 평가)가 있습니다. **구속적 가치평가**는 주로 전문가와 이익대표자로 구성되는 독립된 위원회의 결정(예: 보호문화재의 해당여부 평가, 청소년 유해도서 해당 여부 평가)을 말합니다. **예측적 결정**은 환경법과 경제법 영역에서 미래의 사실관계를 고려하여 내리는 결정을 말하며, 택시신규허가를 통한 공공의 교통상의 이익 침해 평가, 원자력작업장 운영 시의 위험성에 대한 평가 등이 있습니다. **형성적·정책적 결정**의 예로는 공무원의 전보를 위한 기준으로 행정청의 인사계획, 전쟁무기의 생산 및 수출 등의 외교정책 등을 들 수 있습니다.

2. 인정여부

가. 학설

(1) 긍정설(재량행위와 판단여지를 구별하는 견해)

재량은 법률"효과"의 문제인데 반해, 판단여지는 법률"요건"의 문제라는 점에서 구분이 된다고 봅니다.

(2) 부정설(재량행위와 판단여지를 구별하지 않는 견해)

사법심사가 일정한 범위에서 제한된다는 점에서 판단여지와 재량행위를 구별할 실익이 없다고 봅니다.

나. 판례

판례는 재량행위와 판단여지를 명확히 구별하지 않고 있는데, 판단여지가 인정될 수 있는 경우에도 재량권의 문제로 보고 있습니다(판례 11).

● **판례 14:** 개발행위허가는 허가기준 및 금지요건이 불확정개념으로 규정된 부분이 많아 그 요건에 해당하는지 여부는 **행정청의 재량판단**의 영역에 속한다(대판 2017. 3. 15, 2016두55490).

※ 기속행위와 재량행위의 비교

	기속행위	재량행위
개념	행정행위 발령 여부 및 종류 결정에 대해 행정청에게 자율성이 없는 행위	행정행위 발령 여부 및 종류 결정에 대해 행정청에게 자율성이 있는 행위
효과 부여	요건충족 시 법에 정해진 효과 부여	요건 충족되어도 공익 등 고려하여 법에 정해진 효과를 부여하지 않을 수 있음
법령 규정	"~하여야 한다", "~한다"	"~할 수 있다"
사법심사	법원이 독자적 결론을 도출한 뒤 행정청의 판단과 비교	법원이 독자적 결론을 도출하지 않고 행정행위의 재량의 하자를 심사
부관	원칙적으로 부관을 붙일 수 없음	별도의 규정 없이 부관을 붙일 수 있음

01 기속행위에 대한 사법심사는 법원이 사실인정과 관련법규의 해석, 적용을 통하여 일정한 결론을 도출한 후 그 결론에 비추어 행정청이 한 판단의 적법 여부를 독자의 입장에서 판정하는 방식에 의하게 된다. (2017, 국가직(하) 9급) ·· [O, X]

02 재량행위에 대한 사법심사는 행정청의 재량에 기한 공익판단의 여지를 감안하여 법원이 독자의 결론을 도출함이 없이 당해 행위에 재량권의 일탈·남용이 있는지 여부를 심사한다. (2018, 국가직 7급) ·· [O, X]

03 대법원은 처분을 할 것인지 여부와 처분의 정도에 관하여 재량이 인정되는 과징금 납부명령에 대하여 그 명령이 재량권을 일탈하였을 경우, 법원으로서는 재량권의 일탈 여부만 판단할 수 있을 뿐이지 재량권의 범위 내에서 어느 정도가 적정한 것인지에 관하여는 판단할 수 없어 그 전부를 취소할 수밖에 없고, 법원이 적정하다고 인정하는 부분을 초과한 부분만 취소할 수는 없다고 한다. (2017, 국가직 9급) ··· [O, X]

04 판례는 식품위생법에 의한 일반음식점 영업허가를 재량행위로 판단한다. (2012, 국가직 7급) ·············· [O, X]

05 육아휴직 중 "국가공무원법" 제73조 제2항에서 정한 복직 요건인 '휴직사유가 없어진 때'에 하는 복직명령은 기속행위이므로 휴직사유가 소멸하였음을 이유로 복직을 신청하는 경우 임용권자는 지체 없이 복직명령을 하여야 한다. (2023, 국가직 7급) ·· [O, X]

06 "주택법"상 주택건설사업계획의 승인은 재량행위에 해당하므로, 처분권자는 주택건설사업계획이 법령이 정하는 제한사유에 배치되지 않는 경우에도 공익상 필요가 있으면 사업계획승인 신청에 대하여 불허가 결정을 할 수 있다. (2021, 국회직 8급) ·· [O, X]

07 판례는 재량권의 일탈과 재량권의 남용을 명확히 구분하고 있다. (2015, 국가직 9급) ·················· [O, X]

08 처분의 근거법령이 행정청에 처분의 요건과 효과 판단에 일정한 재량을 부여하였는데도, 행정청이 자신에게 재량권이 없다고 오인하여 처분으로 달성하려는 공익과 그로써 처분상대방이 입게되는 불이익의 내용과 정도를 전혀 비교형량하지 않은 채 처분을 하였다면, 이는 재량권 불행사로서 그 자체로 재량권 일탈, 남용에 해당한다. (2020, 변호사시험) .... [O, X]

09 행정청이 제재처분 양정을 하면서 처분 상대방에게 법령에서 정한 임의적 감경사유가 있는 경우, 그 감경 사유까지 고려하고도 감경하지 않은 채 개별처분기준에서 정한 상한으로 처분을 한 경우에는 재량권을 일탈, 남용하였다고 보아야 한다. (2022, 소방직 9급) .... [O, X]

10 판단여지를 긍정하는 학설은 판단여지는 법률효과 선택의 문제이고 재량은 법률요건에 대한 인식의 문제라는 점, 양자는 그 인정근거와 내용 등을 달리하는 점에서 구별하는 것이 타당하다고 한다. (2017, 국가직 9급) .... [O, X]

정답	01 O	02 O	03 O	04 X	05 O	06 O	07 X	08 O	09 X	10 X

제4항　단계적 행정행위

Ⅰ. 가행정행위

1. 의의

가행정행위(假行政行爲)는 사실관계와 법률관계가 확정되기 전에 행정법 관계의 권리, 의무를 **잠정적으로 규율**하는 행위를 말합니다. 대표적인 예로는 최종적인 징계 전에 일단 직무 수행을 금지하는 직위해제(국가공무원법), 샘물개발의 가허가(먹는물관리법) 등이 있습니다.

※ 뉴스 속 행정법: "부산 경찰관 만취 운전 적발돼 직위 해제"

부산에서 현직 경찰관이 만취상태로 차량을 운전을 하다가 적발됐다. 부산경찰청에 따르면 이날 새벽 부산경찰청 소속 A경위가 만취상태로 차량을 운전하다가 부산진구의 한 아파트 앞에서 음주의심차량 신고를 받고 출동한 경찰에 붙잡혔다. 당시 A경위 혈중 알코올 농도는 운전면허 취소(0.08% 이상) 수준으로 확인됐다. 경찰은 A경위를 **직위해제** 조치할 예정이다.

- 출처: 뉴시스(2022. 3. 17.)

---

2. 특징

가. 사실관계(법률관계) 미확정성 및 효과의 잠정성

가행정행위는 사실관계 또는 법률관계가 확정되지 않은 상태에서 신속한 조치를 위해서 내려지는 **잠정적인 처분**입니다.

나. 종국결정에 의한 대체성

잠정적인 처분이기 때문에 가행정행위(예: 직위해제)는 종국적인(최종적인) 결정(예: 징계처분)이 있으면 종국적인 결정으로 대체되어 효력을 상실합니다. 따라서 가행정행위는 행정행위의 존속력(불가변력)을 갖지 않고, 상대방은 가행정행위에 대해 신뢰보호의 원칙을 주장하기 어렵습니다.

3. 법적 성질 및 권리구제

가. 법적 성질

가행정행위의 경우 비록 잠정적인 효과이기는 하나 일정한 법적 효과가 발생합니다. 예컨대, 직위해제가 이뤄지면 직무에서 배제됩니다. 즉, 가행정행위는 **행정행위에 해당**합니다.

나. 권리구제

가행정행위도 행정행위의 일종이므로, 행정심판이나 행정소송을 제기할 수 있습니다. 다만, 가행정행위에 대한 취소소송 중에 **종국결정이 발령되면 가행정행위는 효력이 상실**되므로 가행정행위에 대한 취소를 구하는 소는 부적법해집니다(판례 1).

● **판례 1**: 공정거래위원회가 부당한 공동행위를 행한 사업자에게 과징금 부과처분(선행처분)을 한 뒤, 자진신고 등을 이유로 한 과징금 감면처분(후행처분)을 하였다면, 후행처분은 최종적인 과징금액을 결정하는 종국적 처분이고, 선행처분은 종국적 처분을 예정하고 있는 일종의 잠정적 처분으로서 후행처분이 있을 경우 후행처분에 흡수되어 소멸하므로 선행처분의 취소를 구하는 소는 부적법하다(대판 2015. 2. 12, 2013두987).

Ⅱ. 예비결정(사전결정)

1. 의의

예비결정(豫備決定)은 종국적인 행정행위를 하기 전에 종국적인 행정행위에 요구되는 여러 요건 중 개개의 요건들에 대해 사전적으로 심사하여 내린 결정인데, **사전결정(事前決定)**이라 부르기도 합니다. 대표적인 예로는 **건축법상의 사전결정, 폐기물처리사업계획에 대한 적정결정** 또는 부적정결정 등이 있습니다.

○ **건축법 제10조(건축 관련 입지와 규모의 사전결정)** ① 제11조에 따른 건축허가 대상 건축물을 건축하려는 자는 건축허가를 신청하기 전에 허가권자에게 그 건축물의 건축에 관한 다음 각 호의 사항에 대한 **사전결정**을 신청할 수 있다.
1. 해당 대지에 건축하는 것이 이 법이나 관계 법령에서 허용되는지 여부

2. 특징(법적 효과)

예비결정은 개별 요건에 대한 완결적인 행위이기 때문에 **합리적 사유 없이 본결정에서 예비결정의 내용과 상충되는 내용을 결정할 수는 없는 것이 원칙**입니다. 폐기물처리업의 사업계획에 대해 적정통보(예비결정)을 했다면 폐기물사업허가 단계에서는 적정통보의 범위가 아닌 나머지 허가요건만을 심사하면 되는데(판례 2), 달리 말하면 예비결정인 폐기물처리업에 대한 적정통보는 종국적 행정행위인 **폐기물처리업허가에 구속력을 미치는 겁**니다. 다만 판례 중에는 예비결정의 구속력을 부정한 경우도 있는데, 주택건설사업계획승인 관련 사안에서 예비결정 이후에도 본결정이 재량행위에 해당하고 예비결정에 구속되지 않는다고 판단한 바가 있습니다(판례 3).

● **판례 2**: **폐기물처리업법상의 사업계획에 대한 적정통보가 있는 경우, 폐가물사업의 허가단계에서는 나머지 허가요건만을 심사**하면 된다(대판 1998. 4. 28, 97누21086).
● **판례 3**: 주택건설사업계획의 승인은 수익적 행정처분으로서 재량행위에 속하고 행정청이 주택건설사업에 대한 사전결정을 하였더라도 사업승인 단계에서 그 사전결정에 기속되지 않고 다시 사익과 공익을 비교형량하여 그 승인 여부를 결정할 수 있다(대판 1999. 5. 25, 99두1052).
    [판시] 이 사건 주택건설사업계획이 안산자연공원에 대한 환경파괴로 이어져 공익을 현저히 해칠 염려가 있다는 이유로 사전결정을 여러 차례에 걸쳐 반려해 오다가, 대통령비서실 경제행정규제완화점검단의 지시로 인하여 부득이 사전결정을 해주지 않을 수 없었고, 사전결정을 함에 있어서 이 사건 주택건설사업계획이 자연생태계를 파괴하여 지역주민 전체의 쾌적한 자연환경에 관한 권리를 현저히 침해할 염려가 있다는 점에 대한 고려가 충분히 이루어지지 않았을 개연성이 있다.

3. 법적 성질 및 권리구제

가. 법적 성질

예비결정은 그 결정에서 정해진 부분에만 제한적인 효력을 갖지만, **그 자체가 하나의 완결된 행정행위**입니다(판례 4).

> ● **판례 4**: 폐기물처리업의 허가를 받기 위하여는 먼저 허가권자로부터 사업계획에 대한 적정통보를 받아야 하므로, **부적정통보**는 허가신청 자체를 제한하는 등 개인의 권리 내지 법률상의 이익을 개별적이고 구체적으로 규제하고 있어 **행정처분**이다(대판 1998. 4. 28, 97누21086).

나. 권리구제

예비결정도 행정행위(처분)이므로 예비결정의 발령 또는 불발령으로 법률상 이익이 침해된 자는 행정심판이나 행정소송을 제기할 수 있습니다. 한편, 예비결정 후 종국결정이 발령되지 않은 경우에는, 신뢰보호의 원칙이 문제될 수 있습니다.

III. 부분허가(부분승인)

1. 의의

가. 개념

부분허가(部分許可)는 단계화된 행정절차에서 사인이 원하는 특정 부분에 대해서만 승인하는 행위로, **부분승인(部分承認)**이라 부르기도 합니다. 대표적인 예로는 **원자력안전법상의 부지사전승인처분, 주택법상의 동별 사용허가** 등이 있습니다.

나. 구별개념: 예비결정과의 차이

예비결정을 받는다고 해서 어떠한 종국적인 행위를 할 수 없지만, 부분허가를 받으면 허가를 받은 범위 내에서는 종국적인 행위를 할 수 있다는 점이 다릅니다. 예컨대, 폐기물처리업 적정통보(예비결정)를 받았다고 해서 곧바로 폐기물처리업을 할 수 있는 건 아니지만, 원자력안전법에 따라 부지사전승인(부분허가)을 받으면 일정한 범위 내에서 공사를 할 수 있습니다.

2. 특징

부분허가를 하기 위해 별도의 법적 근거 필요한지 문제됩니다. 다수의 견해는 부분허가권은 전체허가권에 포함되는 것이므로 허가에 대한 권한을 가진 행정청은 부분허가에 대한 별도의 법적 근거가 없더라도 부분허가를 할 수 있다고 봅니다.

3. 법적 성질 및 권리구제

가. 법적 성질

부분허가도 행정행위입니다(판례 5). 또한 부분허가는 그 자체로 완결적인 성격을 가지므로 행정청은 나머지 부분에 대한 결정에서 부분허가의 내용과 상충되는 결정을 할 수 없습니다.

나. 권리구제

부분허가도 행정행위(처분)이므로 부분허가의 발령 또는 불발령으로 법률상 이익이 침해된 자는 행정심판이나 행정소송을 제기할 수 있습니다. 한편, **부분허가 뒤에 종국적인 처분이 있으면 종국처분에 흡수되어 독립적인 존재가치를 상실하여 부분허가의 취소를 구하는 소는 소의 이익이 없어집니다**(판례 5).

> ● **판례 5: 원자로 부지사전승인처분은 독립한 행정처분**이기는 하지만, 사전적 부분 허가의 성격을 갖고 있는 것이어서 나중에 건설허가처분이 있게 되면 그 건설허가처분에 흡수되어 독립된 존재가치를 상실하여 **그 건설허가처분만이 쟁송의 대상**이 되고 부지사전승인처분의 취소를 구하는 소는 소의 이익을 잃는다(대판 1998. 9. 4, 97누19588).

 폐기물처리업 부적정통보사건

1. 사실관계

X회사는 Y(대구광역시 동구청장)에게 구 폐기물관리법에 따라 폐기물의 수집 및 운반에 관한 사업계획서를 작성하여 제출하였습니다. Y는 폐기물수집, 운반업 허가는 공개적인 방법으로 선정 및 허가할 계획이라는 이유로 X회사에게 부적정 통보를 하였습니다. 그러자 X회사는 부적정 통보를 취소해 달라는 소송을 제기하였습니다.

2. 주요 쟁점

가. 폐기물처리업 부정적통보의 처분성

> [판례] 폐기물관리법 관계 법령의 규정에 의하면 폐기물처리업의 허가를 받기 위하여는 먼저 사업계획서를 제출하여 허가권자로부터 사업계획에 대한 적정통보를 받아야 하고, 그 적정통보를 받은 자만이 일정기간 내에 시설, 장비, 기술능력, 자본금을 갖추어 허가신청을 할 수 있으므로, 결국 부적정통보는 허가신청 자체를 제한하는 등 개인의 권리 내지 법률상의 이익을 개별적이고 구체적으로 규제하고 있어 행정처분에 해당한다.

나. 적정 · 부적정 통보제도를 둔 취지

> [판례] 폐기물처리업의 허가에 앞서 사업계획서에 대한 적정 · 부적정 통보 제도를 두고 있는 것은 폐기물처리업을 하고자 하는 자가 스스로 시설 등을 설치하여 허가신청을 하였다가 허가단계에서 그 사업계획이 부적정하다고 판명되어 불허가되면 허가신청인이 막대한 경제적 · 시간적 손실을 입게 되므로, 이를 방지하는 동시에 허가관청으로 하여금 미리 사업계획서를 심사하여 그 적정 · 부적정통보 처분을 하도록 하고, 나중에 허가단계에서는 나머지 허가요건만을 심사하여 신속하게 허가업무를 처리하는데 그 취지가 있다.

다. 기속행위와 재량행위의 구별 기준

> [판례] 어느 행정행위가 기속행위인지 재량행위인지 나아가 재량행위라고 할지라도 기속재량행위인지 또는 자유재량에 속하는 것인지의 여부는 이를 일률적으로 규정지을 수는 없는 것이고, 당해 처분의 근거가 된 규정의 형식이나 체제 또는 문언에 따라 개별적으로 판단하여야 한다.

라. 폐기물처리 사업계획 적정 여부 판단 기준의 해석 · 적용 방법

> [판례] 당해 처분의 근거인 폐기물관리법 등의 문언을 살펴보면 이들 규정들은 폐기물처리업허가를 받기 위한 최소한도의 요건을 규정해 두고는 있으나 사업계획 적정 여부에 대하여는 일률적으로 확정하여 규정하는 형식을 취하지 아니하여 그 사업의 적정 여부에 대하여 재량의 여지를 남겨 두고 있다 할 것이고, 이러한 경우 사업계획 적정 여부 통보를 위하여 필요한 기준을 정하는 것도 역시 행정청의 재량에 속하는 것이므로, 그 설정된 기준이 객관적으로 합리적이 아니라거나 타당하지 않다고 볼 만한 다른 특별한 사정이 없는 이상 행정청의 의사는 가능한 한 존중되어야 한다.

01 가행정행위는 불가변력이 발생하지 않기 때문에 신뢰보호의 원칙이 적용된다고 보기 어렵다.
(2008, 지방직 9급) ·· [O, X]

02 공정거래위원회가 부당한 공동행위를 한 사업자에게 과징금 부과처분을 한 뒤 다시 자진신고
등을 이유로 과징금 감면처분을 한 경우, 선행처분은 후행처분에 흡수되어 소멸하므로 선행
처분의 취소를 구하는 소는 부적법하다. (2022, 국가직 9급) ································· [O, X]

03 사전결정(예비결정)은 단계화된 행정절차에서 최종적인 행정결정을 내리기 전에 이루어지는
행위이지만, 그 자체가 하나의 행정행위이기도 하다. (2016, 서울시 9급) ················· [O, X]

04 폐기물처리업 허가 전의 사업계획에 대한 부적정통보는 행정처분에 해당한다.
(2019, 서울시 2회 7급) ·· [O, X]

05 폐기물처리업법상의 사업계획에 대한 적합통보가 있는 경우 폐기물처리업의 허가단계에서는
나머지 허가요건만을 심사한다. (2018, 국가직 7급) ··· [O, X]

06 폐기물처리업법상의 사업계획에 대한 적합통보결정은 최종행정행위인 폐기물처리사업허가
에 기본적으로 구속력을 미치지 않는다. (2015, 국가직 7급) ··· [O, X]

07 구 주택건설촉진법에 의한 주택건설사업계획 사전결정이 있는 경우 주택건설사업계획 승인
처분은 사전결정에 기속되므로 다시 승인 여부를 결정할 수 없다. (2017, 서울시 9급) ······ [O, X]

08 구 원자력법상 원자로 및 관계시설의 부지사전승인처분은 그 자체로서 건설부지를 확정하고
사전공사를 허용하는 법률효과를 지닌 독립한 행정처분이다. (2019, 서울시 2회 7급) ········ [O, X]

09 구 원자력법상 원자로 및 관계시설의 부지사전승인처분 후 건설허가처분까지 내려진 경우,
선행처분은 후행처분에 흡수되어 건설허가처분만이 행정쟁송의 대상이 된다. (2022, 국가직 9급) ········ [O, X]

10 원자로 및 관계시설의 부지사전승인처분은 그 자체로서 독립한 행정처분은 아니므로 이의 위
법성을 직접 항고소송으로 다툴 수는 없고 후에 발령되는 건설허가처분에 대한 항고소송에서
다투어야 한다. (2017, 국가직 9급) ·· [O, X]

| 정답 | 01 O | 02 O | 03 O | 04 O | 05 O | 06 X | 07 X | 08 O | 09 O | 10 X |

행정법상 **허가**는 법령에 의해 제한된 자유를 적법하게 행사할 수 있도록 회복하여 주는 행정행위로 대표적인 예로는 일반음식점영업허가, 운전면허, 한의사면허 등이 있습니다. 허가는 기속행위일 가능성이 높은데, 기속행위인 허가의 경우 원칙적으로 법률에서 정한 허가 요건을 갖추면 반드시 허가를 해야 하고, 법률의 근거 없이 행정청이 독자적으로 허가요건을 추가하여 허가를 거부할 수 없습니다.

허가의 효과로 얻을 수 있는 이익은 **법률상 이익**인 경우도 있고, **반사적 이익**인 경우도 있는데, 두 경우를 구분해야 하는 이유는 원고적격의 문제와 연결되기 때문입니다. 허가로 인한 이익이 법률상 이익인 경우에는 원고적격이 인정되어 허가(또는 허가거부) 행위에 대해서 취소소송을 제기할 수 있지만, 반사적 이익인 경우에는 원고적격이 부정되므로 허가(또는 허가거부)에 대해서 취소소송을 제기할 수 없습니다. 국민이 허가를 신청한 후 행정청이 허가를 결정하기 전에 법령의 변경이 있는 경우에는 원칙적으로 신청시가 아닌 '처분시'의 법령(변경된 법령)을 기준으로 허가 여부를 결정합니다.

영업이 양도되었을 때에는 **제재가 승계**되는지가 문제됩니다. 양도인의 위법행위로 제재처분이 내려진 경우에 그 제재처분(예: 허가취소, 영업정지, 과징금 부과 등)의 효과는 이미 영업자의 지위에 포함되는 것이므로 양수인에게 당연히 이전됩니다. 또한 제재사유도 승계되어 양도인의 위반행위에 대해서 양수인에게도 제재를 할 수 있다는 게 판례의 태도입니다.

특허는 특정인에게 특정한 권리를 설정하는 행위로 행정재산의 사용·수익허가, 도로점용허가, 어업면허 등이 있습니다. 허가는 "원래 할 수 있었던 일"을 제한하였다가 제한을 해제하는 것인데 반해, 특허는 "특별한 권리를 주는 것"입니다. 또한 허가는 기속행위인 경우가 많지만, 특허는 재량행위인 경우가 많습니다.

인가는 제3자의 법률적 행위(기본행위)를 보충하여 그 법률상의 효과를 완성시키는 행정행위(예: 학교법인의 임원에 대한 감독청의 취임승인처분)입니다. 인가의 대상이 되는 행위를 기본행위라고 하는데, 기본행위에 하자가 있으면 행정청이 인가를 하였더라도 이러한 인가는 무효이고 기본행위를 쟁송의 대상으로 삼아야 합니다. 한편 인가에 하자가 있으면 인가처분에 대해 다툴 수 있습니다.

특정한 허가(인가 등)를 받으면 다른 허가도 받은 것으로 보는 걸 **인허가의제**라고 합니다. 주된 인허가 행정청은 주된 인허가에 관한 요건뿐만 아니라 관련 인허가에 관한 요건도 함께 판단합니다.

준법률행위적 행정행위는 행정청의 의사표시가 아니라, "법률의 규정"에 따라 효과가 발생하는 행위를 말합니다. 구체적인 종류로는 확인(예: 친일재산 국가귀속결정), 공증(예: 토지대장의 등재), 통지(예: 대집행 절차의 계고), 수리가 있습니다.

Ⅰ. 의의

1. 개념

허가(許可)의 일반적인 의미는 "행동이나 일을 하도록 허용"한다는 겁니다. 행정법에서 말하는 허가도 이와 비슷한데, 정확한 의미는 약간 다릅니다. 행정법의 허가란 법령에 의해 개인의 자유가 제한되고 있을 때, 그 제한을 해제하여 자유를 적법하게 행사할 수 있도록 회복하여 주는 행정행위입니다.

허가는 학문상(강학상) 개념이고, 실정법상으로는 허가 이외에도 인가, 면허, 특허, 승인 등의 여러가지 용어가 사용됩니다. 허가의 대표적인 예로는 **일반음식점영업허가, 단란주점영업허가, 운전면허, 한의사면허, 공중목욕탕영업허가, 학원 설립인가** 등이 있습니다.

2. 특징

가. 상대적 · 예방적 금지

허가는 금지해제의 가능성이 있는 **상대적 금지**에 대해서만 가능하고, 금지해제의 가능성이 없는 절대적 금지(예: 인신매매 등)에 대해서는 허가할 수 없습니다. 또한 허가는 위험예방을 목적으로 금지하였던 것을 위험요소가 없는 경우에는 해제하는 것으로 **예방적 금지**의 해제라고 볼 수 있습니다.

나. 신청의 필요성

일반적으로 허가는 신청을 전제로 행해지는 것이 보통입니다. 하지만 모든 허가가 신청이 있어야만 하는 건 아니고, **통행금지해제와 같이 신청을 전제로 하지 않은 허가**도 있습니다.

Ⅱ. 법적 성질 및 거부 가능성

1. 법적 성질

가. 명령적 행위 vs 형성적 행위

종래의 다수설과 판례는 허가가 **명령적 행위**에 속한다고 봅니다(판례 1). 그러나 형성적 행위의 성질을 가진다고 보는 견해도 있습니다.

> ● **판례 1:** 한의사 면허는 경찰금지를 해제하는 **명령적 행위(강학상 허가)**에 해당한다(대판 1998. 3. 10, 97누 4289).

나. 재량행위 vs 기속행위

허가는 공익적 목적을 위해서 제한되었던 자연적 자유를 회복시켜 주는 행위이므로, **기속행위**인 경우가 많습니다(판례 2). 즉 허가는 원래 할 수 있었던 행동을 일시적으로 금지했다가 그 금지를 해제하는 것이라 요건을 갖추면 허가를 해야 하는 겁니다. 그렇다고 허가가 무조건 기속행위인 건 아니고, 재량행위인 경우도 있습니다.

> ● **판례 2: 주류판매업 면허**는 개인의 자연적 자유에 속하는 영업행위를 일반적으로 제한하였다가 특정한 경우에 그 제한을 해제하는 강학상의 허가로 면허제한사유에 해당하지 아니하는 한 면허관청으로서는 임의로 그 면허를 거부할 수 없다(대판 1995. 11. 10, 95누5714).

2. 허가의 거부

가. 원칙: 기속행위인 경우

허가는 기속행위일 가능성이 높은데, 기속행위인 허가의 경우 법률에서 정한 허가 요건을 갖추면 반드시 허가를 해야 하고, 법률의 근거 없이 **행정청이 독자적으로 허가요건을 추가하여 허가를 거부할 수 없는데**, 대표적인 사례가 **건축허가**입니다(판례 3). 허가 요건을 추가하면 신청을 한 사람이 허가를 받을 수 없어 기본권이 제한되기 때문입니다.

> ● **판례 3:** 건축허가권자는 건축허가신청이 건축법 등 관계 법규에서 정한 제한에 배치되지 않는 이상 **당연히 건축허가를 해야 하고**, 중대한 공익상 필요가 없는데도 법령에서 정한 제한사유 이외의 사유를 들어 요건을 갖춘 자에 대한 허가를 거부할 수는 없다(대판 2009. 9. 24, 2009두8946).

나. 예외: 재량행위인 경우

허가가 재량행위인 경우에는 허가 요건을 갖추어도 거부의 가능성이 있습니다. 공익상 필요가 있는 때에는 허가 여부에 대한 이익형량이 요구되므로 **법령상 명문의 규정이 없더라도 허가를 거부**할 수 있는데, **산림훼손허가**가 대표적인 경우입니다(판례 4).

> ● **판례 4:** 허가관청은 산림훼손허가 여부를 결정할 때, 산림훼손허가신청 대상토지의 상태, 위치, 주위의 상황 등을 고려하여 환경의 보전 등 중대한 공익상 필요가 있다고 인정되면 법규에 명문의 근거가 없더라도 허가를 거부할 수 있다(대판 1997. 9. 12, 97누1228).

1. 일반적 효과

가. 금지의 해제

허가는 상대적 금지를 해제하여 적법하게 어떠한 행위를 할 수 있게 하는 것입니다. 허가를 받으면 근거 법상의 금지를 해제하는 효과가 있지만 그렇다고 **다른 법률에 의한 금지까지 해제하는 건 아닙니다.** 예를 들어, 공무원이 음식점 영업허가를 받는다고 하더라도 공무원법상의 영리업무금지까지 해제해 주는 것은 아닙니다. 같은 논리로 **도로법에 의한 접도구역 개축허가라를 받은 경우에도 개축허가와 별도로 건축법에 의한 허가는 다시 받아야** 합니다(판례 5).

> ● **판례 5:** 도로법과 건축법에서 각 규정하고 있는 건축허가는 그 허가권자의 허가를 받도록 한 목적, 허가의 기준, 허가 후의 감독에 있어서 같지 아니하므로 **도로법**에 의하여 접도구역(도로 구조의 손괴, 미관 보존, 교통사고 방지를 위해 지정한 구역)으로 지정된 지역 안에 있는 건물에 관하여 도지사로부터 개축허가를 받았다고 하더라도 **건축법에 의하여 시장 또는 군수의 허가를 다시 받아야** 한다(대판 1991. 4. 12. 선고 91도218).

나. 무허가 행위의 효과

허가를 받아야 하는데 허가를 받지 않으면 일반적으로 **행정상 강제 또는 행정벌**이 가해집니다. 한편 무허가라고 하더라도 **원칙적으로 행위 자체의 법률적 효력**은 있습니다. 무허가음식점에서 식사를 하였더라도 음식을 먹었다면 음식가격은 내야 하는 겁니다.

2. 법률상 이익 vs 반사적 이익

가. 반사적 이익의 의의

반사적 이익(反射的 利益)은 법률상 이익과 구별되는 개념입니다. 법률상 이익은 말 그대로 법률이 구체적으로 보호하고 있는 이익이지만, 반사적 이익은 일정한 규율을 행한 결과 부수적으로 생기는 이익을 말합니다. 예를 들어, 시청을 A지역에서 B지역으로 옮기면 일반적으로 B지역 상권이 살아나는 효과가 있는데, 행정청이 B지역 상인들의 영업이익을 보장하기 위해서 시청을 이전하는 건 아닙니다. 즉 시청 이전으로 B지역 상인들이 얻는 이익은 법률상 이익이 아니라 반사적 이익의 일종입니다.

나. 문제 상황

허가의 효과로 얻을 수 있는 이익은 법률상 이익인 경우도 있고, 반사적 이익인 경우도 있습니다. 두 경우를 구분해야 하는 이유는 원고적격의 문제와 연결됩니다. **허가로 인한 이익이 법률상 이익인 경우에는 원고적격이 인정되어 허가(또는 허가거부) 행위에 대해서 취소소송을 제기**할 수 있습니다. 이에 반해 허가로 인한 이익이 반사적 이익인 경우에는 원고적격이 부정되므로 허가(또는 허가거부)에 대해서 취소소송을 제기할 수 없습니다.

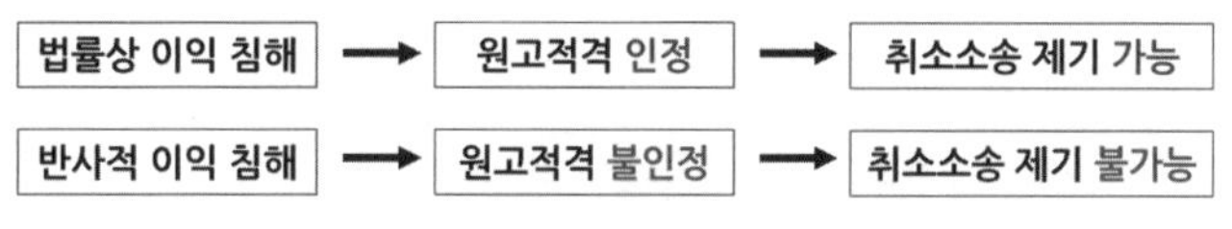

〈그림 24〉 법률상 이익과 반사적 이익

다. 영업을 할 이익

허가를 통해 기본권이 회복되어 **영업을 할 수 있는 이익은 "법률상 이익"**입니다. 따라서 요건을 구비하였는데도 행정청이 허가를 거부하면 법률상 이익을 침해한 것이어서 취소소송을 제기할 수 있습니다(판례 6).

> ● **판례 6**: 관계 법령에서 대중음식점영업허가 제한의 근거가 없음에도 허가를 거부한 처분은 위법하다(대판 1993. 5. 27, 93누2216).

라. 영업을 통해 수익을 얻을 수 있는 이익

(1) 원칙: 반사적 이익

허가를 통해 영업을 할 수 있는 가능성을 부여하는 것이지, 영업과 관련된 이익을 법적으로 보장하는 건 아닙니다. 즉 **영업을 통해 수익을 얻을 수 있는 이익은 "반사적 이익"인 경우**가 많습니다. 대표적으로는 **한의사 면허, 공중목욕장 영업허가, 유기장영업허가** 등이 있습니다.

기존에 허가를 받아 영업을 하고 있었는데, 다른 사람이 허가를 받아 영업을 한다는 이유로 다른 사람의 허가에 대한 취소소송을 제기할 수 있는 원고적격이 없는 게 일반적입니다(판례 7).

> ● **판례 7: 한의사 면허**는 강학상 허가이고, 약사에게 한약조제권을 인정하여 한의사들의 영업상 이익이 감소되었다고 하더라도 이러한 이익은 사실상의 이익에 불과하므로, 한의사들이 한약조제시험을 통하여 한약조제권을 인정받은 약사들에 대한 합격처분의 무효확인을 구하는 소는 원고적격이 없는 자들이 제기한 소로서 부적법하다(대판 1998. 3. 10, 97누4289).

(2) 예외: 법률상 이익

예외적으로 법령등이 허가를 하면서 기존 업자의 이익을 보호하고 있는 경우에는 "반사적 이익"이 아니라 "법률상 이익"이고, 이럴 때에는 원고적격이 인정됩니다(판례 8).

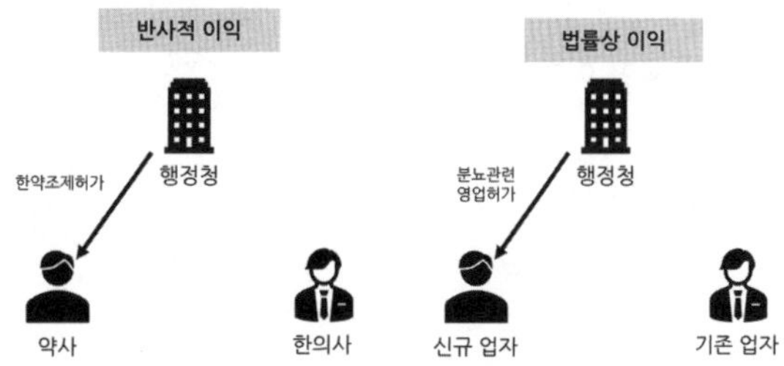

〈그림 25〉 반사적 이익과 법률상 이익 사례

● **판례 8: 분뇨 등 관련 영업허가**를 받아 영업을 하고 있는 기존 업자의 이익은 법률상 보호되는 이익이므로 기존 업자에게 경업자에 대한 영업허가처분의 취소를 구할 원고적격이 있다(대법원 2006. 7. 28, 2004두6716).

(3) 담배 소매인의 경우

담배 일반 소매인의 경우에는 신규 업자가 "일반 소매인"인지, "구내 소매인"인지에 따라 달라집니다. 신규 업자가 **"일반 소매인"**인 때에는 기존 업자의 이익은 **법률상 이익**인데, 그건 일반 소매인 간에는 영업소 간에 일정한 거리제한을 두고 있고 이건 기존 업자의 경영상 이익을 보호하기 위한 것이기 때문입니다(판례 9).

그러나 신규 업자가 **"구내 소매인"**인 때에는 기존 업자의 이익이 **반사적 이익**입니다(판례 10). "구내 소매인"은 건축물 또는 시설물 내의 장소에서 건축물 등의 구조·상주인원·이용인원 등을 고려하여 소매인 영업을 하는 사람인데, 구내소매인과 일반소매인 사이에는 거리 제한을 두지 않고 있습니다.

● **판례 9:** 담배 일반소매인으로 지정되어 영업을 하고 있는 기존업자의 **신규 일반소매인**에 대한 이익은 단순한 사실상의 반사적 이익이 아니라 법률상 보호되는 이익이다(대판 2008. 3. 27, 2007두23811).
● **판례 10:** 구내소매인과 일반소매인 사이에서는 영업소 간에 거리제한을 두지 않으므로 일반소매인으로 지정되어 영업을 하고 있는 기존업자의 **신규 구내소매인**에 대한 이익은 법률상 보호되는 이익이 아니라 단순한 사실상의 반사적 이익이고 기존 일반소매인은 신규 구내소매인 지정처분의 취소를 구할 원고적격이 없다(대판 2008. 4. 10, 2008두402).

IV. 주요 내용

1. 허가의 기준: 법령이 개정된 경우

가. 문제 상황

국민이 허가를 신청한 후 행정청이 허가를 결정하기 전에 법령의 변경이 있는 경우에는 허가의 기준이 신청시인지 처분시인지가 문제됩니다.

나. 허가의 기준

원칙적으로 신청시가 아닌 **'처분시'**의 법령(변경된 법령)을 기준으로 허가 여부를 결정합니다(행정기본법 제14조 제2항, 판례 11). 다만, 허가관청이 허가신청을 수리하고도 정당한 이유 없이 처리를 늦추었다면 처분시가 아니라 신청시의 법령을 적용할 여지가 있습니다.

○ **행정기본법 제14조(법 적용의 기준)** ② 당사자의 신청에 따른 처분은 법령등에 특별한 규정이 있거나 처분 당시의 법령등을 적용하기 곤란한 특별한 사정이 있는 경우를 제외하고는 **처분 당시의 법령등**에 따른다.

● **판례 11:** 허가 등의 행정처분은 원칙적으로 **처분시의 법령과 허가기준**에 의하여 처리되어야 하고 허가신청 당시의 기준에 따라야 하는 것은 아니며, **허가관청이 허가신청을 수리하고도 정당한 이유 없이 처리를 늦추어 그 사이에 허가기준이 변경된 것이 아닌 이상** 변경된 허가기준에 따라서 처분을 하여야 한다(대판 1996. 8. 20, 95누10877).

다. 예시

기준 건축법에 따르면 건축허가의 요건은 A, B, C였고, 2025년 1월 1일에 갑은 행정청에게 건축허가를 신청하였습니다. 그런데 2025년 2월 1일에 건축법이 개정되면서 건축허가의 요건이 A, B, C, D로 변경되었습니다. 개정 전 건축법에 따르면 건축허가의 요건을 갖췄지만 개정 후 건축법에 따르면 건축허가의 요건을 갖추지 못하였으므로, A행정청이 2025년 3월 1일에 처분을 하는 경우, 건축허가를 거부할 수 있는 겁니다.

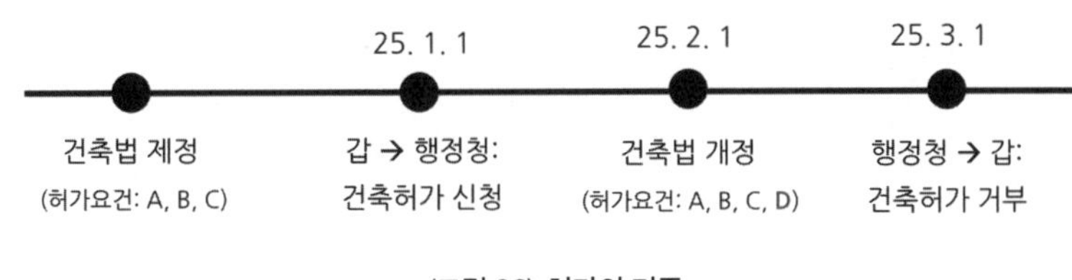

〈그림 26〉 허가의 기준

2. 허가의 갱신과 허가기간

가. 허가의 갱신

행정처분에 효력기간이 정해져 있는 경우에는 그 기간이 경과하면 그 행정처분의 효력이 상실됩니다. 종전 허가의 효력을 지속시키려면 허가를 갱신해야 하는데, 허가의 갱신은 기한의 도래 전에 이루어져야 하는 것이 원칙입니다.

기한 도래 "전"에 이루어진 갱신허가신청은 신규허가가 아니라 종전 허가가 동일성을 유지하면서 지속된 것입니다. 따라서 **갱신 전에 위법 사유가 있으면 이러한 사유는 갱신 후에도 승계되고 갱신 전의 위법사유를 들어 갱신 후에도 제재조치를 취할 수 있습니다**(판례 12).

기한 도래 "후"에 이루어진 갱신허가신청은 종전 허가의 연장이 아니라 신규허가이므로 허가요건의 적합 여부를 새롭게 판단하여 허가 여부를 결정해야 합니다.

● **판례 12:** 유료직업 소개사업의 허가갱신은 허가취득자에게 종전의 지위를 계속 유지시키는 효과를 갖는 것에 불과하므로 일단 갱신이 있은 후에도 갱신 전의 법위반사실을 근거로 허가를 취소할 수 있다(대판 1982. 7. 27, 81누174).

나. 허가의 기한이 지나치게 짧은 경우

허가에 붙은 기한이 그 허가된 사업의 성질상 부당하게 짧은 경우가 있습니다. 이런 경우에 그 기한은 그 **"허가 자체"의 존속기간을 정한 게 아니라 허가"조건"의 존속기간을 정한 것이어서 그 기한이 도래하면 허가는 하되 그 조건의 개정을 고려**한다는 뜻입니다(판례 13).

물론 이 경우에도 허가기간이 연장되기 위하여는 그 종기가 도래하기 전에 허가기간 연장 신청을 해야 하고, 만일 **연장신청이 없는 상태에서 허가기간이 만료하면 그 허가의 효력은 상실**됩니다.

● **판례 13:** 일반적으로 행정처분에 효력기간이 정하여져 있는 경우에는 그 기간의 경과로 그 행정처분의 효력은 상실되며, **다만 허가에 붙은 기한이 그 허가된 사업의 성질상 부당하게 짧은 경우에는 이를 그 허가 자체의 존속기간이 아니라 그 허가조건의 존속기간으로 보아 그 기한이 도래함으로써 그 조건의 개정을 고려**한다는 뜻으로 해석할 수 있을 것이다(대판 2004. 11. 25, 2004두7023).

[사실관계] 골프장을 운영하기 위해 사도개설허가를 받았으나, 사도개설허가에서 정해진 공사기간 내에 사도로 준공검사를 받지 못하였다.

[판시] 사도개설허가에서 정해진 공사기간 내에 사도로 준공검사를 받지 못한 경우, 이 공사기간을 사도개설허가 자체의 존속기간(유효기간)으로 볼 수 없으므로 사도개설허가가 당연히 실효되는 것은 아니다.

01 주류판매업면허는 강학상의 허가로 해석되므로 "주세법"에 열거된 면허제한사유에 해당하지 아니하는 한 면허관청으로서는 임의로 그 면허를 거부할 수 없다. (2014, 지방직 9급) ················ [O, X]

02 허가의 요건은 법령으로 규정되어야 하며, 법령의 근거 없이 행정권이 독자적으로 허가요건을 추가하는 것은 허용되지 아니한다. (2015, 경행특채) ················ [O, X]

03 구 산림형질변경허가의 신청대상지역이 법령상의 금지 또는 제한지역에 해당하지 않더라도 환경의 보전 등을 위한 중대한 공익상의 필요가 있을 경우, 그 허가를 거부할 수 있다. (2011, 국가직 7급) ················ [O, X]

04 도로법과 건축법에서 각 규정하고 있는 건축허가는 그 허가권자의 허가를 받도록 한 목적, 허가의 기준, 허가 후의 감독에 있어서 동일하므로 도로법에 의하여 도로관리청인 도지사로부터 개축허가를 받았다면 건축법에 의하여 시장 또는 군수의 허가를 다시 받을 필요는 없다. (2012, 국회직 9급) ················ [O, X]

05 한약조제시험을 통하여 약사에게 한약조제권을 인정함으로써 한의사들의 영업상 이익이 감소되었다고 하더라도 이러한 이익은 사실상의 이익에 불과하다. (2014, 지방직 9급) ················ [O, X]

06 담배 일반 소매인으로 지정되어 있는 기존 업자가 신규 담배 구내소매인 지정처분을 다투는 경우 원고적격이 있다. (2014, 서울시 9급) ················ [O, X]

07 허가처분은 원칙적으로 허가신청 당시의 법령과 허가기준에 의하여 처리되어야 한다. (2017, 교육행정직 9급) ················ [O, X]

08 건축허가 신청 후 건축허가기준에 관한 관계법령 및 조례의 규정이 신청인에게 불리하게 개정된 경우, 당사자의 신뢰를 보호하기 위해 처분시가 아닌 신청시 법령에서 정한 기준에 의하여 건축허가 여부를 결정하는 것이 원칙이다. (2018, 지방직 9급) ·· [O, X]

09 허가에 붙은 기한이 그 허가된 사업의 성질상 부당하게 짧은 경우에 그 기한은 허가조건의 존속기간이 아니라 허가 자체의 존속기간으로 보아야 한다. (2018, 지방직 9급) ·························· [O, X]

10 허가의 갱신은 허가취득자에게 종전의 지위를 계속 유지시키는 효과를 갖게 하는 것으로 갱신 후라도 갱신 전 법위반 사실을 근거로 허가를 취소할 수 있다. (2017, 국가직 7급) ················ [O, X]

정답	01 O	02 O	03 O	04 X	05 O	06 X	07 X	08 X	09 X	10 O

Ⅰ. 의의

1. 개념

특허(特許)는 특정인에게 특정한 권리를 설정하는 행위를 말합니다. **여객운수사업법상의 개인택시운송업허가**가 특허의 대표적인 사례인데, 개인택시운송업허가를 받으면 개인택시영업을 하면서 수익을 얻을 수 있는 권리를 가지게 되는 겁니다. 행정법에서 말하는 특허는, 새로운 기술을 발명한 사람이 가지는 특허권과는 차이가 있습니다. 또한 특허는 학문(강학)상의 개념이고, 실무적으로는 허가, 면허 등의 용어가 사용되기도 합니다.

특허는 상대방에게 권리 등을 설정해 주는 설권행위로서, 개인이 원래부터 가지고 있는 것이 아닌 새로운 권리 또는 법률상의 지위를 부여해 주는 **형성적 행정행위**의 일종입니다. 특허는 불특정인에 대해서 행해질 수는 없고, **특정인에 대해서만 특허**를 할 수 있습니다.

2. 주요 사례

특허는 주로 **공물(公物**, 국가 기관이나 공공 단체에 속한 물건)을 독점적으로 사용하는 행위와 연관됩니다. 대표적인 예로는 **공유수면(公有水面, 바다, 바닷가, 하천 등)매립면허, 공유수면점용허가, 행정재산의 사용·수익허가(국립의료원 부설주차장에 대한 위탁관리용역운영계약), 도로점용허가, 하천점용허가** 등이 있습니다(판례 1~4). 또한 **어업면허, 개인택시운송사업면허, 출입국관리법상의 체류자격 변경허가, 귀화허가**도 특허에 해당합니다(판례 5~6).

● **판례 1: 공유수면매립면허**는 설권행위인 특허의 성질을 갖는 것이므로 원칙적으로 행정청의 자유재량에 속한다(대판 1989. 9. 12, 88누9206).

● **판례 2: 공유수면의 점용·사용허가**는 특정인에게 공유수면 이용권이라는 독점적 권리를 설정하여 주는 처분이다(대판 2017. 4. 28, 2017두30139).

● **판례 3: 행정재산의 사용·수익에 대한 허가**는 관리청이 공권력을 가진 우월적 지위에서 행하는 행정처분으로서 특정인에게 행정재산을 사용할 수 있는 권리를 설정하여 주는 강학상 특허에 해당한다(대판 1998. 2. 27, 97누1105).

● **판례 4: 도로점용의 허가**는 특정인에게 일정한 내용의 공물사용권을 설정하는 설권행위로서 공물관리자가 신청인의 적격성, 사용목적 및 공익상 영향 등을 참작하여 허가 여부를 결정하는 재량행위이다(대판 2008. 11. 27, 2008두4985).

● **판례 5: 자동차운수사업법**에 의한 개인택시운송사업면허는 특정인에게 권리나 이익을 부여하는 행정행위로서 법령에 특별한 규정이 없는 한 재량행위이다(대판 1996. 10. 11, 96누6172).

● **판례 6: 체류자격**(예: 외교, 유학, 거주, 결혼이민 등) **변경허가**는 신청인에게 당초의 체류자격과 다른 체류자격에 해당하는 활동을 할 수 있는 권한을 부여하는 일종의 설권적 처분의 성격을 가진다(대판 2016. 7. 14, 2015두48846).

---

1. 특징

허가는 예방적 금지의 해제행위이고, 특허는 권리설정행위입니다. 달리 말하면, 허가는 **"원래 할 수 있었던 일"**을 제한하였다가 제한을 해제하는 것인데 반해, 특허는 **"특별한 권리를 주는 것"**으로 특허는 "특별한 허가"로 생각하면 쉽습니다.

허가의 성격을 갖는 운전면허와 특허인 개인택시운송업허가를 비교해 보겠습니다. 운전은 운전기술을 가진 사람이라면 누구나 원래 할 수 있었던 일이지만, 개인택시운송영업은 누구나 할 수 있는 건 아니고 특정한 사람만 할 수 있는 특별한 행위입니다.

2. 신청의 필요성

국민이 신청을 하지 않더라도 허가를 할 수 있지만, 특허는 신청이 있어야 가능합니다. 물론 법규에 의한 특허에는 신청이 필요하지 않습니다.

3. 법적 성질

가. 재량행위

허가는 기속행위인 경우가 많지만, 특허는 **재량행위**인 경우가 많습니다. 특별한 권리를 주는 것이기 때문에 반드시 특허를 해야 하는 건 아니고, 행정청이 판단하여 필요한 경우에는 특허를 하는 겁니다(판례 7~10). 재량행위인 특허에 대해서는 부관을 붙이는 것도 가능합니다.

● **판례 7:** 자동차운수사업법에 의한 **개인택시운송사업면허**는 특정인에게 권리나 이익을 부여하는 행정행위로서 법령에 특별한 규정이 없는 한 재량행위이다(대판 1993. 10. 12, 93누4243).

● **판례 8: 마을버스운송사업면허**의 허용 여부에 관한 행정처분은 법령이 특별히 규정한 바가 없으면 행정청의 재량에 속하고, 마을버스 한정면허시 확정되는 마을버스 노선을 정함에 있어서도 기존 일반노선버스의 노선과의 중복 허용 정도에 대한 판단도 행정청의 재량에 속한다(대판 2002. 6. 28, 2001두10028).

● **판례 9: 귀화허가**는 외국인에게 대한민국 국적을 부여함으로써 국민으로서의 법적 지위를 포괄적으로 설정하는 행위이며, 법무부장관은 귀화신청인이 귀화요건을 갖추었다 하더라도 귀화를 허가할 것인지 여부에 관하여 재량권을 가진다(헌재 2016. 7. 28, 2014헌바421).

● **판례 10: 공유수면의 점 · 사용허가**는 특정인에게 공유수면 이용권이라는 독점적 권리를 설정하여 주는 처분으로서 그 처분의 여부 및 내용의 결정은 원칙적으로 행정청의 재량에 속한다(대판 2004. 5. 28, 2002두5016).

나. 법률상 이익

특허는 상대방에 대해 새로운 독점적·배타적인 법률상의 힘을 부여하는 행위이므로 특허를 받은 사업자의 이익은 **법률상 이익**인 경우가 많습니다. 이는 경업자소송(경쟁자소송)에서 제3자가 원고적격을 가지는지와 연결됩니다.

일반적으로, 기존업자가 "허가업"을 경영하는 경우에는 자신의 경영상 이익의 침해를 이유로 경업자소송을 제기할 수 없지만, "특허업"을 경영하는 경우에는 경업자소송을 제기할 수 있습니다.

※ 허가와 특허의 비교

	허가	특허
특징	일반적/상대적 금지의 해제 명령적 행위	특정인에게 새로운 권리 부여 형성적 행위
예시	일반음식점영업허가, 단란주점영업허가, 운전면허, 한의사면허, 공중목욕탕영업허가, 학원 설립인가	공유수면매립면허, 공유수면점용허가, 행정재산의 사용·수익허가, 도로점용허가, 어업면허, 귀화허가, 체류자격 변경허가
법적 성질	일반적으로 "기속행위"	일반적으로 "재량행위"
신청	일반적으로 신청이 필요하나, 신청이 불필요한 경우 (예: 통행금지해제) 있음	신청 필요
상대방	일반적으로 특정인이나, 불특정 다수인 경우 (예: 통행금지해제)도 있음	특정인

01 하천법에 의한 하천의 점용허가는 강학상 허가에 해당한다. (2022, 소방직 9급) ⋯⋯⋯⋯⋯ [O, X]

02 공유수면의 점용·사용허가는 허가 상대방에게 제한을 해제하여 공유수면이용권을 부여하는
처분으로 강학상 허가에 해당한다. (2022, 국회직 8급) ⋯⋯⋯⋯⋯⋯⋯⋯⋯⋯⋯⋯⋯⋯ [O, X]

03 개인택시운송사업면허는 특정인에게 권리나 의무를 부여하는 것이므로 강학상 특허에 해당
한다. (2022, 국회직 8급) ⋯⋯⋯⋯⋯⋯⋯⋯⋯⋯⋯⋯⋯⋯⋯⋯⋯⋯⋯⋯⋯⋯⋯⋯⋯ [O, X]

04 허가는 원칙적으로 재량행위, 특허는 원칙적으로 기속행위로 본다. (2015, 국회직 8급) ⋯⋯ [O, X]

05 공유수면점용허가는 특정인에게 공유수면이용권이라는 독점적 권리를 설정하여 주는 처분으
로서 그 처분의 여부 및 내용의 결정은 원칙적으로 행정청의 재량에 속한다. (2021, 국가직 7급) ⋯⋯ [O, X]

06 "여객자동차 운수사업법"에 의한 개인택시운송사업면허는 특정인에게 권리나 이익을 부여하
는 행정행위로서 법령에 특별한 규정이 없는 한 재량행위이다. (2021, 국가직 7급) ⋯⋯⋯⋯ [O, X]

07 구 여객자동차운수사업법령상 마을버스운송사업면허의 허용 여부 및 마을버스 한정면허 시
확정되는 마을버스 노선을 정함에 있어서 기존 일반노선버스의 노선과의 중복 허용 정도에
대한 판단은 행정청의 재량에 속한다. (2017, 지방직 9급) ⋯⋯⋯⋯⋯⋯⋯⋯⋯⋯⋯⋯⋯ [O, X]

08 도로점용허가는 특허행위로서 상대방의 신청 또는 동의를 요하는 쌍방적 행정행위이며, 권리
를 설정하여 주는 행위로서 재량행위이다. (2023, 국회직 8급) ⋯⋯⋯⋯⋯⋯⋯⋯⋯⋯⋯ [O, X]

09 출입국관리법상 체류자격변경허가는 기속행위이므로 신청인이 관계법령에서 정한 요건을 충족하면 허가권자는 신청을 받아들여 허가해야 한다. (2022, 소방직 9급) ⋯⋯⋯⋯⋯⋯⋯⋯ [O, X]

10. 귀화허가는 강학상 허가에 해당하므로, 귀화신청인이 귀화요건을 갖추어서 귀화허가를 신청한 경우에 법무부장관은 귀화허가를 해 주어야 한다. (2021, 국가직 7급) ⋯⋯⋯⋯⋯⋯⋯⋯ [O, X]

정답　01 X　02 X　03 O　04 X　05 O　06 O　07 O　08 O　09 X　10 X

Ⅰ. 영업양도

1. 의의

가. 개념

영업양도(營業讓渡)는 영업자(양도인)와 양수인이 합의를 통해 영업을 양수인에게 이전하는 것을 말합니다. 예를 들어, 게임산업법에 따른 인터넷컴퓨터게임시설(PC방)을 운영하던 갑이 을에게 자신의 영업을 이전하는 게 영업양도입니다.

나. 영업양도의 가능성

대인적 허가(예: 한의사 면허)는 원칙적으로 양도가 인정되지 않으나, 대물적 허가(예: 음식점 영업허가)는 별도의 **법적 근거가 없더라도 양도가 가능**합니다.

2. 신고 및 절차

가. 신고

대물적 허가의 양도에 관한 신고는 **수리를 요하는 신고**(행정요건적 신고)입니다.

나. 절차

영업양도의 신고 수리가 처분인 경우 영업양도의 신고를 수리함으로써 종전 영업자의 영업허가자로서의 지위가 상실되므로 양도인 입장에서는 신고 수리가 불이익한 처분에 해당합니다. 따라서 행정청은 **양도인인 영업자**에 대하여 행정절차법에 따른 **사전통지와 의견제출절차**를 거쳐야 합니다.

3. 지위승계신고

가. 의의

영업양도가 이뤄진 경우 행정관청에 영업자의 지위승계에 대해 신고를 해야 하는 경우가 있습니다(관광진흥법 제8조 제4항). 일반적으로 **지위승계신고를 수리하는 허가관청의 행위는 영업허가자의 변경이라는 법률효과를 발생시키는 행위**입니다(판례 1).

● **판례 1: 구 식품위생법의 영업양도에 따른 지위승계신고를 수리하는 허가관청의 행위**는, 단순히 양도·양수인 사이에 이미 발생한 사법상의 사업양도의 법률효과에 의하여 양수인이 그 영업을 승계하였다는 사실의 신고를 접수하는 행위에 그치는 것이 아니라, 실질에 있어서 **양도자의 사업허가를 취소함과 아울러 양수자에게 적법히 사업을 할 수 있는 권리를 설정하여 주는 행위로서 사업허가자의 변경이라는 법률효과를 발생시키는 행위**이다(대판 2001. 2. 9, 2000도2050).

나. 원고적격

처분에 대해 밀접한 이해관계를 갖는 제3자(영업양도의 양수인, 종전 영업자 등)은 일정한 경우에 법률상 이익을 가집니다(판례 2~3).

> ● **판례 2:** 관할 행정청이 양도인에 대하여 채석허가를 취소하는 처분을 하였다면 이는 양수인의 지위에 대한 직접적 침해가 된다고 할 것이므로 **양수인**은 채석허가를 취소하는 처분의 취소를 구할 법률상 이익을 가진다 (대판 2003. 7. 11, 2001두6289).
>
>   **[사실관계]** A(양도인)은 채석허가를 받아 채석장을 운영하다가 B(양수인)에게 채석허가지위를 승계하고 채석장 운영권을 양도하였다. 그런데 B가 채석허가에 대한 명의변경신고를 하지 않은 상태에서 영업을 운영하던 중에 행청청은 A(양도인)에 대하여 채석허가를 취소하였다.
>
> ● **판례 3:** 체육시설업자로부터 영업을 양수하거나 문화체육관광부령으로 정하는 체육시설업의 시설 기준에 따른 필수시설을 인수한 자가 관계 행정청에 신고하여 행정청이 수리하는 경우에는 종전의 체육시설업자는 적법한 신고를 마친 체육시설업자로서의 지위를 부인당할 불안정한 상태에 놓이게 되므로, **종전 영업자**는 수리의 취소를 구할 법률상 이익이 있다(대판 2012. 12. 13, 2011두29144).

II. 제재의 승계

1. 의의: 제재처분 "효과"의 승계 vs 제재"사유"의 승계

영업양도와 관련하여 기존 영업자(양도인)에 대한 제재가 새로운 영업자(양수인)에게 승계되는지가 문제됩니다. 제재의 승계는 제재처분 "효과"의 승계와 제재"사유"의 승계로 구분할 수 있는데, 양자는 제재가 이뤄진 시점에 따라 구분됩니다.

우선 제재처분 **"효과"의 승계는 제재처분이 이뤄지고 난 뒤에 영업양도가 이뤄진 것**입니다. 예컨대, ① 청소년에게 술을 팔았다는 이유로 ② 영업정지를 당한 뒤에 ③ 영업양도를 하는 것입니다. 그에 반해 제재처분 **"사유"의 승계는 제재사유가 영업양도 전에 있었지만, 영업양도 이후에 제재행위가 이뤄지는 것**입니다. 예를 들면, ① 청소년에게 술을 팔았다는 제재사유가 발생한 뒤, ② 영업양도가 이뤄지고, ③ 그 뒤에 영업정지 처분을 하는 겁니다.

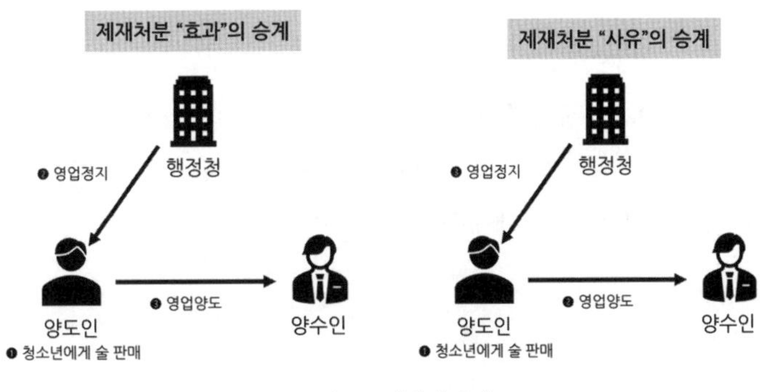

〈그림 27〉 제재의 승계

2. 제재처분 "효과"의 승계

양도인의 위법행위로 제재처분이 내려진 경우에 그 제재처분(예: 허가취소, 영업정지, 과징금 부과 등)의 효과는 이미 영업자의 지위에 포함되는 것이므로 **양수인에게 당연히 이전**됩니다. 제재처분 후에 영업양도가 이뤄지는 것이어서 양수인은 제재처분에 대해 알았을 가능성이 높아 양수인에게 특별히 불리하지도 않습니다.

3. 제재 "사유"의 승계

가. 문제 상황

양수인에게 제재 사유가 승계된다는 명문의 법률 규정이 있으면 제재 사유가 승계된다는 것이 명백합니다. 그런데, **제재 사유 승계에 관한 명문의 규정이 없는데도** 양수인에게 제재처분을 할 수 있을지 문제됩니다.

나. 일반적인 경우

양수인에게 승계되는 양도인의 지위에는 **양도인의 위법행위로 인한 제재사유가 포함된다는 이유로 양수인에게도 제재를 할 수 있다**는 입장입니다(판례 4~6). 양수인 입장에서는 다소 억울하다고 생각할 수 있으나, 만약 제재 사유가 승계되지 않는다고 보면, 제재사유가 발생한 뒤 영업을 양도하여 제재를 피하는 부작용이 발생할 수 있어 제재사유를 승계시킬 필요성이 있습니다.

- **판례 4: 석유판매업(주유소)허가**는 소위 대물적 허가의 성질을 갖는 것이어서 사업양도도 가능하고 양도인에게 그 허가를 취소할 위법사유가 있다면 허가관청은 이를 이유로 양수인에게 응분의 제재조치를 취할 수 있다(대판 1986. 7. 22, 86누203).
- **판례 5: 개인택시운송사업**의 양도가 있고 양도 이전에 있었던 양도인에 대한 운송사업면허취소사유(음주운전 등)를 들어 양수인의 운송사업면허를 취소한 것은 정당하다(대판 1998. 6. 26, 96누18960).
  [**설명**] "판례 5"의 개인택시운송사업은 강학상 특허이지만, 제재사유의 승계 측면에서는 허가와 특허에 동일한 법리가 적용됩니다.
- **판례 6:** 어떠한 공중위생영업에 대하여 그 영업을 정지할 위법사유가 있다면 그 영업이 양도·양수되고 양수인이 양수 후 행정청에 새로운 영업소개설통보를 하였다 하더라도 업소의 양수인에 대하여 영업정지처분을 할 수 있다(대판 2001. 6. 29, 2001두1611).

다. 회사분할의 경우

회사분할은 하나의 회사를 2개 이상의 회사로 분리하는 걸 말합니다. 회사가 분할된 경우의 제재사유 승계에 대해 판례는 영업양도와는 다르게 보고 있습니다. 회사가 분할된 경우, **원칙적으로 분할하는 회사의 분할 전 법위반행위를 이유로 신설회사에 대해 과징금을 부과할 수 없다**는 입장입니다(판례 7).

● **판례 7**: 회사 분할 시 신설회사가 승계하는 것은 분할하는 회사의 권리와 의무이고, 과징금과 관련하여 분할하는 회사에 승계 대상이 되는 어떠한 의무가 있다고 할 수 없으므로, 특별한 규정이 없는 한 **신설회사에 대하여 분할하는 회사의 분할 전 법 위반행위를 이유로 과징금을 부과하는 것은 허용되지 않는다**(대판 2011. 5. 26, 2008두18335).

[**사실관계**] 갑 회사는 2001. 4. 3. 분할 전 주식회사(을 회사)으로부터 석유화학 부문이 분할되어 신설되었다.

[**판시**] 2001. 4. 2.까지의 위반행위 부분을 과징금 산정의 기준이 되는 위반행위기간에 포함시킨 것은 분할 전 주식회사(을 회사)의 위반행위를 이유로 신설회사인 갑 회사에게 과징금을 부과한 것이 되어 위법하다.

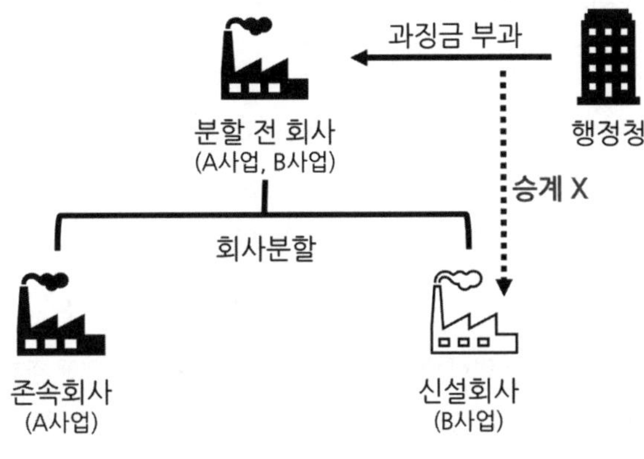

〈그림 28〉 회사분할과 제재의 승계

01 "식품위생법"에 의한 영업양도에 따른 지위승계신고를 수리하는 허가관청의 행위는 단순히 양도, 양수인 사이에 이미 발생한 사법상의 사업양도의 법률효과에 의하여 양수인이 그 영업을 승계하였다는 사실의 신고를 접수하는 행위에 그치는 것이 아니라, 영업허가자의 변경이라는 법률효과를 발생시키는 행위이다. (2019, 지방직 9급) ⸻⸻ [O, X]

02 채석허가를 받은 자로부터 영업양수 후 명의변경신고 이전에 양도인의 법위반사유를 이유로 채석허가가 취소된 경우, 양수인은 수허가자의 지위를 사실상 양수받았다고 하더라도 그 처분의 취소를 구할 법률상 이익을 가지지 않는다. (2017, 국가직(하) 7급) ⸻⸻ [O, X]

03 판례는 대물적 영업의 양도의 경우 명시적인 규정이 없는 경우에도 양도 전에 존재하는 영업정지사유를 이유로 양수인에 대해서도 영업정지처분을 할 수 있다고 본다. (2018, 소방직 9급) ⸻ [O, X]

04 주유소허가의 양수인은 양도인의 지위를 승계하므로 양도인에게 그 허가를 취소할 법적 사유가 있는 경우 이를 이유로 양수인에게 응분의 제재조치를 할 수 있다. (2019, 서울시 7급) ⸻ [O, X]

05 식품위생법 제78조나 먹는물관리법 제49조에서와 같이 개별법상 명문규정으로 책임의 승계를 규정하지 않는 한 양수인에게 양도인의 행위에 따른 제재를 할 수 없다. (2016, 국회직 8급) ⸻ [O, X]

06 구 석유판매업허가는 혼합적 허가의 성질을 갖는 것이므로 양도인의 허가취소사유가 양수인에게 승계되지 않는다. (2011, 국가직 7급) ⸻⸻ [O, X]

07 개인택시운송사업의 양도, 양수에 대한 인가가 있은 후에 그 양도, 양수 이전에 있었던 양도인에 대한 운송사업면허취소사유를 들어 양수인의 사업면허를 취소할 수 있다. (2020, 국가직 7급) ⸻ [O, X]

08 공중위생관리법령에 따라 공중위생업이 양도, 양수된 후 양수인이 그 후 행정청에 새로운 영업소개설통보를 하였다면 양도인에 관한 사유로 양수인에 대하여 영업정지처분을 할 수 없다. (2019, 소방간부) ·································· [O, X]

09 양도인의 위법행위로 양도인에게 이미 제재처분이 내려진 경우에 영업정지 등 그 제재처분의 효력은 양수인에게 당연히 이전된다. (2017, 서울시 9급) ·································· [O, X]

10 회사분할 시 분할 전 회사에 대한 제재사유가 신설회사에 대하여 승계되지 않으므로 회사의 분할 전 법 위반행위를 이유로 과징금을 부과하는 것은 허용되지 않는다. (2017, 서울시 9급) ·································· [O, X]

정답　01 O　02 X　03 O　04 O　05 X　06 X　07 O　08 X　09 O　10 O

Ⅰ. 의의

1. 개념

인가(認可)란 제3자의 법률적 행위(기본행위)를 보충하여 그 법률상의 효과를 완성시키는 행정행위를 말합니다. 인가는 학문(강학)상의 개념이고, 실무적으로는 허가, 승인, 특허 등의 용어가 사용되기도 합니다.

2. 필요성

민사법의 대원칙인 **사적 자치(私的自治)**의 원칙에 따르면, 각 개인들은 자유로운 의사에 따라 법률행위를 할 수 있습니다. 예컨대, 일반적인 상품의 매매계약은 매도인과 매수인이 합의만 하면 효력이 있는 겁니다. 즉, 국민의 법률행위는 행정주체의 개입이 없어도 완전한 효력을 갖는 것이 원칙입니다. 그러나 일정한 법률행위는 **공익적 필요**에 의해서 **효력이 발생하기 위해서는 행정청의 개입**이 필요한 경우가 있고, 그게 바로 인가입니다.

3. 사례

가. 대표 사례

인가의 대표적인 사례로는 **학교법인의 임원에 대한 감독청의 취임승인처분**이 있습니다.

일반적인 민간회사(주식회사)의 이사는 주주총회에서 선임하는데, 주주총회에서 선임하면 바로 이사의 지위를 가집니다.

하지만 공익적 특성이 강한 학교법인의 이사(임원)는 다릅니다. 학교법인의 임원을 선출하는 권한은 이사회가 가지는 것이 일반적인데, 이사회에서 임원을 선출하더라도 바로 임원의 지위를 가지지 않고, 감독관청이 승인을 해야 정식으로 임원이 되는데, 이때의 승인이 **"인가"**입니다. 민간회사와 달리 학교법인은 공공적인 성격을 가져서 임원 취임에 행정청이 개입하는 겁니다. 이때 학교법인의 임원 선출행위를 **"기본행위"**라고 부릅니다.

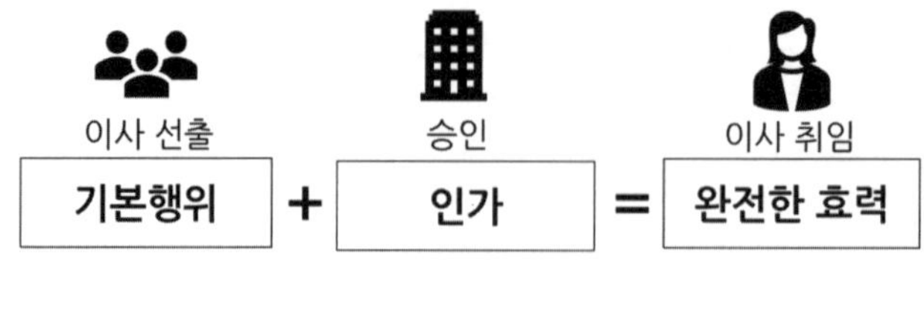

〈그림 29〉 인가

나. 주요 사례

인가의 주요 사례로는 **학교법인의 임원에 대한 감독청의 취임승인, 재단법인(사회복지법인 등)의 정관변경허가, 사립대학의 설립인가, 공익법인 기본재산 처분허가, 토지거래계약허가, 주택재건축사업조합의 사업시행계획인가, 특허기업의 사업양도허가, 구 자동차운수사업법상의 요금인가** 등이 있습니다(판례 1~6).

- **판례 1: 사립학교법에 의한 학교법인의 임원에 대한 감독청의 취임승인**은 학교법인의 임원선임행위를 보충하여 그 법률상의 효력을 완성케하는 보충적 행정행위이다(대판 1987. 8. 18, 86누152).
- **판례 2: 재단법인의 정관변경 허가**는 법률행위의 효력을 보충해 주는 것이지 일반적 금지를 해제하는 것이 아니므로, 법적 성격은 인가이다(대판 1996. 5. 16, 95누4810).
- **판례 3:** 사립대학에서 공립대학으로의 **설립자변경 인가처분**은 당사자간의 설립자 변경행위를 보충하여 그 법률효과를 완성시키는 의미에서의 인가처분이다(대판 1997. 10. 10, 96누4046).
- **판례 4: 공익법인의 기본재산 처분허가**에 부관을 붙인 경우 처분허가의 법률적 성질은 형성적 행정행위로서의 인가에 해당한다(대판 2005. 9. 28, 2004다50044).
- **판례 5: 구 국토이용관리법상 토지거래허가 구역 내의 토지거래허가**는 인가이다(대판 1991. 12. 24, 90다12243).
- **판례 6: 도시환경정비사업조합이 수립한 사업시행계획을 인가**하는 행정청의 행위는 도시환경정비사업조합의 사업시행계획에 대한 법률상의 효력을 완성시키는 보충행위에 해당한다(대판 2010. 12. 9, 2010두1248).

※ 뉴스 속 행정법: 대전 용운동·테크노밸리 일대 토지거래 허가구역 지정

대전시는 대전의료원이 들어설 동구 용운동 선량지구 0.17㎢와 유성구 용산·탑립·전민동 대덕연구개발특구 4지구 사업부지 0.91㎢를 **토지거래 허가구역**으로 지정한다고 1일 밝혔다. 이들 부지 안에서 2025년 11월 5일까지 일정 규모 이상의 땅을 거래하려면 관할 구청장 허가를 받아야 한다. 허가 없는 토지거래 계약은 효력이 없고, 부정한 방법으로 거래 허가를 받는 경우 사법처리된다. 허가받은 목적대로 이용하지 않으면 이행강제금이 부과된다.

- 출처: 연합뉴스(2022. 11. 1.)

II. 내용 및 효과

1. 내용

가. 법적 성질

인가는 기본행위의 효력을 보완해서 완성시키는 보충적 행정행위인데, 재량행위인 경우도 있고(판례 7~8) 기속행위인 경우도 있습니다(판례 9).

> ● **판례 7: 재단법인의 임원취임**을 인가할 것인지 여부는 주무관청의 권한에 속하는 사항이고, 당연히 승인(인가)하여야 하는 것은 아니다(대판 2000. 1. 28, 98두16996).
> ● **판례 8: 사회복지법인의 정관변경**을 허가할 것인지의 여부는 주무관청의 정책적 판단에 따른 재량에 맡겨져 있고, 정관변경허가를 할 때 부관을 붙일 수 있다(대판 2002. 9. 24, 2000두5661).
> ● **판례 9: 이사취임승인**은 학교법인의 임원선임행위를 보충하여 그 법률상의 효력을 완성시키는 보충적 행정행위로서 기속행위에 속한다(대판 1992. 9. 22, 92누5461).

나. 특징

인가는 법률행위를 대상으로 하고, 사실행위에 대한 인가는 없습니다. 법률행위 중에는 공법(公法)행위인 경우(예: 공공조합의 설립행위 등)도 있지만 **사법(私法)행위(예: 토지거래계약, 사립학교 이사의 선임)**도 있습니다. 인가는 **특정인**에 대해 대해서만 가능하고, 불특정 다수인에 대한 인가는 없습니다. 또한 인가는 보충적 행위이므로 항상 **상대방의 신청**을 요건으로 합니다.

다. 수정인가의 가능성

신청의 내용과 다른 인가가 가능한지가 문제될 수 있는데, **다수설**은 법령의 명시적 근거가 없는 한 행정청은 인가 여부만 결정할 수 있을 뿐이고 **수정인가는 할 수 없다**고 봅니다.

2. 효과

가. 인가를 받은 경우

인가가 행해지면 기본행위는 완전한 효력을 발생시킵니다.

나. 인가를 받지 않는 경우

인가는 기본행위의 효력을 발생시키는 요건이므로, 인가를 받지 않으면 **기본행위는 효력이 발생하지 않습니다(판례 10).** 예컨대, 재단법인 정관을 변경하였다고 하더라도 인가를 받지 못했다면 정관 변경의 법적인 효력이 발생하지 않는 겁니다. 한편, 인가를 받지 않았다고 하더라도 원칙적으로 강제집행의 대상이 되거나 처벌의 대상이 되는 것은 아닙니다.

> ● **판례 10:** 공유수면매립의 면허로 인한 권리의무의 양도·양수에 있어서의 면허관청의 인가는 효력요건이므로 면허의 공동명의자 사이의 면허로 인한 권리의무양도약정은 면허관청의 인가를 받지 않은 이상 법률상 아무런 효력도 발생할 수 없다(대판 1991. 6. 25, 90누5184).

III. 하자

1. 서론

기본행위와 인가는 일종의 세트라고 볼 수 있습니다. 기본행위와 인가가 모두 유효해야 제대로 된 법적인 효과가 발생합니다. 만약 기본행위와 인가 중에 어느 하나라도 하자가 있다면, 전체적으로 문제가 생깁니다.

2. "기본행위"에 하자가 있는 경우

가. 효력

기본행위가 아예 성립하지 않거나 무효인 경우에는 인가를 받더라도 기본행위가 유효로 되는 것은 아닙니다. **행정청이 인가를 하였더라도 이러한 인가는 무효이고, 인가가 있더라도 기본행위의 하자가 치유되지 않습니다**(판례 11).

인가가 행해진 경우에도 취소사유가 있는 기본행위를 취소할 수 있고, 인가의 대상이 되는 **기본행위가 실효되면** 인가에 대해 무효선언이나 취소처분을 하지 않더라도 **인가는 당연히 실효**됩니다(판례 12).

> ● **판례 11**: 기본행위인 학교법인의 임원선임행위가 불성립 또는 무효인 경우에는 비록 그에 대한 감독청의 취임승인이 있었다 하여도 이로써 무효인 그 **선임행위가 유효한 것으로 될 수는 없다**(대판 1987. 8. 18, 86누152).
>
> ● **판례 12**: 외자도입법에 따른 기술도입계약에 대한 인가는 기본행위인 기술도입계약을 보충하여 그 법률상 효력을 완성시키는 보충적 행정행위에 지나지 아니하므로 **기본행위인 기술도입계약이 해지로 인하여 소멸되었다면 인가처분은 무효선언이나 그 취소처분이 없어도 당연히 실효**된다(대판 1983. 12. 27, 82누491).

나. 쟁송방법(쟁송의 대상)

기본행위에 하자가 있는 경우에는, **기본행위를 다투어야** 하고 **기본행위의 하자를 이유로 인가처분을 다툴 수는 없습니다**. 예컨대, 재단법인의 정관 변경 결의에 하자가 있을 때에는 그에 대한 인가가 있었다 하여도 기본행위인 정관변경 결의가 유효해지는 것은 아니므로 기본행위인 정관 변경 결의에 대해서 다투어야 하고, 인가처분에 대해서는 다툴 수는 없습니다(판례 13).

> ● **판례 13**: 기본행위에 하자가 있는 경우 그 기본행위의 하자를 다투는 것은 별론으로 하고 **기본행위의 무효를 내세워 행정청의 인가처분의 취소 또는 무효확인을 소구할 법률상의 이익이 없다**(대판 1996. 5. 16, 95누4810).

3. "인가"에 하자가 있는 경우

가. 효력

기본행위는 적법한데 인가에 하자가 있는 경우도 있는데, 하자의 정도에 따라 효과가 다릅니다. **인가에 무효 사유의 하자가 있다면, 기본행위는 무인가행위로서 아무런 효력도 발생하지 않습니다. 만약 인가에 취소 사유의 하자가 있다면, 인가가 취소되기 전까지는 기본행위가 유인가행위이지만 인가가 취소되면 무인가행위**가 됩니다.

나. 쟁송방법(쟁송의 대상)

인가 처분에 하자가 있는 경우에는 인가처분에 대해서 다툴 수 있습니다.

기본행위	인가	법적 효과	쟁송대상
적법	적법	유인가행위(법률효과 발생)	X
위법	적법	인가 효력 발생 X	기본행위
적법	위법(무효 사유)	무인가행위(효력 발생 X)	인가
	위법(취소 사유)	취소 전: 유인가 행위 취소 후: 무인가 행위	인가

01 "민법"상 재단법인의 정관변경에 대한 주무관청의 허가는 법률상 표현이 허가로 되어 있기는 하나, 그 성질은 법률행위의 효력을 보충해 주는 것이지 일반적 금지를 해제하는 것은 아니다. (2020, 지방직 9급) ··· [O, X]

02 토지거래계약허가는 허가에 해당한다. (2018, 서울시 9급) ····································· [O, X]

03 사립학교법상 관할관청의 임원취임승인행위는 학교법인의 임원선임행위의 법률상 효력을 완성하게 하는 법률행위로 인가에 해당한다. (2017, 서울시 7급) ························· [O, X]

04 재단법인의 임원 취임이 재단법인의 정관에 근거한다 할지라도 이에 대해 주무관청이 당연히 인가하여야 하는 것은 아니며 인가여부를 재량으로 결정할 수 있다. (2019, 서울시 7급) ············· [O, X]

05 공유수면매립면허의 공동명의자 사이의 면허로 인한 권리의무양도약정은 면허관청의 인가를 받지 않는 이상 법률상 아무런 효력도 발생할 수 없다. (2020, 국가직 9급) ·················· [O, X]

06 인가의 전제가 되는 기본행위에 하자가 있다고 하더라도 행정청의 적법한 인가가 있으면 그 하자는 치유가 된다. (2014, 서울시 9급) ·· [O, X]

07 무효인 기본행위에 대해 인가가 있더라도 그 기본행위가 유효하게 되지 않는다. (2011, 국가직 7급) ······ [O, X]

08 기본행위에 취소원인이 있었더라도 인가가 있은 후에는 기본행위를 취소할 수 없다. (2007, 국가직 9급) ·· [O, X]

09 인가처분에 하자가 없더라도 기본행위의 하자를 이유로 행정청의 인가처분의 취소 또는 무효 확인을 구할 법률상 이익이 인정된다. (2017, 국가직 7급) .... [O, X]

10 인가의 기본행위는 적법하고 인가 자체에만 하자가 있다면 그 인가의 무효나 취소를 주장할 수 있다. (2017, 국가직(하) 9급) .... [O, X]

정답	01 O	02 X	03 O	04 O	05 O	06 X	07 O	08 X	09 X	10 O

I. 의의

1. 개념

의제(擬制)는 본질은 다르지만 동일한 것으로 처리한다는 뜻이고, 허가의 의제라는 건 특정한 허가를 받으면 다른 허가도 받은 것으로 본다는 의미입니다. 의제는 허가뿐만 아니라 인가, 등록 등 다른 행정행위에 대해서도 적용이 가능해서 흔히 **인허가의제(認許可擬制)**라고 부릅니다.

인허가의제라는 제도를 둔 이유는 **민원인의 편의**를 도모하기 위해서입니다. 사업을 할 때 여러 인허가를 받아야 하는 경우가 있는데 모든 인허가절차를 각각 거친다면 민원인에게는 불편할 수밖에 없습니다. 그래서 창구를 단일화하고 행정청이 일괄적으로 처리하게 하여 행정절차를 간소화하는 겁니다.

2. 예시

도로를 차지해서 사용하는 걸 **도로점용(道路占用)**이라고 합니다. 원래는 도로를 점용하기 위해 따로 도로점용허가를 받아야 하는데 별도로 도로점용허가를 받지 않아도 되는 경우가 있습니다. 건축법에 따라 건축허가를 받는 게 대표적인 사례입니다.

○ **건축법 제11조(건축허가)**

⑤ 제1항에 따른 **건축허가를 받으면 다음 각 호의 허가 등을 받거나 신고를 한 것으로 보며,** 공장건축물의 경우에는 「산업집적활성화 및 공장설립에 관한 법률」 제13조의2와 제14조에 따라 관련 법률의 인·허가등이나 허가 등을 받은 것으로 본다.

9. 「도로법」 제61조에 따른 **도로의 점용 허가**

건축법에 따를 때 특정한 건축허가를 받으면 도로점용허가도 받은 것으로 보는데, 이게 바로 인허가의제입니다. 이때 건축허가가 **"주된 인허가"**이고, 의제되는 도로점용허가가 **"관련 인허가"**입니다.

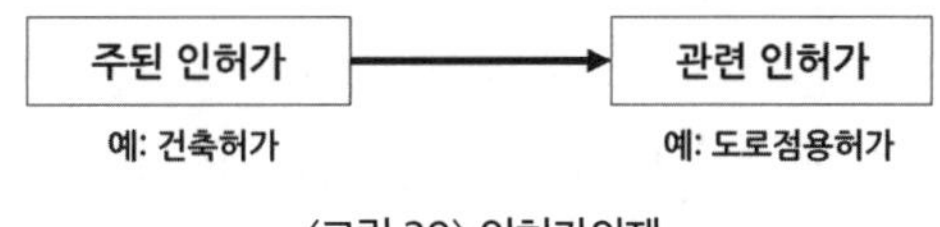

〈그림 30〉 인허가의제

3. 법적 근거

인허가의제를 하려면 **반드시 법적인 근거가 있어야** 합니다. 인허가의제는 관계기관의 권한 행사에 영향을 미치기 때문에, 법률에 명시적으로 "의제된다."(~한 것으로 본다)라는 문구가 있어야 가능합니다.

1. 절차

가. 서류 제출 및 협의

민원인은 주된 인허가 행정청에 주된 인허가(예: 건축허가)에 관한 서류를 제출하는데 관련 인허가(예: 도로점용허가)도 함께 받고 싶다면 관련 인허가서류도 함께 제출합니다. 주된 인허가를 담당하는 행정청은 주된 인허가에 대해서는 자체적으로 판단할 수 있지만, 관련 인허가에 대해서는 판단한 권한이 없으므로, 관련 인허가를 담당하는 행정청과 **협의**를 거쳐야 합니다.

나. 의견제출 및 인가

관련 인허가 행정청은 관련 인허가에 대해 **20일 이내**에 의견을 제출해야 하는데, 만약 20일 이내에 의견을 제출하지 않으면 협의가 된 것으로 봅니다. 협의된 결과를 바탕으로 주된 인허가행정청은 민원인에게 **인허가에 관한 결정**을 내립니다.

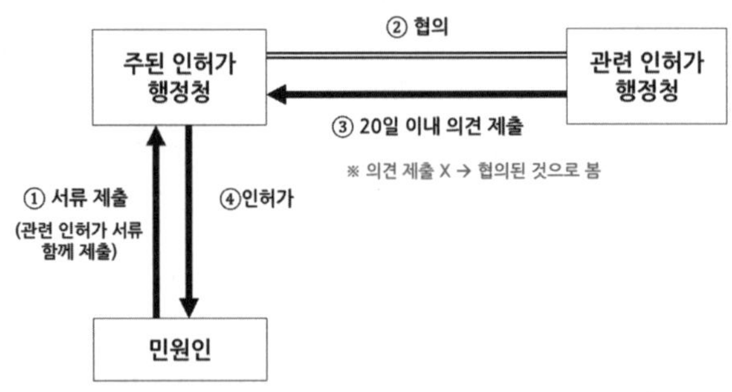

〈그림 31〉 인허가의제 절차

다. 절차의 생략

인허가의제 자체가 절차적인 편의를 제공하기 위한 것이기 때문에, 원칙적으로 주된 인허가에 관한 절차만 거치면 되고 **관련 인허가에 필요한 절차는 생략**됩니다(판례 1~2). 다만 예외적으로 관련 법률에서 인허가에 대한 일정한 절차를 반드시 거치도록 규정한 경우에는 관련 인허가 절차도 거쳐야 합니다.

> ● **판례 1:** 건설부장관이 구 주택건설촉진법에 따라 **사업계획승인**을 한 이상, 그 절차와 별도로 도시계획법 소정의 중앙도시계획위원회의 의결이나 주민의 의견청취 등 절차를 거칠 필요는 없다(대판 1992. 11. 10, 92누1162).
> ● **판례 2:** 주택건설사업계획 승인권자가 구 주택법에 따라 도시·군관리계획 결정권자와 협의를 거쳐 관계 **주택건설사업계획을 승인**하면 **도시·군관리계획결정**이 이루어진 것으로 의제되고, 이러한 협의 절차와 별도로 국토의 계획 및 이용에 관한 법률에서 정한 **도시·군관리계획 입안을 위한 주민 의견청취 절차를 거칠 필요는 없다**(대판 2018. 11. 29, 2016두38792).

2. 판단방식

주된 인허가 행정청은 주된 인허가에 관한 요건만 판단하는 건지, 아니면 관련 인허가에 관한 구비여부도 함께 판단하는 건지 의문이 생길 수 있습니다. **주된 인허가 행정청은 주된 인허가에 관한 요건뿐만 아니라 관련 인허가에 관한 요건도 함께 판단**합니다(판례 3). 인허가의제는 요건 충족 기준을 완화시켜 주는 것이 아니라 단순히 **절차를 단순화**시키는 것이기 때문입니다.

예컨대, A허가(주된 인허가)를 받기 위한 요건으로 A1, A2, A3이 있고, B허가(관련 인허가)를 받기 위해서는 B1, B2, B3 요건을 갖춰야 합니다. A행정청(주된 인허가 행정청)이 A허가를 할지 말지를 결정할 때, B허가 요건 충족 여부도 함께 검토합니다. 만약 A허가 요건은 충족했지만, B허가 요건을 갖추지 못했다면 A허가를 거부할 수 있는 겁니다(판례 4~5).

● 판례 3: 도시계획시설인 주차장에 대한 건축허가신청을 받은 행정청으로서는 **건축법상 허가 요건뿐 아니라 국토의 계획 및 이용에 관한 법령이 정한 도시계획시설사업에 관한 실시계획인가 요건도 충족하는 경우에 한하여 이를 허가**해야 한다(대판 2015. 7. 9, 2015두39590).

● 판례 4: 채광계획인가를 받으면 **공유수면 점용허가**를 받은 것으로 의제되고, 공유수면 점용을 허용하지 않기로 결정하였다면 채광계획 인가관청은 이를 사유로 하여 채광계획을 인가하지 않을 수 있다(대판 2002. 10. 11, 2001두151).

● 판례 5: 국토계획법상 건축물의 건축에 관한 **개발행위허가가 의제되는 건축허가신청이 국토계획법령이 정한 개발행위허가기준에 부합하지 않으면 건축허가권자는 건축허가를 거부할 수 있다**(대판 2016. 8. 24, 2016두35762).

---

3. 효과

관련 인허가 행정청과 협의가 된 사항에 대해서는 주된 인허가를 받았을 때 관련 인허가를 받은 것으로 봅니다. 다만, 인허가 의제의 효과는 주된 인허가의 해당 법률에 규정된 관련 인허가에 한정되는 것이지, **그 다른 법률의 모든 규정들까지 적용되는 것은 아닙니다**(판례 6). 예를 들어, 건축법에 "A허가를 받으면 국토계획법상 B허가를 받은 것으로 의제된다"라고 규정한 경우에 A허가를 받았다고 해서 A허가 관련해서 국토계획법의 모든 내용이 적용되는 것은 아닙니다.

● 판례 6: 주된 인허가에 관한 사항을 규정하고 있는 법률에서 주된 인허가가 있으면 다른 법률에 의한 인허가를 받은 것으로 의제한다는 규정을 둔 경우, 주된 인허가가 있으면 다른 법률에 의한 인허가가 있는 것으로 보는 데 그치고, 거기에서 **더 나아가 다른 법률에 의하여 인허가를 받았음을 전제로 하는 그 다른 법률의 모든 규정들까지 적용되는 것은 아니다**(대판 2016. 11. 24, 2014두47686).

[사실관계] ① 공공주택건설법상 단지조성사업 실시계획의 승인이 있는 때에는 도시개발법에 의한 실시계획의 작성·인가, 주택법에 의한 사업계획의 승인을 받은 것으로 본다고 규정하고 있다. ② A행정청은 B가 공공주택건설법상 단지조성사업의 사업시행자로 지정되자, 학교용지부담금을 부과하였다.

[판시] 공공주택건설법이 단지조성사업 실시계획의 승인이 있는 때에는 도시개발법에 의한 실시계획의 작성·인가, 주택법에 의한 사업계획의 승인을 받은 것으로 본다고 규정하고 있으나, 이는 공공주택건설법상 단지조성사업 실시계획의 승인을 받으면 그와 같은 인가나 승인을 받은 것으로 의제함에 그치는 것이지 **더 나아가 그와 같은 인가나 승인을 받았음을 전제로 하는 도시개발법과 주택법의 모든 규정들까지 적용된다고 보기는 어렵다.**

---

1. 문제 상황

인허가의제가 있는 경우에는 엄밀하게 말하면 행정행위가 2개(주된 인허가와 관련 인허가)가 있다고 볼수도 있습니다. 이때 인허가에 문제가 있어 소송을 제기할 때, 소송의 대상이 주된 인허가인지, 아니면 관련인허가인지 문제됩니다.

2. "주된 인허가"에 대해 거부처분이 이뤄진 경우

주된 인허가신청에 대해 거부처분을 하였다면 **주된 인허가거부처분**을 대상으로 소송으로 제기해야 하고, 의제되는 인허가와 관련된 사유를 거부처분의 근거로 제시했더라도 마찬가지입니다(판례 7). 인허가 의제규정이 있는 경우, **A불허가처분을 하면서 B불허가사유를 든다고 하더라도 B불허가처분이 별도로 존재하는 것은 아니기 때문**입니다.

● **판례 7:** 건축불허가처분을 하면서 그 처분사유로 형질변경불허가 사유를 들고 있다면, 그 **건축불허가처분**에 관해서 소송을 제기해야 한다(대판 2001. 1. 16, 99두10988).

　[판시] 건축불허가처분을 하면서 그 처분사유로 건축불허가 사유뿐만 아니라 형질변경불허가 사유나 농지전용불허가 사유를 들고 있다고 하여 **그 건축불허가처분 외에 별개로 형질변경불허가처분이나 농지전용불허가처분이 존재하는 것이 아니다.**

---

3. "주된 인허가"가 이뤄진 경우

가. 의제되는 인허가의 실재 여부

주된 인허가로 인해 관련 인허가가 의제되는 경우에도 **관련 인허가도 통상적인 인허가와 동일한 효력을 가지며 실재로 존재**하므로, **관련 인허가에 대한 취소나 철회가 허용**됩니다. 또한 의제되는 인허가의 취소나철회는 항고소송의 대상이 되는 처분에 해당합니다(판례 8).

● **판례 8:** 산지전용허가 취소는 군수가 의제된 산지전용허가의 효력을 소멸시킴으로써 갑 회사의 구체적인 권리·의무에 직접적인 변동을 초래하는 행위로 보이는 점 등을 종합하면 **의제된 산지전용허가 취소가 항고소송의 대상이 되는 처분**에 해당한다(대판 2018. 7. 12, 2017두48734).

　[사실관계] A행정청은 B에게 구 중소기업창업 지원법에 따라 산지전용허가 등이 의제되는 사업계획을 승인하면서 조건을 부가하였다. B가 조건을 충족하지 않자 A행정청은 산지전용허가 취소를 통보하고, 이어 토지의 형질변경 허가 등이 취소되어 공장설립 등이 불가능하게 되었다는 이유로 B에게 사업계획승인을 취소하였다.

　[판시] 사업계획승인으로 **의제된 인허가는 통상적인 인허가와 동일한 효력을 가지므로**, 그 효력을 제거하기 위한 법적 수단으로 의제된 인허가의 취소나 철회가 허용될 필요가 있고, **의제된 인허가 사항과 관련하여 취소 또는 철회 사유가 발생한 경우 해당 의제된 인허가의 효력만을 소멸시키는 취소 또는 철회도 할 수 있다.**

나. 제3자의 경우

신청한 대로 주된 인허가가 이뤄진다면 신청인은 주된 인허가에 대해 다툴 필요가 없지만 제3자는 다릅니다. 주된 인허가로 인해 의제되는 **관련 인허가로 인해 불이익을 받는 제3자**는 주된 인허가와는 별개로 관련 인허가를 대상으로 소송을 제기하고 싶을 겁니다. 판례는 이런 상황에서 이해관계인이 의제된 인허가가 위법함을 다투고자 할 때에는 원칙적으로 주된 인허가가 아니라 **의제된 인허가**를 항고소송의 대상으로 삼아야 한다고 봅니다(판례 9).

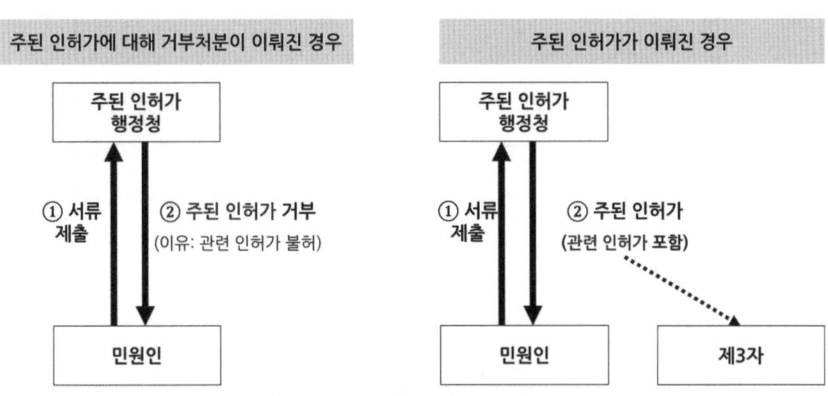

〈그림 32〉 인허가의제 관련 불복

● **판례 9:** 주택건설사업계획 승인처분에 따라 **의제된 인허가가 위법함을 다투고자 하는 이해관계인은 주택건설사업계획 승인처분의 취소를 구할 것이 아니라 의제된 인허가의 취소**를 구하여야 한다(대판 2018. 11. 29, 2016두38792).

01 인·허가의제는 행정청의 소관사항과 관련하여 권한행사의 변경을 가져오므로 법령의 근거를 필요로 한다. (2018, 국가직 7급) ⋯⋯⋯⋯⋯⋯⋯⋯⋯⋯⋯⋯⋯⋯⋯⋯⋯⋯⋯⋯⋯⋯⋯⋯⋯⋯⋯⋯⋯⋯⋯⋯⋯⋯⋯⋯⋯ [O, X]

02 주된 인·허가에 관한 사항을 규정하고 있는 법률에서 주된 인·허가가 있으면 다른 법률에 의한 인·허가를 받은 것으로 의제한다는 규정을 둔 경우, 주된 인·허가가 있으면 다른 법률에 의하여 인·허가를 받았음을 전제로 하는 그 다른 법률의 모든 규정들까지 적용되는 것은 아니다. (2018, 국가직 7급) ⋯⋯⋯⋯⋯⋯⋯⋯⋯⋯⋯⋯⋯⋯⋯⋯⋯⋯⋯⋯⋯⋯⋯⋯⋯⋯⋯⋯⋯⋯⋯⋯⋯⋯⋯ [O, X]

03 행정청이 "주택법"상 주택건설사업계획을 승인하면 "국토의 계획 및 이용에 관한 법률"상의 도시, 군관리계획결정이 이루어진 것으로 의제되는데, 이 경우 도시, 군관리계획 결정권자와의 협의절차와 별도로 "국토의 계획 및 이용에 관한 법률"에서 정한 도시, 군관리계획 입안을 위한 주민 의견청취 절차를 거칠 필요는 없다. (2022, 지방직 7급) ⋯⋯⋯⋯⋯⋯⋯⋯⋯⋯⋯⋯⋯ [O, X]

04 도시계획시설인 주차장에 대한 건축허가신청을 받은 행정청으로서는 '건축법'상 허가 요건뿐 아니라 국토의 계획 및 이용에 관한 법령이 정한 도시계획시설사업에 관한 실시계획인가 요건도 충족하는 경우에 한하여 이를 허가하여야 한다. (2019, 소방간부) ⋯⋯⋯⋯⋯⋯⋯⋯⋯⋯⋯ [O, X]

05 국토의 계획 및 이용에 관한 법률 상의 개발행위허가로 의제되는 건축신고가 동법(同法)상의 개발행위허가기준을 갖추지 못한 경우 행정청으로서는 이를 이유로 그 수리를 거부할 수 있다. (2014, 지방직 9급) ⋯⋯⋯⋯⋯⋯⋯⋯⋯⋯⋯⋯⋯⋯⋯⋯⋯⋯⋯⋯⋯⋯⋯⋯⋯⋯⋯⋯⋯⋯⋯⋯⋯ [O, X]

06 A허가에 대해 B허가가 의제되는 것으로 규정된 경우, A불허가 처분을 하면서 B불허가사유를 들고 있으면 A불허가처분과 별개로 B불허가처분도 존재한다. (2018, 국가직 7급) ⋯⋯⋯⋯⋯ [O, X]

07 주된 인허가처분 거부처분을 하면서 의제되는 인허가거부사유를 제시한 경우, 의제되는 인허가거부를 다투려는 자는 주된 인허가거부 외에 별도로 의제되는 인허가거부에 대한 쟁송을 제기해야 한다. (2016, 지방직 7급) ·· [O, X]

08 인·허가의제에 있어서 인·허가가 의제되는 행위의 요건불비를 이유로 사인이 신청한 주된 인·허가에 대한 거부처분이 있는 경우 주된 인·허가의 거부처분을 대상으로 소송을 제기해야 한다. (2014, 지방직 9급) ·· [O, X]

09 어떠한 허가처분에 대하여 타법상의 인허가가 의제되는 경우, 의제된 인허가는 통상적인 인허가와 동일한 효력을 갖는 것은 아니므로 '부분 인허가의제'가 허용되는 경우에도 의제된 인허가에 대한 쟁송취소는 허용되지 않는다. (2020, 국가직 9급) ·· [O, X]]

10 주택건설사업계획 승인처분에 따라 의제된 인허가가 위법함을 다투고자 하는 이해관계인은, 주택건설사업계획 승인처분의 취소를 구해야지 의제된 인허가의 취소를 구해서는 아니되며, 의제된 인허가는 주택건설사업계획 승인처분과 별도로 항고소송의 대상이 되는 처분에 해당하지 않는다. (2021, 국가직 9급) ··· [O, X]

정답	01 O	02 O	03 O	04 O	05 O	06 X	07 X	08 O	09 X	10 X

I. 의의

1. 개념

법률행위적 행정행위(法律行爲的 行政行爲)는 "행정청의 의사표시"에 따라 효과가 발생하는 행정행위를 말합니다. 그에 반해 **준법률행위적 행정행위(準法律行爲的 行政行爲)**는 행정청의 의사표시가 아니라, "법률의 규정"에 따라 효과가 발생하는 행위를 말합니다.

2. 예시

의료법에 따라 무면허 의료행위는 원칙적으로 금지됩니다. 하지만 예외적으로 의료법 시행 전부터 **접골사(接骨師,** 외과적 수술을 하지 않고 골절 등을 치료하는 사람)와 같은 의료유사업자들은 시술소에서 시술을 할 수 있습니다.

> ○ **의료법 제81조(의료유사업자)** ①이 법이 시행되기 전의 규정에 따라 자격을 받은 접골사(接骨士), 침사(鍼士), 구사(灸士)(이하 "의료유사업자"라 한다)는 제27조[무면허 의료행위 등 금지]에도 불구하고 각 해당 시술소에서 시술(施術)을 업(業)으로 할 수 있다.

의료유사업자에게도 자격증이 있는데, 이러한 자격증을 갱신발급하는 행위가 법률행위인지 준법률행위인지 문제될 수 있습니다. 판례는 의료유사업자 자격증 갱신발급행위를 준법률행위적 행정행위의 일종인 "공증"으로 보는데, 이러한 갱신발급행위에 따른 권리·의무는 행정청의 "의사"와 무관하게 의료법이라는 "법률"에 따라 발생하기 때문입니다(판례 1).

> ● **판례 1:** 의료법에 의거한 서울특별시장의 **의료유사업자 자격증 갱신발급행위**는 유사의료업자의 자격을 부여 내지 확인하는 것이 아니라 특정한 사실 또는 법률관계의 존부를 공적으로 증명하는 소위 **공증행위에 속하는 행정행위**이다(대판 1977. 5. 24, 76누295).

3. 비판론과 공부방법

법률행위적 행정행위인지 준법률행위적 행정행위인지를 구별하는 기준은 효과 발생의 근거가 "행정청의 의사표시"인지의 여부입니다. 그런데 행정행위는 행정청의 자유로운 의사에 따라 법을 집행하는 것이 아니라 법에 기속되어 입법자의 객관화된 의사를 실현하는 것이므로, 법률행위적 행정행위와 준법률행위적 행정행위를 구별하는 것은 바람직하지 않다는 비판이 존재합니다. 하지만, 일반적으로 행정행위를 법률행위적 행정행위와 준법률행위적 행정행위로 나누는 경우가 많습니다.

법률행위적 행정행위와 준법률행위적 행정행위를 정의를 통해서 개념적으로 이해하는 건 사실 쉽지 않은 면이 있습니다. 수험의 편의를 위해서는 각 법률행위의 구체적 예시를 이해하면서 개념을 잡는 게 보다 효율적입니다.

II. 확인

1. 의의

가. 개념

확인(確認)은 특정한 사실 또는 법률관계의 존재 여부 또는 정당성 여부에 관해 의문이나 다툼이 있는 경우 행정청이 공적인 권위로 판단하여 확정하는 행위를 말합니다.

나. 구체적인 예

확인의 예로는 **행정심판의 재결, 당선인 결정, 국가시험합격자의 결정, 교과서 검인정, 소득금액 결정, 친일재산 국가귀속결정, 국가발명의 특허, 준공검사처분** 등이 있습니다(판례 2).

> ● **판례 2: 친일재산의 국가귀속결정**은 당해 재산이 친일재산에 해당한다는 사실을 확인하는 준법률행위적 행정행위로서, 친일재산은 친일반민족행위자재산조사위원회가 국가귀속결정을 하여야 비로소 국가의 소유로 되는 것이 아니라 특별법의 시행에 따라 당연히 국가의 소유로 된다(대판 2008. 11. 13, 2008두13491).

2. 법적 성질

확인은 특정한 사실 또는 법률관계의 존재 여부 또는 정당성 여부에 관한 판단작용일 뿐 새로운 법률관계를 창설하는 것은 아닙니다. 또한 확인은 객관적 사실에 대한 판단작용으로 사실이 존재하면 확인을 하여야 한다는 점에서 **원칙적으로 기속행위**이므로 **건축허가를 받은 대로 완공된 건축물에 대해서 준공을 거부할 수 없습니다**(판례 3). 다만, 교과서의 검정 등과 같은 행위에는 재량이 인정될 수 있습니다.

> ● **판례 3: 준공검사처분**은 건축허가를 받아 건축한 건물이 건축허가사항대로 건축행정목적에 적합한가의 여부를 확인하고, 준공검사필증을 교부하여 허가받은 자로 하여금 건축한 건물을 사용할 수 있게 하는 법률효과를 발생시키는 것으로 허가관청은 특단의 사정이 없는 한 **건축허가내용대로 완공된 건축물의 준공을 거부할 수 없다**(대판 1992. 4. 10, 91누5358).

3. 효과

확인에는 일반적으로 행정청이 임의로 변경할 수 없는 **불가변력**이 있으므로, 확인을 한 후 행정청이 임의로 변경할 수 없습니다.

1. 의의

가. 개념

공증(公證)은 특정한 사실 또는 법률관계의 존재를 공적으로 증명하는 행위를 말합니다. 확인은 특정한 법률사실이나 법률관계에 관한 의문이나 분쟁을 전제로 하지만, 공증은 의문이나 분쟁을 전제로 하지 않는다는 것이 다수설입니다. 하지만 그러한 구별이 불가능하다는 견해도 있으므로, 예시를 통해서 확인과 공증을 구별하는 게 낫습니다.

나. 구체적 예

공증의 예로는 **공적 장부의 등록·기재(의료유사업자 자격증 갱신발급행위, 부동산등기부의 등기, 토지대장의 등재, 건설업면허증의 교부 등), 당선증서 및 합격증서의 발급, 여권의 발급, 특허청장의 상표권사용권설정등록행위** 등이 있습니다(판례 4~5).

● **판례 4: 건설업면허증의 교부**는 건설업의 면허를 받았다고 하는 특정사실에 대하여 형식적으로 그것을 증명하고 공적인 증거력을 부여하는 행정행위(강학상의 공증행위)이다(대판 1994. 10. 25, 93누21231).
● **판례 5: 특허청장의 상표사용권설정등록행위**는 사인간의 법률관계의 존부를 공적으로 증명하는 준법률행위적 행정행위임이 분명하다(대판 1991. 8. 13, 90누9414).

---

2. 공적 장부 등재 행위의 처분성

가. 처분성 긍정 사례

장부 기재와 관련하여 장부 기재를 거부하는 행위가 **국민의 권리관계에 직접적인 영향**을 미치는 경우에는 처분성(항고소송의 대상)이 인정됩니다. 예를 들어, **지목변경신청 반려행위, 건축물대장의 용도변경신청 거부행위, 건축물대장작성신청에 대한 거부행위, 토지분할신청 거부행위**가 있습니다(판례 6~8).

● **판례 6:** 지목은 개발부담금의 부과대상, 지방세의 과세대상, 공시지가의 산정, 손실보상가액의 산정 등 공법상의 법률관계에 영향을 미치므로 **지목변경신청 반려행위**는 국민의 권리관계에 영향을 미치는 것으로서 항고소송의 대상인 행정처분이다(대판 2004. 4. 22, 2003두9015).
● **판례 7:** 건축물의 용도는 토지의 지목에 대응하는 것으로서 건축법상의 시정명령, 지방세 등의 과세대상 등 공법상 법률관계에 영향을 미치므로, **건축물 대장의 용도변경신청 거부행위**는 국민의 권리관계에 영향을 미치는 것으로서 행정처분에 해당한다(대판 2009. 1. 30, 2007두7277).
● **판례 8:** 건축물대장은 건축물에 대한 공법상의 규제, 지방세의 과세대상, 손실보상가액의 산정 등 건축행정의 기초자료로서 공법상의 법률관계에 영향을 미치므로 **건축물대장 작성신청 반려행위**는 국민의 권리관계에 영향을 미치는 것으로서 항고소송의 대상이 되는 행정처분에 해당한다(대판 2009. 2. 12, 2007두17359).

> **※ 법률용어: 지목과 건축물의 용도**
>
> **지목(地目)**은 공간정보관리법에 근거하여 토지의 주된 용도에 따라 토지의 종류를 구분한 것으로 전, 대, 답, 임야, 도로, 하천, 잡종지, 임야 등이 있습니다.
>
> **건축물의 용도**는 건축법에 근거하여 건축물의 쓰임새에 따라 건축물을 분류한 것으로 근린생활시설, 공장, 문화 및 집회시설, 의료시설 등이 있습니다.

나. 처분성 부정 사례

장부 기재와 관련하여 국민의 권리관계에 직접적인 영향을 미치지 않고 단순히 행정편의적인 기재에 불과하다면 처분성이 부정됩니다. 예를 들어, **무허가건물관리대장 삭제행위, 자동차운전면허대장 등재행위**가 있습니다(판례 9~10).

> ● **판례 9:** 무허가건물관리대장은 행정관청이 사무처리의 편의와 사실증명의 자료로 삼기 위하여 작성하는 대장으로 무허가건물관리대장에 등재하는 행위로 인하여 무허가 건물에 대한 실체상의 권리관계에 변동을 가져오는 것이 아니므로 **무허가건물을 무허가건물관리대장에서 삭제하는 행위는 행정처분이 아니다**(대판 2009. 3. 12, 2008두11525).
>
> ● **판례 10:** 자동차운전면허대장상 등재행위는 운전면허행정사무집행의 편의와 사실증명의 자료로 삼기 위한 것일 뿐 등재행위로 인하여 당해 운전면허 취득자에게 새로이 어떠한 권리가 부여되는 것은 아니므로 행정처분이 아니다(대판 1991. 9. 24, 91누1400).

IV. 통지

1. 의의

가. 개념

준법률행위적 행정행위의 일종인 **통지(通知)**는 행정청이 특정인 또는 불특정 다수인에 대해 특정한 사실 또는 의사를 알려서 **일정한 법률효과**를 발생시키는 행위를 말합니다.

나. 구체적인 예

구체적인 예로는 **임용기간 만료 조교수에 대한 재임용거부 통지, 대집행절차의 계고, 국세징수법에 따른 가산금의 납부독촉** 등이 있습니다(판례 11).

> ● **판례 11:** 임용권자가 임용기간이 만료된 조교수에 대하여 재임용을 거부하는 취지로 한 임용기간만료의 통지는 대학교원의 법률관계에 영향을 주는 것으로서 행정소송의 대상이 되는 처분에 해당한다(대판 2004. 4. 22, 2000두7735).

2. 구별개념

단순한 사실행위로서의 통지행위(관념의 통지)는 통지 자체로는 아무런 법적 효과가 주어지지 않는 것으로, 준법률행위적 행정행위로서의 통지와 구별됩니다. 구체적인 예로는 **국가공무원법상 당연퇴직의 통지**, 정년퇴직의 발령이 있습니다(판례 12).

> ● **판례 12:** 당연퇴직의 인사발령은 법률상 당연히 발생하는 퇴직사유를 공적으로 확인하여 알려주는 이른바 관념의 통지에 불과하고 공무원의 신분을 상실시키는 새로운 형성적 행위가 아니므로 행정소송의 대상이 되는 행정처분이라고 할 수 없다(대판 1995. 11. 14, 95누2036).

공무원이 성폭력범죄를 저질러서 100만 원 이상의 벌금형을 선고받으면 공무원의 자격을 상실하는데(국가공무원법 제33조), 이러한 당연퇴직 사유가 발생해서 당연퇴직의 인사발령을 하는 것은 법률에서 정해진 사항을 단순히 알리는 것에 불과한 단순한 사실행위로서의 통지입니다. 당연퇴직이 발생하는 이유는 공무원이 성폭력범죄를 저질렀기 때문인지 당연퇴직의 인사발령을 했기 때문이 아닙니다. 이에 반해 조교수에 대한 임용거부통지는 임용거부통지라는 행위에 의해 임용거부라는 효과가 발생한다는 차이점이 있습니다.

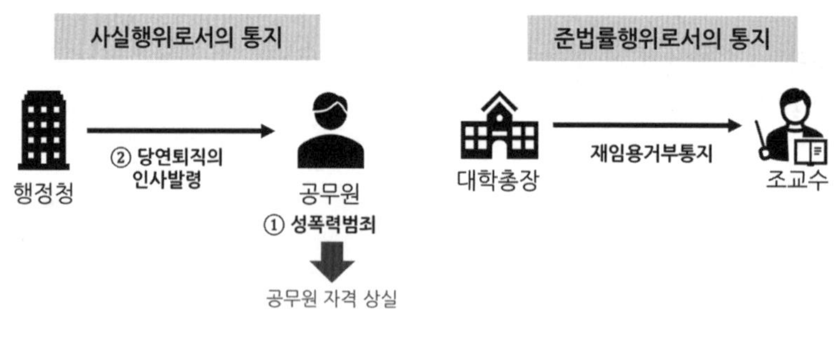

〈그림 33〉 준법률행위로서의 통지

V. 수리

1. 의의

가. 개념

수리(受理)는 타인의 행정청에 대한 행위를 유효한 행위로서 수령하는 행위를 말합니다.

나. 구체적 예

구체적인 예로는 각종 원서 · 신청서를 받아들이는 행위가 있습니다.

2. 신고와 수리의 관계

준법률행위적 행정행위의 수리는 행정요건적 신고(수리를 요하는 신고)에서의 수리를 말하며, 자기완결적 신고(수리를 요하지 않는 신고)에서의 수리는 준법률행위적 행정행위에 해당하지 않습니다.

행정요건적 신고는 유효한 기본행위의 존재를 전제로 하므로 **수리대상인 기본행위가 존재하지 않거나 무효인 경우에는 수리를 하였더라도 수리도 당연무효**가 됩니다(판례 13).

> ● **판례 13:** 사업양도·양수에 따른 허가관청의 지위승계신고의 수리는 적법한 사업의 양도·양수가 있었음을 전제로 하는 것이므로 **수리대상인 사업양도·양수가 존재하지 아니하거나 무효인 때에는 수리를 하였다 하더라도 그 수리는 유효한 대상이 없는 것으로서 당연히 무효**이다(대법원 2005. 12. 23, 2005두3554).

3. 효과

수리의 법률적 효과는 개별법이 정하는 바에 따라 다릅니다. 예를 들어, 공무원의 사직원을 수리하면 공무원관계가 소멸합니다.

01 행정심판의 재결은 강학상 공증행위에 해당한다. (2017, 지방직(하) 9급) ⋯⋯⋯⋯⋯⋯⋯⋯⋯⋯ [O, X]

02 선거에 있어 당선인 결정은 준법률적 행정행위 중 통지행위에 해당한다. (2020, 경행특채) ⋯⋯⋯⋯⋯ [O, X]

03 친일반민족행위자 재산의 국가귀속에 관한 특별법에 따른 친일재산은 친일반민족행위자 재
산조사위원회가 국가귀속결정을 하여야 비로소 국가의 소유로 된다. (2018, 교육행정직 9급) ⋯⋯⋯⋯ [O, X]

04 공증행위는 특정한 사실 또는 법률관계의 존부를 공적으로 증명하는 행위로서 발명특허가 이
에 해당한다. (2011, 국회직 8급) ⋯⋯⋯⋯⋯⋯⋯⋯⋯⋯⋯⋯⋯⋯⋯⋯⋯⋯⋯⋯⋯⋯⋯⋯⋯⋯⋯⋯⋯⋯⋯⋯⋯ [O, X]

05 서울특별시장의 의료유사업자 자격증 갱신발급은 의료유사업자의 자격을 부여 내지 확인하
는 행위의 성질을 가진다. (2018, 교육행정직 9급) ⋯⋯⋯⋯⋯⋯⋯⋯⋯⋯⋯⋯⋯⋯⋯⋯⋯⋯⋯⋯⋯⋯⋯⋯⋯ [O, X]

06 지적공부 소관청이 지목변경신청을 반려한 행위는 처분성이 인정된다. (2014, 서울시 7급) ⋯⋯⋯⋯ [O, X]

07 판례는 건축물대장 소관청의 용도변경신청거부행위의 처분성을 부인한다. (2011, 국회직 8급) ⋯⋯ [O, X]

08 행정청이 무허가건물관리대장에서 무허가건물을 삭제하는 행위는 처분성이 인정된다.
(2017, 국가직 7급) ⋯⋯⋯ [O, X]

09 정년에 달한 공무원에 대한 정년퇴직발령은 정년퇴직 사실을 알리는 관념의 통지에 불과하여
행정소송의 대상이 될 수 없다. (2018, 교육행정직 9급) ⋯⋯⋯⋯⋯⋯⋯⋯⋯⋯⋯⋯⋯⋯⋯⋯⋯⋯⋯⋯⋯⋯ [O, X]

10 판례는 수리행위의 대상인 기본행위가 존재하지 않거나 무효인 때에는 그 수리행위는 당연무
효가 된다고 한다. (2021, 국회직 8급) ⋯⋯⋯⋯⋯⋯⋯⋯⋯⋯⋯⋯⋯⋯⋯⋯⋯⋯⋯⋯⋯⋯⋯⋯⋯⋯⋯⋯⋯⋯ [O, X]

정답	01 X	02 X	03 X	04 X	05 X	06 O	07 X	08 X	09 O	10 O

행정행위가 적법하려면 두 가지 요건(**성립요건과 효력발생요건**)을 갖춰야 합니다. 적법요건을 갖추지 못한 행정행위는 하자 있는(위법한) 행정행위가 됩니다. 행정행위가 "성립"하려면, 주체, 절차, 형식, 내용상의 요건을 갖춰야 하고, 외부에 표시되어야 합니다. 또한 행정행위가 "효력을 발생"하기 위해서는 상대방에게 도달해야 하는데, 이때의 도달은 상대방이 그 내용을 현실적으로 안 것을 의미하는 것이 아니라, 상대방이 알 수 있는 상태에 두는 것을 말합니다. 행정행위를 도달시키는 일반적인 방법은 송달(우편송달, 교부송달, 전자송달)입니다. 그런데 송달받을 자의 주소 등을 통상적인 방법으로 확인할 수 없거나 송달이 불가능한 경우에는 송달받을 자가 알기 쉽도록 관보, 공보, 게시판, 일간신문 중 하나 이상에 공고하고 인터넷에도 공고해야 합니다.

행정행위의 효력으로는 공정력, 존속력(불가쟁력과 불가변력), 강제력(자력집행력과 제재력)이 있는데, 가장 중요한 건 공정력입니다.

공정력은 행정행위의 성립에 하자가 있는 경우에도 그것이 중대·명백하여 당연무효가 아닌 한 권한 있는 기관에 의하여 취소되기 전까지는 일응 유효한 것으로 통용되는 힘으로, 행정법 관계의 안정성을 유지하기 위한 것입니다. 한편, 공정력과 구성요건적 효력을 구별하는 견해도 있지만, 판례는 양자를 별도로 구별하지 않습니다.

공정력은 **선결문제** 및 민사(형사)법원의 판단 가능성과 연결되는데, 선결문제는 "효력 유무"가 쟁점인 경우와 "위법성 여부"가 쟁점인 경우로 구분됩니다. 행정행위의 위법성이 쟁점인 사안에서는 행정행위가 위법하다고 판단하더라도 공정력을 침해하는 게 아닙니다. 효력 유무가 쟁점인 사안에서는 하자의 정도에 따라 다릅니다. 행정행위에 무효사유의 하자가 있으면 민사(형사)법원도 효력 부인이 가능하지만, 취소사유의 하자가 있으면 민사(형사)법원은 효력 부인을 할 수 없습니다.

행정행위를 존속시키는 힘을 존속력이라고 하는데, 존속력은 형식적 존속력(불가쟁력)과 실질적 존속력(불가변력)으로 구분됩니다. **불가쟁력**은 일정한 사유(예: 쟁송기간의 경과)가 발생하면 더 이상 행정쟁송을 통해 다툴 수 없게 만드는 힘입니다. 다만, 무효인 행정행위에는 불가쟁력이 발생하지 않습니다. **불가변력**은 행정청이 임의로 행정행위를 취소하거나 철회할 수 없는 힘을 말합니다. 불가변력이 발생하는 대표적인 유형으로는 행정심판위원회의 재결 등이 있습니다.

불가쟁력과 불가변력은 다른 차원의 개념이라 서로 직접적인 영향을 미치지는 않습니다. 불가쟁력이 발생한다고 해서 꼭 불가변력이 발생하는 건 아니고, 반대로 불가변력이 발생한다고 해서 반드시 불가쟁력이 발생하는 것도 아닙니다.

I. 의의

행정행위가 적법하려면 두 가지 요건(성립요건과 효력발생요건)을 갖춰야 하고, 적법요건을 갖추지 못한 행정행위는 하자 있는(위법한) 행정행위가 됩니다. 행정행위가 "성립"하려면, 주체, 절차, 형식, 내용상의 요건을 갖춰야 하고, 외부에 표시되어야 합니다. 또한 행정행위가 "효력을 발생"하기 위해서는 상대방에게 "도달"해서 상대방이 행정행위의 내용을 알아야 합니다.

II. 성립요건

1. 주체

가. 의의

정당한 권한을 가진 행정청이 자신에게 부여된 권한 내에서 정상적인 의사에 따라 행해야 합니다.

나. 구체적인 경우

행정청의 권한은 지역적 한계가 있으므로 행정청이 자신의 권한이 미치는 지역적 한계를 벗어나 발하는 행정행위는 위법합니다. 권한이 위임된 경우에는 권한을 위임받은 수임자가 권한을 행사하지만, 내부위임인 경우에는 위임자가 권한을 가진 기관입니다.

2. 절차

가. 의의

행정행위에 관하여 일정한 절차가 요구되는 경우에는 그에 관한 절차를 거쳐야 합니다.

나. 관련 법률

행정절차에 관한 일반법으로는 "행정절차법"이 있습니다. 주요 행정절차로는 이유제시, 처분의 사전통지, 의견청취(청문, 공청회, 의견제출의 기회 부여)가 있습니다.

3. 형식

가. 의의

행정행위는 그 내용과 존재를 객관적으로 명확히 하기 위해 일정한 형식이 요구되는 경우가 있습니다.

나. 서면주의

행정절차법은 처분을 하는 경우에 문서로 해야한다는 **서면주의**를 채택하고 있고, **서면주의에 위반한 행정처분은 하자가 중대하고 명백하여 원칙적으로 무효**입니다(판례 1).

○ **행정절차법 제24조(처분의 방식)** ① 행정청이 처분을 할 때에는 다른 법령등에 특별한 규정이 있는 경우를 제외하고는 문서로 하여야 하며, 다음 각 호의 어느 하나에 해당하는 경우에는 전자문서로 할 수 있다.

1. 당사자등의 동의가 있는 경우

2. 당사자가 전자문서로 처분을 신청한 경우

② 제1항에도 불구하고 공공의 안전 또는 복리를 위하여 긴급히 처분을 할 필요가 있거나 사안이 경미한 경우에는 말, 전화, 휴대전화를 이용한 문자 전송, 팩스 또는 전자우편 등 문서가 아닌 방법으로 처분을 할 수 있다. 이 경우 당사자가 요청하면 지체 없이 처분에 관한 문서를 주어야 한다.

③ 처분을 하는 문서에는 그 처분 행정청과 담당자의 소속ㆍ성명 및 연락처(전화번호, 팩스번호, 전자우편주소 등을 말한다)를 적어야 한다.

● **판례 1:** 행정절차법 제24조는 행정청이 처분을 하는 때에는 다른 법령 등에 특별한 규정이 있는 경우를 제외하고는 **문서로 한다**고 규정하고 있는데, 이는 행정의 공정성ㆍ투명성 및 신뢰성을 확보하고 국민의 권익을 보호하기 위한 것이므로 **행정절차법 제24조 규정을 위반하여 행하여진 행정청의 처분은 하자가 중대하고 명백하여 원칙적으로 무효**이다(대판 2011. 11. 10, 2011도11109).

　[**사실관계**] 소방서장이 집합건물의 소유자에게 소방시설 불량사항에 관한 시정보완명령을 구술로 고지하였다.

4. 내용

가. 적법

행정행위는 **법률우위**의 원칙상 모든 법률 및 행정법의 일반원칙에 위반되지 않아야 합니다. 또한 **법률유보**의 원칙과 관련하여 침익적 행정행위 등을 할 때에는 법적인 근거가 필요합니다.

나. 가능

행정행위는 법률상으로나 사실상 실현 가능해야 합니다. 실현이 객관적으로 불가능한 행정행위는 무효입니다(판례 2).

● **판례 2:** 납세자가 아닌 제3자의 재산을 대상으로 한 압류처분은 그 처분의 내용이 법률상 실현될 수 없는 것이어서 당연무효이다(대판 2006. 4. 13, 2005두15151).

5. 외부적 표시행위

일반적으로 행정행위(처분)가 주체ㆍ내용ㆍ절차와 형식의 요건을 모두 갖추고 **외부에 표시된 경우**에는 행정행위의 존재가 인정됩니다(판례 3).

● **판례 3: 행정의사가 외부에 표시되어 행정청이 자유롭게 취소·철회할 수 없는 구속을 받게 되는 시점에 처분이 성립**하고, 그 성립 여부는 행정청이 행정의사를 공식적인 방법으로 외부에 표시하였는지를 기준으로 판단해야 한다(대판 2019. 7. 11, 2017두38874).

[사실관계] 법무부장관이 A의 입국을 금지하는 결정을 하고, 그 정보를 내부전산망인 '출입국관리정보시스템'에 입력하였으나, A에게 통보하지는 않았다.

[판시] 법무부장관의 입국금지결정은 항고소송의 대상이 되는 '처분'에 해당하지 않는다.

III. 효력발생요건

1. 도달주의

원칙적으로 행정행위는 상대방에게 **도달**한 때 그 효력이 발생합니다(행정절차법 제15조). 이때의 도달은 상대방이 그 내용을 **현실적으로 안 것을 의미하는 것이 아니라, 상대방이 알 수 있는 상태에 두는 것**을 말합니다(판례 4). 즉, 처분통지서가 우편으로 집에 도착했다면 설령 상대방이 처분통지서를 열어보지 않았더라도 행정행위가 도달된 것입니다.

● **판례 4:** 행정처분의 효력발생요건으로서의 도달이란 상대방이 그 내용을 현실적으로 양지할 필요까지는 없고 **다만 양지**(諒知, 살피어 앎)**할 수 있는 상태에 놓여짐으로써 충분하다**고 할 것이다(대판 1989. 9. 26, 89누4963 판결).

[사실관계] A가 구치소에 수감 중인 상황에서 A의 처가 A의 주소지에서 A에 대한 정부인사발령통지를 수령하였는데, A의 처는 통지서를 A에게 전달하지 아니하고 폐기해 버렸다.

[판시] A의 처가 정부인사발령통지서를 수령한 때에 그 내용을 양지할 수 있는 상태에 있었다고 판단된다.

2. 송달

가. 우편송달

(1) 등기우편

등기우편 및 내용증명 우편은 발송된 무렵에 수취인에게 배달되었다고 추정되나, 예외적으로 **수취인이나 가족이 실제로 거주하지 않는 등의 특별한 사정이 있는 경우에는 도달이 추정되지 않습니다**(판례 5~6).

● **판례 5:** 우편물이 **등기취급의 방법으로 발송된 경우 반송되는 등의 특별한 사정이 없는 한 그 무렵 수취인에게 배달되었다고 보아야** 한다(대판 1992. 3. 27, 91누3819).

● **판례 6:** 우편물이 등기취급의 방법으로 발송되었으나 수취인이 주민등록지에 실제로 거주하지 않는 경우에는 우편물이 수취인에게 도달하였다고 추정할 수는 없고, 우편물의 도달사실을 과세관청이 입증해야 한다(대판 1998. 2. 13, 97누8977).

(2) 보통우편

보통우편으로 보낸 경우에는 상당한 기간 내에 도달된 것으로 추정되지 않습니다. 따라서 송달의 효력을 주장하는 측에서 증거를 통해 도달사실을 입증해야 합니다(판례 7).

● **판례 7:** 내용증명우편이나 등기우편과는 달리, 보통우편의 방법으로 발송되었다는 사실만으로는 그 우편물이 상당기간 내에 도달하였다고 추정할 수 없고 송달의 효력을 주장하는 측에서 증거에 의하여 도달사실을 입증하여야 한다(대판 2002. 7. 26, 2000다25002).

(3) 상대방이 행정행위의 내용을 알고 있는 경우

행정행위의 상대방이 행정행위의 내용을 이미 알고 있는 경우에는 행정행위를 송달할 필요가 없다고 생각할 수 있으나, **판례는 상대방이 행정행위의 내용을 알고 있는 경우에도 송달이 필요**하다고 봅니다(판례 8).

● **판례 8:** 납세고지서의 교부송달 및 우편송달에 있어서는 반드시 납세의무자의 현실적인 수령행위를 전제로 하고 있으므로, **납세자가 과세처분의 내용을 이미 알고 있는 경우에도 납세고지서의 송달이 필요**하다(대판 2004. 4. 9, 2003두13908).

나. 교부송달

교부송달(交付送達)은 행정기관의 소속공무원이 송달해야 할 장소에서 송달을 받아야 할 자에게 **직접 서류를 전달**하는 것입니다. 송달받을 자를 만나지 못하는 경우에는 사무원, 피용자 또는 동거인으로서 사리를 분별한 지능이 있는 사람에게 문서를 교부할 수 있습니다(행정절차법 제14조 제2항). 한편, 문서를 송달받을 자 또는 그 사무원등이 정당한 사유 없이 송달받기를 거부하는 때에는 **그 사실을 수령확인서에 적고, 문서를 송달할 장소**에 놓아둘 수 있습니다.

다. 전자송달(정보통신망 등 전자적 방식의 송달)

전자송달은 **송달받을 자가 동의한 경우**에만 가능합니다(행정절차법 제14조 제3항). 전자송달의 경우에는 송달받을 자가 지정한 컴퓨터에 **전자문서가 입력**된 때에 도달한 것으로 봅니다(행정절차법 제15조 제2항).

3. 고시 또는 공고

가. 송달에 갈음하는 공고

송달받을 자의 주소 등을 통상적인 방법으로 확인할 수 없거나 송달이 불가능한 경우에는 송달받을 자가 알기 쉽도록 **관보, 공보, 게시판, 일간신문 중 하나 이상에 공고하고 인터넷에도 공고**해야 합니다(행정절차법 제14조 제4항).

❯ 고시공고

고시공고구분	공고(일반공고)	게재제호	
고시공고번호	서울특별시 동작구 공고 제2022-893호	등록일	2022-05-19
담당자/연락처	████████	담당부서	주택과
제목	건축법 위반에 따른 사전통지 공시송달 공고 (흑석로10*)		

『건축법』 제11조 및 제14조를 위반한 건축물 소유자에게 『건축법』 제79조제1항에 의거 "건축법 위반에 따른 사전통지"를 발송하였으나 수취인 부재, 이사 등의 사유로 우편물이 반송되어 송달이 불가하기에 『행정절차법』 제14조(송달)제4항의 규정에 의거 다음과 같이 공시송달 공고합니다.

〈그림 34〉 고시공고

나. 개별법상의 고시 또는 공고

개별법에서 고시 또는 공고를 행정행위의 통지방법으로 규정하고 있는 경우가 있는데, 대체로 행정행위의 상대방이 불특정다수이거나 상대방에게 일일이 통지하는 것이 적절하지 않은 경우입니다.

청소년유해매체물 결정 및 고시처분은 일반 불특정 다수인을 상대방으로 하여 일률적으로 표청소년에 대한 판매·대여 금지의무 등 각종 의무를 발생시키는 행정처분입니다. 정보통신윤리위원회(현: 방송통신심의위원회)가 청소년유해매체물로 결정하고 청소년보호위원회가 효력발생시기를 명시하여 **고시함으로써 그 명시된 시점에 효력이 발생**하는 것이지, 웹사이트 운영자에게 제대로 통지하지 않았다고 하여 효력이 발생하지 않는 것은 아닙니다(판례 9).

> ● **판례 9:** 청소년보호법에 따른 **청소년유해매체물 결정 및 고시처분**은 당해 유해매체물의 소유자 등 특정인만을 대상으로 한 행정처분이 아니라 **일반 불특정 다수인을 상대방으로 하여** 일률적으로 청소년에 대한 판매·대여 등의 금지의무 등 각종 의무를 발생시키는 행정처분으로서, 정보통신윤리위원회가 특정 인터넷 웹사이트를 청소년유해매체물로 결정하고 청소년보호위원회가 효력발생시기를 명시하여 고시함으로써 명시된 시점에 효력이 발생한다(대판 2007. 6. 14, 2004두619).

4. 기타 판례

가. 문제 상황

서훈(敍勳)은 나라를 위해 공을 세운 사람에게 훈장 등을 수여하는 것인데, 경우에 따라서는 서훈을 취소할 수도 있습니다. 그런데 서훈의 대상자가 **망인(亡人, 생명이 끊어진 사람)**인 경우에 서훈취소를 망인의 유족에게 할 수 있는지가 문제됩니다.

나. 판례

서훈은 한 사람에게 전적으로 속하고 양도할 수 없는 일신전속적 성격을 가지고 있어서 **유족이라고 하더라도 서훈취소의 상대방이 되지 않고, 처분권자가 적정한 방법으로 대외적으로 표시함으로써 효력이 서훈취소의 효력이 발생**합니다(판례 10).

> ● **판례 10:** 서훈은 어디까지나 서훈대상자 본인의 공적과 영예를 기리기 위한 것이므로 비록 **유족이라고 하더라도 서훈취소 처분의 상대방이 되는 것이 아니고** 서훈취소결정이 처분권자의 의사에 따라 상당한 방법으로 대외적으로 표시됨으로써 행정행위로서 성립하여 효력이 발생한다(대판 2014. 9. 26, 2013두2518).

01 일반적으로 행정행위가 주체, 내용, 절차와 형식의 요건을 모두 갖추고 외부에 표시된 경우에 행정행위의 존재가 인정된다. (2021, 소방직 9급) ⋯⋯⋯⋯⋯⋯⋯⋯⋯⋯⋯⋯⋯⋯⋯⋯⋯⋯ [O, X]

02 행정청이 처분을 할 때에는 다른 법령 등에 특별한 규정이 있는 경우를 제외하고는 문서로 하여야 하며, 전자문서로 하는 경우에는 당사자등의 동의가 있어야 한다. 다만, 신속히 처리할 필요가 있거나 사안이 경미한 경우에는 말 또는 그 밖의 방법으로 할 수 있다. (2013, 지방직 9급) ⋯⋯ [O, X]

03 법무부장관의 입국금지결정이 그 의사가 공식적인 방법으로 외부에 표시된 것이 아니라 단지 그 정보를 내부 전산망인 출입국관리시스템에 입력하여 관리하는 것에 지나지 않은 경우, 이는 항고고송의 대상에 해당되지 않는다. (2021, 소방간부) ⋯⋯⋯⋯⋯⋯⋯⋯⋯⋯⋯⋯⋯ [O, X]

04 행정행위의 효력발생요건으로서의 도달은 상대방이 그 내용을 현실적으로 알 필요까지는 없고, 다만 알 수 있는 상태에 놓여짐으로써 충분하다. (2017, 서울시 9급) ⋯⋯⋯⋯⋯⋯⋯⋯⋯ [O, X]

05 등기에 의한 우편송달의 경우라도 수취인이 주민등록지에 실제로 거주하지 않는 경우에는 우편물의 도달사실을 처분청이 입증해야 한다. (2018, 국가직 9급) ⋯⋯⋯⋯⋯⋯⋯⋯⋯⋯⋯ [O, X]

06 납세고지서의 교부송달 및 우편송달에 있어서 반드시 납세의무자 또는 그와 일정한 관계에 있는 사람의 현실적인 수령행위를 전제로 하고 있다고 보아야 하며, 납세자가 과세처분의 내용을 이미 알고 있는 경우에도 납세고지서의 송달이 불필요하다고 할 수 없다. (2013, 지방직 9급) ⋯⋯ [O, X]

07 정보통신망을 이용한 송달은 송달받을 자의 동의 여부와 상관없이 허용된다. (2017, 서울시 9급) ⋯⋯ [O, X]

08 송달이 불가능할 경우에는 송달받을 자가 알기 쉽도록 관보, 공보, 게시판, 일간신문, 인터넷 중 하나에 공고하여야 한다. (2018, 교육행정직 9급) ···································· [O, X]

09 구 청소년 보호법에 따라 정보통신윤리위원회가 특정 웹사이트를 청소년유해매체물로 결정하고 청소년보호위원회가 효력발생 시기를 명시하여 고시하였으나 정보통신윤리위원회와 청소년 보호위원회가 웹사이트 운영자에게는 위 처분이 있었음을 통지하지 않았다면 그 효력이 발생하지 않는다. (2018, 국가직 9급) ···································· [O, X]

10 서훈은 서훈대상자의 특별한 공적에 의하여 수여되는 고도의 일신전속적 성격을 가지는 것이므로 유족이라고 하더라도 처분의 상대방이 될 수 없다. (2023, 국가직 9급) ···································· [O, X]

정답	01 O	02 O	03 O	04 O	05 O	06 O	07 X	08 X	09 X	10 O

Ⅰ. 의의

1. 개념

공정력(公定力)은 <u>행정행위의 성립에 하자가 있는 경우에도 그것이 중대·명백하여 당연무효가 아닌 한 권한 있는 기관에 의하여 취소되기 전까지는 일응 유효한 것으로 통용되는 힘</u>을 말합니다(판례 1). 쉽게 말하면 "행정행위에 다소 문제가 있더라도 취소되기 전까지는 일단 유효한 것으로 보자"는 게 공정력의 기본 정신입니다.

> ● **판례 1:** 행정행위의 공정력이란 행정행위가 위법하더라도 취소되지 않는 한 유효한 것으로 통용되는 효력을 의미하는 것이다(대판 1994. 4. 12, 93누21088).

2. 근거

가. 이론적 근거(공정력을 인정하는 이유)

공정력을 인정하는 이유는, 행정법 관계의 **안정성**을 유지하고 행정의 원활한 운영을 위한 겁니다. 행정행위의 효력을 누구든지 쉽게 부인할 수 있으면 행정청의 권위가 없어져서 일을 하기 힘들어질 것이기 때문입니다. 또한 공정력은 권력분립 및 행정부에 대한 권한 존중을 하겠다는 목적도 있는데, 권력 분립과 권한 존중은 선결문제와 연결됩니다.

나. 실정법적 근거

행정기본법 제15조에서 공정력에 관해 규정하고 있습니다.

> ○ **행정기본법 제15조(처분의 효력)** 처분은 권한이 있는 기관이 취소 또는 철회하거나 기간의 경과 등으로 소멸되기 전까지는 유효한 것으로 통용된다. 다만, 무효인 처분은 처음부터 그 효력이 발생하지 아니한다.

3. 한계

공정력은 웬만하면 행정행위의 효력을 인정하자는 것이기는 하지만, 그렇다고 행정행위의 효력을 무제한적으로 인정하는 건 아닙니다. 공정력의 정의를 다시 살펴보면서 공정력의 한계를 살펴보겠습니다.

먼저 행정행위에 **중대명백한 하자**가 있으면(즉, 무효 사유의 하자가 있으면) 공정력은 인정되지 않습니다. 무효 사유의 하자가 있다는 건 행정행위에 굉장히 심각한 건 문제가 있다는 건데, 그런 경우까지 공정력을 인정하기는 어렵기 때문입니다.

공정력은 일단은(달리 말해 잠정적으로) 유효하자고 보는 것이고, **권한 있는 기관**이 취소를 하면 효력이 없어집니다. 행정행위를 취소할 수 있는 권한 있는 기관은 크게 두 가지가 있습니다. 하나는 행정청이고 다른 하나는 법원(또는 행정심판위원회)인데, 행정청이 취소하는 경우를 **직권취소(職權取消)**, 법원(또는 행정심판위원회)이 취소하는 경우를 **쟁송취소(爭訟取消)**라고 부릅니다.

1. 문제 상황

행정법원은 행정행위의 효력과 위법성을 당연히 판단할 수 있습니다. 행정법원이 주로 하는 일이 행정행위의 효력과 위법성에 대한 판단이기 때문입니다. 그런데 행정법원이 아닌 민사법원과 형사법원이 행정행위의 효력과 위법성을 판단할 수 있는지에 대한 의문이 존재합니다.

예를 들어보겠습니다. 행정청이 국민(A)에게 세금을 내라는 과세처분을 하였습니다. A가 "과세처분 취소소송"이라는 행정소송을 행정법원에 제기하면 당연히 행정법원은 과세처분이 위법한지 판단을 하겠지만, A가 "부당이득반환청구소송"이라는 민사소송을 제기하였다면 이야기가 달라집니다. "민사법원이 행정청의 과세처분의 효력을 판단해도 괜찮을까?"라는 의문이 드는 겁니다. 이게 바로 선결문제가 논의되는 배경입니다.

공정력과 선결문제는 **권력분립원리 및 행정기관 상호 간의 권한존중** 등의 원칙을 고려한 겁니다. "행정청도 아니고 행정법원도 아닌 다른 법원(민사법원 및 형사법원)이 행정행위에 관해 어디까지 판단할 수 있는가"에 관한 문제입니다.

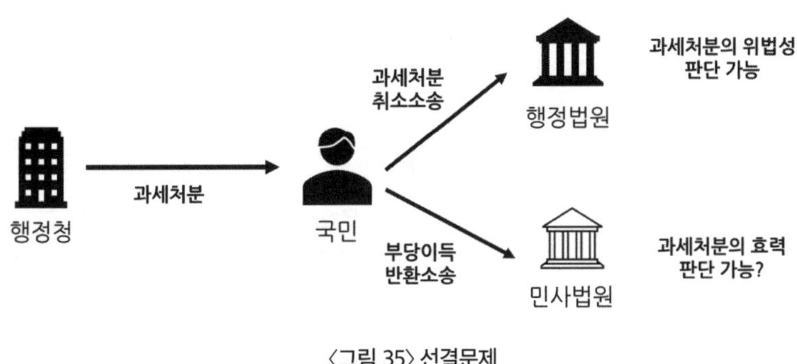

〈그림 35〉 선결문제

2. 선결문제의 의의

선결문제(先決問題)는 행정행위의 위법여부 또는 효력유무가 다른 특정사건 재판의 본안판단에 있어서 먼저 해결되어야 하는 경우의 그 문제를 말합니다. 앞서 든 사례에서 부당이득반환청구소송에서 민사법원이 판단을 하려면 과세처분이 효력이 있는지를 먼저 따져 봐야 하기 때문에, "과세처분의 효력 유무"가 선결문제인 겁니다. 이때 다른 특정사건은 **민사사건 및 형사사건**을 말하며, 행정사건의 경우에는 원래 행정법원의 관할에 속하므로 선결문제가 발생하지 않습니다.

3. 선결문제의 유형

선결문제가 문제되는 경우는 크게 2가지인데, ① 하나는 "효력 유무"가 쟁점인 경우이고 ② 다른 하나는 "위법성 여부"가 쟁점인 경우입니다. 이 둘을 구분하는 건 사건(소송)의 종류에 따라 다릅니다. 구체적인 소송의 특징과 법리를 이해하면 이 둘을 구분할 수 있지만, 혹시 이해가 안 된다면 외우는 것도 방법인데, 시험에 주로 출제되는 유형은 4가지 정도입니다.

구분	민사사건	형사사건
"효력 유무"가 쟁점	부당이득반환청구소송	무면허운전죄
"위법성 여부"가 쟁점	국가배상청구소송	시정명령위반죄

4. 선결문제에 대한 판단가능성

선결문제에서 가장 중요한 부분은 "민사(형사)법원이 행정행위의 효력 유무나 위법성 여부에 대해 판단을 내릴 수 있느냐"입니다. 이 부분에 대해 답을 하기 전에 공정력의 정의를 다시 떠올릴 필요가 있습니다. 공정력은 취소되기 전까지는 유효하게 보는 힘을 말하므로, 선결문제는 **"효력"에 관한 문제**입니다.

효력 유무와 위법성 여부는 다른 차원의 개념으로 행정행위의 경우 위법하더라도 효력이 있는 경우가 생길 수 있습니다. 따라서 **행정행위의 위법성이 쟁점인 사안에서 행정행위가 위법하다고 판단하더라도 효력을 부인한 건 아니기 때문에 공정력을 침해하는 게 아닙니다.**

그에 반해 효력 유무가 쟁점인 경우는 다릅니다. **민사(형사)법원은 공정력 때문에 원칙적으로 행정행위의 효력에 대해 판단을 내릴 수가 없고,** 행정법원만 행정행위의 효력을 부인할 수 있습니다. 하지만 민사(형사)법원도 **행정행위의 효력에 대해 판단을 내릴 수 있는 예외적인 경우**가 있습니다. 그건 바로 **무효사유의 하자가 있을 때**인데, 그 이유는 무효인 행정행위에는 공정력이 발생하지 않기 때문입니다.

"위법성 여부"가 쟁점인 경우	"효력 유무"가 쟁점인 경우
민사(형사)법원도 위법성 판단 가능	**무효사유**의 하자: 민사(형사)법원도 효력부인 가능 **취소사유**의 하자: 민사(형사)법원은 효력부인 불가능

III. 구체적 사례

1. 민사사건

가. 행정행위의 "효력 유무"가 쟁점인 경우

(1) 대표 사례: 부당이득반환청구소송

선결문제가 행정행위의 효력 유무인 민사사건 사례로는, 과세처분이 무효라는 이유로 부당이득반환청구소송을 제기한 경우입니다. **부당이득(不當利得)**은 민법상 개념인데, 법률상 원인 없이 이득을 얻으면서 다른 사람에게 손해를 끼치는 걸 말합니다. 임대차 계약을 체결하지 않고 다른 사람의 건물을 무단으로 사용하면 사용하는 사람은 이익을 보지만 건물 주인은 임차료(월세)를 받을 수 없어 손해가 생기는데, 이때 무단으로 사용하는 임차인이 얻은 이익이 바로 부당이득입니다.

세금을 부과하고 납부받은 행정청이 "부당이득"이 되려면 법률상 원인이 **"없어야"** 합니다. 그 말은 과세처분의 효력이 없다는 의미입니다. 그러니 부당이득반환청구소소송에서 먼저 해결되어야 할 선결문제는 **과세처분의 효력 유무**인 겁니다.

(2) 민사법원의 판단 가능성

과세처분이 당연무효인 경우에는 공정력이 발생하지 않아 행정행위의 효력을 부인할 수 있고, 민사법원은 부당이득반환청구소송에서 원고 인용 판결을 할 수 있습니다(판례 2). **하지만 행정행위의 하자가 단순위법인 경우(취소사유인 경우)에는 공정력이 발생하므로 행정행위의 효력을 부인할 수 없습니다**(판례 3). 다시 말해, 민사법원은 설령 과세처분이 위법하더라도 효력은 있으므로 부당이득반환청구소송에서 원고 인용 판결을 할 수 없습니다.

한편 **변상금부과처분**도 과세처분과 유사하게 공정력이 발생합니다(판례 4).

● **판례 2:** 민사소송에 있어서 어느 행정처분의 당연무효 여부가 선결문제로 되는 때에는 이를 판단하여 **당연무효임을 전제로 판결할 수 있고** 반드시 행정소송 등의 절차에 의하여 그 취소나 무효확인을 받아야 하는 것은 아니다(대판 2010. 4. 8, 2009다90092).
● **판례 3:** 과세처분이 당연무효라고 볼 수 없는 한 과세처분에 **취소할 수 있는 위법사유가 있다** 하더라도 그 과세처분은 행정행위의 공정력 또는 집행력에 의하여 그것이 적법하게 취소되기 전까지는 유효하다 할 것이므로, 민사소송절차에서 **그 과세처분의 효력을 부인할 수 없다**(대판 1999. 8. 20, 99다20179).
● **판례 4:** 무단으로 공유재산 등을 사용·수익·점유하는 자가 관리청의 **변상금부과처분**에 따라 그에 해당하는 돈을 납부한 경우라면 **변상금부과처분이 당연 무효이거나 행정소송을 통해 먼저 취소되기 전에는 사법상 부당이득반환청구로써 납부액의 반환을 구할 수 없다**(대판 2013. 1. 24, 2012다79828).

나. 행정행위의 "위법성 여부"가 쟁점인 경우

(1) 대표 사례: 국가배상청구소송

선결문제가 행정행위의 위법성 여부인 민사사건 사례로는, 공무원의 위법한 처분으로 손해를 입었다고 주장하면서 국가배상청구소송을 제기한 경우입니다. 국가배상청구소송을 제기하기 위한 요건 중 하나가 공무원의 "위법성"이므로, 국가배상청구소송에서의 쟁점은 (효력 유무가 아니라) 행정행위가 위법한지의 여부입니다.

(2) 민사법원의 판단 가능성

민사법원이 위법성을 확인해도 행정행위의 효력 자체가 부정되는 것은 아니기 때문에, **민사법원도 행정행위의 위법성에 대해서는 판단을 할 수 있습니다.** 다르게 이야기하면, 행정처분에 대한 행정법원의 취소판결이 꼭 있어야만 국가배상청구소송에서 인용판결을 할 수 있는 게 아니고, **행정법원의 취소판결이 있기 전에 민사법원이 국가배상청구소송에서 인용판결을 할 수 있습니다**(판례 5).

> ● **판례 5:** 위법한 행정대집행이 완료된 경우, 미리 그 행정처분의 취소판결이 있어야만 그 행정처분의 위법임
> 을 이유로 한 손해배상 청구를 할 수 있는 것은 아니다(대판 1972. 4. 28, 72다337).

2. 형사사건

가. 행정행위의 '효력 유무'가 쟁점인 경우

(1) 대표 사례: 무면허운전죄

선결문제가 행정행위의 효력 유무인 형사사건 사례로는, 면허 없이 운전을 하여 무면허운전죄로 형사재판을 받는 경우입니다. 무면허운전죄는 말 그대로 면허(의 효력이) "없는 상태"에서 운전을 하는 범죄이므로, 무면허운전죄는 "효력 유무"가 쟁점인 경우입니다.

(2) 형사법원의 판단 가능성

행정행위(운전면허처분)에 당연무효인 경우에는 공정력이 발생하지 않아 행정행위의 효력을 부인할 수 있고, 형사법원은 무면허운전죄 소송에서 유죄 판결을 선고할 수 있습니다. 행정행위의 하자가 **단순위법인 경우(취소사유인 경우)에는 공정력이 발생하므로 행정행위의 효력을 부인할 수 없고,** 형사법원은 무면허운전죄 소송에서 유죄 판결을 선고할 수 없습니다(판례 6). 한편 무면허운전죄 외에도 **각종의 면허(수입면허, 어업면허 등)**와 관련된 범죄도 "효력 유무"가 쟁점인 경우입니다(판례 7).

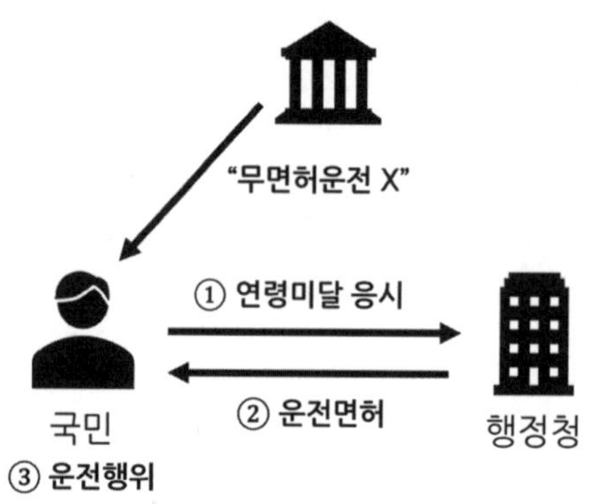

〈그림 36〉 무면허운전과 선결문제

> ● **판례 6:** 운전면허는 비록 위법하다 하더라도 취소되지 않는 한 그 효력이 있으므로, 운전면허가 취소되지 않
> 았다면 피고인의 운전행위가 도로교통법의 무면허운전에 해당하지 않는다(대판 1982. 6. 8, 80도2646).
>   **[사실관계]** 연령미달인 A가 다른 사람의 이름으로 운전면허시험에 응시하여 운전면허를 교부받았다.
> ● **판례 7:** 세관장의 수입면허가 중대하고도 명백한 하자가 있는 행정행위이어서 당연무효가 아닌 한 관세법의
> 무면허수입죄가 성립될 수 없다(대판 1989. 3. 28, 89도149).

나. 행정행위의 '위법성 여부'가 쟁점인 경우

(1) 대표 사례: 시정명령위반죄

선결문제가 행정행위의 위법성 여부인 형사사건 사례로는, 행정청으로부터 시정명령을 받았는데 이에 불복하여 시정명령위반죄로 형사재판을 받는 경우입니다. 시정명령위반죄는 행정청의 적법한 시정명령에 따르지 않았을 때 성립하는 범죄입니다. **만약 시정명령 자체가 위법하다면 시정명령위반죄가 성립하지 않으니 (판례 8)**, 시정명령위반죄 사건에서 쟁점은 "시정명령의 적법성"입니다.

> ● **판례 8:** 행정청으로부터 구 주택법에 의한 시정명령을 받고도 위반하였다는 이유로 처벌을 하기 위해서는 그 시정명령이 적법한 것이어야 하고, 그 시정명령이 위법하다고 인정되는 한 시정명령위반죄는 성립하지 않는다 (대법원 2009. 6. 25, 2006도824).

(2) 형사법원의 판단 가능성

민사법원과 마찬가지로 **형사법원도 행정행위의 위법성에 대해서는 여부를 판단**할 수 있습니다. 따라서 시정명령이 위법하면 형사법원은 시정명령위반죄에 대해 무죄 판결을 선고할 수 있습니다(판례 9).

> ● **판례 9:** 구 도시계획법상 원상회복 등의 조치명령을 받고도 따르지 않은 자를 처벌하기 위해서는 그 처분이나 조치명령이 적법한 것이라야 하고, 그 처분이 위법한 처분이면 조치명령위반죄가 성립될 수 없다(대판 1992. 8. 18, 90도1709).

※ 김변쓰 팁: 선결문제 관련 문제 풀이 방법

선결문제를 풀 때 다음의 순서에 따르면 한결 쉽습니다.
① "효력 유무"가 문제인지, "위법성"이 문제인지를 구분
   - 효력 유무: 부당이득반환청구소송(민사), 무면허 운전죄(형사)
   - 위법성 여부: 국가배상청구소송(민사), 시정명령 위반죄(형사)
②-1: "효력 유무"가 문제인 경우, 하자의 정도를 구분
    - 행정행위에 무효사유의 하자: 민사(형사)법원도 효력 부인 가능
    - 행정행위에 취소사유의 하자: 민사(형사)법원은 효력 부인 불가
②-2: "위법성 여부"가 문제인 경우 ⇨ 민사(형사)법원도 효력 부인 가능

IV. 구성요건적 효력

1. 의의

오늘날의 유력한 견해에 따르면, 공정력과 비슷하지만 구별되는 개념으로 "구성요건적 효력"이란 게 있습니다. 구성요건적 효력은 유효한 행정행위가 존재하면 다른 행정기관과 법원은 자신들의 결정에 있어 그 행

정행위의 존재와 효과를 인정해야 하고 그 내용에 구속되는 효력을 말합니다.

2. 공정력 vs 구성요건적 효력

가. 구별 필요성

공정력과 구성요건적 효력을 구분하는 견해는 이론적 근거를 다르게 봅니다. **공정력은 법적인 안정성을** 이론적 배경으로 하는데 반해, **구성요건적 효력은 기관간 상호존중 및 권한배분**을 이론적 배경으로 삼고 있습니다.

공정력과 구성요건적 효력을 구분하는 견해는 효력이 미치는 대상이 다르다고 합니다. 즉, **공정력은 행위의 상대방 및 이해관계인**에게만 미치고, **다른 행정청이나 법원**에 대해서는 공정력이 아니라 **구성요건적 효력**이 미친다고 보는 겁니다. 예를 들어, 법무부장관이 A에게 귀화허가를 해 준 경우, 그 귀화허가가 무효가 아니라면 귀화허가가 모든 국가기관을 구속하여 다른 국가기관도 A를 대한민국 국민으로 봐야하는 겁니다.

구성요건적 효력과 공정력을 구별하는 견해에 따르면, 선결문제는 공정력에 관한 것이 아니라 구성요건적 효력과 관련된 문제가 됩니다.

나. 판례

구성요건적 효력과 공정력을 구별하는 견해가 조금 더 논리적으로 보이기는 하나, **판례는 공정력과 구성요건적 효력을 별도로 구별하지는 않고, 공정력이 행위의 상대방뿐만 아니라 다른 행정청이나 법원에도 발생한다고 봅니다.**

01 공정력은 경우에 따라 무효인 행정행위에도 인정된다. (2008, 지방직 7급) ⸺⸺⸺⸺⸺ [O, X]

02 민사소송에 있어서 행정처분의 당연무효 여부가 선결문제로 되는 때에는 법원을 이를 판단하여 당연무효임을 전제로 판결할 수 있고 반드시 행정소송 등의 절차에 의하여 그 취소나 무효확인을 받아야 하는 것은 아니다. (2018, 국회직 8급) ⸺⸺⸺⸺⸺ [O, X]

03 국세의 과오납이 위법한 과세처분에 의한 것이라도 그 흠이 단지 취소할 수 있는 정도에 불과한 때에는 그 처분이 취소되지 않는 한 그 납세액을 곧바로 부당이득이라고 하여 반환을 구할 수 있는 것은 아니다. (2018, 국회직 8급) ⸺⸺⸺⸺⸺ [O, X]

04 조세과오납에 따른 부당이득반환청구사안에서 민사법원은 사전통지 및 의견제출절차를 거치지 않는 하자를 이유로 행정행위의 효력을 부인할 수 있다. (2020, 국회직 8급) ⸺⸺⸺⸺⸺ [O, X]

05 과세처분의 하자가 취소할 수 있는 사유인 경우 과세관청이 이를 스스로 취소하거나 항고소송절차에 의하여 취소되지 아니하여도 해당 조세의 납부는 부당이득이 된다. (2018, 지방직 7급) ⸺⸺⸺ [O, X]

06 위법한 행정대집행이 완료되면 계고처분의 무효확인 또는 취소를 구할 소의 이익은 없다 하더라도, 미리 그 계고처분의 취소판결이 있어야만 그 계고처분이 위법임을 이유로 손해배상청구를 할 수 있는 것은 아니다. (2016, 국가직 7급) ⸺⸺⸺⸺⸺ [O, X]

07 영업허가취소처분으로 손해를 입은 자가 제기한 국가배상청구소송에서 법원은 영업허가취소처분에 취소사유에 해당하는 하자가 있는 경우에는 영업허가취소처분의 위법을 이유로 배상청구를 인용할 수 없다. (2022, 지방직 9급) ⸺⸺⸺⸺⸺ [O, X]

08 행정청이 침해적 행정처분인 시정명령을 하면서 사전통지를 하거나 의견제출 기회를 부여하지 않아 시정명령이 절차적 하자로 위법하다면, 그 시정명령을 위반한 사람에 대하여는 시정명령위반죄가 성립하지 않는다. (2018, 국가직 7급) ································· [O, X]

09 연령미달의 결격자가 타인의 이름으로 운전면허시험에 응시, 합격하여 교부받은 운전면허는 당연무효가 아니라 취소되지 않는 한 유효하므로 피고인의 운전행위는 무면허운전에 해당하지 않는다. (2017, 사회복지직 9급) ································· [O, X]

10 행정행위의 효력으로서 구성요건적 효력과 공정력은 이론적 근거를 법적 안정성에서 찾고 있다는 공통점이 있다. (2017, 국가직 9급) ································· [O, X]

정답　01 X　02 O　03 O　04 X　05 X　06 O　07 X　08 O　09 O　10 X

Ⅰ. 존속력

　행정행위가 일단 발해지면 그 행정행위에 근거해서 다양한 법률관계가 형성됩니다. 법적인 안정성을 생각하면 가급적 행정행위가 변경되거나 취소되지 않고 원래의 상태대로 유지되는 게 바람직합니다. 이처럼 일단 발해진 행정행위를 존속시키는 힘을 **존속력(存續力)**이라고 합니다. 존속력은 **형식적 존속력(불가쟁력)**과 **실질적 존속력(불가변력)**으로 구분됩니다.

Ⅱ. 불가쟁력

1. 의의

　행정행위에 하자가 있으면 **행정쟁송(行政爭訟)**을 통해 권리를 구제해야 합니다. 이렇게 권리구제수단을 이용하는 걸 행정법에서는 "다툰다"라고 표현하는데, 행정쟁송의 쟁(爭)이 '다툰다'는 의미입니다. 다툰다는 건 당연히 물리적인 싸움을 한다는 게 아니라 법적인 수단을 사용해서 권리를 실현한다는 뜻입니다.

　행정소송은 크게 행정심판과 행정소송으로 나눌 수 있고, 행정소송은 항고소송(취소소송, 무효등확인소송, 부작위위법확인소송), 당사자소송, 민중소송, 기관소송으로 구분됩니다.

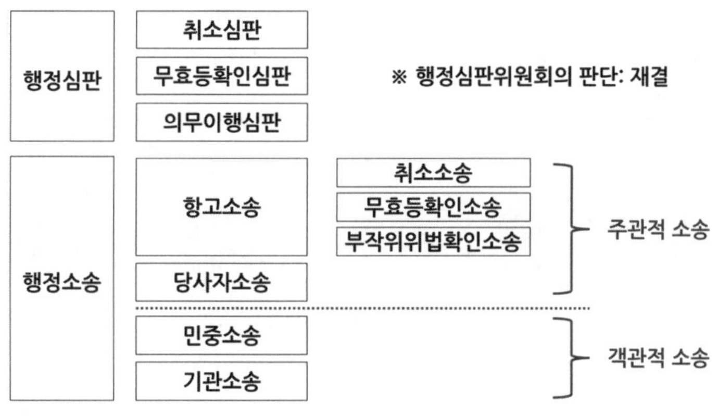

〈그림 37〉 행정쟁송의 종류

　그런데 일정한 사유가 존재하면 행정행위에 하자가 있더라도 상대방·이해관계인이 행정행위의 효력을 더 이상 쟁송을 통해 다툴 수 없는 경우가 있습니다. 이렇게 더 이상 행정쟁송을 통해 다툴 수 없게 만드는 힘을 **불가쟁력(不可爭力)**이라고 합니다. 불가쟁력을 인정하고 있는 이유는 법적인 안정성을 유지하기 위한 겁니다.

불가쟁력이 발생했다고 해서 **행정행위의 위법성이 치유되는 것은 아니고**, 다만 위법한 행정행위에 대해 다툴 수 없을 뿐입니다.

2. 불가쟁력이 발생하는 사유

가. 쟁송기간의 도과(경과)

불가쟁력이 발생하는 첫 번째 사유는 **행정쟁송을 제기할 수 있는 기간이 지난 경우**입니다. 기간이 지난 걸 법학에서는 **도과(徒過)**라는 표현하는데, **경과(經過)**라고 생각하면 쉽습니다.

행정심판 또는 행정소송은 아무 때나 제기할 수 있는 건 아니고 일정한 기간 내에 제기해야 합니다. 우선 행정심판은 행정행위가 있음을 안 날로부터 90일, 행정행위가 있었던 날로부터 180일 이내에 제기해야 합니다. 그리고 행정소송은 행정행위가 있음을 안 날로부터 90일, 행정행위가 있었던 날로부터 1년 이내에 제기해야 합니다. 행정심판과 행정소송 모두 "안 날" 기준으로 90일 이내라는 건 같지만, "있었던 날" 기준으로는 기간이 다릅니다.

두 기간(안 날, 있은 날)의 관계를 유의해야 합니다. 두 기간이 모두 지나야만 행정소송을 제기할 수 없는 게 아니라, 둘 중 하나의 기간만 지나도 행정소송을 제기할 수 없습니다. 예를 들어, 행정행위가 있었다는 걸 늦게 알아서 안 날로부터 90일 지나지 않았더라도 행정행위가 있었던 날로부터 1년이 지났다면, 행정소송을 제기할 수 없습니다.

나. 판결이 확정되는 경우

불가쟁력이 발생하는 두 번째 사유는 **판결의 확정**입니다. 판결이 확정되었다는 건 이미 충분히 법적인 판단을 받았다는 것인데, 이런 상황에서 또다시 행정행위를 다투게 하는 건 불필요하다고 보는 겁니다.

판결이 확정되는 경우는 2가지가 있습니다. 1심(예: 서울행정법원)-2심(예: 서울고등법원)-3심(대법원)을 모두 거친 경우입니다. 그리고 3심까지 모두 거치지 않더라도 1심이나 2심 판결을 받은 뒤에 상소를 하지 않으면 판결이 확정됩니다.

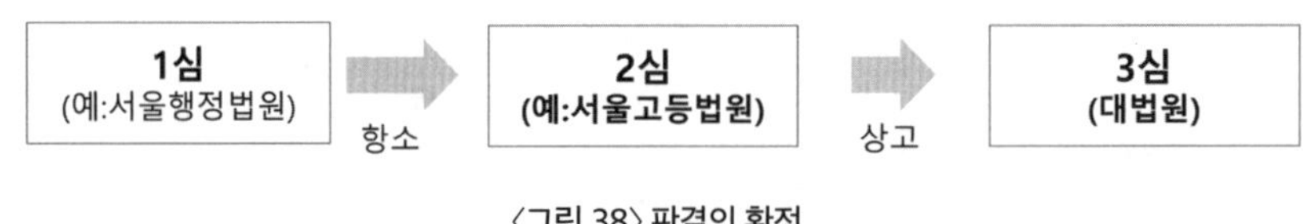

〈그림 38〉 판결의 확정

3. 주요 내용

가. 효력이 미치는 상대방

불가쟁력은 **상대방 또는 이해관계인**이 행정행위의 효력을 더 이상 다투지 못하게 하는 효력입니다. 따라서 불가쟁력이 발생한 행정행위라도 **처분을 한 행정청이 취소 또는 철회를 하는 것은 가능**합니다.

나. 행정상 손해배상청구의 가능성

행정상 손해배상청구소송은 처분의 효력을 다투는 것이 아니라 행정행위의 위법성을 문제 삼는 것이므로, **불가쟁력이 발생한 행정행위라도 소멸시효가 완성되지 않은 한 행정상 손해배상청구소송을 제기**할 수 있습니다.

다. 무효인 행정행위의 경우

행정행위에 취소 사유의 하자가 있을 때는 제소기간의 제한이 있지만, 행정행위에 무효 사유의 하자가 있다면 제소기간의 제한이 없어 언제든지 무효등확인소송을 제기할 수 있습니다. 무효는 시간이 지나도 항상 무효이기 때문입니다. 달리 말해, **무효인 행정행위에는 불가쟁력이 발생하지 않습니다.**

라. 불가쟁력 발생의 의미

불가쟁력이 발생했다는 건 단순히 특정한 행정행위에 대해서 다툴 수 없다는 의미이지, **그 행정행위에 관한 모든 법률적 판단이 확정되었다는 의미는 아닙니다**(판례 1). 예를 들어, **산업재해 요양보상급여 취소처분에 대한 쟁송기간이 경과하였다고 하더라도, "요양급여청구권이 없다"라는 점이 확정된 것은 아니므로** 다시 요양급여청구를 할 수 있습니다(판례 2).

● **판례 1:** 행정처분이 불복기간의 경과로 인하여 확정될 경우 그 확정력은, 그 처분으로 인하여 법률상 이익을 침해받은 자가 당해 처분을 더 이상 다툴 수 없다는 의미일 뿐, 더 나아가 판결에 있어서와 같은 기판력이 인정되는 것은 아니어서 그 처분의 기초가 된 사실관계나 법률적 판단이 확정되고 당사자들이나 법원이 이에 기속되어 모순되는 주장이나 판단을 할 수 없게 되는 것은 아니다(대판 2004. 7. 8, 2002두11288).

● **판례 2:** 종전의 산업재해요양보상급여취소처분이 불복기간의 경과로 인하여 확정되었더라도 요양급여청구권이 없다는 내용의 법률관계까지 확정된 것은 아니며 소멸시효에 걸리지 아니한 이상 다시 요양급여를 청구할 수 있고 그것이 거부된 경우 이는 새로운 거부처분으로서 위법 여부를 소구할 수 있다(대판 1993. 4. 13, 92누17181).

마. 불가쟁력이 발생한 행정행위에 대한 변경신청권

불가쟁력이 발생한 행정행위에 대해 변경을 요구할 신청권은 원칙적으로 인정되지 않습니다(판례 3). 만약 변경신청권을 인정하면 불가쟁력이 발생한 행정행위에 대해서도 다툴 수 있어서 불가쟁력이 취지가 사라지기 때문입니다.

● **판례 3:** 제소기간이 이미 도과하여 불가쟁력이 생긴 행정처분에 대하여는 개별 법규에서 그 변경을 요구할 신청권을 규정하고 있는 등 특별한 사정이 없는 한 **국민에게 행정처분의 변경을 구할 신청권은 없다**(대판 2007. 4. 26, 2005두11104).

---

4. 재심사 청구

불가쟁력이 발생하면 행정의 상대방인 국민은 더 이상 쟁송을 제기할 수 없어 권리구제 측면에서는 불리한 면이 있습니다. 그래서 행정기본법은 쟁송기간 도과로 불가쟁력이 발생한 경우에도 일정한 조건(1. 처분의 근거가 된 사실관계 또는 법률관계가 추후에 당사자에게 유리하게 바뀐 경우, 2. 당사자에게 유리한 결정을 가져다주었을 새로운 증거가 있는 경우 등)을 갖추면 **재심사를 청구**할 수 있도록 규정하고 있습니다(행정기본법 제37조).

○ **행정기본법 제37조(처분의 재심사)** ① 당사자는 처분(제재처분 및 행정상 강제는 제외한다. 이하 이 조에서 같다)이 행정심판, 행정소송 및 그 밖의 쟁송을 통하여 다툴 수 없게 된 경우(법원의 확정판결이 있는 경우는 제외한다)라도 다음 각 호의 어느 하나에 해당하는 경우에는 해당 처분을 한 행정청에 처분을 취소·철회하거나 변경하여 줄 것을 신청할 수 있다.

1. 처분의 근거가 된 사실관계 또는 법률관계가 추후에 당사자에게 유리하게 바뀐 경우
2. 당사자에게 유리한 결정을 가져다주었을 새로운 증거가 있는 경우
3. 「민사소송법」 제451조에 따른 재심사유에 준하는 사유가 발생한 경우 등 대통령령으로 정하는 경우

Ⅲ. 불가변력

1. 의의

불가변력(不可變力)은 말 그대로 "바꿀 수 없는 힘"을 말합니다. 행정행위에 하자가 있으면 위법한 행정행위를 적법하게 만들어야 하고, 행정청은 행정행위를 바꿀 수 있습니다. 하지만 예외적으로 특정한 행정행위는 행정청이 임의로 취소하거나 철회할 수 없는데, 이게 불가변력입니다.

2. 불가변력이 발생하는 경우

불가변력은 모든 행정행위에 공통된 효력이 아니라 **특정한 행정행위**에 대해서만 인정됩니다.

불가변력이 발생하는 대표적인 유형은 **준사법적 행정행위**입니다. **행정심판위원회의 재결**, 특허심판원의 **심결** 등인데, 이러한 행정행위는 행정청의 작용이기는 하지만 법률적인 판단을 내린다는 점에서 사법부의 역할과 비슷합니다. 또한 **당선인 결정과 발명특허 등의 확인행위**에도 불가변력이 발생하여 바꿀 수 없습니다.

준사법적 행정행위와 확인행위 모두 **법적인 안정성**이 매우 중요한 영역입니다. 행정심판위원에서 재결을 하였는데, 그 재결 내용을 함부로 바꾼다면 혼란이 생길 수밖에 없습니다. 즉, 불가변력은 행정행위의 변경으로 혼란을 막기 위한 것으로 법적인 안정성과 국민의 권리 보호를 목표로 합니다.

3. 내용

가. 행정청에 대한 효력

불가변력은 행정청에게 미치는 효력으로 행정행위에 불가변력이 발생한 경우 행정청은 직권으로 그 행정행위를 취소할 수 없습니다(판례 4). 하지만, 상대방 및 이해관계인은 쟁송기관이 경과하지 않은 경우 취소소송 등을 제기할 수 있습니다.

● **판례 4:** 과세처분에 관한 이의신청절차에서 **과세관청이 이의신청 사유가 옳다고 인정하여 과세처분을 직권으로 취소한 이상 그 후 특별한 사유 없이 이를 번복하고 종전 처분을 되풀이하는 것은 허용되지 않는다**(대판 2010. 9. 30, 2009두1020).

나. 효력 범위

불가변력은 당해 행정행위에만 인정되고, **동종의 행정행위라도 그 대상이 다르면(동일한 과세처분이라도 과세기간이 다르면) 불가변력이 인정되지 않습니다**(판례 5).

> ● **판례 5:** 행정행위의 불가변력은 당해 행정행위에 대하여서만 인정되는 것이고, **동종의 행정행위라 하더라도 그 대상을 달리할 때에는 이를 인정할 수 없다**(대판 1974. 12. 10, 73누129).
> [판시] 1971. 10. 16 국세청장이 취소결정을 한 과세처분은 1970. 1.부터 1970. 10.까지의 직물류세로서 그 결정의 효력은 여기에만 미치는 것인만큼 그 후 1970. 11.부터 1972. 3.까지의 직물류세에 대한 부과처분인 제3차의 부과처분에 대하여는 효력을 미칠 수 없다.

IV. 불가쟁력과 불가변력

1. 공통점과 차이점
가. 공통점

불가쟁력과 불가변력은 모두 일단 행해진 행정행위를 존속시키는 기능을 하는데 이걸 **존속력**이라고 부릅니다. 불가쟁력은 행정쟁송을 제기할 수 없는 절차적인 효력이라는 점에서 형식적 존속력이라 부르고, 불가변력은 내용 변경을 하지 못하게 하는 실체적 효력이라는 점에서 실질적 존속력이라 부릅니다.

나. 차이점

불가쟁력과 불가변력은 효력을 미치는 대상이 다른데, 각각의 의미를 생각하면 어디에 효력을 미치는지를 알 수 있습니다. 불가쟁력은 **행정의 상대방과 이해관계인**에게 영향을 미치고, 불가변력은 **처분청 등 행정기관**에 효력이 미칩니다.

또한 적용범위도 다릅니다. 불가쟁력은 모든 행정행위에 발생하지만, 불가변력은 특정한 행정행위(예: 준사법적 행정행위, 확인행위) 등에서만 발생하는 효력입니다.

2. 관계

불가쟁력과 불가변력은 이름은 비슷하지만 사실 둘은 직접적인 관계가 없습니다. 불가쟁력은 "법원에 소송을 제기할 수 있는가?"에 관한 문제이고, 불가변력은 "행정청이 처분을 변경할 수 있는가?"에 관한 문제라서 다른 차원의 문제인 겁니다.

불가쟁력이 발생한다고 해서 꼭 불가변력이 발생하는 건 아닙니다. 제소기간이 지나서 불가쟁력이 생긴 행정행위라고 하더라도 행정청이 행정행위를 **직권취소하거나 철회**하는 건 얼마든지 가능하기 때문입니다.

마찬가지로 불가변력이 발생한다고 해서 반드시 불가쟁력이 발생하는 것도 아닙니다. 준사법적 행정행위인 경우에 불가변력으로 인해 행정청이 임의로 변경할 수는 없더라도 제소기간이 남아 있다면 행정쟁송을 제기하는 건 가능합니다.

※ 정리: 불가쟁력과 불가변력의 비교

구분	불가쟁력	불가변력
개념	다툴 수 없는 힘	바꿀 수 없는 힘
성질	절차적 효력(현실적 존속력)	실체적 효력(실질적 존속력)
대상	상대방, 이해관계인	처분청 등 행정기관
적용 범위	모든 행정행위	특정 행정행위

01 무효인 행정행위에는 공정력, 불가쟁력이 인정되지 않는다. (2019, 소방직 9급) .... [O, X]

02 처분의 불복기간이 도과된 경우에는 당해 처분의 효력을 더 이상 다툴 수 없도록 그 처분의 기초가 된 사실관계나 법률적 판단도 확정되기 때문에 법원은 그에 모순되는 판단을 할 수 없다.
(2018, 국회직 8급) .... [O, X]

03 불가쟁력이 발생한 행정행위로 손해를 입은 국민은 국가배상청구를 할 수 있다.
(2021, 지방직 9급) .... [O, X]

04 제소기간이 이미 도과하여 불가쟁력이 생긴 행정처분에 대하여는 특별한 사정이 없는 한 국민에게 그 행정처분의 변경을 구할 신청권이 있다고 할 수는 없다. (2018, 국회직 8급) .... [O, X]

05 과세처분에 관한 이의신청절차에서 과세관청이 이의신청 사유가 옳다고 인정하여 과세처분을 직권으로 취소한 이상 그 후 특별한 사유 없이 이를 번복하고 종전 처분을 되풀이 하는 것은 허용되지 않는다. (2016, 국가직 7급) .... [O, X]]

06 행정행위의 불가변력은 당해 행정행위에 대해서뿐만 아니라 그 대상을 달리하는 동종의 행정행위에 대해서도 인정된다. (2018, 지방직 7급) .... [O, X]

07 불가변력은 모든 행정행위에 공통되는 것이 아니라 행정심판의 재결 등과 같이 예외적이고 특별한 경우에 처분청 등 행정청에 대한 구속으로 인정되는 실체법적 효력을 의미한다.
(2017, 국가직(하) 7급) .... [O, X]

08 형식적 존속력이 생긴 행위에 대해서도 경우에 따라서는 행정청이 직권으로 취소할 수 있다.
(2014, 서울시 7급) .... [O, X]

09 위법한 하천점용허가를 다투지 않고 있다가 제소기간이 도과한 경우에는 처분청이라도 그 점
용허가를 취소할 수 없다. (2018, 지방직 9급) ⋯⋯⋯⋯⋯⋯⋯⋯⋯⋯⋯⋯⋯⋯⋯⋯⋯⋯⋯ [O, X]

10 실질적 존속력이 발생한 행위라도 형식적 존속력이 발생하지 않은 동안에는 상대방은 그 행
위를 다툴 수 있다. (2014, 서울시 7급) ⋯⋯⋯⋯⋯⋯⋯⋯⋯⋯⋯⋯⋯⋯⋯⋯⋯⋯⋯⋯⋯ [O, X]

정답 01 O 02 X 03 O 04 O 05 O 06 X 07 O 08 O 09 X 10 O

제5절 행정행위의 하자

　행정행위의 하자의 종류로는 **무효사유**의 하자와 **취소사유**의 하자가 있습니다. 무효사유의 하자가 있으면 행정행위가 발령되더라도 처음부터 효력이 없습니다. 행정행위에 취소사유가 존재하는 경우에는 행정행위가 발령되면 일단 효력이 발생하고 유효한 행정행위이지만, 권한 있는 기관(처분청 또는 법원)이 취소하면 행정행위의 효력이 소급적으로 없어집니다. 판례는 **중대명백설**에 따라 중대성과 명백성을 모두 갖춘 경우에만 무효로 봅니다.

　행정행위의 근거가 된 법률에 위헌 결정이 내려진 경우 **위헌인 법률에 근거한 행정행위의 효력**이 문제됩니다. 법률에 대해 위헌결정이 내려진 후에 그 법률에 근거하여 행정행위가 행해졌다면, 이러한 하자는 중대하고 명백하여 당연무효입니다. 그리고 행정행위가 행해진 이후에 법률에 위헌결정이 내려진 경우에는 대법원은 중대명백설의 입장에서 위헌결정이 있기 전까지는 하자가 명백하다고 볼 수 없어, 취소할 수 있는 행정행위라고 봅니다. 한편 위헌인 법률에 근거한 행정처분의 집행이나 집행력을 유지하기 위한 행위는 위헌결정의 기속력에 위반되어 허용되지 않습니다.

　하자 있는 행정행위의 **치유**는 행정행위가 발령 당시에 위법한 것이라고 하여도 사후에 흠결을 보완하여 적법한 행위로 취급하는 것인데, 쟁송제기 이전까지만 치유가 가능합니다. 하자 있는 행정행위의 **전환**은 하자 있는 행정행위가 다른 행정행위의 적법요건을 갖춘 경우, 다른 행정행위의 효력발생을 인정하는 겁니다.

　취소는 성립 당시에 흠이 있음에도 불구하고 일단 유효하게 성립한 행정행위를 나중에 성립상의 하자를 이유로 권한 있는 기관이 그 효력을 소멸시키는 행위인데 반해, **철회**는 행정행위 당시에는 하자가 없었지만 새로운 사정이 생겨서 효력을 소멸시키는 것입니다. 행정기관이 스스로 행하는 취소를 **직권취소**라고 합니다. 수익적 행정행위(예: 영업허가)를 취소하면 행정의 상대방에게 불리해서 취소가 제한될 수 있으므로 취소로 당사자가 입게 될 기득권과 공익상 필요를 비교하여 공익상 필요가 강한 경우에만 취소가 가능합니다.

　하자가 승계된다는 건 두 개 이상의 행정행위가 연속적으로 행해지는 경우 선행 행정행위의 하자가 후행 행정행위에 이어져서, 행정행위의 상대방이 선행 행정행위의 하자를 이유로 후행 행정행위의 위법성을 다툴(주장할) 수 있다는 말입니다. 하자의 승계가 논의되려면 일정한 요건을 갖춰야 하는데, 모두 행정행위여야 하고, 선행행위에 취소 사유의 하자가 존재하고 불가쟁력이 발생해야 하며, 후행행위는 적법해야 합니다. 2개의 행정행위가 하나의 법률효과를 목적으로 하면 선행행위의 하자가 후행행위에 승계되지만, 2개의 행정행위이 각기 다른 법률효과를 목적으로 한다면 원칙적으로는 하자가 승계되지 않습니다. 다만, 각기 다른 법률효과를 목적으로 하지만 하자의 승계를 인정하지 않으면 상대방에게 미치는 불이익이 지나치게 큰 경우에는 예외적으로 하자의 승계를 인정합니다.

Ⅰ. 의의

행정행위의 하자를 이야기할 때 "무효와 취소"를 묶어서 이야기하는 경우가 많지만, 엄밀하게 말하면 무효와 취소는 동일한 차원의 개념이 아닙니다. 무효는 **효력이 없는 "상태"**를 말하는데 반해, 취소는 **효력을 없애는 "동작(행위)"**을 말합니다.

상태를 나타낼 때에는 "~이다/아니다"라는 동사와는 어울리지만 "~하다"라는 동사와는 어울리지 않습니다. 반대로 동작을 나타낼 때에는 "~하다"라는 동사와 어울리지만, "~이다/아니다"라는 동사와는 어울리지 않습니다. 그래서 "무효이다/무효가 아니다"는 자연스럽지만, "무효한다."라는 표현은 어색하고, "취소한다"는 매끄럽지만 "취소이다"는 부자연스럽습니다. 별것 아닌 것 같지만, 이 차이를 아는 게 무효와 취소의 본질을 이해하는 데 큰 도움이 됩니다.

항고소송은 3가지(취소소송, 무효확인소송, 부작위위법확인소송)가 있습니다. 취소소송은 "위법한 행정행위를 취소시키는 소송"이고, 무효확인소송은 말 그대로 무효라는 걸 "확인"하는 소송입니다. 그래서 취소소송의 판결문에는 "취소한다."라고 기재되지만, 무효확인소송에는 "무효임을 확인한다."라고 기재됩니다.

Ⅱ. 구별의 필요성

1. 효력

가. 효력상의 차이

무효와 취소를 구별해야 하는 이유는 효력이 다르기 때문입니다. **행정행위에 무효사유가 존재하는 경우**(달리 말해, 중대하고 명백한 하자가 존재하는 경우)에는 행정행위가 발령되더라도 행정행위에 **효력이 발생하지 않습니다.**

이에 반해 **행정행위에 취소사유가 존재하는 경우**(달리 말해, 중대하지 않거나 명백하지 않은 하자가 존재하는 경우)에는 행정행위가 발령되면 **일단 효력이 발생하고** 유효한 행정행위가 되는데, 하자가 있더라도 유효한 것으로 보는 효력을 공정력이라고 합니다. 그런데 법원이 위법한 행정행위에 대해 취소판결을 하여 행정행위가 취소되면, 행정행위의 효력이 없어지면서 유효가 무효로 바뀌게 됩니다. 이때 유의할 점은 취소판결 이후부터만 효력이 없어지는 게 아니라, 행정행위가 발령된 때로 소급하여 그때부터 효력이 없어지는 겁니다.

나. 상황별 비교

(1) 행정행위가 적법한 경우

행정행위가 적법하면 행정행위은 발령시부터 유효하고 해당 행정행위에 대해 행정소송(예: 취소소송)이 제기되더라도 법원은 청구기각 판결을 합니다.

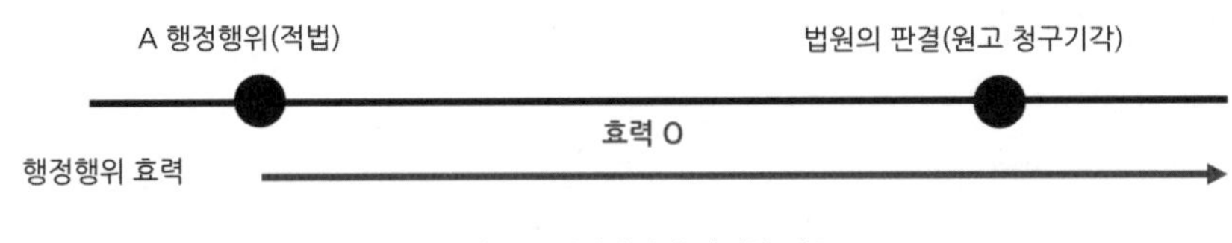

〈그림 39〉 행정행위가 적법한 경우

(2) 행정행위가 위법하고 "무효사유"가 존재하는 경우

행정행위에 무효사유가 존재하면 행정행위는 **처음부터 효력이 없습니다.** 무효사유의 하자가 존재하는 행정행위에 대한 행정소송(예: 무효확인소송)이 제기되면 법원은 무효확인판결을 하는데, 이건 행정행위가 무효라는 걸 확인해 주는 것이지 법원의 판결로 인해 행정행위의 효력이 없어지는 게 아닙니다.

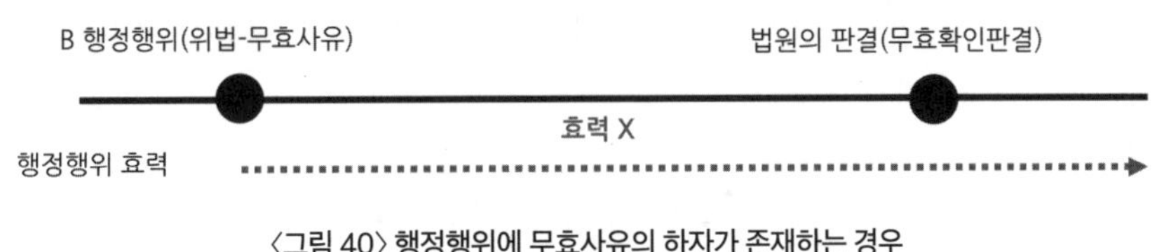

〈그림 40〉 행정행위에 무효사유의 하자가 존재하는 경우

(3) 행정행위가 위법하고 "취소사유"가 존재하는 경우

행정행위에 취소사유의 하자가 있더라도 행정행위는 **일단 유효**합니다. 취소사유의 하자가 존재하는 행정행위에 대한 행정소송(예: 취소소송)이 제기되면 법원은 취소 판결을 하는데, 법원의 취소 판결이 있으면 비로소 행정행위는 소급적으로 효력이 없어지는 겁니다.

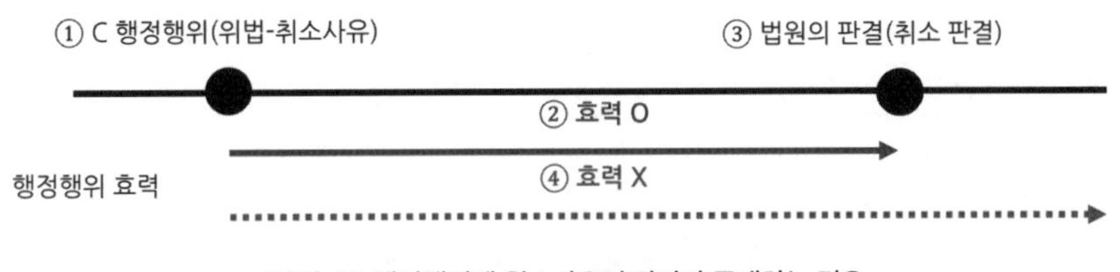

〈그림 41〉 행정행위에 취소사유의 하자가 존재하는 경우

다. 비유적 설명

이해를 돕기 위해 비유를 들어 설명하면, 무효는 미혼(또는 비혼)에, 취소는 이혼과 비슷하다고 볼 수 있습니다. 행정행위를 하면 행정행위의 효력이 발생하는 것과 마찬가지로 결혼(혼인)을 하면 여러 법적인 효과가 발생합니다. 부양의무와 같은 의무도 생기고 상속권 같은 권리도 생깁니다. 하지만 결혼을 하지 않은 **미혼(또는 비혼) 상태에서는 혼인의 효력이 생기지 않습니다.** 처음부터 혼인의 효력이 없다는 점에서 행정행위의 효력이 발생하지 않는 무효와 비슷합니다. 그런데 이혼은 미혼(또는 비혼)과 다릅니다. 이혼을 하면 원래 혼인의 효력이 있다가 없어지게 되는데, 원래 있던 효력이 없어진다는 점에서 행정행위의 취소와 비슷한 면이 있습니다.

2. 그 외의 차이

가. 공정력과 선결문제

무효인 행정행위에는 공정력이 발생하지 않지만, 취소사유의 하자가 있는 행정행위에는 공정력이 발생합니다.

행정행위의 위법성 여부가 선결문제인 경우에는 민사법원(형사법원)도 행정행위의 위법성을 판단할 수 있습니다. 행정행위의 효력 유무가 선결문제인 경우에, 무효인 행정행위에 대해서는 민사법원(형사법원)도 효력을 부인할 수 있지만 취소사유의 하자가 존재하는 행정행위에 대해서는 민사법원(형사법원)이 효력을 부인할 수 없습니다.

나. 하자승계

선행행위에 무효사유의 하자가 존재하는 경우에는 선행행위의 하자가 후행행위에 승계됩니다. 그러나 선행행위에 취소사유의 하자가 존재하는 경우에는 원칙적으로 하나의 법률효과를 목적으로 하는 경우에 선행행위의 하자가 후행행위에 승계됩니다.

다. 쟁송형태

무효인 행정행위에 대해 불복하는 경우에는 무효확인심판 또는 무효확인소송을 제기하면 되고, 취소사유의 하자가 존재하는 행정행위에 대해서는 취소심판 또는 취소소송을 제기하면 됩니다.

라. 불가쟁력과 제소기간

무효인 행정행위에는 불가쟁력이 발생하지 않아 쟁송제기기간의 제한이 없지만, 취소사유의 하자가 존재하는 행정행위에는 불가쟁력이 발생해서 쟁송제기기간의 제한이 존재합니다.

마. 사정판결

무효인 행정행위에 대해서는 사정판결(원고의 청구가 이유가 있음에도 청구를 인용하는 것이 공공복리에 크게 위배되어서 청구를 기각하는 판결)**을 할 수 없지만, 취소사유의 하자가 있는 행정행위에 대해서는 예외적인 경우에 사정판결을 할 수 있습니다.**

※ 무효와 취소의 비교

구분	무효	취소
효력	처음부터 효력 발생 X	취소 전까지 유효 취소하면 소급적으로 효력 X
공정력	발생 X	발생 O
선결문제	위법성 판단은 가능 무효인 행정행위에 대해 효력 부인 가능	위법성 판단은 가능 효력 부인 불가능
하자승계	선행행위의 하자가 후행행위에 승계 O	하나의 법률효과인 경우, 하자 승계 O
쟁송형태	무효확인심판, 무효확인소송	취소심판, 취소소송
불가쟁력	발생하지 않음	발생함
제소기간	쟁송제기기간 제한 없음	쟁송제기기간 제한 있음
사정판결	인정되지 않음	예외적으로 인정

1. 하자의 범주

행정행위의 하자는 크게 두 가지 범주로 구별할 수 있습니다.

하나는 하자의 **중대성**입니다. 중대한 법을 위반하거나 위반의 정도가 심하면 "중대한 하자"입니다. 다른 하나는 하자의 **명백성**입니다. 보통의 일반인의 판단에 따르더라도 하자라는 게 분명하면 "명백한 하자"입니다(판례 1). 중대성은 "하자가 얼마나 심하냐"라는 관점이라면, 명백성은 "하자라는 걸 쉽게 알 수 있냐"라는 관점입니다.

> ● **판례 1:** 어떤 법률관계나 사실관계를 처분의 대상이 되는 것으로 오인할 만한 객관적인 사정이 있는 경우로서 **처분대상이 되는지의 여부가 사실관계를 정확히 조사하여야 비로소 밝혀질 수 있는 때**에는 비록 이를 오인한 하자가 중대하다고 할지라도 **외관상 명백하다고 할 수는 없다**(대판 2004. 10. 15, 2002다68485).

2. 학설

학설로는 중대설, 명백성보충요건설, 중대명백설이 있습니다. 세 학설 모두 중대성이 필요하다는 데는 의견이 일치하지만 "명백성"이 필요한지에 대한 생각이 다릅니다.

먼저, **중대설**은 하자가 중대하기만 하면 무효로 보는 견해로 명백성은 아예 고려하지 않습니다. **명백성보충요건설**은 하자가 중대하면 무효가 되는 것이 원칙이라는 점에서 중대설과 비슷하지만 예외적으로 제3자나 공공의 신뢰보호가 필요한 경우에는 보충적으로 명백성 요건도 필요하다고 보는 게 중대설과 다릅니다. 이에 반해 **중대명백설**은 하자가 중대할 뿐만 아니라 명백해야 무효라는 견해입니다.

세 가지 학설 중에서 중대성뿐만 아니라 명백성까지 있어야 한다고 보는 **중대명백설**이 가장 무효의 범위를 가장 좁게 보는 겁니다.

3. 판례: 중대명백설

통설과 판례는 중대명백설을 따르고 있습니다. <u>**중대성과 명백성을 모두 갖춘 경우(즉, 중대하면서도 명백한 하자인 경우)에만 무효**</u>로 봅니다(판례 2). 무효는 행정행위의 효력이 처음부터 없다고 보는 건데, 무효를 넓게 인정하면 효력이 전혀 없는 행정행위가 많이 늘어나서 법적 안정성이 침해될 수 있기 때문에 무효의 범위를 가급적 좁게 인정하는 겁니다.

또한 판례는 하자의 중대성과 명백성을 판단할 때 **구체적 사안 자체의 특수성도 합리적으로 고찰**해야 한다고 봅니다(판례 3).

> ● **판례 2:** 행정처분이 당연무효라고 하기 위하여는 그 처분에 위법사유가 있다는 것만으로는 부족하고 그 <u>**하자가 중요한 법규에 위반한 것이고 객관적으로 명백**</u>한 것이어야 한다(대판 1985. 7. 23, 84누419).

● **판례 3:** 하자가 중대하고도 객관적으로 명백함으로 인하여 그 행정처분이 당연무효로 되는 것인가 또는 취소할 수 있음에도 불과한 것인가를 구별함에 있어서는 그 법규의 목적, 의미, 기능 등을 목적론적으로 고찰함과 동시에 **구체적 사안 자체의 특수성에 관하여도 합리적으로 고찰**함을 요한다(대판 1965. 10. 19, 65누83).
● **판례 4:** 경찰공무원법에 규정되어 있는 경찰관임용 결격사유는 경찰관으로 임용되기 위한 절대적인 소극적 요건으로서 임용 당시 **경찰관임용 결격사유가 있었다면 비록 임용권자의 과실에 의하여 임용결격자임을 밝혀내지 못하였다 하더라도 그 임용행위는 당연무효**로 보아야 한다(대판 2005. 7. 28, 2003두469).

구분		중대성	
		충족	미충족
명백성	충족	무효 사유	취소 사유
	미충족	취소 사유	취소 사유

Ⅳ. 주요 판례

1. 주체상 하자

행정청의 권한에는 사무의 성질 및 내용에 따르는 제약이 있고, 지역적 · 대인적 · 시간적으로 한계가 있으므로 이러한 **권한의 범위를 넘어서는 행위는 원칙적으로 무효**입니다. 다만, 예외적으로 하자의 중대성과 명백성이 부족한 경우에는 취소 사유의 하자로 보기도 합니다.

가. 무효인 행정행위

적법하게 구성되지 않은 합의제 행정기관의 행위(판례 5), **행정기관의 권한 외의 행위**(판례 6~7)는 무효입니다.

● **판례 5:** 폐기물처리 관련 입지선정위원회가 전문가를 포함시키지 않은 채 구성되어 내린 처분에는 무효사유의 하자가 존재한다(대판 2007. 4. 12, 2006두20150).
● **판례 6:** 조세채권의 소멸시효가 완성되어 **부과권이 소멸된 후에 부과한 과세처분**은 위법한 처분으로 그 하자가 중대하고도 명백하여 무효라 할 것이다(대판 1988. 3. 22, 87누1018).
● **판례 7:** 운전면허에 대한 정지처분권한은 경찰청장으로부터 경찰서장에게 권한위임된 것이므로 **단속 경찰관이 자신의 명의로 운전면허행정처분통지서를 작성 · 교부하여 행한 운전면허정지처분**은 무효의 처분에 해당한다(대판 1997. 5. 16, 97누2313).

나. 취소할 수 있는 행정행위

> ● **판례 8:** 5급 이상의 국가정보원직원에 대한 **의원면직처분이 임면권자인 대통령이 아닌 국가정보원장에 의해 행해진 경우**, 이러한 처분에는 취소사유의 하자가 존재한다(대판 2007. 7. 26, 2005두15748).
>   **[설명]** 행정청의 공무원에 대한 의원면직처분은 공무원의 사직의사를 수리하는 소극적 행정행위에 불과하고, 당해 공무원의 사직의사를 확인하는 확인적 행정행위의 성격이 강하며 재량의 여지가 거의 없기 때문이다.
> ● **판례 9:** 적법한 권한 위임 없이 **세관출장소장에 의하여 행하여진 관세부과처분**이 그 하자가 중대하기는 하지만 객관적으로 명백하다고 할 수 없어 당연무효는 아니다(대판 2004. 11. 26, 2003두2403).
>   **[설명]** 세관출장소장에게 관세부과처분을 할 권한이 있다고 오인할 여지가 다분하여 하자가 명백하다고 할 수는 없기 때문이다.

2. 절차상 하자

일반적으로 절차상 하자는 취소 사유인 경우가 많으나, 예외적으로 무효인 경우도 있습니다. 또한 경미한 하자인 적법한 것으로 봅니다.

가. 무효인 행정행위

환경영향평가를 전혀 거치지 않고 한 행정행위, 과세전적부심사청구 전에 한 과세처분은 무효입니다(판례 10~11).

> ● **판례 10: 환경영향평가 대상인데도 환경영향평가를 전혀 거치지 않은 채 승인 처분을 한 경우, 이러한 행정처분은 당연무효**이다(대판 2006. 6. 30, 2005두14363).
> ● **판례 11:** 과세예고 통지 후 **과세전적부심사 청구나 그에 대한 결정이 있기도 전에 과세처분**을 한 과세처분은 납세자의 절차적 권리를 침해하는 것으로서 절차상 하자가 중대하고도 명백하여 무효이다(대판 2016. 12. 27, 2016두49228).
>   **[설명]** 세무조사결과 등에 따른 고지처분을 하기 전에 과세할 내용을 미리 납세자에게 통지한 후 이의가 있는 경우 과세관청이 과세의 적정성 여부를 검증하여 스스로 시정하는 제도를 과세전적부심사청구 제도라고 한다. 과세전적부심사청구 전에 과세처분을 허용하면 과세전적부심사 제도 자체를 형해화시킬 수 있기 때문에 무효사유로 본다.

나. 취소할 수 있는 행정행위

> ● **판례 12: 청문절차를 결여**한 처분은 위법한 처분으로서 취소사유에 해당한다(대판 2007. 11. 16, 2005두15700).
> ● **판례 13:** 학교환경위생정화구역 내에서의 금지 행위 해제 관한 행정처분을 하면서 **학교환경위생정화위원회의 심의를 누락**한 경우에는 취소사유의 하자가 존재한다(대판 2007. 3. 15, 2006두15806).

● **판례 14: 환경영향평가를 거쳤으나 그 평가가 다소 부실한 경우**, 환경영향평가 대상사업에 대한 승인처분에는 취소사유의 하자가 존재한다(대판 2006. 3. 16, 2006두330).

● **판례 15:** 보전임지를 다른 용도로 이용하기 위한 사업에 대해 승인처분을 하기 전에 **산림청장과 협의를 거치지 않은 경우**, 승인처분에는 취소사유의 하자가 있다(대판 2006. 6. 30, 2005두14363).

● **판례 16: 주민등록을 말소하는 처분을 하면서 최고, 공고의 절차를 거치지 않은 경우** 주민등록말소처분에는 취소 사유의 하자가 있다(대판 1994. 8. 26, 94누3223).

다. 적법한 행정행위

절차를 지키지 않았더라도 그 하자가 경미한 경우에는 적법합니다(판례 16~17).

● **판례 17:** 행정기관이 **민원조정위원회를 개최하면서 민원인에게 회의일정 등을 사전에 통지하지 않고 건축신고를 반려**하였더라도 적법하다(대판 2015. 8. 27, 2013두1560).

　[설명] 민원조정위원회의 심의·조정 대상은 당사자에게 의무를 과하거나 권익을 제한하는 이른바 침해적 행정처분에 관한 사항이 아니라 민원인이 행정기관에 대하여 요구하는 특정한 행위에 관한 사항이므로, 민원인은 민원조정위원회 개최 전에도 의견을 제출할 수 있다.

● **판례 18:** 예비타당성조사를 하지 않은 채 하천공사시행계획을 승인한 처분은 적법하다(대판 2015. 12. 10, 2011두32515).

　[설명] 관련 법령상 예비타당성조사는 별개의 행정계획인 예산의 편성을 위한 절차일 뿐 각 처분에 앞서 거쳐야 하거나 근거 법규 자체에서 규정한 절차가 아니다.

3. 형식상 하자

행정행위는 문서로 하는 것이 원칙이며, 이러한 **형식을 갖추지 못한 경우에는 무효**입니다(판례 19).

● **판례 19:** 행정절차법 제24조를 위반하여 문서가 아니라 **구두로 행정처분을 한 경우, 이러한 행정처분은 무효**이다(대판 2011. 11. 10, 2011도11109).

4. 내용상 하자

 <u>법령 규정의 의미가 명확한데도 법령의 의미를 잘못 해석한 경우에는 무효</u>이지만(판례 20), **의미가 명확하지 않은 경우에는 법령을 잘못 해석해도 취소사유의 하자**입니다(판례 21).

> ● **판례 20:** 해당 법률관계나 사실관계에 대하여는 그 법률의 규정을 적용할 수 없다는 법리가 명백히 밝혀져 그 해석에 다툼의 여지가 없음에도 불구하고 행정청이 규정을 잘못 적용하여 처분을 한 때에는 그 하자가 중대하고 명백하여 무효이다(대판 2014. 5. 16 2011두27094).
>
> ● **판례 21:** 법률관계나 사실관계에 대하여 그 법률의 규정을 적용할 수 없다는 법리가 명백히 밝혀지지 아니하여 그 해석에 다툼의 여지가 있는 때에는 행정관청이 이를 잘못 해석하여 행정처분을 하였더라도 이는 그 처분 요건사실을 오인한 것에 불과하여 그 하자가 명백하다고 할 수 없으므로 취소 사유의 하자이다(대판 2014. 5. 16, 2011두27094).

01 취소할 수 있는 행정행위는 제소기간의 제한을 받지만 무효인 행정행위는 제소기간의 제한을
받지 않는다. (2013, 국회직 9급) ··· [O, X]

02 통설에 의하면 취소할 수 있는 행정행위에 대해서는 사정판결이 인정되나, 무효인 행정행위
에 대해서는 인정되지 아니한다. (2008, 국회직 8급) ··· [O, X]

03 행정처분이 당연무효이기 위해서는 그 하자가 법규의 중요한 부분을 위반한 중대한 것으로서
객관적으로 명백한 것이어야 한다. (2018, 사회복지직 9급) ··································· [O, X]

04 임용 당시 법령상 공무원임용 결격사유가 있었더라도 임용권자의 과실에 의하여 임용결격자
임을 밝혀내지 못한 경우라면 그 임용행위가 당연무효가 된다고 할 수는 없다. (2016, 국가직 9급) ······· [O, X]

05 구 "폐기물처리시설 설치촉진 및 주변지역 지원 등에 관한 법률"상 입지선정위원회가 동법 시
행령의 규정에 위배하여 군수와 주민대표가 선정, 추천한 전문가를 포함시키지 않은 채 임의
로 구성되어 의결을 한 경우에 이에 터잡아 이루어진 폐기물처리시설 입지결정처분은 당연무
효가 된다. (2019, 국가직 7급) ··· [O, X]

06 무권한의 행위는 원칙적으로 무효라고 할 것이므로, 5급 이상의 국가정보원 직원에 대해 임면
권자인 대통령이 아닌 국가정보원장이 행한 의원면직처분은 당연무효에 해당한다.
(2018, 지방직 9급) ··· [O, X]

07 판례는 환경영향평가를 거쳐야 할 대상사업에 대하여 이를 거치지 아니하였음에도 불구하고
승인 등 처분이 이루어졌다면 이는 당연무효의 입장이다. (2017, 국회직 8급) ··································· [O, X]

08 행정절차법상 청문절차를 거쳐야 하는 처분임에도 청문절차를 결여한 처분은 당연무효이다.
(2017, 지방직 7급) ⸺⸺⸺⸺⸺⸺⸺⸺⸺⸺⸺⸺⸺⸺⸺ [O, X]

09 법령상 문서에 의하도록 한 행정행위를 문서에 의해 하지 아니한 때, 그 처분은 하자가 중대하
고 명백하여 원칙적으로 무효이다. (2016, 서울시 7급) ⸺⸺⸺⸺⸺⸺⸺⸺⸺⸺ [O, X]

10 법률관계나 사실관계에 대하여 그 법률의 규정을 적용할 수 없다는 법리가 명백히 밝혀지지
아니하여 그 해석에 다툼의 여지가 있는 경우에, 행정관청이 이를 잘못 해석하여 행정처분을
하였다면 그 처분의 하자는 객관적으로 명백하다고 볼 것이나, 중대한 것은 아니므로 이를 이
유로 무효를 주장할 수는 없다. (2020, 소방직 9급) ⸺⸺⸺⸺⸺⸺⸺⸺⸺⸺⸺ [O, X]

정답   01 O   02 O   03 O   04 X   05 O   06 X   07 O   08 X   09 O   10 X

Ⅰ. 위헌결정과 소급효

1. 문제 상황

헌법재판소가 법령에 대해 위헌결정을 하면 그 법령은 효력이 소멸합니다. 그런데 법령이 **소급하여 효력을 상실하는지 아니면 장래를 향해 효력을 상실**하는지가 문제됩니다. 소급효를 인정하면 개인의 권리 구제에 용이하며, 장래효를 인정할 경우에는 법적인 안정성이 높아집니다.

헌법재판소법 제47조는 **원칙적으로 장래효**를 규정하고 있으나, 판례는 예외적으로 소급효를 인정하고 있습니다.

○ **헌법재판소법 제47조(위헌결정의 효력)** ① 법률의 위헌결정은 법원과 그 밖의 국가기관 및 지방자치단체를 기속(羈束)한다.
② 위헌으로 결정된 법률 또는 법률의 조항은 **그 결정이 있는 날부터 효력을 상실**한다.

---

2. 판례

가. 헌법재판소

헌법재판소는 **당해 사건, 동종 사건, 병행사건, 기타 정의와 형평 등을 고려할 필요가 있는 경우**에 소급효를 인정합니다(판례 1).

● **판례 1:** 헌법재판소에 법률의 위헌결정을 위한 계기를 부여한 **당해사건**, 위헌결정이 있기 전에 이와 동종의 위헌 여부에 관하여 헌법재판소에 위헌제청을 하였거나 **법원에 위헌제청신청을 한 경우의 당해 사건**(동종사건), 그리고 따로 위헌제청신청을 아니하였지만 당해 법률 또는 법률의 조항이 재판의 전제가 되어 **법원에 계속 중인 사건**(병행사건)에 대하여는 소급효를 인정하여야 한다(헌재 1993. 5. 13, 92헌가10).

나. 대법원

대법원은 당해사건, 병행사건뿐만 아니라 **위헌결정 후 제소된 일반사건에 대해서도 소급효를 인정**합니다(판례 2). 다만, **법적 안정성의 유지 등 일정한 사유(불가쟁력 발생 등)**가 있는 경우에는 **소급효가 미치지 않는다**고 봅니다(판례 3).

● **판례 2:** 헌법재판소의 위헌결정의 효력은 위헌제청을 한 **당해 사건**은 물론 위헌제청신청은 아니하였지만 당해 법률 또는 법률의 조항이 재판의 전제가 되어 **법원에 계속중인 사건**뿐만 아니라 **위헌결정 이후에 위와 같은 이유로 제소된 일반사건**에도 미친다(대판 1993. 2. 26, 92누12247).

> **[사실관계]** A는 1980년 국가보위입법회의법에 의해 면직처분되었다가 재임용되었는데, 1989년 헌법재판소
> 는 국가보위입법회의법 규정에 대해 위헌결정을 하였다. A는 1991년 퇴직급여액을 청구하면서 국가보위입
> 법회의법에 의한 면직처분이 무효라고 주장하며 재직기간합산신청을 하였다.
> **[판시]** 위헌결정의 소급효가 미치는 이상, 위헌결정된 국가보위입법회의법 규정에 의하여 이루어진 A에 대
> 한 1980년 면직처분은 당연무효의 처분이 된다.
> ● **판례 3:** 이미 취소소송의 제기기간을 경과하여 **확정력이 발생한 행정처분의 경우에는 위헌결정의 소급효가**
> **미치지 않는다**(대판 2002. 11. 8, 2001두3181).

Ⅱ. 위헌결정 이후에 행정행위가 행해진 경우

법률에 대해 위헌결정이 내려진 후에 그 법률에 근거하여 행정행위가 행해졌다면, **이러한 하자는 중대하
고 명백하여 당연무효**입니다(판례 4).

> ● **판례 4:** 조세 부과의 근거가 되었던 법률규정이 위헌으로 선언된 경우, 위헌결정 이후에 조세채권의 집행을
> 위한 새로운 **체납처분**에 착수하거나 이를 속행하는 것은 더 이상 허용되지 않고, 위헌결정의 효력에 위배하여
> 이루어진 체납처분은 하자가 중대하고 객관적으로 명백하여 당연무효이다(대판 2012. 2. 16, 2010두10907).

Ⅲ. 행정행위 이후에 위헌결정이 내려진 경우

1. 행정행위의 효력
가. 대법원

대법원은 중대명백설의 입장에서 위헌결정이 있기 전까지는 하자가 명백하다고 볼 수 없어, **취소할 수 있
는 행정행위**라고 봅니다(판례 5~6).

> ● **판례 5:** 일반적으로 법률이 헌법에 위반된다는 사정이 헌법재판소의 위헌결정이 있기 전에는 객관적으로 명
> 백한 것이라고 할 수는 없으므로 헌법재판소의 위헌결정 전에 행정처분의 근거되는 당해 법률이 헌법에 위반된
> 다는 사유는 특별한 사정이 없는 한 그 행정처분의 **취소소송의 전제가 될 수 있을 뿐 당연무효사유는 아니다**(대
> 판 1994. 10. 28, 92누9463).
> ● **판례 6:** 일반적으로 시행령이 헌법이나 법률에 위반된다는 사정은 그 시행령의 규정을 위헌 또는 위법하여
> 무효라고 선언한 **대법원의 판결이 선고되지 아니한 상태**에서는 그 시행령 규정의 위헌 내지 위법 여부가 해석상
> 다툼의 여지가 없을 정도로 명백하였다고 인정되지 아니하는 이상 객관적으로 **명백한 것이라 할 수 없으므로,**
> 이러한 시행령에 근거한 행정처분의 하자는 **취소사유에 해당**할 뿐 무효사유가 되지 아니한다(대판 2007. 6. 14,
> 2004두619).

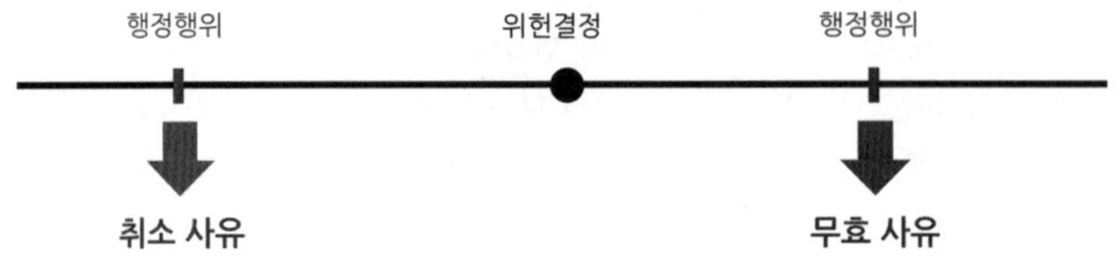

<그림 42> 위헌 결정과 행정행위의 효력

나. 헌법재판소

헌법재판소도 원칙적으로 무효 사유가 아니라 **취소 사유**라고 봅니다. 다만, 무효로 하더라도 법적 안정성을 크게 해치지 않는 등 일정한 경우에는 예외적으로는 당연무효라는 입장입니다(판례 7).

> ● **판례 7:** 행정처분 자체의 효력이 쟁송기간 경과 후에도 존속 중인 경우, 특히 그 처분이 위헌법률에 근거하여 내려진 것이고 그 행정처분의 목적달성을 위하여서는 후행 행정처분이 필요한데 후행 행정처분은 아직 이루어지지 않은 경우와 같이 **그 행정처분을 무효로 하더라도 법적 안정성을 크게 해치지 않는 반면에 그 하자가 중대하여 그 구제가 필요한 경우에 대하여서는 그 예외를 인정하여 이를 당연무효사유**로 봐야 할 것이다(헌재 1994. 6. 30, 92헌바23).

2. 행정행위의 집행력

가. 문제 상황

처분 후 처분의 근거법률이 위헌으로 결정되었는데 행정의 상대방이 처분으로 부과된 의무를 이행하지 않고 있는 경우, **위헌 결정 후에도 강제집행절차를 진행할 수 있는지**가 문제됩니다. 예를 들어 과세처분 후 세금을 납부하지 않은 상태에서 처분의 근거법률이 위헌결정된 경우에 세금에 대한 강제징수가 가능한지의 문제입니다.

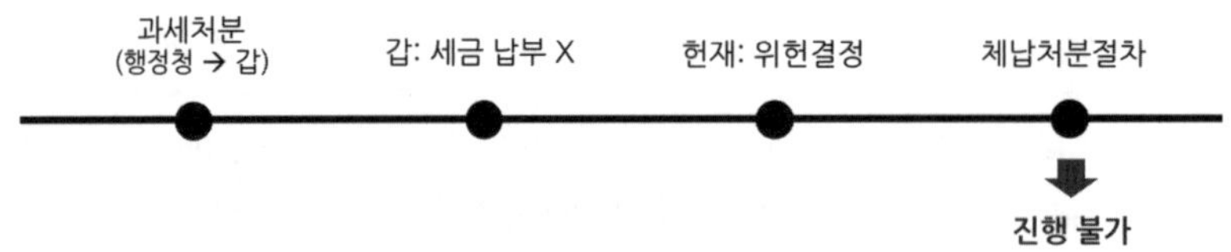

<그림 43> 행정행위의 집행력

나. 판례

위헌인 법률에 근거한 행정처분의 집행이나 집행력을 유지하기 위한 행위는 위헌결정의 기속력에 위반되어 허용되지 않습니다(판례 8~10).

● **판례 8**: 위헌결정 이전에 이미 부담금 부과처분과 압류처분 및 이에 기한 압류등기가 이뤄지고 확정되었더라도, **위헌결정 이후에는 별도의 행정처분인 매각처분, 분배처분 등 후속 체납처분절차를 진행할 수 없다**(대판 2002. 8. 23, 2001두2959).

● **판례 9**: 조세 부과의 근거가 되었던 법률규정이 위헌으로 선언된 경우, 비록 그에 기한 과세처분이 위헌결정 전에 이루어졌고, 과세처분에 대한 제소기간이 이미 경과하여 조세채권이 확정되었으며, 조세채권의 집행을 위한 체납처분의 근거규정 자체에 대하여는 따로 위헌결정이 내려진 바 없다고 하더라도, 위와 같은 위헌결정 이후에 조세채권의 집행을 위한 새로운 체납처분에 착수하거나 이를 속행하는 것은 더 이상 허용되지 않고, 나아가 **이러한 위헌결정의 효력에 위배하여 이루어진 체납처분은 그 사유만으로 하자가 중대하고 객관적으로 명백하여 당연무효**라고 보아야 한다(대판 2012. 2. 16, 2010두10907).

　　[판시] 국가기관 및 지방자치단체는 위헌으로 선언된 법률규정에 근거하여 새로운 행정처분을 할 수 없음은 물론이고, 위헌결정 전에 이미 형성된 법률관계에 기한 후속처분이라도 그것이 새로운 위헌적 법률관계를 생성·확대하는 경우라면 이를 허용할 수 없다.

● **판례 10**: 위헌결정 이전에 이미 택지초과소유부담금 부과처분과 압류처분 및 이에 기한 압류등기가 이루어지고 각 처분이 확정되었다고 하여도, 위헌결정 이후에는 별도의 행정처분인 공매처분 등 후속 체납처분 절차를 진행할 수 없는 것은 물론이고, **별도의 채무명의가 없는 한 기존의 압류등기만으로는 다른 사람에 의하여 개시된 임의경매절차에서 배당을 받을 수도 없다**(대판 2002. 4. 12, 2002다2294).

01 헌법재판소법 제47조는 위헌으로 결정된 법률 또는 법률의 조항은 원칙적으로 그 법률 또는 법률 조항이 제정된 날까지 소급하여 관련된 사건의 효력을 상실시킨다고 규정하고 있다.
(2013, 서울시 7급) ··· [O, X]

02 헌법재판소의 위헌결정의 효력은 위헌제청을 한 당해 사건은 물론 위헌제청신청은 아니하였지만 당해 법률 또는 법률의 조항이 재판의 전제가 되어 법원에 계속 중인 사건에도 미친다.
(2019, 사회복지직 9급) ··· [O, X]

03 위헌결정은 원칙적으로 장래효를 가지나, 예외적으로 당해사건, 동종사건, 병행사건에 효력을 미치며, 위헌결정 이후 제소된 일반사건에서도 소급효의 부인이 정의와 형평에 반하는 경우에는 소급효가 인정된다. (2020, 국회직 8급) ····························· [O, X]

04 취소소송의 제기기간을 경과하여 불가쟁력이 발생한 행정처분에도 위헌결정의 소급효가 미친다. (2017, 서울시 7급) ··· [O, X]

05 처분의 근거가 되었던 법률규정에 대하여 위헌결정이 내려진 후 행한 처분의 집행행위는 당연무효이다. (2019, 소방직 9급) ······································· [O, X]

06 헌법재판소가 법률을 위헌으로 결정하였다면 이러한 결정이 있은 후 그 법률을 근거로 한 행정처분은 중대한 하자이기는 하나 명백한 하자는 아니므로 당연무효는 아니다.
(2015, 국가직 9급) ··· [O, X]

07 일반적으로 시행령이 헌법이나 법률에 위반된다는 사정은 그 시행령의 규정을 위헌 또는 위법하여 무효라고 선언한 대법원의 판결이 선고되지 않은 상태에서도 그 시행령 규정의 위헌 내지 위법 여부가 객관적으로 명백하다고 할 수 있으므로, 이러한 시행령에 근거한 행정처분의 하자는 무효사유에 해당한다. (2018, 국가직 9급) ······················· [O, X]

08 위헌법률에 기한 행정처분의 집행이나 집행력을 유지하기 위한 행위는 위헌결정의 기속력에 위반되어 허용되지 않는다. (2018, 경행특채) ·········· [O, X]

09 과세처분 이후 조세 부과의 근거가 되었던 법률규정에 대하여 위헌결정이 내려진 경우, 위헌 결정 이후 그 조세채권의 집행을 위한 체납처분은 당연무효이다. (2021, 지방직/서울시 7급) ·········· [O, X]

10 부담금 부과처분 이후에 처분의 근거법률이 위헌결정된 경우, 그 부과처분에 불가쟁력이 발생하였고 위헌결정 전에 이미 관할 행정청이 압류처분을 하였다면, 위헌결정 이후에도 후속 절차인 체납처분절차를 통하여 부담금을 강제징수할 수 있다. (2016, 국가직 9급) ·········· [O, X]

정답　01 X　02 O　03 O　04 X　05 O　06 X　07 X　08 O　09 O　10 X

Ⅰ. 하자 있는 행정행위의 치유

1. 의의

하자 있는 행정행위의 **치유(治癒)**란 행정행위가 발령 당시에 위법한 것이라고 하여도 사후에 흠결을 보완하여 적법한 행위로 취급하는 걸 말합니다.

2. 인정 여부

가. 예외적 인정

법치주의 관점에서 보면 하자 있는 행정행위의 치유는 원칙적으로 인정되지 않습니다. 하지만 치유를 허용하지 않으면 행정행위가 불필요하게 반복될 수 있고 당사자의 법적 안정성이 침해될 수 있으므로 예외적으로 인정됩니다.

판례 역시 **하자 있는 행정행위는 국민의 권리나 이익을 침해하지 않는 범위에서 예외적으로 인정**된다는 입장입니다(판례 1).

> ● **판례 1:** 하자 있는 행정행위의 치유는 행정행위의 성질이나 법치주의의 관점에서 볼 때 원칙적으로 허용될 수 없는 것이고 예외적으로 행정행위의 무용한 반복을 피하고 당사자의 법적 안정성을 위해 이를 허용하는 때에도 **국민의 권리나 이익을 침해하지 않는 범위에서 구체적 사정에 따라 합목적적으로 인정**하여야 할 것이다(대판 1992. 5. 8, 91누13274).

나. 무효 사유인 경우

하자의 치유는 취소할 수 있는 행정행위에 대해서만 인정되고 **무효인 행정행위에 대해서는 하자의 치유가 인정되지 않습니다**(판례 2). 무효인 행정행위에 대해 하자의 치유를 인정하면 법적 안정성이 심히 침해되기 때문입니다.

> ● **판례 2:** 징계처분이 중대하고 명백한 흠 때문에 당연무효의 것이라면 징계처분을 받은 자가 이를 용인하였다 하여 그 흠이 치료되는 것은 아니다(대판 1989. 12. 12, 88누8869).

3. 치유의 효과

행정행위의 하자가 치유되면 **당해 행정행위는 처음부터 하자가 없는 적법한 행정행위로서 효력이 발생**합니다. 즉, 치유의 효과는 소급적입니다.

4. 치유 사유

가. 절차상 하자

청문통지기간을 지키지 않았으나 방어의 기회를 충분히 준 경우, 납세고지서에 기재사항이 누락되었더라도 불복 여부 결정에 지장을 받지 않은 경우에는 하자의 치유가 인정된다(판례 3~4).

> ● **판례 3:** 행정청이 식품위생법상의 청문절차를 이행함에 있어 청문서 도달기간을 지키지 않았다면 절차적 요건을 준수하지 않은 것이므로 이를 바탕으로 한 행정처분은 일단 위법하지만, **행정청이 청문서 도달기간을 다소 어겼다하더라도** 영업자가 이에 대하여 이의하지 아니한 채 **스스로 청문일에 출석하여 의견을 진술하는 등 방어의 기회를 충분히 가졌다면** 청문서 도달기간을 준수하지 아니한 하자는 치유되었다고 봄이 상당하다(대판 1992. 10. 23, 92누2844).
> ● **판례 4:** 과세관청이 납세의무자에게 보낸 과세예고통지서 등에 의하여 납세의무자가 그 처분에 대한 **불복 여부의 결정 및 불복신청에 전혀 지장을 받지 않았음이 명백**하다면, 이로써 납세고지서의 흠결이 보완되거나 하자가 치유된다(대판 1998. 6. 26, 96누12634).

나. 내용상 하자

행정행위의 **내용상 하자가 있는 경우에는 하자의 치유가 인정되지 않습니다**(판례 5).

> ● **판례 5:** 처분에 관한 하자가 행정처분의 내용에 관한 것인 경우에는 하자의 치유를 인정치 않는다(대판 1991. 5. 28, 90누1359 판결).

5. 치유의 시간적 한계

가. 문제의 소재

하자의 치유를 인정하더라도 어느 시점까지 치유를 인정할 수 있는지가 문제됩니다.

나. 학설 및 판례

학설은 ① 쟁송제기이전시설(행정쟁송 제기 이전까지만 치유가 가능하다는 견해), ② 쟁송종결시설(행정쟁송 제기 이후에도 치유가 가능하다는 견해)가 대립합니다.

판례는 하자의 치유는 "**불복 여부 결정 및 불복신청에 편의를 줄 수 있는 상당한 기간 내**에 이뤄져야 한다"는 입장으로, **쟁송제기이전시설**을 따르고 있습니다(판례 6).

단, 행정청은 행정소송이 계속되고 있는 때에도 직권으로 처분을 변경할 수 있고, **당초 처분 자체를 일부 취소하는 변경처분은 흠의 치유와는 차이**가 있습니다(판례 7).

● **판례 6:** 치유를 허용하려면 늦어도 **과세처분에 대한 불복여부의 결정 및 불복신청에 편의를 줄 수 있는 상당한 기간**내에 하여야 한다(대판 1983. 7. 26, 82누420).

● **판례 7:** 점용료 부과처분에 취소사유에 해당하는 흠이 있는 경우 도로관리청으로서는 당초 처분 자체를 취소하고 흠을 보완하여 새로운 부과처분을 하거나, 흠 있는 부분에 해당하는 점용료를 감액하는 처분을 할 수 있고, **점용료를 감액하는 처분은 당초 처분 자체를 일부 취소하는 변경처분**에 해당하고, 그 실질은 종래의 위법한 부분을 제거하는 것으로서 흠의 치유와는 차이가 있다(대판 2019. 1. 17, 2016두56721, 56738).

Ⅱ. 하자 있는 행정행위의 전환

1. 의의

하자 있는 행정행위의 **전환(轉換)**은 하자 있는 행정행위가 다른 행정행위의 적법요건을 갖춘 경우, 다른 행정행위의 효력발생을 인정하는 것을 말합니다. 예를 들어, 사망자에 대한 조세부과처분을 그 상속인에 대한 처분으로 보는 경우입니다.

● **판례 8:** 귀속재산을 불하(拂下, 국가 또는 공공 단체의 재산을 개인에게 팔아넘기는 일)받은 자가 사망한 후에 그 수불하자에 대하여 한 그 불하처분은 사망자에 대한 행정처분이므로 무효이지만 그 취소처분을 수불하자의 상속인에게 송달한 때에는 그 송달시에 그 상속인에 대하여 다시 그 불하처분을 취소한다는 새로운 행정처분을 한 것이라고 할 것이다(대판 1969. 1. 21, 68누190).

2. 효과

하자 있는 행정행위의 전환은 새로운 행정행위를 가져오며 새로운 행위의 효력은 하자 있는 행정행위의 발령 시점에 발생합니다.

3. 요건

가. 적극적 요건

전환이 이뤄지기 위해서는 ① 전환 전의 행정행위가 위법해야 하고, ② 전환 후의 행정행위는 적법요건을 갖춰야 하며, ③ 전환 전의 행위와 전환 후의 행위가 목적 및 효과가 동일해야 합니다. 또한 전환을 위해서는 ④ 관계자에게 청문의 기회를 부여해야 합니다.

나. 소극적 요건

전환이 행정청의 의사에 반하거나 관계자에게 불이익하면 전환이 이뤄지지 않습니다.

01 하자 있는 행정행위의 치유는 행정경제를 도모하기 위하여 원칙적으로 허용된다.
(2019, 소방직 9급) ··· [O, X]

02 행정행위의 하자가 치유되면 당해 행정행위는 처분 당시부터 하자가 없는 적법한 행정행위로
효력을 발생한다. (2019, 서울시 1회 9급) ··· [O, X]

03 하자의 치유는 취소할 수 있는 행정행위에 대하여서만 인정된다. (2016, 국회직 8급) ·········· [O, X]

04 징계처분이 중대하고 명백한 하자 때문에 당연무효의 것이라면 징계처분을 받은 자가 이를
용인하였다 하여 그 하자가 치유되는 것이 아니다. (2019, 지방직, 교육행정직 9급) ············ [O, X]

05 행정청이 청문서 도달기간을 다소 어겼다 하더라도 당사자가 이에 대하여 이의하지 아니한
채 스스로 청문일에 출석하여 방어의 기회를 충분히 가졌다면 청문서 도달기간을 준수하지
아니한 하자는 치유된다. (2016, 지방직 9급) ··· [O, X]

06 행정행위의 내용상의 하자는 치유의 대상이 될 수 있으나, 형식이나 절차상의 하자에 대해서
는 치유가 인정되지 않는다. (2016, 국가직 9급) ··· [O, X]

07 행정처분의 이유제시가 아예 결여되어 있는 경우에 이를 사후적으로 추완하거나 보완하는 것
은 늦어도 당해 행정처분에 대한 쟁송이 제기되기 전에는 행해져야 위법성이 치유될 수 있다.
(2018, 지방직 9급) ·· [O, X]

08 하자의 치유는 늦어도 행정처분에 대한 불복 여부의 결정 및 불복신청을 할 수 있는 상당한 기
간 내에 해야 하므로, 소가 제기된 이후에는 하자의 치유가 인정될 수 없다.
(2014, 사회복지직 9급) ·· [O, X]

09 도로관리청이 도로점용허가를 함에 있어서 특별사용의 필요가 없는 부분을 도로점용허가의 점용장소 및 점용면적으로 포함한 흠이 있고 그로 인하여 점용료 부과처분에도 흠이 있게 된 경우, 흠 있는 부분에 해당하는 점용료를 감액하는 것은 당초 처분 자체를 일부 취소하는 변경처분이 아니라 흠의 치유에 해당한다. (2000, 경찰직) ·· [O, X]

10 귀속재산을 불하받은 자가 사망한 후에 불하처분의 취소처분을 수불하자의 상속인에게 송달한 때에는 그 상속인에 대하여 다시 그 불하처분을 취소한다는 새로운 행정청분을 한 것으로 본다. (2018, 서울시 2회 7급) ·· [O, X]

I. 직권취소의 의의

1. 개념

가. 취소

취소(取消)란 행정행위의 성립 당시에 흠이 있음에도 불구하고 일단 유효하게 성립한 행정행위를 나중에 성립상의 하자를 이유로 권한 있는 기관이 그 효력을 소멸시키는 행위를 말합니다.

나. 구별 개념

취소와 비슷한 개념으로 철회와 실효가 있습니다. 취소와 철회는 행정행위 성립 당시에 하자가 있었는지의 여부에 따라 구별됩니다. 성립 당시에 이미 하자가 있었을 때 하는 것이 취소인데 반해, 성립 당시에는 하자가 없었지만 새로운 사정이 생겨서 하는 것이 **철회(撤回)**입니다. 개념적으로는 철회와 취소가 구별되지만, 행정행위의 효력을 없앤다는 점에서는 비슷해서 간혹 취소와 철회가 혼용되어 철회를 취소로 표현하는 경우도 있습니다.

실효(失效)는 하자 없이 적법하게 성립한 행정행위가 일정한 사실의 발생에 의해 당연히 그 효력이 소멸하는 것을 말합니다.

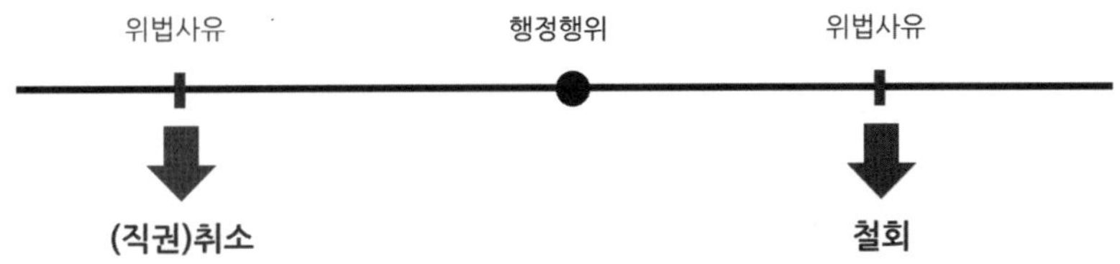

〈그림 44〉 직권취소와 철회

다. 행정기본법

"행정기본법"은 직권취소와 철회의 일반적 근거규정을 두고 있어, 직권취소나 철회는 개별법률의 근거가 **없어도 가능**합니다(행정기본법 제18조, 제19조).

□ **행정기본법**

○ **제18조(위법 또는 부당한 처분의 취소)** ① 행정청은 위법 또는 부당한 처분의 전부나 일부를 소급하여 취소할 수 있다. 다만, 당사자의 신뢰를 보호할 가치가 있는 등 정당한 사유가 있는 경우에는 장래를 향하여 취소할 수 있다.

○ **제19조(적법한 처분의 철회)** ① 행정청은 적법한 처분이 다음 각 호의 어느 하나에 해당하는 경우에는 그 처분의 전부 또는 일부를 장래를 향하여 철회할 수 있다.

---

2. 취소의 종류

취소를 할 수 있는 권한 있는 기관은 행정기관과 법원(행정심판위원회)이 있습니다. 행정기관이 스스로 행하는 취소를 **직권취소(職權取消)**라 하고, 법원(행정심판위원회)이 행하는 취소를 **쟁송취소(爭訟取消)**라 합니다.

II. 직권취소의 내용

1. 취소의 법적 근거

행정행위를 직권취소하기 위해 반드시 법적인 근거가 필요하지는 않습니다. 즉, 해당 행정행위를 한 처분청은 **취소에 관한 별도의 법적 근거가 없더라도 행정행위를 취소할 수 있습니다**(판례 1).

> ● **판례 1:** 처분청은 그 행위에 하자가 있는 경우에는 원칙적으로 **별도의 법적 근거가 없더라도 스스로 이를 직권으로 취소**할 수 있다(대판 1995. 9. 15, 95누6311).

2. 취소신청권과 취소소송 진행 중의 직권취소 가능성

가. 취소신청권

취소 사유(행정행위에 위법 또는 부당)가 있으면 취소를 할 수 있습니다. 한편, 행정청이 직권취소를 할 수 있다는 사정이 있다고 하여 곧바로 **이해관계인이 행정청에 대해 취소를 요구할 신청권이 있다고 볼 수는 없습니다**(판례 2).

> ● **판례 2:** 직권취소를 할 수 있다는 사정만으로 이해관계인에게 처분청에 대하여 그 취소를 요구할 신청권이 부여된 것으로 볼 수는 없으므로, 처분청이 이해관계인의 복구준공통보 등의 취소신청을 거부하더라도, 그 거부행위는 항고소송의 대상이 되는 처분에 해당하지 않는다(대판 2006. 6. 30, 2004두701).

나. 취소소송 진행 중의 직권취소가능성

행정행위에 대해 국민이 소송을 제기하여 행정소송이 진행 중인 상황이더라도, **행정청이 위법한 행정행위의 하자를 없애기 위해 직권취소를 하는 건 가능**합니다(판례 3).

> ● **판례 3:** 변상금 부과처분에 대한 취소소송이 진행중이라도 그 부과권자로서는 위법한 처분을 **스스로 취소하고 그 하자를 보완하여 다시 적법한 부과처분**을 할 수도 있는 것이어서 권리행사에 법률상의 장애사유가 있는 경우에 해당한다고 할 수 없으므로, **처분에 대한 취소소송이 진행되는 동안에도 부과권의 소멸시효가 진행**된다(대판 2006. 2. 10, 2003두5686).

3. 취소의 제한

가. 침익적 행정행위

침익적 행정행위(예: 과징금 부과처분)을 취소하는 건 행정의 상대방에게 유리하므로, 침익적 행정행위에 대한 취소는 자유로운 편입니다.

나. 수익적 행정행위

하지만 수익적 행정행위(예: 영업허가)를 취소하면 행정의 상대방에게 불리해서 취소가 제한될 수 있습니다. 행정처분에 하자가 있어 취소해야 할 공익상 필요가 있더라도 취소로 인해 당사자가 입게 될 기득권과 신뢰보호 및 법률생활 안정의 침해 등 불이익을 비교·교량한 후 **공익상 필요가 당사자가 입을 불이익을 정당화할 만큼 강한 경우에만 취소가 가능**합니다(판례 4). 그리고 하자나 취소해야 할 필요성에 관한 증명책임은 기존 이익과 권리를 침해하는 처분을 한 행정청이 부담합니다.

다만 **중대한 공익상의 필요**가 있거나, **취소의 상대방에게 사실은폐나 사위(사기) 등의 귀책사유가 있는 경우**에는 취소가 제한되지 않습니다(판례 5).

● **판례 4:** 수익적 행정처분을 취소하면 이미 부여된 그 국민의 기득권을 침해되므로, 취소 사유가 있더라도 취소권 행사는 기득권의 침해를 정당화할 만한 **중대한 공익상의 필요 또는 제3자의 이익보호의 필요가 있는 때에 한하여 상대방이 받는 불이익과 비교·교량하여 결정**하여야 하고, 처분으로 인하여 공익상의 필요보다 상대방이 받게 되는 불이익 등이 막대한 경우에는 재량권의 한계를 일탈한 것으로서 그 자체가 위법하다(대판 2004. 11. 26, 2003두10251,10268).

● **판례 5:** 수익적 행정처분의 하자가 당사자의 **사실은폐나 기타 사위**(詐僞, 거짓을 꾸밈)**의 방법에 의한 신청행위에 기인한 것이라면 행정청이 당사자가 입게 될 불이익을 고려하지 않았어도** 재량권의 남용이 되지 않는다(대판 2006. 5. 25, 2003두4669).

---

4. 취소의 절차 및 효과

가. 취소의 절차

행정행위의 취소는 그 자체로 독립적인 행정행위의 성격을 가지므로, **행정절차법에 따른 절차**를 거쳐야 합니다. 특히 수익적 행정행위의 취소는 그 자체가 불이익처분한 처분이므로, 행정절차법에 따른 사전통지, 의견청취 등의 절차를 지켜야 한다.

나. 취소의 효과

(1) 효력 발생 시점

원칙적으로 취소의 효과는 소급합니다. 그러나 수익적 행정행위의 경우 법적 안정성과 신뢰보호 관점에서 장래를 향하여 발생하기도 합니다. 대체로 침익적 행정행위에 대한 취소의 효과는 소급적이나, 수익적 행정행위에 대한 취소의 효과는 장래적입니다. 취소의 효과에 대해서는 행정기본법 제18조에 규정되어 있습니다.

○ **행정기본법 제18조(위법 또는 부당한 처분의 취소)** ① 행정청은 위법 또는 부당한 처분의 전부나 일부를 소급하여 취소할 수 있다. **다만, 당사자의 신뢰를 보호할 가치가 있는 등 정당한 사유가 있는 경우에는 장래를 향하여 취소할 수 있다.**

(2) 직권취소와 환수처분

특정한 행정행위로 인해 국민에게 금전적 혜택(국민연금, 노령연금, 보험급여 등)이 제공되었는데, 그 행정행위(지급결정)가 취소되면 제공된 금전적 혜택을 환수하는 일이 발생합니다. 이때 **지급결정 취소가 적법하다고 해서 환수처분이 반드시 적법한 건 아닙니다**(판례 6). 지급결정 취소처분은 적법하지만 환수처분은 적법하지 않아서 환수를 할 수 없는 경우(예: 국민의 경제적 사정이 열악하여 환수를 해 버리면 지나치게 가혹한 경우)도 있습니다.

● **판례 6:** 연금 지급결정을 취소하는 처분과 그 처분에 기초하여 잘못 지급된 급여액에 해당하는 금액을 환수하는 처분이 적법한지를 판단하는 경우 비교·교량할 각 사정이 동일하다고는 할 수 없으므로, 연금 지급결정을 취소하는 처분이 적법하다고 하여 환수처분도 반드시 적법하다고 판단하여야 하는 것은 아니다(대판 2017. 3. 30, 2015두43971).

III. 직권취소의 취소

1. 문제 상황

행정청이 원행정행위를 한 뒤 직권취소를 하였는데, 그 직권취소에 하자가 존재하여 직권취소를 다시 취소하는 경우도 있습니다. 이때 직권취소처분을 다시 취소하면 원행정행위의 효력이 자동적으로 소생되는지, 아니면 동일한 내용의 원행정행위를 다시 해야 효력이 생기는지 문제됩니다. 판례는 원행정행위가 침익적인지 수익적인지에 따라 다르게 판단합니다.

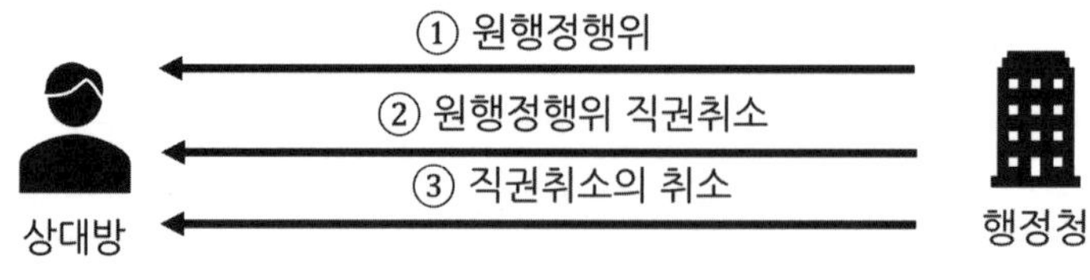

〈그림 45〉 직권취소의 취소

2. 효과

가. 침익적 원행정행위

원행정행위가 침익적인 경우(예: 과세처분), 직권취소에 대한 취소로 원행정행위를 자동적으로 소생시키면 행정행위의 상대방(국민)에게 불이익해집니다. 따라서 이 경우에는 **원행정행위(예: 과세처분)가 자동적으로 소생하지 않고, 동일한 내용의 행정행위를 다시 행해야** 합니다(판례 7).

> ● **판례 7:** 과세관청은 부과의 취소를 다시 취소함으로써 원부과처분을 소생시킬 수는 없고 납세의무자에게 종전의 과세대상에 대한 납부의무를 지우려면 **다시 법률에서 정한 부과절차에 좇아 동일한 내용의 새로운 처분을 해야** 한다(대판 1995. 3. 10, 94누7027).

나. 수익적 원행정행위

원행정행위가 수익적인 경우(예: 의료법인의 이사에 대한 이사취임승인), 직권취소에 대한 취소로 원행정행위를 자동적으로 **소생시키면 행정행위의 상대방(국민)에게 이익이 됩니다. 따라서 이 경우에는 원행정행위가 자동으로 소생하고, 동일한 행정행위를 다시 할 필요가 없습니다**(판례 8).

그러나 수익적 행정행위의 직권취소를 취소하여 원처분이 소생되면 **새롭게 제3자의 권익이 침해**될 수도 있습니다. **이럴 때에는 원처분을 소생시킬 수 없습니다**(판례 9).

> ● **판례 8:** 행정청이 의료법인의 이사에 대한 이사취임승인취소처분(제1처분)을 직권으로 취소(제2처분)한 경우 그로 인해 이사가 소급하여 이사로서의 지위를 회복한다(대판 1997. 1. 21, 96누3401).
>
> ● **판례 9:** 광업권 설정의 선출원이 있는 경우에는 광업권 취소처분을 취소시켜 광업권을 복구시키는 처분은 위법하다(대판 1967. 10. 23, 67누126).

원행정행위	직권취소 효과	직권취소의 취소 시 효과
침익적 행정행위 (예: 과세처분)	수익적	침익적 → 원처분행위 소생 X (재처분해야 원처분행위 가능)
수익적 행정행위 (예: 이사 취임 승인)	침익적	수익적 → 원처분행위 소생 O (재처분 불필요)
수익적 행정행위(제3자효) (예: 광업권 허가)	당사자: 침익적 제3자: 수익적	당사자: 수익적 제3자: 침익적 → 원처분행위 소생 X (직권취소는 위법)

1. 의의

행정행위의 **철회(撤回)**란 하자 없이 적법하게 성립한 행정행위의 효력을 후발적인 사유를 이유로 행정청이 장래를 향하여 상실시키는 독립된 행정행위를 말합니다.

건축주가 토지 소유자로부터 토지사용승낙을 받아 건축허가를 받은 상황을 예로 들어 보겠습니다. 이때 건물을 착공하기 전에 건축주의 잘못으로 토지를 사용할 권리를 상실하면 행정청은 건축허가를 철회할 수 있습니다. 건축허가가 철회된 건 건축허가를 할 당시에는 토지사용권이 있었지만, 나중에는 토지사용권이 없어졌기 때문입니다.

2. 법적 근거(법률유보의 원칙)

처분 당시에 그 행정처분이 별다른 하자가 없었고 또 처분 후에 이를 **철회할 별도의 법적 근거가 없다 하더라도 사정변경이 생겼거나 중대한 공익상의 필요가 발생**한 경우에는 철회가 가능합니다(판례 10).

> ● **판례 10: 처분청은** 처분 당시에 별다른 하자가 없었고, 또 그 처분 후에 이를 취소[철회]할 **별도의 법적 근거가 없다 하더라도** 원래의 처분을 존속시킬 필요가 없게 된 **사정변경**이 생겼거나 또는 **중대한 공익상의 필요가 발생**한 경우에는 그 효력을 상실케 하는 별개의 행정행위로 이를 취소[철회]할 수 있다(대판 1995. 6. 9, 95누1194).

3. 철회권자

명문의 규정이 없더라도 **처분청은 철회권을 가집니다**(판례 10). 하지만 **감독청은 명문의 규정이 없는 한 철회권을 갖지 않습니다.** 감독청이 철회를 해 버리면 처분청의 권한을 침해하기 때문입니다.

4. 철회의 사유와 철회의 제한

가. 철회의 사유

침익적 행정행위의 취소와 유사하게 침익적 행정행위의 철회는 비교적 자유롭습니다. 하지만 수익적 행정행위를 철회하려면 **일정한 사유가 있어야** 합니다. 철회의 사유로는 ① **철회권의 유보**, ② **부담의 불이행**, ③ **사실관계의 변화**, ④ **법적 상황의 변화**, ⑤ **중대한 공익상의 필요**가 있습니다(판례 11). 또한 직권취소와 마찬가지로 처분의 상대방은 **철회를 요구할 신청권이 없습니다.**

> ● **판례 11:** 수익적 행정행위의 철회는 그 처분 당시 별다른 하자가 없었음에도 불구하고 사후적으로 그 효력을 상실케 하는 행정행위이므로, **법령에 명시적인 규정**이 있거나 행정행위의 부관으로 그 **철회권이 유보**되어 있는 등의 경우가 아니라면, 원래의 행정행위를 존속시킬 필요가 없게 된 **사정변경**이 생겼거나 또는 **중대한 공익상의 필요가 발생한 경우** 등의 **예외적인 경우에만 허용**된다(대판 2005. 4. 29. 2004두11954).

나. 철회의 제한

철회의 사유가 있다고 해서 무조건 철회가 가능한 건 아닙니다. 철회는 초기에 적법하게 성립한 행정행위를 나중에 발생한 사유로 효력을 없애는 것이기 때문에, 철회를 할 때 더욱 조심해야 합니다.

따라서 철회 사유가 있더라도 행정행위의 상대방이 가진 기득권의 침해를 정당화할 만한 중대한 공익상의 필요 또는 제3자의 이익보호의 필요가 있는 때에 한하여, **상대방이 받는 불이익과 비교·형량하여 결정하여야 합니다.** 만약 **철회로 인하여 공익상의 필요보다 상대방이 받게 되는 불이익 등이 막대한 경우에는 재량권의 한계를 일탈한 것으로서 허용되지 않습니다**(판례 12).

> ● **판례 12:** 수익적 행정처분을 취소 또는 철회하는 경우에는 이미 부여된 국민의 기득권을 침해하는 것이 되므로, 처분으로 인하여 공익상의 필요보다 상대방이 받게 되는 불이익 등이 막대한 경우에는 재량권의 한계를 일탈한 것으로서 그 자체가 위법하다(대판 2004. 11. 26, 2003두10251,10268 판결).

다. 행정기본법 규정

철회의 사유 및 제한과 관련해서 행정기본법 규정을 참고하시길 바랍니다.

> ○ **행정기본법 제19조(적법한 처분의 철회)** ① 행정청은 적법한 처분이 다음 각 호의 어느 하나에 해당하는 경우에는 그 처분의 전부 또는 일부를 장래를 향하여 철회할 수 있다.
> 1. 법률에서 정한 철회 사유에 해당하게 된 경우
> 2. 법령등의 변경이나 사정변경으로 처분을 더 이상 존속시킬 필요가 없게 된 경우
> 3. 중대한 공익을 위하여 필요한 경우
> ② 행정청은 제1항에 따라 처분을 철회하려는 경우에는 철회로 인하여 당사자가 입게 될 불이익을 철회로 달성되는 공익과 비교·형량하여야 한다.

5. 철회의 절차와 일부 철회

가. 철회의 절차

철회는 그 자체가 행정행위이므로 행정절차법이 적용되고, 철회를 할 때 원칙적으로 당사자에게 근거와 이유를 제시해야 합니다.

나. 일부철회

외형상 하나의 행정처분이라 하더라도 가분성이 있거나 그 처분대상의 일부가 특정될 수 있다면 그 일부만의 철회도 가능하고 그 일부의 철회는 당해 철회 부분에 관하여 효력이 생깁니다.

6. 철회의 효과

철회는 **장래를 향하여 행정행위의 효력**을 소멸시키는 것이 원칙입니다. 따라서 **철회의 효력을 소급시키기 위해서는 별도의 법적 근거가 필요**합니다(판례 13).

● **판례 13:** 영유아보육법에 따른 어린이집 평가인증이 이루어진 이후에 행정청이 새로이 발생한 사유를 들어 평가인증을 철회하는 처분을 하면서 **평가인증의 효력을 과거로 소급하여 상실시키기 위해서는 별도의 법적 근거가 필요**하다(대판 2018. 6. 28, 2015두58195).

01 "행정기본법"은 직권취소나 철회의 일반적 근거규정을 두고 있고, 직권취소나 철회는 개별법률의 근거가 없어도 가능하다. (2023, 국가직 9급) ⋯⋯⋯⋯⋯⋯⋯⋯⋯⋯⋯⋯⋯⋯⋯⋯⋯⋯⋯⋯⋯⋯⋯⋯⋯⋯ [O, X]

02 처분청이라도 자신이 행한 수익적 행정행위를 위법 또는 부당을 이유로 취소하려면 취소에 대한 법적 근거가 있어야 한다. (2016, 국가직 9급) ⋯⋯⋯⋯⋯⋯⋯⋯⋯⋯⋯⋯⋯⋯⋯⋯⋯⋯⋯⋯⋯⋯⋯ [O, X]

03 변상금 부과처분에 대한 취소소송이 진행 중이라도 처분청은 위법한 처분을 스스로 취소하고 그 하자를 보완하여 다시 적법한 부과처분을 할 수 있다. (2018, 서울시 1회 7급) ⋯⋯⋯⋯⋯⋯ [O, X]

04 수익적 행정처분을 직권취소할 때에는 이를 취소하여야 할 공익상 필요와 취소로 인하여 처분상대방이 입게 될 기득권과 법적 안정성에 대한 침해 정도 등 불이익을 비교, 교량한 후 공익상 필요가 처분상대방이 입을 불이익을 정당화할 만큼 강한 경우에 한하여 취소할 수 있다. (2023, 국가직 9급) ⋯⋯ [O, X]

05 수익적 행정처분의 하자가 당사자의 사실은폐나 기타 사위의 방법에 의한 신청행위에 기인한 것이라면 행정청이 당사자의 신뢰이익을 고려하지 않고 취소하였다 하더라도 재량권 남용이 되지 않는다. (2017, 경행특채) ⋯⋯⋯⋯⋯⋯⋯⋯⋯⋯⋯⋯⋯⋯⋯⋯⋯⋯⋯⋯⋯⋯⋯⋯⋯⋯⋯⋯ [O, X]

06 행정청은 위법 또는 부당한 처분의 전부나 일부를 소급하여 취소할 수 있다. 다만, 당사자의 신뢰를 보호할 가치가 있는 등 정당한 사유가 있는 경우에는 장래를 향하여 취소할 수 있다. (2024, 국가직 9급) ⋯⋯⋯⋯⋯⋯⋯⋯⋯⋯⋯⋯⋯⋯⋯⋯⋯⋯⋯⋯⋯⋯⋯⋯⋯⋯⋯⋯⋯⋯⋯⋯⋯⋯⋯ [O, X]

07 국세기본법 상 상속세부과처분의 취소에 하자가 있는 경우, 부과의 취소의 취소에 대하여는 법률이 명문으로 그 취소요건이나 그에 대한 불복절차에 대하여 따로 규정을 두고 있지 않더라도 과세관청은 부과의 취소를 다시 취소함으로써 원부과처분을 소생시킬 수 있다. (2018, 지방직 9급) ⋯⋯⋯⋯⋯⋯⋯⋯⋯⋯⋯⋯⋯⋯⋯⋯⋯⋯⋯⋯⋯⋯⋯⋯⋯⋯⋯⋯⋯⋯⋯⋯⋯⋯⋯⋯ [O, X]

08 행정행위를 한 처분청은 처분 당시에 별다른 하자가 없었고, 또 그 처분 후에 이를 철회할 별도의 법적 근거가 없다면 사정변경을 이유로 그 효력을 상실케 하는 별개의 행정행위로 이를 철회할 수 없다. (2018, 지방직 9급) ··· [O, X]

09 수익적 행정행위의 철회는 법령에 명시적인 규정이 있거나 행정행위의 부관으로 그 철회권이 유보되어 있는 경우, 또는 원래의 행정행위를 존속시킬 필요가 없게 된 사정 변경이 생겼거나 또는 중대한 공익상의 필요가 발생한 경우 등의 예외적인 경우에만 허용된다.
(2018, 서울시 9급) ··· [O, X]

10 (구)영유아보육법상 어린이집 평가인증의 취소는 철회에 해당하므로, 평가인증의 효력을 과거로 소급하여 상실시키기 위해서는 특별한 사정이 없는 한 별도의 법적 근거가 필요하다.
(2022, 소방직 9급) ··· [O, X]

| 정답 | 01 O | 02 X | 03 O | 04 O | 05 O | 06 O | 07 X | 08 X | 09 O | 10 O |

Ⅰ. 의의

1. 개념

하자의 승계(承繼)는 두 개 이상의 행정행위가 연속적으로 행해지는 경우 선행 행정행위의 하자가 후행 행정행위에 이어진다는 뜻입니다. 이걸 행정법적으로 표현하면, **행정행위의 상대방이 선행 행정행위의 하자를 이유로 후행 행정행위의 위법성을 다툴(주장할) 수 있다**는 말입니다. **하자의 승계는 선행 행정행위의 위법을 이유로 후행 행정행위의 위법성을 다투는 것이지, 반대로 후행 행정행위의 위법을 이유로 선행 행정행위의 위법을 다툴 수는 없습니다**(판례 1).

> ● **판례 1:** 계고처분의 후속절차인 대집행에 위법이 있다고 하더라도, 그와 같은 후속절차에 위법성이 있다는 점을 들어 선행절차인 계고처분이 부적법하다는 사유로 삼을 수는 없다(대판 1997. 2. 14, 96누15428).

2. 예시

행정청이 개별공시지가 결정(선행 행정행위)을 한 뒤에 개별공시지가 결정에 근거하여 양도소득세 부과처분(후행 행정행위)을 하였습니다. 양도소득세 부과처분을 받은 A는 양도소득세 부과처분에 대해 소송을 제기하고 싶은데, 문제는 양도소득세 부과처분에는 하자가 없고, 개별공시지가 결정에만 하자가 있다는 점입니다. 이때 A는 이렇게 "양도소득세 부과처분은 취소되어야 합니다. 왜냐하면, 양도소득세 부과처분의 근거가 된 개별공시지가 결정이 위법하기 때문입니다."라고 주장할 겁니다.

하자의 승계가 문제되는 상황에서는 소송의 대상과 위법성 주장의 실질적 이유가 다릅니다. 형식적인 소송의 대상은 "양도소득세 부과처분"이지만, 위법하다고 주장하는 실질적인 이유는 개별 공시지가에 있는 겁니다.

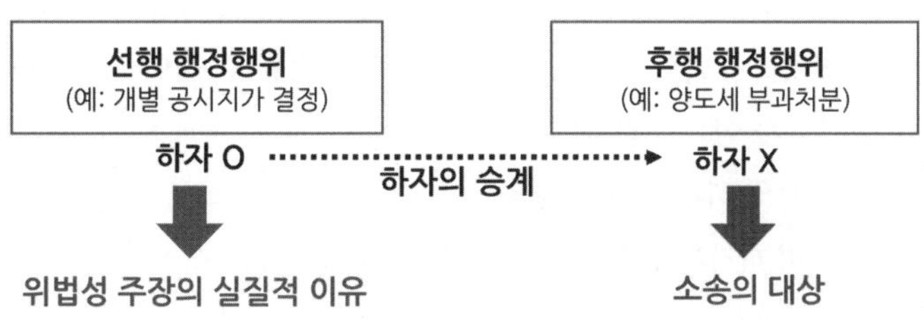

〈그림 46〉 하자의 승계

이러한 A의 주장이 타당한지는 하자의 승계 여부에 따라 달라집니다. **만약 개별공시지가 결정의 하자가 승계된다면 양도소득세 부과처분도 위법**합니다. 양도소득세 부과처분 자체에는 하자가 없지만, 개별 공시지가 결정에 있던 하자가 양도소득세 부과처분으로 이어졌기 때문입니다. 하지만 개별공시지가 결정의 하자가 양도소득세 부과처분에 승계되지 않는다면 양도소득세 부과처분은 적법합니다. 양도소득세 부과처분에는 고유한 하자가 없을 뿐만 아니라, 개별 공시지가의 하자도 이어지지 않기 때문입니다.

※ 법률용어: 공시지가(公示地價)

공시지가는 국토교통부장관이 조사·평가하여 공시한 부동산의 단위 면적당 가격으로 양도세·상속세 등의 각종 토지 관련 세금의 과세 기준으로 이용된다. **표준지 공시지가**는 전국에서 대표성이 있는 필지(표준지)의 가격이고, **개별공시지가**는 표준지공시지가를 바탕으로 평가한 개별토지의 가격이다.

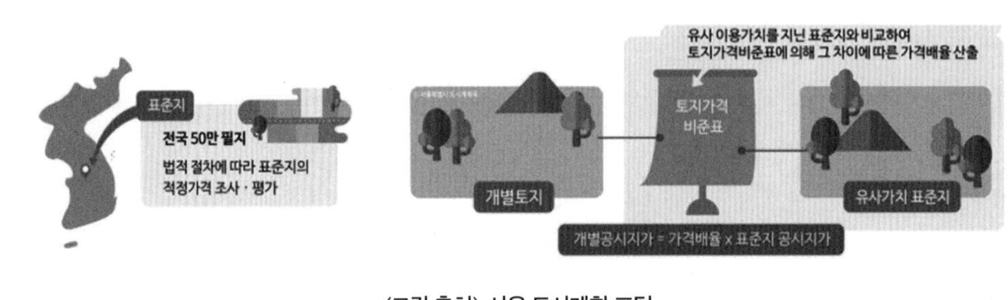

〈그림 출처〉 서울 도시계획 포털

3. 논의의 전제(문제되는 상황)

하자의 승계는 항상 문제가 되는 건 아니고 특수한 상황에서만 논의되는 문제됩니다.

가. 모두 행정행위일 것

선행행위와 후행행위가 모두 **행정행위(처분)**여야 합니다.

나. 선행행위에 불가쟁력이 발생할 것

선행행위를 다투지 않아 선행행위에 불가쟁력이 발생해야 합니다. 불가쟁력은 행정행위에 하자가 있더라도 일정한 사유(예: 기간 도과)가 있으면 행정행위의 효력을 더 이상 쟁송을 통해 다툴 수 없게 된 힘을 말하는데, **만약 불가쟁력이 발생하지 않았다면 곧바로 선행행위를 다툴 수 있으니** 굳이 하자의 승계를 주장하며 후행행위의 하자를 문제 삼을 이유가 없습니다.

다. 선행행위에 "취소" 사유의 하자가 존재할 것

선행행위에는 **"취소" 사유의 하자가 있어야** 합니다. "선행행위에 무효 사유의 하자가 있으면 하자가 승계되지 않는다"라고 오해하지 않으시길 바랍니다. 무효인 행정행위는 시간이 지나도 계속 효력이 없고 불가쟁력도 발생하지 않습니다. 그리고 **선행행위에 있는 무효 사유의 하자는 당연히 후행행위에 승계**됩니다. 즉, 선행행위가 무효이면 그 하자는 당연히 후행행위에 승계되어 "하자가 승계되는지"를 논의할 실익이 없는 것이지, 하자가 승계되지 않는다는 말은 아닙니다(판례 2~3).

> ● **판례 2:** 적법한 건축물에 대한 철거명령은 그 하자가 중대하고 명백하여 당연무효이고, 그 후행행위인 건축물철거 대집행계고처분 역시 당연무효**이다(대판 1999. 4. 27, 97누6780).
> ● **판례 3:** 선행처분인 도시계획시설사업 시행자 지정 처분이 처분 요건을 당연무효인 경우에는 후행처분인 실시계획 인가처분도 무효이다(대판 2017. 7. 11, 2016두35120).

라. 후행행위는 적법할 것

후행행위에는 하자가 없고 적법해야 합니다. 만약 후행행위가 위법하면 굳이 하자의 승계를 주장할 필요도 없이 후행행위의 위법성을 주장하면 됩니다.

Ⅱ. 하자의 승계 인정 여부

1. 문제 상황

행정행위의 하자 여부는 행정행위 별로 구분하여 판단하여야 하므로 선행 행정행위에 불가쟁력이 발생했다면 더 이상 다툴 수 없는 것이 원칙입니다. 그런데 행정의 상대방이 불가피한 사정으로 선행행위에 대해 다투지 못한 상황에서 하자 있는 선행행위를 그대로 감수해야 한다는 건 상대방의 권리보호 측면에서 가혹한 면이 있어 일정한 경우에 선행행위의 위법이 후행행위에 승계된다고 보는 겁니다.

2. 원칙

가. 기준

하자의 승계 여부는 행정행위가 목적으로 하는 법률효과를 같은지에 따라 달라집니다. 먼저, 만약 2개의 행정행위가 **하나의 법률효과를 목적으로 하면 선행행위의 하자가 후행행위에 승계**됩니다. 법률효과의 목적이 같으면 넓게 보아 1개의 행정행위로 볼 수 있기 때문입니다. 만약 **2개의 행정행위이 각기 다른 법률효과를 목적으로 한다면 원칙적으로는 하자가 승계되지 않습니다.** 별개의 행정행위로 보기 때문입니다.

나. 예시

대집행은 "계고-통지-실행-비용징수"의 4단계를 거치는데, 각각의 단계가 개별적으로 모두 행정행위입니다. 단계별로 구분되어 있기는 하지만, 계고~비용징수까지는 대집행이라는 하나의 법률효과를 목적으로 한 것입니다. 따라서 계고~비용징수 사이에는 하자가 승계되고, 계고에 하자가 있다면 설령 통지에는 하자가 없더라도 통지도 위법하다고 주장할 수 있습니다.

한편, 대집행을 하기 전에 철거명령을 내립니다. 그런데 철거명령과 대집행 사이에는 하자가 승계되지 않는데, 그건 철거명령과 대집행은 각기 다른 법률효과를 목적으로 하기 때문입니다.

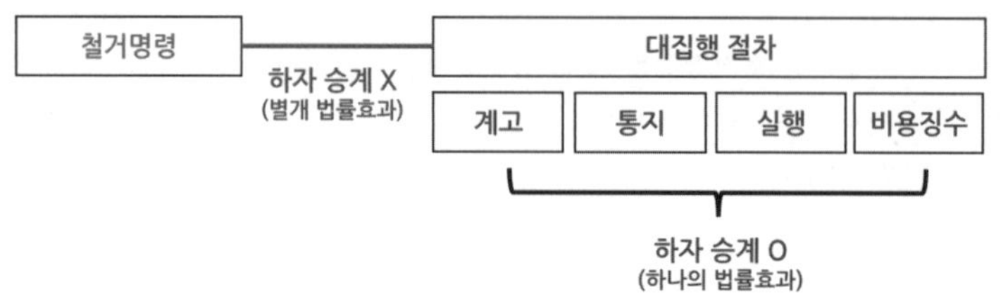

〈그림 47〉 하자의 승계

3. 예외

가. 기준

원칙적으로는 법률효과가 다르면 하자가 승계되지 않지만, 예외가 있습니다. 각기 다른 법률효과를 목적으로 하지만 **하자의 승계를 인정하지 않으면 수인한도를 넘는 불이익을 강요하게 되는 경우(상대방에게 미치는 불이익이 지나치게 큰 경우)에는 예외적으로 하자의 승계를 인정**합니다(판례 4).

> ● **판례 4:** 선행처분과 후행처분이 서로 독립하여 별개의 효과를 목적으로 하는 경우에도 선행처분의 불가쟁력이나 구속력이 그로 인하여 불이익을 입게 되는 자에게 수인한도를 넘는 가혹함을 가져오며, 그 결과가 당사자에게 예측가능한 것이 아닌 경우에는 국민의 재판받을 권리를 보장하고 있는 헌법의 이념에 비추어 선행처분의 후행처분에 대한 구속력은 인정될 수 없다(대판 2013. 3. 14, 2012두6964 판결).

나. 예시

대표적인 사례와 **개별 공시지가 결정과 과세처분**입니다. 개별 공시지가 결정은 토지의 가격을 공식적으로 정하는 게 주된 목적이고 과세처분은 세금을 내게 만드는 게 목적이라 법률효과가 다릅니다. 따라서 이론적으로만 보면, 둘 사이에는 하자가 승계되지 않는 게 맞습니다.

그런데 하자가 승계되지 않는다고 하면, 문제가 생길 수 있습니다. 개별 공시지가를 잘 모르다가 과세처분이 있고 나서야 개별 공시지가를 확인하는 사람들이 많은데, 개별 공시지가를 확인한 시점에는 이미 제소기간이 지나 개별 공시지가를 다툴 수 없는 경우가 대부분이기 때문입니다. 억울한 피해를 막기 위해 판례는 예외적으로 이럴 경우에는 하자의 승계를 인정하고 있습니다.

※ 정리: 하자의 승계 인정 여부

구분		하자의 승계 여부
1개의 법률효과		하자가 승계됨
별개의 법률효과	원칙	하자가 승계되지 않음
	예외(상대방에게 지나치게 가혹한 경우)	하자가 승계됨

> **※ 김변쓰 팁: 하자의 승계 사례 구별 방법**
>
> 하자의 승계에 관한 판례의 기본 원칙을 알아 두는 건 중요합니다. 하지만 기본 원칙을 이해한다고 해서 모든 문제가 해결되는 건 아닙니다. 사실 개별 사안으로 들어가 보면 동일한 법률효과를 원칙으로 하는지가 명확하게 구별되지 않을 때가 많고 원칙에 대한 예외도 있어 더욱 헷갈립니다. 따라서 기본 원칙을 충분히 이해하되, 개별 사례별로 하자의 승계 여부를 이해하고 암기할 필요가 있습니다. 하자의 승계는 예외적으로 이뤄지므로 **승계가 인정된다고 본 판례를 암기**하는 것이 수험에 적합합니다.

1. 하나의 법률효과(하자가 승계된다고 본 사례)

행정대집행의 절차(계고-통지-실행-비용징수) 사이, 안경사 시험합격 무효처분과 안경사면허 취소처분 사이에는 하자가 승계됩니다(판례 5~6).

- **판례 5: 대집행비용납부명령** 취소 청구 소송에서 **계고처분**의 위법을 주장할 수 있다(대판 1993. 11. 9, 93누14271).
- **판례 6:** 국립보건원장의 **안경사 시험합격 무효처분**과 보건사회부장관의 **안경사면허 취소처분**은 안경사면허를 박탈한다는 하나의 법률효과를 발생시키기 위하여 서로 결합된 선행처분과 후행처분의 관계에 있다(대판 1993. 2. 9, 92누4567).

2. 각기 다른 법률효과

가. 원칙: 하자가 승계되지 않는다고 본 사례

- **판례 7:** 국토계획법에 따른 도시·군계획시설결정(사업대상지의 위치와 면적 확정)과 실시계획인가(사업에 필요한 토지 수용 권한 부여)는 별도의 요건과 절차에 따라 별개의 법률효과를 발생시키는 독립적인 행정처분이므로 **도시·군계획시설결정에 하자가 있더라도 후행처분인 실시계획인가에 승계되지 않는다**(대판 2017. 7. 18, 2016두49938).
- **판례 8:** 사업시행인가 이후의 **관리처분** 등에 하자가 있다고 하더라도 이로써 **수용재결처분**의 적부를 다툴 수는 없다(대판 1992. 12. 11, 92누5584).
- **판례 9: 직위해제처분**과 **면직처분**은 각각 단계적으로 별개의 법률효과를 발생하는 행정처분이어서 하자가 승계되지 않는다(대판 1984. 9. 11, 84누191).
- **판례 10: 보충역편입처분**에 하자가 있다고 할지라도 그 위법을 이유로 **공익근무요원소집처분**의 효력을 다툴 수 없다(대판 2002. 12. 10, 2001두5422).

나. 예외: 하자가 승계된다고 본 사례

양도세부과처분-개별공시지가결정 사이, 비교표준지공시지가결정-수용보상금 결정 사이, 친일반민족행

<u>**위자 결정-독립유공자배제 결정 사이**</u>에는 예외적으로 하자의 승계가 인정됩니다(판례 11~13).

> ● **판례 11: 양도세부과처분**에 대한 취소소송에서 **개별공시지가 결정**의 위법을 주장할 수 있다(대판 1994. 1. 25, 93누8542).
>
> 　**[설명]** 개별공시지가를 기초로 한 과세처분에서 개별공시지가결정의 위법을 주장할 수 없도록 하는 것은 수인한도를 넘는 불이익을 강요하는 것으로서 국민의 재산권과 재판받을 권리를 보장한 헌법의 이념에도 부합하지 않는다.
>
> ● **판례 12: 수용보상금**의 증액을 구하는 소송에서도 선행처분으로서 그 수용대상 토지 가격 산정의 기초가 된 **비교표준지공시지가결정**의 위법을 독립한 사유로 주장할 수 있다(대판 2008. 8. 21, 2007두13845).
>
> 　**[설명]** 장차 토지보상 등이 이루어질 것에 대비하여 항상 토지의 가격을 주시하도록 요구하는 것은 지나치게 높은 주의의무를 지우는 것이다.
>
> ● **판례 13: 친일반민족행위자 결정**과 **독립유공자법 적용배제자 결정**은 별개의 법률효과 발생을 목적으로 하지만, 하자의 승계가 인정된다(대판 2013. 3. 14, 2012두6964).
>
> 　**[설명]** 처분의 상대방에게 수인한도를 넘는 불이익을 주고 그 결과가 예측가능한 것이라고 할 수 없다.

01 선행행위의 하자를 이유로 후행행위를 다투는 경우뿐 아니라 후행행위의 하자를 이유로 선행
행위를 다투는 것도 하자의 승계이다. (2017, 지방직 9급) .... [O, X]

02 하자의 승계문제는 선행 행정행위에 하자가 존재하고, 그 하자가 무효가 아닌 취소사유인 경
우에 문제가 되는 것이다. (2017, 경행특채) .... [O, X]

03 선행 행정행위가 당연무효이더라도 양자가 서로 독립하여 별개의 효과를 목적으로 하는 경우
에는 후행 행정행위가 당연무효가 되는 것은 아니다. (2016, 국회직 8급) .... [O, X]

04 적법하게 건축된 건축물에 대한 철거명령을 전제로 행하여진 후행행위인 건축물철거 대집행
계고처분은 당연무효라 할 수 없다. (2017, 국가직 7급) .... [O, X]

05 선행행위에 대하여 불가쟁력이 발생하지 않았거나 선행행위와 후행행위가 서로 독립하여 각
각 별개의 법률효과를 목적으로 하는 때에는 원칙적으로 선행행위의 하자를 이유로 후행행위
의 효력을 다툴 수 없다. (2017, 지방직 9급) .... [O, X]

06 선행행위와 후행행위가 서로 독립하여 별개의 법률효과를 목적으로 하는 경우라도 선행행위
의 불가쟁력이나 구속력이 그로 인하여 불이익을 입는 자에게 수인한도를 넘는 가혹함을 가
져오고 그 결과가 예측가능한 것이 아닌 때에는 하자의 승계를 인정할 수 있다. (2017, 지방직 9급) .... [O, X]

07 행정대집행법 상 선행처분인 계고처분의 하자는 대집행영장 발부통보처분에 승계된다.
(2018, 국가직 9급) .... [O, X]

08 위법한 개별공시지가결정에 대하여 그 정해진 시정절차를 통하여 시정하도록 요구하지 아니하였다는 이유로 위법한 개별공시지가를 기초로 한 과세처분 등 후행 행정처분에서 개별공시지가결정의 위법을 주장할 수 없도록 하는 것은 수인한도를 넘는 불이익을 강요하는 것이다. (2018, 서울시 9급) ·· [O, X]

09 구 부동산 가격공시 및 감정평가에 관한 법률 상 선행처분인 표준지공시지가의 결정에 하자가 있는 경우에 그 하자는 보상금 산정을 위한 수용재결에 승계된다. (2018, 국가직 9급) ··················· [O, X]

10 친일반민족행위자로 결정한 최종발표와 그에 따라 그 유가족에 대하여 한 독립유공자 예우에 관한 법률 적용배제자 결정은 별개의 법률효과를 목적으로 하는 처분이다. (2018, 지방직 9급) ··············· [O, X]

제6절 행정행위의 부관

　행정행위의 부관은 행정행위의 효과를 제한하거나 요건을 보충하기 위하여 주된 행정행위에 부가되는 종된 규율을 의미합니다. 도로점용허가를 하면서 도로점용료 납부명령을 덧붙이는 경우에 "도로점용료납부명령"이 부관입니다. 부관의 종류로는 조건, 기한, 철회권유보, 법률효과의 일부배제, 부담 등이 있습니다.

　조건은 행정행위 효력의 발생·소멸을 장래 발생이 객관적으로 불확실한 사실에 의존시키는 부관으로 정지조건과 해제조건이 있습니다. **기한**은 행정행위 효력의 발생·소멸을 장래발생이 확실한 사실에 의존시키는 부관으로 시기와 종기가 있습니다. **철회권 유보**는 장래 일정한 사유가 발생하는 경우 그 행정행위를 철회할 수 있는 권리를 유보하는(남겨 두는) 부관을 말합니다. **법률효과의 일부배제**는 법률이 예정하고 있는 행정행위의 효과를 행정청이 일부 배제하는 부관입니다.

　부담은 수익적인 행정행위에 부수하여 행정행위의 상대방에게 일정한 의무를 덧붙인 부관을 말합니다. 정지조건부 행정행위는 조건이 성취되어야 효력이 발생하지만, 부담부 행정행위는 부담을 충족하지 않더라도 일단 효력이 발생한다는 점에서 부담으로 해석하는 것이 국민에게 더 유리합니다.

　부관이 적법하려면 일정한 요건을 갖춰야 합니다. 원칙적으로 기속행위에는 부관을 붙일 수 없고, 설령 부관을 붙였다고 하더라도 무효입니다. 또한 나중에 부관을 붙이는 사후부관(사후변경)은 원칙적으로 허용되지 않지만, 예외적으로 법령의 명문규정 있는 경우, 변경이 미리 유보(예정)되어 있는 경우, 상대방의 동의가 있는 경우, 사정변경으로 인해 당초 부담을 부가한 목적을 달성할 수 없게 된 경우 등에는 사후부관도 허용됩니다.

　부관에 하자가 있으면 부관에 대해 다퉈야 하는데, 독립쟁송가능성과 독립취소가능성이 문제됩니다. **독립쟁송가능성**은 소송의 대상(대상적격)과 연관이 있는데, 부관이 있는 행정행위 전체를 소송의 대상으로 삼아야 하는지, 아니면 부관만을 소송의 대상이 삼아야 하는지가 문제입니다. 독립취소가능성은 부관만을 따로 떼어 내서 취소할 수 있는지 아니면 부관부 행정행위 전체를 취소해야 하는지에 관한 논의입니다.

　판례는 부담과 부담이 아닌 다른 부관(조건, 기한, 철회권의 유보, 법률효과의 일부배제)을 구별합니다. 즉, **부담은 독립하여 행정쟁송의 대상**이 되고 부담만을 취소하는 것도 가능하다는 입장입니다. 이에 반해 부담이 아닌 부관은 독립하여 행정쟁송의 대상이 되지 않아, 부관부 행정행위 전체의 취소를 구해야 하고, 부관만을 소송의 대상으로 삼을 수는 없습니다. 독립쟁송가능성이 인정되지 않기 때문에, 부담이 아닌 부관은 독립하여 취소할 수도 없습니다. 다만, 한 가지 우회적인 방법은 있는데, 기타 부관에 대해서는 행정청에 부관이 없는 처분으로의 변경을 청구한 다음 그것이 거부된 경우에 거부처분취소소송을 제기할 수 있습니다.

Ⅰ. 의의

1. 개념

행정행위의 **부관(附款)**은 행정행위의 효과를 제한하거나 요건을 보충하기 위하여 주된 행정행위에 부가되는 종된 규율을 의미합니다. 행정행위를 하면서 일종의 조건 같은 걸 덧붙이기도 하는데, 이게 바로 부관인 겁니다. 예를 들어서, 도로를 사용할 수 있게 하는 도로점용허가를 하면서 도로점용료 납부명령을 덧붙이는 경우, **"도로점용료 납부명령"이 부관**입니다.

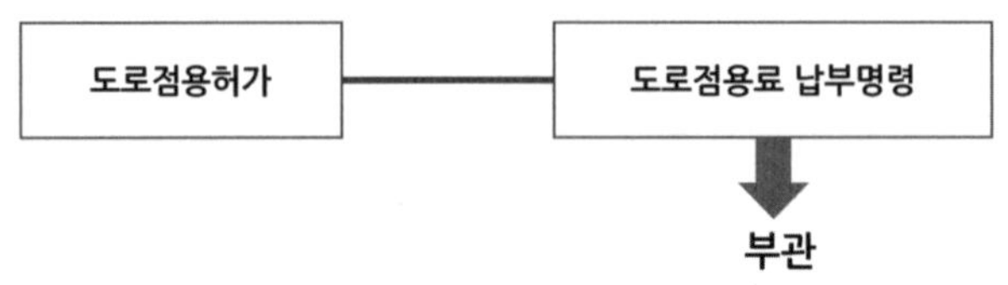

〈그림 48〉 부관의 의의

2. 특성: 순기능과 역기능

행정이라는 건 매우 다양한 상황에 적용되는데 각 상황에 맞게 조금씩 변형을 가할 필요가 있고 그러한 기능을 하는 게 부관입니다. 즉, 부관은 행정청이 구체적인 상황에 맞는 행정을 할 수 있도록 해 줌므로, **행정의 합리성·탄력성·신축성을 보장**하는 역할을 합니다.

그런데 부관에는 단점도 있습니다. 대체로 부관은 불이익한 걸 덧붙인 것으로 '혹'과 비슷한 겁니다. 즉 부관은 국민의 권익을 침해할 가능성이 높고, 그래서 부관에 대해 다투는 방법(불복수단)이 주로 문제가 됩니다.

3. 구별개념
가. 법정부관

법정부관은 법규에서 직접 행정행위의 효력범위를 정하고 있는 경우를 말합니다. 과거에 "식품제조영업허가기준"이라는 고시가 있었는데, 해당 고시에 따르면 보존음료수제조업(광천수 또는 지하수를 음용에 적합하도록 정수처리하는 영업)에 대한 허가를 할 때 전량수출하거나 주한외국인에 대해서만 판매한다는 제약이 붙었습니다. 그런데 이러한 제약은 법규에서 직접적으로 제한을 가하고 있기 때문에 **법정부관이고, 행정행위의 부관은 아닙니다. 법정부관에 대해서는 부관의 한계에 관한 일반원칙이 적용되지 않습니다**(판례 1).

● **판례 1:** 법규명령의 성질을 가지는 식품제조영업허가기준이라는 고시에 따라 보존음료수 제조업의 허가에 붙여진 전량수출 또는 주한외국인에 대한 판매에 한한다는 내용의 조건은 이른바 **법정부관으로서 본래의 의미에서의 행정행위의 부관은 아니므로** 부관을 붙일 수 있는 한계에 관한 일반적인 원칙이 적용되지는 않는다(대판 1994. 3. 8, 92누1728).

나. 수정부담

수정부담은 국민이 신청한 내용과 다르게 처분을 하는 겁니다. 예를 들어, 유흥주점 허가신청을 하였는데, 대중음식점 허가를 하는 겁니다. 수정부담은 행정행위의 내용을 질적으로 변경하는 것으로 새로운 행정행위인 것이지, 부관이 아닙니다.

II. 종류

1. 조건

가. 개념

조건(條件)은 행정행위 효력의 발생·소멸을 장래 발생이 **객관적으로 불확실한 사실에 의존**시키는 부관을 말합니다. 쉽게 말해 **특정한 요건을 충족해야 행정행위가 발생하거나, 반대로 특정한 요건을 충족하면 행정행위가 소멸**하는데, 그 특정한 요건이 충족될지가 불분명한 경우가 "조건"입니다. 조건의 종류로는 "정지조건"과 "해제조건"이 있습니다.

나. 종류: 정지조건과 해제조건

정지조건(停止條件)은 이 조건을 달성하면 행정행위의 효력이 발생하는 걸 말합니다. 예를 들어, 여객자동차 운수사업면허를 하면서 "주차장 확보"를 정지조건으로 한 경우입니다. 주차장 확보라는 조건을 갖춰야 비로소 여객자동차 운수사업면허의 효력이 발생하는 겁니다. 정지조건이라는 말을 들으면 뭔가 '멈춘다'라는 느낌이 들지만 실제로는 효력이 멈추는 게 아니라 새롭게 생긴다는 점을 유의하시길 바랍니다.

해제조건(解除條件)은 정지조건과 반대입니다. 정지조건이 행정행위의 효력을 발생시키는 조건이라면 해제조건은 행정행위의 효력을 소멸시키는 조건입니다. 예컨대, 내수면어업허가(하천, 댐, 저수지 등에서 어업활동을 할 수 있게 하는 허가)를 하면서 "상수원보호구역 지정"을 해제조건으로 한 경우입니다. 내수면 어업허가를 받으면 어업활동을 할 수 있지만, 그 지역이 상수원보호구역으로 지정되면 어업허가의 효력이 없어집니다.

2. 기한

가. 개념

기한(期限)은 행정행위 효력의 발생·소멸을 **장래발생이 확실한 사실**에 의존시키는 부관을 말하는데, 기한은 시간적 개념입니다. 조건에 정지조건과 해제조건이 있었던 것과 유사하게, 기한에는 시기와 종기가 있습니다.

나. 종류: 시기와 종기

부관에서 말하는 시기는 "좋은 시기이다."라고 말할 때의 시기(時機)가 아니라, 어떤 일이 시작하는 때를 의미하는 **시기(始期)**입니다. 예를 들어, 도로점용허가를 하면서 2025. 1. 1.부터 효력이 발생한다는 부관을 붙인 경우가 바로 시기입니다.

종기(終期)는 시기와 반대로 어떤 일이 끝나는 걸 말합니다. 영업허가를 하면서 영업허가의 기간을 3년으로 정하는 게 바로 종기인 겁니다.

다. 조건과 기한의 차이

조건과 기한은 특정한 부관에 따라서 행정행위의 효력이 생기거나 소멸한다는 점에서 비슷한 면이 있지만, 결정적인 차이가 있습니다. 기한은 발생 여부가 확실하지만 조건은 발생 여부가 불확실하다는 겁니다. "내가 로또 1등에 당첨되면 1억 원을 주겠다"라고 말한 경우와 "2025년 12월 25일이 오면 1억 원을 주겠다."라는 말을 비교해 보겠습니다. 로또 1등에 당첨될지 안 될지는 알 수가 없으니 발생여부가 불확실한 "조건"이고, 2025년 12월이 25일이 온다는 건 확실하니 "기한"입니다.

라. 기한이 부당하게 짧은 경우

허가에 붙은 기한이 그 허가된 사업의 성질상 부당하게 짧은 경우가 있습니다. 이런 경우에 그 기한은 그 **"허가 자체"의 존속기간을 정한 게 아니라 허가 "조건"의 존속기간을 정한 것이어서 그 기한이 도래하면 허가는 하되 그 조건의 개정을 고려**한다는 뜻입니다(판례 2).

물론 이 경우에도 허가기간이 연장되기 위하여는 그 종기가 도래하기 전에 허가기간 연장 신청을 해야 하고, 만일 **연장신청이 없는 상태에서 허가기간이 만료하면 그 허가의 효력은 상실**됩니다.

> **● 판례 2:** 일반적으로 행정처분에 효력기간이 정하여져 있는 경우에는 그 기간의 경과로 그 행정처분의 효력은 상실되며, **다만 허가에 붙은 기한이 그 허가된 사업의 성질상 부당하게 짧은 경우에는 이를 그 허가 자체의 존속기간이 아니라 그 허가조건의 존속기간으로 보아 그 기한이 도래함으로써 그 조건의 개정을 고려**한다는 뜻으로 해석할 수 있을 것이다(대판 2004. 11. 25, 2004두7023).

3. 철회권 유보

가. 개념과 법적 근거 필요 여부

철회권 유보(撤回權 留保)는 말 그대로, 장래 일정한 사유가 발생하는 경우 그 행정행위를 철회할 수 있는 권리를 유보하는(남겨 두는) 부관을 말합니다. 예를 들어, 숙박영업허가를 하면서 윤락행위를 알선하면 허가를 취소한다는 부관을 붙인 경우가 철회권의 유보입니다. 판례는 **종교단체에 기본재산전환인가를 하면서 인가조건을 부가하고 불이행시 인가를 취소**할 수 있도록 한 경우를 철회권 유보라고 봤습니다(판례 3).

철회권을 유보하려면 반드시 법적인 근거가 필요한 건 아니므로 **법령의 규정 사유 외에도 철회권을 유보할 수 있습니다.**

나. 한계

철회권이 유보되어 있다고 해서 행정청이 아무런 제한 없이 철회권을 항상 행사할 수 있는 건 아닙니다. **달성되는 공익과 침해되는 사익을 비교하여, 철회를 해야 할 공익상의 필요가 있는 경우에 한하여 철회**를 할 수 있습니다(판례 4).

4. 법률효과 일부배제

가. 개념

법률효과(法律效果)의 일부배제(一部排除)는 법률이 예정하고 있는 행정행위의 효과를 행정청이 일부 배제하는 부관을 말한다. 예를 들어, 택시운행허가를 하면서 격일제로 운행하도록 하는 겁니다. 이렇게 되면 택시를 운행할 수 있는 날이 절반으로 줄어들어 효과의 일부가 없어지는 겁니다(참고로, 택시의 격일제 허가는 법률효과의 일부배제가 아니라는 학설이 있기도 합니다).

한편 판례는 **공유수면준공인가를 하면서 매립지 일부를 국가에 귀속**시키도록 한 걸 "법률효과의 일부배제"로 보았는데, 그건 매립지 일부가 국가에 귀속되면 공유수면을 일부 사용할 수 없어지기 때문입니다(판례 5).

나. 법적 근거

법률효과의 일부배제는 법령이 인정한 일반적인 효과를 행정청이 일부 없애는 겁니다. 따라서 법률효과의 일부배제 부관을 붙이려면 **반드시 법적인 근거가 있어야** 합니다.

5. 부담

가. 개념

부담(負擔)은 수익적인 행정행위에 부수하여 행정행위의 상대방에게 일정한 의무를 덧붙인 부관을 말합니다. 의무로는 일정한 행동을 하게 하는 **작위의무(作爲義務)**, 일정한 행동을 하지 못하게 하는 **부작위의무(不作爲義務)**, 특정한 상황을 견디게 하는 **수인의무(受忍義務)**, 금전 등을 내게 하는 **급부의무(給付義務)**를 명하는 부관을 말한다. 부관의 개념을 설명하면서 예로 든 사례(도로점용허가를 하면서 도로점용료납부하게 함)에서 도로점용료납부명령이 바로 부담입니다.

나. 조건과의 구별

(1) 효력발생

얼핏 보면 정지조건이 붙은 행정행위(정지조건부 행정행위)와 부담이 붙은 행정행위(부담부 행정행위)가 비슷하지만 둘은 다른 겁니다. **정지조건부 행정행위는 조건이 성취되어야 효력이 발생하지만, 부담부 행정행위는 부담을 충족하지 않더라도 일단 효력은 발생**합니다.

주차장 확보 조건이 붙은 여객자동차 운수사업면허를 예로 들어 보겠습니다. 이건 "조건"이라서 주차장 확보를 하지 않으면 자동차운수 사업면허의 효력이 발생하지 않습니다. 그런데 도로점용료납부라는 부담이 붙은 도로점용허가는 다릅니다. 이건 "부담"이기 때문에 도로점용료를 납부하지 않더라도 도로점용허가의 효력은 발생합니다.

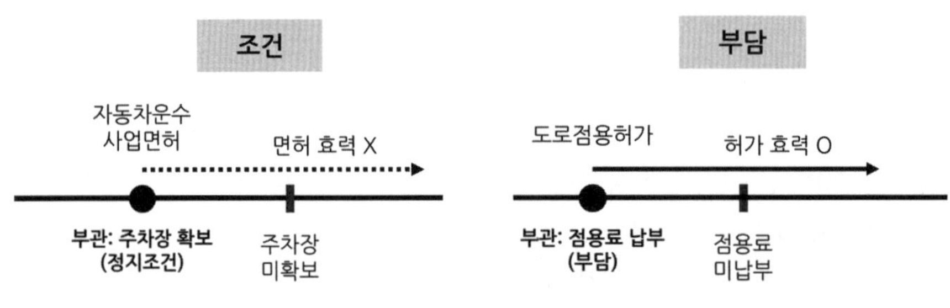

〈그림 49〉 조건과 부담

(2) 강제집행 대상

부담은 그 자체가 하명의 성질을 가지므로 의무를 불이행한 경우 독립하여 강제집행의 대상이 되지만, 조건은 독자적으로 강제집행의 대상이 되지 않습니다.

(3) 양자의 구별이 불분명한 경우

조건과 부담 중에서 국민에게는 부담이 더 유리합니다. 부담은 부담을 이행하지 않더라도 일단 먼저 효력이 발생하기 때문입니다. 조건과 부담은 개념적으로는 구별되지만, 실제 상황에서는 구별이 어려울 때도 있습니다. **조건과 부담의 구별이 불분명한 경우에는 국민에게 유리하게 부담으로 본다**는 것이 통설과 판례입니다.

다. 부담의 불이행

부담을 이행하지 않더라도 행정행위의 효력은 발생하지만 그렇다고 아무런 제재가 없는 건 아닙니다. 부담을 불이행하면 **강제집행을 할 수 있고, 행정행위를 철회**할 수도 있습니다.

라. 부담의 부가방법 등

부담은 행정처분을 하면서 동시에 부가하는 것이 일반적이지만 부담을 부가하기 이전에 상대방과 협의하여 **부담의 내용을 "협약"의 형식으로 미리 정한 다음 행정처분을 하면서 부담을 부가하는 것도 가능**합니다(판례 6).

또한 부담이 적법한지의 여부는 "처분 당시의 법령"을 기준으로 판단합니다. 따라서 **부담이 처분 당시에 따를 때 적법하다면 처분 후 근거법령이 개정되어 행정청이 더 이상 부관을 붙일 수 없게 되었다 하더라도 부담이 곧바로 위법해지는 건 아닙니다**(판례 6).

● **판례 6**: 부담을 부가하기 이전에 상대방과 협의하여 **부담의 내용을 협약의 형식으로 미리 정한 다음 행정처분을 하면서 부가할 수도 있다**. 부담의 위법 여부는 처분 당시 법령을 기준으로 판단하여야 하고, 부담이 처분 당시 법령을 기준으로 적법하다면 처분 후 부담의 전제가 된 주된 행정처분의 **근거 법령이 개정되어 행정청이 더 이상 부관을 붙일 수 없게 되었다 하더라도 곧바로 위법하게 되거나 그 효력이 소멸하게 되는 것은 아니다**(대판 2009. 2. 12, 2005다65500).

[사실관계] A회사는 한국도로공사는 협약을 체결하였는데, 이 협약의 내용은 "도로부지 및 접도구역(도로 구조의 파손을 방지하기 위해 도로의 경계선으로부터 일정 범위에 지정하는 구역)에 매설한 송유권을 이전할 경우 이전비용은 A회사가 부담한다."는 것이었다.

중요 판례 **송유관 이전비용사건**

- 대법원 2009. 2. 12. 선고 2005다65500 판결[약정금]

1. 사실관계

X(한국도로공사)와 Y(주식회사 대한송유관공사)는 "고속국도의 유지 관리 및 도로확장 등의 사유로 도로부지 및 접도구역에 매설한 송유시설의 이설이 불가피할 경우에는 한국도로공사는 대한송유관공사에게 송유관시설의 이전을 요구할 수 있고, 이설비용은 대한송유관공사가 부담한다"는 내용을 체결하였습니다.

X(한국도로공사)는 Y(대한송유관공사)에게 도로점용 및 접도구역 내 공작물 설치허가를 하면서, Y(대한송유관공사)가 협약을 위반하면 허가를 취소할 수 있다는 조항을 부가하였고, 송유권이 매설되었습니다.

도로 확장공사로 인해 송유관 이설이 필요하게 되자 송유관 이설 비용에 관한 분쟁이 발생하였습니다.

2. 주요쟁점

가. 수익적 행정처분을 하면서 부담을 붙이는 방법

> **[판례]** 수익적 행정처분에 있어서는 법령에 특별한 근거규정이 없다고 하더라도 그 부관으로서 부담을 붙일 수 있고, 그와 같은 부담은 행정청이 행정처분을 하면서 일방적으로 부가할 수도 있지만 부담을 부가하기 이전에 상대방과 협의하여 부담의 내용을 협약의 형식으로 미리 정한 다음 행정처분을 하면서 이를 부가할 수도 있다.

나. 부담의 전제가 된 주된 행정처분의 근거 법령이 개정되어 부관을 붙일 수 없게 된 경우

> **[판례]** 행정청이 수익적 행정처분을 하면서 부가한 부담의 위법 여부는 처분 당시 법령을 기준으로 판단하여야 하고, 부담이 처분 당시 법령을 기준으로 적법하다면 처분 후 부담의 전제가 된 주된 행정처분의 근거 법령이 개정됨으로써 행정청이 더 이상 부관을 붙일 수 없게 되었다 하더라도 곧바로 위법하게 되거나 그 효력이 소멸하게 되는 것은 아니다. 따라서 행정처분의 상대방이 수익적 행정처분을 얻기 위하여 행정청과 사이에 행정처분에 부가할 부담에 관한 협약을 체결하고 행정청이 수익적 행정처분을 하면서 협약상의 의무를 부담으로 부가하였으나 부담의 전제가 된 주된 행정처분의 근거 법령이 개정됨으로써 행정청이 더 이상 부관을 붙일 수 없게 된 경우에도 곧바로 협약의 효력이 소멸하는 것은 아니다.

다. 부당결부금지 원칙의 의미

> **[판례]** 부당결부금지의 원칙이란 행정주체가 행정작용을 함에 있어서 상대방에게 이와 실질적인 관련이 없는 의무를 부과하거나 그 이행을 강제하여서는 아니 된다는 원칙을 말한다.

01 고시에서 정하여진 허가기준에 따라 보존음료수 제조업의 허가에 부가된 조건은 행정행위에 부관을 부가할 수 있는 한계에 관한 일반적인 원칙이 적용되지 아니한다. (2019, 국회직 8급) ·············· [O, X]

02 기한이란 행정행위의 효력의 발생, 소멸을 장래에 발생 여부가 확실한 사실에 의존시키는 부관을 말한다. (2020, 경행특채) ·············· [O, X]

03 허가에 붙은 기한이 그 허가된 사업의 성질상 부당하게 짧은 경우에 그 기한은 허가조건의 존속기간이 아니라 허가 자체의 존속기간으로 보아야 한다. (2018, 지방직 9급) ·············· [O, X]

04 허가에 붙은 기한이 부당하게 짧은 경우에는 허가기간의 연장 신청이 없는 상태에서 허가기간이 만료하였더라도 그 후에 허가기간 연장신청을 하였다면 허가의 효력은 상실되지 않는다. (2017, 사회복지직 9급) ·············· [O, X]

05 철회권유보의 경우 유보된 사유가 발생하였더라도 철회권을 행사함에 있어서는 이익형량에 따른 제한을 받게 된다. (2015, 사회복지직 9급) ·············· [O, X]

06 지방국토관리청장이 일부 공유수면매립지에 대하여 한 국가 귀속처분은 매립준공인가를 함에 있어서 매립의 면허를 받은 자의 매립지에 대한 소유권취득을 규정한 구 "공유수면매립법"의 법률효과를 일부 배제하는 부관을 붙인 것이다. (2024, 지방직 9급) ·············· [O, X]

07 부담에 의하여 부가된 의무의 불이행으로 부담부행정행위가 당연히 효력을 상실하는 것은 아니고 당해 의무불이행은 부담부행정행위의 철회사유가 될 수 있다. (2016, 국가직 7급) ·············· [O, X]

08 부담과 조건의 구별이 명확하지 않을 때, 일반적으로 조건으로 추정한다. (2006, 국회직 8급) ·············· [O, X]

09 행정청이 부담을 부가하기 이전에 상대방과 협의하여 부담의 내용을 협약의 형식으로 미리
정한 경우에는 행정처분을 하면서 이를 부담으로 부가할 수 없다. (2020, 서울시 9급) ·············· [O, X]

10 행정청이 수익적 행정처분을 하면서 부가한 부담의 위법 여부는 처분 당시 법령을 기준으로
판단하여야 한다. (2021, 경행특채) ·············· [O, X]

정답   01 O   02 O   03 X   04 X   05 O   06 O   07 O   08 X   09 X   10 O

Ⅰ. 부관의 위법성

1. 부관의 가능성

가. 재량행위와 기속행위

(1) 부관의 부가

재량행위는 어떠한 행정행위를 할지 말지를 행정청이 정할 수 있는 것이므로 재량행위에 부관을 붙이는 건 별로 문제되지 않습니다. **판례는 법령에 명시적 근거가 없더라도 부관을 붙일 수 있다**는 입장입니다(판례 1).

그런데 기속행위에 부관을 붙이는 건 좀 이상합니다. 기속행위라는 건 법령에 따른 요건을 충족하는 경우 반드시 그와 같은 행정행위를 하여야 하는 것인데, 거기에 부관을 다시 붙인다는 건 또다른 제약을 가하는 것이기 때문입니다. 그래서 **원칙적으로 기속행위에는 부관을 붙일 수 없고, 설령 부관을 붙였다고 하더라도 무효**입니다(판례 2~3). 다만 예외적으로 기속행위라고 하더라도 법률에서 명시적으로 부관을 허용하고 있거나 요건을 충족하기 위한 목적의 부관을 붙일 수 있습니다.

> ● **판례 1:** 공유수면매립면허와 같은 **재량적 행정행위에는 법률상의 근거가 없다고 하더라도 부관을 붙일 수 있다**(대판 1982. 12. 28, 80다731,80다732).
> ● **판례 2:** 일반적으로 **기속행위나 기속적 재량행위에는 부관을 붙일 수 없고 가사 부관을 붙였다 하더라도 무효**이다(대판 1995. 6. 13, 94다56883).
> 　[판시] 건축허가를 하면서 일정 토지를 기부채납하도록 하는 내용의 허가조건은 법령상 아무런 근거가 없는 부관이어서 무효이다.
> ● **판례 3:** 감독청은 이사회소집승인을 함에 있어서 이사회를 소집할 시기·장소를 지정할 수는 없는 것이며, 가사 **감독청이 소집승인을 하면서 일시·장소를 지정**하였다 하더라도 그 일시·장소의 지정은 아무런 구속력이 없는 무의미한 것에 지나지 않는다 할 것이므로 그 소집승인은 그러한 일시·장소의 지정이 없는 소집승인으로서의 효력이 있을 뿐이다(대판 1988. 4. 27, 87누1106).

(2) 비유적 설명

엄마가 자녀에게 "엄마 말 잘 들으면 다음 달에 선물을 주겠다."라는 건 어느 정도 타당성이 있습니다. 다음 달에 선물을 주는 건 꼭 해야 할 기속행위라기보다는 할지 말지를 정할 수 있는 재량행위에 가깝기 때문입니다. 하지만, "시험을 잘 보면 밥을 주겠다."라는 건 이상합니다. 아이에게 밥을 주는 건 당연히 해야 하는 기속행위에 가까운데, 시험을 잘 봐야 된다는 조건을 붙이는 게 타당하지 않기 때문입니다.

나. 신분설정행위

귀화허가 또는 공무원의 임명행위와 같은 신분설정행위에는 부관을 붙일 수 없습니다. 신분설정행위에 부관을 붙이면(예: 일정한 돈을 낼 것을 조건으로 한 공무원 임용) 당사자의 법적 지위가 지나치게 불안정해지거나 불리해질 수 있기 때문입니다.

다. 사후부관의 가능성

부관은 원래 행정행위를 할 때 붙여야 합니다. 그런데 상황에 따라서는 나중에 부관을 붙이거나 부관을 변경하는 경우도 생깁니다. 주된 행정행위를 할 때에는 부관을 붙이지 않다가, 행정행위가 행해진 이후 새로 부관을 붙이는 걸 **사후부관(事後附款)**이라 하고 부관을 변경하는 걸 **사후변경(事後變更)**이라고 합니다.

원래 부관은 불리한 것이라서 부관이 없다가 나중에 붙으면 행정의 상대방인 국민 입장에서는 권익 침해가 클 수 있습니다. 따라서 <u>**원칙적으로 사후부관(사후변경)은 안 됩니다.**</u> 다만 판례는 예외적인 경우에는 사후부관(사후변경)이 가능하다고 보는데, ① **법령의 명문규정** 있는 경우, ② **그 변경이 미리 유보(예정)**되어 있는 경우, ③ **상대방의 동의**가 있는 경우, ④ **사정변경으로 인해 당초 부담을 부가한 목적을 달성할 수 없게 된 경우**입니다(판례 4).

> ● **판례 4:** 부관은 면허 발급 당시에 붙이는 것뿐만 아니라 면허 발급 이후에 붙이는 것도 **법률에 명문의 규정이 있거나 변경이 미리 유보되어 있는 경우 또는 상대방의 동의가 있는 경우 등**에는 특별한 사정이 없는 한 허용된다(대판 2016. 11. 24, 2016두45028).

2. 부관의 한계

부관을 붙이는 게 가능한 경우에도 부관의 내용이 넘어서는 안 되는 한계가 존재합니다.

가. 법령상 한계

부관은 성문법의 규정에 저촉되어서는 안 됩니다. 예컨대, 처분을 하면서 처분과 관련한 <u>**소의 제기를 금지하는 내용의 부제소 특약(不提訴 特約)을 부관으로 붙이는 것은 허용되지 않습니다**</u>(판례 5).

> ● **판례 5:** 지방자치단체장이 도매시장법인으로 지정하면서 붙인 부관("일체 소송이나 손실보상을 청구할 수 없다.")은 사인의 국가에 대한 공권인 소권을 당사자의 합의로 포기하는 것으로서 허용될 수 없다(대판 1998. 8. 21, 98두8919).

나. 목적상 한계

부관은 주된 행정행위의 본질적 효력을 해치지 않아야 합니다. 예를 들어서, 기선선망어업의 허가를 하면서 운반선 등의 부속선을 사용할 수 없도록 제한한 부관은 어업허가의 목적 달성을 어렵게 한 것으로 위법합니다(판례 6). 또한 주택건축허가를 하면서 영업목적으로만 사용할 것을 부관으로 정한 경우에 이러한 부관은 주된 행정행위의 목적에 위배됩니다.

> ● **판례 6:** 기선선망어업에는 운반선을 갖춰야 하므로 기선선망어업의 허가를 하면서 운반선 등 부속선을 사용
> 할 수 없도록 제한한 부관은 그 어업허가의 목적달성을 사실상 어렵게하여 그 본질적 효력을 해하는 것이어서
> 위법한 것이다(대판 1990. 4. 27, 89누6808).

다. 행정법의 일반원칙상 한계

부관도 다른 행정작용과 마찬가지로 비례원칙, 평등원칙, 부당결부금지원칙 등을 지켜야 하는데, 부담의
위법성과 관련하여 주로 문제가 되는 것은 **부당결부금지의 원칙**입니다. 행정행위와 **실제적 관련성이 없는
부관을 붙이면 부당결부금지 원칙 위반으로 위법하고, 실제적 관련성이 없으면 부관이 아니라 사법상의 계
약 형식을 취하더라도 여전히 위법**합니다(판례 7).

> ● **판례 7:** 행정처분과 부관 사이에 실제적 관련성이 있다고 볼 수 없는 경우 공무원이 공법상의 제한을 회피할
> 목적으로 행정처분의 상대방과 사이에 **사법상 계약을 체결하는 형식**을 취하였다면 이는 법치행정의 원리에 반
> 하는 것으로서 위법하다(대판 2009. 12. 10, 2007다63966).

3. 행정기본법

행정기본법 제17조는 부관의 가능성과 한계에 관해 규정하고 있습니다.

> ○ **행정기본법 제17조(부관)**
> ① 행정청은 처분에 재량이 있는 경우에는 부관(조건, 기한, 부담, 철회권의 유보 등을 말한다. 이하 이 조에서
> 같다)을 붙일 수 있다.
> ② 행정청은 처분에 재량이 없는 경우에는 법률에 근거가 있는 경우에 부관을 붙일 수 있다.
> ③ 행정청은 부관을 붙일 수 있는 처분이 다음 각 호의 어느 하나에 해당하는 경우에는 그 처분을 한 후에도 부
> 관을 새로 붙이거나 종전의 부관을 변경할 수 있다.
> 1. 법률에 근거가 있는 경우
> 2. 당사자의 동의가 있는 경우
> 3. 사정이 변경되어 부관을 새로 붙이거나 종전의 부관을 변경하지 아니하면 해당 처분의 목적을 달성할 수 없
> 다고 인정되는 경우
> ④ 부관은 다음 각 호의 요건에 적합하여야 한다.
> 1. 해당 처분의 목적에 위배되지 아니할 것
> 2. 해당 처분과 실질적인 관련이 있을 것
> 3. 해당 처분의 목적을 달성하기 위하여 필요한 최소한의 범위일 것

4. 하자 있는 부관

가. 하자 있는 부관의 효력

하자 있는 부관은 위법한 부관이고, 위법한 부관의 효력은 행정행위의 하자에 관한 일반이론이 적용됩니다. 즉, 부관의 하자가 중대하고 명백한 경우에는 그 부관은 무효이며, 중대성 또는 명백성 요건 중 어느 하나라도 갖추지 못한 경우에는 취소사유의 하자가 존재합니다.

나. 무효인 부관이 붙은 행정행위의 효력

무효인 부관이 그 본체인 행정행위에 어떤 영향을 미치는지가 문제됩니다. 달리 말하면, 부관이 무효일 때 부관만 무효인 것인지 아니면 부관뿐만 아니라 행정행위도 무효인지가 쟁점입니다.

부관이 본체인 행정행위의 중요한 요소(본질적 요소)인 경우에는 부관이 무효이면 행정행위도 무효이지만, 그렇지 않은 경우에는 부관만 무효입니다(판례 8~9). 부관이 없었다면 행정청이 주된 행정행위를 하지 않았을 것이라고 판단되면 그러한 부관은 중요한 요소입니다.

● **판례 8: 도로점용허가의 점용기간은 행정행위의 본질적인 요소**에 해당하므로 부관인 점용기간을 정함에 있어서 위법사유가 있다면 이로써 도로점용허가 처분 전부가 위법하게 된다(대판 1985. 7. 9, 84누604).

● **판례 9: 기부채납된 행정재산에 대하여 하는 사용·수익의 허가에서 허가기간**은 행정행위의 본질적 요소에 해당한다고 볼 것이어서, 부관인 허가기간에 위법사유가 있다면 이로써 이 사건 허가 전부가 위법하게 된다(대판 2001. 6. 15, 99두509).

▌ Ⅱ. 부관에 대한 불복방법

1. 문제 상황

부관에 하자가 있어 부관에 대해 행정쟁송을 제기하는 것과 관련하여 두 가지 쟁점이 있습니다. 첫번째는 **독립쟁송가능성(獨立爭訟可能性)**인데, 소송의 대상(대상적격)이 무엇이냐, 하는 겁니다. 달리 말해 부관이 있는 행정행위 전체를 소송의 대상으로 삼아야 하는지, 아니면 부관만을 소송의 대상이 삼아야 하는지가 문제입니다. 이와 관련해서 소송의 형태를 어떻게 할 지도 문제됩니다. 두번째는 **독립취소가능성(獨立取消可能性)**입니다. 부관만을 따로 떼어내서 취소할 수 있는지 아니면 부관부 행정행위 전체를 취소해야 하는지에 관한 논의입니다.

2. 학설

가. 독립쟁송가능성과 쟁송형태

독립쟁송가능성에 대한 학설은 ① 모든 부관이 독립적으로 소송이 된다는 견해, ② 부담만 독립쟁송의 대상이 된다는 견해, ③ 분리가능성을 기준으로 판단하는 견해가 있습니다.

또한 쟁송형태에 대한 학설로는 ① 진정일부 취소소송(부관을 대상으로 소송을 제기하고 부관의 취소를 구하는 소송)을 제기해야 한다는 견해, ② 부진정일부 취소소송(부관부 행정행위 전체를 대상으로 소송을

제기하고 부관만의 취소를 구하는 소송)을 제기해야 한다는 견해, ③ 부관부행정행위 전체의 취소를 구해야
한다는 견해가 있습니다.

나. 독립취소가능성

독립취소가능성에 대한 학설로는 ① 재량행위와 기속행위를 구분하는 견해, ② 일부취소 법리를 유추적
용하는 견해, ③ 부관의 위법성을 기준으로 하는 판단하는 견해, ④ 분리성 여부를 기준으로 판단하는 견해
가 있습니다.

3. 판례

가. 부담

판례는 부담과 부담이 아닌 다른 부관(조건, 기한, 철회권의 유보, 법률효과의 일부배제)을 구별합니다.
판례는 **부담은 독립하여 행정쟁송의 대상이 된다**고 봅니다(판례 10). 그리고 **부담만을 취소하는 것도 가능
하다**는 입장입니다.

> ● **판례 10:** 행정행위의 부관 중에서도 부담의 경우에는 다른 부관과는 달리 부담 그 자체로서 행정쟁송의 대상
> 이 될 수 있다(대판 1992. 1. 21, 91누1264).

나. 부담이 아닌 부관

부담이 아닌 부관(기한, 법률효과의 일부배제 등)은 독립하여 행정쟁송의 대상이 되지 않습니다(판례
11~12). 따라서 **부관부 행정행위 전체의 취소**를 구해야 하고, 부관만을 소송의 대상으로 삼을 수는 없습니
다. 부담이 아닌 부관을 소송의 대상으로 삼은 경우에는 대상적격이 없기 때문에 **"각하" 판결**을 합니다. 또
한 **독립쟁송가능성이 인정되지 않기 때문에, 독립하여 취소**할 수도 없습니다.

다만, 한 가지 우회적인 방법은 있는데, 기타 부관에 대해서는 **행정청에 부관이 없는 처분으로의 변경을
청구한 다음 그것이 거부된 경우에 거부처분취소소송을 제기**할 수 있습니다(판례 13).

> ● **판례 11: 행정재산에 대한 사용·수익허가의 기간**에 대해서는 독립하여 행정소송을 제기할 수 없다(대판
> 2001. 6. 15, 99두509).
> ● **판례 12: 공유수면매립지에 대한 귀속처분**은 소유권취득의 효과 일부를 배제하는 부관을 붙인 것이고, 이러
> 한 부관은 독립하여 행정소송 대상이 될 수 없다(대판 1993. 10. 8, 93누2032).
> ● **판례 13:** 기선망어업의 허가를 하면서 부속선을 사용할 수 없도록 제한한 부관에 대해서, 부관을 삭제하여 부
> 속선을 사용할 수 있도록 어업허가사항변경신청을 한 다음 그 신청이 거분된 경우 취소소송을 제기할 수 있다
> (대판 1990. 4. 27, 89누6808).

다. 부담과 기타 부관을 구별하는 이유

판례는 독립쟁송가능성과 독립취소가능성에서 부담과 기타 부관을 다르게 취급하고 있으므로, 부담의 종

류를 잘 구분하는 게 중요합니다. 판례가 부담과 기타 부관을 구별하는 이유는 부담과 다른 부관의 특징이 다르기 때문입니다. **부담은 일정한 의무를 지게 되는 것일 뿐만 아니라 그 자체가 독립된 행정행위**이지만 다른 부관들은 독립된 행정행위가 아니라 행정행위에 의존하는 제약 조건입니다.

예를 들어, 도로점용허가를 하면서 도로점용료 납부명령이라는 부담과 도로점용허가일로부터 3년간 유효하다는 기한을 붙인 경우를 생각해 보겠습니다. 도로점용료납부명령은 그 자체로 독립된 요소이지만, 3년이라는 기한은 그 자체로는 독립적이지 않고 도로점용허가라는 게 있어야 의미를 가집니다. 기타 부관은 독립성이 없기 때문에 독립적으로 쟁송의 대상이 되지 않는다고 보는 겁니다.

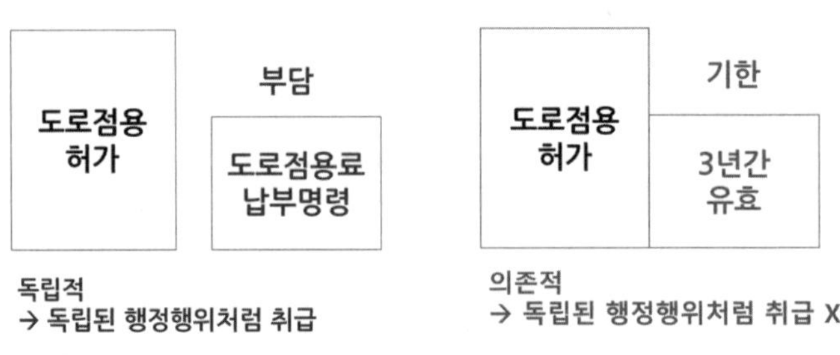

〈그림 50〉 부담과 기타 부관의 차이

Ⅲ. 부관 이후의 후속조치

1. 문제 상황

부관부 행정행위의 경우 부관의 이행으로서 국민 등의 행위가 후속조치로 이뤄지는 경우가 있습니다. 예를 들어, 토지형질변경행위허가를 하면서 토지를 기부채납할 것을 부관으로 붙인 뒤 기부채납이 이뤄진 경우, 주택건설사업계획승인처분을 하면서 공유재산 중 일반재산의 매매계약을 체결할 것을 부관으로 붙인 뒤 매매계약이 체결된 경우 등입니다(판례 14).

이때 부관이 위법한 경우 그 이행으로 이뤄진 후속조치의 효력은 어떻게 되는지가 문제됩니다.

> ● **판례 14:** 기부채납은 기부자가 소유재산을 지방자치단체의 공유재산으로 증여하는 의사표시를 하고 지방자치단체가 승낙하는 채납의 의사표시를 함으로써 성립하는 증여계약이다(대판 1996. 11. 8, 96다20581).

2. 판례

행정처분에 붙인 부담인 부관이 무효가 되더라도 그 부담의 이행으로 한 사법상의 법률행위가 당연히 무효가 되는 건 아닙니다(판례 15).

판례는 기부채납의 부관이 붙은 토지형질변경행위허가에 관해서, 기부채납의 부관이 당연무효이거나 취소되지 않는 이상 **증여계약에 대한 착오를 이유로 증여계약을 취소할 수 없다**고 판단했습니다(판례 16).

● **판례 15**: 행정처분에 부담인 부관을 붙인 경우 처분을 받은 사람이 부담의 이행으로 사법상 매매 등의 법률행위를 한 경우에는 법률행위 자체를 당연히 무효화하는 것은 아니다(대판 2009. 6. 25, 2006다18174).

　[판시] 부담의 이행으로서 하게 된 사법상 매매 등의 법률행위는 부담을 붙인 행정처분과는 어디까지나 별개의 법률행위이므로 법률행위가 사회질서 위반이나 강행규정에 위반되는지 여부 등을 따져보아 그 법률행위의 유효 여부를 판단하여야 한다.

● **판례 16**: 토지소유자가 토지형질변경행위허가에 붙은 기부채납의 부관에 따라 토지를 국가나 지방자치단체에 기부채납(증여)한 경우, 기부채납의 부관이 당연무효이거나 취소되지 아니한 이상 **토지소유자는 부관으로 인하여 증여계약의 중요부분에 착오가 있음을 이유로 증여계약을 취소할 수 없다**(대판 1999. 5. 25, 98다53134).

01 재량행위에는 법령상의 제한에 근거한 것이 아니라 하더라도 공익상 필요에 의하여 부관을 붙일 수 있다. (2018, 지방직 9급) ·· [O, X]

02 법령에 특별한 근거규정이 없는 한 기속행위에는 부관을 붙일 수 없고 기속행위에 붙은 부관은 무효이다. (2018, 국가직 7급) ·· [O, X]

03 건축허가를 하면서 일정 토지의 기부채납을 허가조건으로 하는 부관은 기속행위 내지 기속적 재량행위에 붙인 부담이거나 또는 법령상 근거가 없는 부관이어서 무효이다. (2011, 지방직 9급) ··········· [O, X]

04 판례는 사정변경으로 인하여 당초의 부담을 부가한 목적을 달성할 수 없게 된 경우 목적달성에 필요한 범위 내에서 예외적으로 사후부관의 가능성을 인정한다. (2015, 경행특채 2차) ························· [O, X]

05 행정처분과의 실제적 관련성이 없어 부관으로 붙일 수 없는 부담은 사법상 계약의 형식으로도 부과할 수 없다. (2018, 국가직 7급) ·· [O, X]

06 공유재산의 관리청이 기부채납된 행정재산에 대하여 행하는 사용·수익 허가의 경우, 부관인 사용·수익 허가의 기간에 위법사유가 있다면 허가 전부가 위법하게 된다. (2017, 지방직 9급) ················ [O, X]

07 부관은 부담을 제외하고 독립하여 항고소송의 대상이 된다는 것이 판례의 입장이다. (2009, 국가직 9급) ·· [O, X]

08 부담이 아닌 부관은 독립하여 행정소송의 대상이 될 수 없으므로 이의 취소를 구하는 소송에 대하여는 각하판결을 하여야 한다. (2017, 서울시 9급) ·· [O, X]

09 기부채납받은 행정재산에 대한 사용·수익허가에서 공유 재산의 관리청이 정한 사용수익허가의 기간은 그 허가의 효력을 제한하기 위한 행정행위의 부관으로서 이러한 사용수익허가의 기간에 대해서는 독립하여 행정소송을 제기할 수 있다. (2017, 서울시 9급) [O, X]

10 토지소유자가 토지형질변경행위허가에 붙은 기부채납의 부관에 따라 토지를 국가나 지방자치단체에 기부채납한 경우, 기부채납의 부관이 당연무효이거나 취소되지 아니한 이상 토지소유자는 위 부관으로 인하여 기부채납계약의 중요부분에 착오가 있음을 이유로 기부채납계약을 취소할 수 없다. (2023, 국가직 9급) [O, X]

정답   01 O   02 O   03 O   04 O   05 O   06 O   07 X   08 O   09 X   10 O

행정계획은 행정목표를 달성하기 위한 계획입니다. 행정계획의 법적 성질은 행정계획마다 다른데 판례는 도시계획결정의 처분성을 인정하지만, 도시기본계획은 처분성이 없다고 봅니다. 행정주체가 구체적인 행정계획을 입안·결정할 때 가지는 비교적 광범위한 자유가 바로 계획재량입니다. 계획재량이 있다고 하더라도 무제한적인 자유가 있는 건 아니고 행정계획을 수립할 때 공익과 사익 간, 공익 상호간, 사익 상호간의 정당한 비교·형량을 해야 하는데, 이를 형량명령이라고 합니다.

계획은 변경가능성을 내포하고 있으므로 일반적인 계획보장청구권과 계획변경청구권은 인정되지 않습니다. 다만, 행정계획의 변경신청을 거부하는 것이 당해 행정처분 자체를 거부하는 결과가 되는 경우에는 계획변경신청권이 인정됩니다.

확약은 행정청이 자기구속을 할 의도로써 장래에 향하여 행정행위를 하거나 하지 않을 것을 약속하는 의사표시를 말하는데, 대표적인 사례로는 어업권면허의 우선순위 결정이 있습니다. 판례는 확약의 처분성을 부정하고 있습니다. 확약을 한 뒤 사실상태 또는 법적 상태가 변경되면 구속력이 없어집니다. 확약을 한 후 사실상태 또는 법적 상태가 변경되면 확약의 구속성은 상실되고 행정청이 별다른 의사표시를 하지 않더라도 확약은 실효됩니다.

행정지도는 행정기관이 그 소관 사무의 범위에서 일정한 행정목적을 실현하기 위하여 특정인에게 일정한 행위를 하거나 하지 않도록 지도, 권고, 조언 등을 하는 행정작용입니다. 행정지도의 가장 큰 특징은 자율성이므로 행정지도를 반드시 따라야 할 의무는 없고 행정지도는 처분성이 없습니다. 행정기관은 행정지도의 상대방이 행정지도에 따르지 않았다는 것을 이유로 불이익한 조치를 해서는 안 됩니다.

공법상 계약은 "공법적 효과"의 발생을 목적으로 "계약"으로, 대표적인 사례로는 계약직공무원 채용계약(예: 서울특별시립무용단 단원의 위촉), 공공용도로의 기부채납, 보조금지원계약 등이 있습니다. 공법상 계약은 자력집행력이 없으므로, 원칙적으로 당사자는 스스로 의무를 실현시킬 수는 없고 법원의 판결을 받고 계약 내용을 실현할 수 있습니다. 또한 공법상 계약은 처분이 아니므로 항고소송으로 다툴 수 없고, 당사자소송으로 다퉈야 합니다.

Ⅰ. 의의

1. 개념

행정계획(行政計畵)은 특정한 행정목표를 달성하기 위하여 행정에 관한 전문적·기술적 판단을 기초로 관련되는 행정수단을 종합·조정함으로써 장래의 일정한 시점에 일정한 질서를 실현하기 위하여 설정한 활동기준이나 그 설정행위를 말합니다(대판 2018. 10. 12, 2015두50382). 쉽게 말하면, **행정목표를 달성하기 위한 계획**이 행정계획인 겁니다(판례 1).

> ● **판례 1:** 토지의 이용을 합리화하고 도시의 기능 및 미관을 증진시키며 양호한 도시환경을 확보하기 위하여 수립하는 **도시설계**는 행정계획이다(헌재 2003. 6. 26, 2002헌마402).

2. 법적 성질

가. 학설

행정계획의 법적성질에 대해서는 입법행위설, 행정행위설, 혼합행위설, 독자성설, 개별검토설 등이 존재합니다.

나. 판례

판례는 행정계획마다 **개별적으로 검토**하여 법적 성질을 판단하고 있습니다. 처분성을 인정하여 항고소송의 대상이 된다고 본 사례와 처분성을 부정하여 항고소송이 되지 않는다고 한 사례가 존재합니다.

3. 행정계획의 처분성

가. 도시계획 관련

(1) 도시기본계획: 처분성 부정

도시기본계획은 도시가 지향하여야 할 바람직한 미래상을 제시하고 장기적인 발전방향을 제시하는 도시계획입니다. 정의에서 알 수 있듯이 도시기본계획은 굉장히 포괄적이고 큰 계획입니다. 판례는 도시기본계획이 장기적·종합적인 개발계획이어서 일반국민에 대한 직접적인 구속력이 없다는 이유로 **도시기본계획의 처분성을 부정**하였습니다(판례 2).

> ● **판례 2: 도시기본계획**이라는 것은 도시의 장기적 개발방향과 미래상을 제시하는 도시계획 입안의 지침이 되는 **장기적·종합적인 개발계획으로서 직접적인 구속력은 없다**(대판 1998. 11. 27, 96누13927).

(2) 도시관리계획: 처분성 긍정

 판례는 구 도시계획법상의 **도시관리계획결정은 항고소송의 대상**이 되는 처분이라고 판단하였습니다 (판례 3). 도시계획결정이 고시되면 도시계획구역안의 토지나 건물 소유자의 토지형질변경, 건축물의 신축·개축 또는 증축 등 **권리행사가 일정한 제한**을 받게 되므로, 개인의 권리 내지 법률상의 이익을 개별적이고 구체적으로 규제하는 효과를 가져오기 때문입니다.

● **판례 3:** 도시(관리)계획결정이 고시되면 건축물의 신축 등이 제한되는 등 도시계획구역안의 토지나 건물 소유자의 권리행사가 일정한 제한을 받게 되는 바 도시계획결정은 행정소송의 대상이 된다(대판 1982. 3. 9, 80누105).

※ **법률용어: 도시계획(都市計劃)**
도시계획은 도시의 관할구역에 대하여 수립하는 공간구조와 발전 방향에 대한 계획으로서 도시기본계획과 도시관리계획으로 구분됩니다. **도시기본계획**은 특별시·광역시·시 또는 군의 관할구역에 대하여 기본적인 공간구조와 장기발전방향을 제시하는 종합계획으로서 도시관리계획 수립의 지침이 되는 계획을 말하며, **도시관리계획**은 특별시·광역시·시 또는 군의 개발·정비 및 보전을 위하여 수립하는 토지이용·교통·환경·경관·안전·산업·정보통신·보건·후생·안보·문화 등에 관한 계획을 말합니다.

나. 주요 사례

(1) 처분성을 "부정"한 사례

판례는 **4대강 살리기 마스터플랜 및 환지계획의 처분성을 부정**하였습니다(판례 4~5).

● **판례 4:** '**4대강 살리기 마스터플랜**'은 4대강 살리기 사업의 기본방향을 제시하는 계획으로서, 행정기관 내부에서 사업의 기본방향을 제시하는 것일 뿐, 국민의 권리·의무에 직접 영향을 미치는 것이 아니어서 **행정처분이 아니다**(대판 2011. 4. 21, 2010무111).
● **판례 5:** **환지**[換地, 토지를 바꾸거나 토지를 팔고 다른 토지를 얻음]**계획**은 환지처분의 근거가 될 뿐 그 자체가 직접 토지소유자 등의 **법률상의 지위를 변동시키는 것은 아니어서 항고소송의 대상이 되는 처분에 해당하지 않는다**(대판 1999. 8. 20, 97누6889).

---

(2) 처분성을 "긍정"한 사례

판례는 **사업시행계획 및 관리처분계획, 개발제한구역지정처분의 처분성을 긍정**하였습니다(판례 6~7).

● **판례 6:** 재건축정비사업조합이 수립한 **사업시행계획**은 인가·고시를 통해 확정되면 이해관계인에 대한 구속적 행정계획으로서 독립된 행정처분에 해당한다(대판 2009. 11. 2, 2009마596).

> ● **판례 7:** 구 도시재개발법상의 **관리처분계획**[조합원들에게 분양되는 대지나 건축시설을 배분하는 내용을 담은 계획]은 토지 등의 소유자에게 구체적이고 결정적인 영향을 미치는 것으로 행정처분이다(대판 2002. 12. 10, 2001두6333).
> ● **판례 8: 개발제한구역지정처분**은 도시의 무질서한 확산 방지 등을 목적으로 도시정책상의 전문적·기술적 판단에 기초하여 행하는 일종의 행정계획으로서 그 입안·결정에 관하여 광범위한 형성의 자유를 가지는 계획재량처분이다(대판 1997. 6. 24, 96누1313).

4. 행정계획이 양립할 수 없는 경우

도시계획결정 등에 관한 권한 있는 행정청이 **선행 도시계획과 양립할 수 없는 후행 도시계획을 수립한 경우에는 선행 도시계획은 후행 도시계획으로 변경**된 것으로 봅니다(판례 9).

> ● **판례 9:** 도시계획의 결정·변경 등에 관한 권한을 가진 행정청은 이미 도시계획이 결정·고시된 지역에 대하여도 다른 내용의 도시계획을 결정·고시할 수 있고, 이 때에 후행 도시계획에 선행 도시계획과 서로 양립할 수 없는 내용이 포함되어 있다면, 특별한 사정이 없는 한 선행 도시계획은 후행 도시계획과 같은 내용으로 변경되는 것이다(대판 2000. 9. 8, 99두11257).
> [판시] 후행 도시계획의 결정을 하는 행정청이 선행 도시계획의 결정·변경 등에 관한 **권한을 가지고 있지 아니한 경우**에 권한 없는 자에 의하여 행해진 것으로서 **무효**이다.

Ⅱ. 사법적 통제

1. 계획재량

가. 문제 상황

일반적인 행정행위는 "~~하면 ~~한다."와 같이 '요건-효과'의 형식을 취하나, 행정계획은 "~~하기 위하여 ~~한다."와 같이 **'목적-수단'**의 형식을 취합니다. 아무래도 계획을 세울 때에는 자율성을 높아지게 마련이고, 그건 행정계획도 마찬가지입니다. 특정한 목적을 달성하기 위한 수단은 다양하게 존재하므로 행정계획을 수립할 때 일반적인 행정행위보다는 **재량의 영역이 커질 가능성**이 높습니다.

나. 계획재량의 의의

행정주체는 구체적인 행정계획을 입안·결정함에 있어서 **비교적 광범위하게 재량을 행사할 자유**를 가지는데, 이를 **계획재량(計劃裁量)**이라고 합니다(판례 10). 계획재량과 행정행위의 일반적인 재량을 구별하는 견해도 있지만, 사실상 큰 차이는 없고 계획재량은 일반적인 재량행위보다 재량의 범위가 더 넓다고 생각하면 됩니다.

> ● **판례 10:** 행정주체는 구체적인 **행정계획을 입안·결정함에 있어서 비교적 광범위한 형성의 자유**를 가진다(대판 2000. 3. 23, 98두2768).

2. 계획재량의 하자

가. 계획재량에 대한 통제(형량명령)

행정계획에 광범위한 재량이 인정된다고 하더라도 그러한 재량이 무제한적인 것은 아닙니다. 행정계획을 수립할 때 공익과 사익 간, 공익 상호 간, 사익 상호 간의 정당한 비교·형량을 해야 하는데, 이를 **형량명령(衡量命令)**이라고 합니다.

> ※ **법률용어: 형량(衡量)**
>
> 형량(衡量)의 형(衡)은 저울이라는 뜻인데, 저울의 주된 기능은 양쪽의 무게를 비교하여 재는 겁니다. 즉 저울대에 올려서 둘을 비교하는 게 형량(衡量)입니다.

나. 행정절차법

2022년 개정된 행정절차법에 형량명령에 대한 규정이 신설되었습니다.

> ○ **행정절차법 제40조의4(행정계획)** 행정청은 행정청이 수립하는 계획 중 국민의 권리·의무에 직접 영향을 미치는 계획을 수립하거나 변경·폐지할 때에는 관련된 여러 이익을 정당하게 형량하여야 한다.

다. 형령의 하자

형령명령을 위반하면(달리, 말해 형량을 제대로 하지 않으면) 형량의 하자가 있는 것이고, 행정계획은 위법하게 됩니다(판례 11). 형량의 하자가 있는 예로는 ① 이익형량을 전혀 행하지 않는 경우(**형량의 해태**), ② 이익형량의 고려 대상에 마땅히 포함시켜야 할 사항을 누락한 경우(**형량의 흠결**), ③ 이익형량을 하였으나 정당성·객관성이 결여된 경우(**오형량**)가 있습니다.

> ● **판례 11:** 행정주체가 가지는 형성의 자유는 무제한적인 것이 아니라 행정계획에 관련되는 자들의 이익을 공익과 사익 사이에서는 물론이고 공익 상호간과 사익 상호간에도 정당하게 비교교량하여야 한다는 제한이 있으므로, **행정주체가 행정계획을 입안·결정함에 있어서 이익형량을 전혀 행하지 아니하거나 이익형량의 고려 대상에 마땅히 포함시켜야 할 사항을 누락한 경우 또는 이익형량을 하였으나 정당성과 객관성이 결여된 경우에는 위법**하다(대판 2006. 9. 8, 2003두5426).

1. 계획보장청구권

가. 개념

계획보장청구권은 행정계획이 수립되었다가 폐지되거나 변경되었을 때, 당사자가 그 계획의 존속이나 준수(이행) 등을 요구할 수 있는 권리를 의미합니다.

나. 인정여부

행정계획은 말 그대로 계획이고, 계획은 기본적으로 변경이 가능한 겁니다. 따라서 **일반적으로는 계획보장청구권이 인정되지 않습니다.**

2. 계획변경청구권

가. 개념

계획변경청구권은 행정청에 대해 기존 행정계획의 변경을 청구할 수 있는 권리를 의미합니다.

나. 인정여부

(1) 원칙

행정청은 행정계획에 대해서 광범위한 재량을 가지므로 **원칙적으로 계획변경청구권은 인정되지 않고** 변경을 거부한 행위가 항고소송의 대상이 되는 행정처분도 아닙니다(판례 12).

> ● **판례 12:** 도시계획법상 지역주민에게 도시계획의 변경을 청구할 권리를 인정할 수 없으므로 계획변경 거부행위는 항고소송의 대상이 되는 행정처분에 해당한다고 볼 수 없다(대판 1994. 1. 28, 93누22029).

(2) 예외

예외적으로 **행정계획의 변경신청을 거부하는 것이 당해 행정처분 자체를 거부하는 결과가 되는 경우에는 계획변경신청권이 인정**됩니다. 대표적인 사례가 **폐기물처리사업의 적정통보를 받은 자가 국토이용계획변경을 신청하는 경우**입니다(판례 13).

> ● **판례 13: 국토이용계획변경신청을 거부하는 것이 실질적으로 당해 행정처분 자체를 거부하는 결과가 되는 경우**에는 예외적으로 그 신청인에게 국토이용계획변경을 신청할 권리가 인정된다(대판 2003. 9. 23, 2001두10936).
>
> **[사실관계]** A는 구 폐기물관리법에 따라 폐기물처리사업계획의 적정통보를 받아서, 장래 폐기물처리업허가를 신청할 수 있는 법률상 지위를 가졌다. 폐기물처리업허가를 받으려면, 부동산의 용도지역이 '농림지역'에서 '준도시지역'으로 바뀌는 "국토이용계획"이 변경될 필요가 있어 A는 국토이용계획을 변경하였는데, 행정청은 A의 신청을 거부하였다.
>
> **[판시]** A의 국토이용계획변경신청을 행정청이 거부한다면 이는 실질적으로 A에 대한 폐기물처리업허가신청을 불허하는 결과가 되므로, A는 행정청에 대하여 계획변경을 신청할 법규상 또는 조리상 권리를 가진다.

또한 특정한 법령에서 이해관계자의 이익을 보호하는 취지의 규정을 두고 있는 경우에는 계획변경청구권이 인정됩니다. 대표적으로 **문화재보호구역 내의 토지소유자는 문화재보호구역 지정해제를 요구할 수 있는 권리**가 있고, **도시계획구역 안의 토지소유자등은 도시시설계획의 변경을 요구할 권리**가 있습니다(판례 14~15).

● **판례 14:** 문화재보호법은 문화재 보존가치 외에도 보호구역지정이 재산권행사에 미치는 영향을 고려하도록 규정하고 있으므로 **문화재보호구역 내에 있는 토지소유자는 보호구역의 지정해제를 요구할 수 있는 법규상 또는 조리상의 신청권**이 있고, 신청에 대한 거부행위는 항고소송의 대상이 되는 행정처분에 해당한다(대판 2004. 4. 27, 2003두8821).

● **판례 15:** 국토계획법은 주민에게 계획을 입안할 제안할 권리를 부여하고 있으므로 **도시계획구역 내 토지 등을 소유하고 있는 사람과 같이 당해 도시계획시설결정에 이해관계가 있는 주민에게는 도시시설계획의 입안권자에게 도시시설계획의 입안 내지 변경을 요구할 수 있는 법규상 또는 조리상의 신청권**이 있고, 이러한 신청에 대한 거부행위는 항고소송의 대상이 되는 행정처분에 해당한다(대판 2015. 3. 26, 2014두42742).

Ⅳ. 권리구제

1. 항고소송

행정계획이 처분성을 가지는 경우에는 취소소송 등의 항고소송을 제기할 수 있습니다.

2. 헌법소원

원칙적으로 행정계획은 헌법소원의 대상이 되지 않습니다. 그러나 **국민의 기본권에 직접적으로 영향을 끼치고 법령의 뒷받침에 의해 그대로 실시될 것이 틀림없을 것으로 예상되는 경우에는 예외적으로 헌법소원의 대상**이 됩니다(판례 16).

● **판례 16:** 비구속적 행정계획이라도 국민의 기본권에 직접적으로 영향을 끼치고, 앞으로 법령의 뒷받침에 의하여 그대로 실시될 것이 틀림없을 것으로 예상될 수 있을 때에는, 공권력행위로서 예외적으로 헌법소원의 대상이 될 수 있다(헌재 2000. 6. 1, 99헌마538).

---

01 "국토의 계획 및 이용에 관한 법률"에 따른 도시기본계획은 일반 국민에 대한 직접적인 구속력은 인정되지 않지만, 도시의 장기적 개발방향과 미래상을 제시하는 도시계획 입안의 지침이 되기에 행정청에 대한 직접적인 구속력은 인정된다. (2018, 국가직 7급) ········· [O, X]

02 도시관리계획결정은 행정청의 처분이며, 항고소송의 대상이 된다. (2015, 지방직 7급) ········· [O, X]

03 '4대강 살리기 마스터플랜'은 행정처분에 해당한다. (2017, 교육행정직 9급) ········· [O, X]

04 '도시계획의 결정, 변경 등에 관한 권한을 가진 행정청은 이미 도시계획이 결정, 고시된 지역에 대하여도 다른 내용의 도시계획을 결정, 고시할 수 있고, 이때에 후행 도시계획에 선행 도시계획과 서로 양립할 수 없는 내용이 포함되어 있다면, 특별한 사정이 없는 한 선행 도시계획은 후행 도시계획과 같은 내용으로 변경된다. (2024, 국가직 9급) ········· [O, X]

05 관계법령에 추상적인 행정목표와 절차만이 규정되어 있을 뿐 행정계획의 내용에 관하여 별다른 규정을 두고 있지 아니하는 경우에, 행정주체는 구체적인 행정계획의 입안·결정에 관하여 비교적 광범위한 형성의 자유를 가진다. (2018, 국가직 7급) ········· [O, X]

06 이익형량을 전혀 하지 않았다면 위법하다고 볼 수 있으나, 이익형량의 고려사항을 일부 누락하였거나 이익형량에 있어 정당성이 결여된 것만으로는 위법하다고 볼 수 없다.
(2016, 서울시 9급) ········· [O, X]

07 관계 법령에 따라 일정한 행정처분을 구하는 신청을 할 수 있는 법률상 지위에 있는 자의 국토이용계획변경신청을 거부하는 것이 실질적으로 당해 행정처분 자체를 거부하는 결과가 되는 경우, 그 신청인에게 국토이용계획변경을 신청할 권리가 인정된다. (2017, 지방직 9급) ········· [O, X]

Ⅰ. 의의

1. 개념

확약(確約)의 일반적인 뜻은 확실한 약속인데, 행정법에서 확약은 행정청이 자기구속을 할 의도로써 장래에 향하여 행정행위를 하거나 하지 않을 것을 약속하는 의사표시를 말합니다. 각종 인·허가 신청에 대한 **내인가·내허가**가 대표적인 예시입니다.

확약을 말할 때 빠지지 않은 사례가 <u>**어업권면허의 우선순위 결정**</u>입니다. 수산업법에 따르면 특정한 어업활동을 하려면 면허를 받아야 합니다. 그런데 면허를 발급하기 전에 어업경력·지역의 특성 등을 고려하여 "우선순위"를 정하고 대체로는 그 우선순위에 따라 어업면허가 발급됩니다. 이때 어업권면허 전의 우선순위 결정이 바로 확약인 겁니다.

2. 구별개념

확약과 구별되는 개념으로는 공법상 계약과 예비결정이 있습니다. 확약은 의사의 일치가 없더라도 행정청이 일방적으로 할 수 있는 행위이지만, 공법상 계약은 당사자의 의사가 일치할 때에만 가능하다는 차이가 있습니다. 또한 확약은 추후 행해질 행정행위에 대한 예고의 성격을 가져 그 자체로는 완결적이지 않습니다. 예비결정(예: 폐기물관리법상의 적합통보)은 종국적인 행정행위를 하기 전에 일부 요건을 사전적으로 심사하여 내린 결정인데, 그 자체로 완결적이라는 점에서 확약과 구별됩니다.

3. 법적 근거

확약에 관한 일반법은 없고, "행정절차법"에도 확약에 대한 일반적 규정을 두고 있지 않아 개별법에 명문의 규정이 없는 경우에도 확약이 가능한 지에 대한 학설 대립이 있었습니다. 그런데 현재는 <u>**"행정절차법"이 개정되어 확약을 명문화함**</u>으로써 확약에 대한 법적 근거를 마련하였습니다.

○ **행정절차법 제40조의2(확약)**

① 법령등에서 당사자가 신청할 수 있는 처분을 규정하고 있는 경우 행정청은 당사자의 신청에 따라 장래에 어떤 처분을 하거나 하지 아니할 것을 내용으로 하는 의사표시(이하 "확약"이라 한다)를 할 수 있다.

---

1. 법적 성질(처분성 여부)

확약의 법적 성질에 대해서는 견해의 대립이 있는데, 행정행위로 보는 견해와 독자적 행위형식이라는 견해가 있습니다. 하지만 판례는 **어업권 우선순위 결정이 문제된 사안에서 확약은 행정처분이 아니고, 행정처분이 아니므로 공정력과 불가쟁력이 발생하지 않는다**고 봤습니다(판례 1).

> ● **판례 1: 어업권면허에 선행하는 우선순위결정은 강학상 확약에 불과하고 행정처분은 아니므로**, 우선순위결정에 **공정력이나 불가쟁력과 같은 효력은 인정되지 않는다**(대판 1995. 1. 20, 94누6529).

2. 형식 및 절차

확약은 **문서로 해야** 합니다(행정절차법 제40조의2 제2항). 행정청은 **다른 행정청과의 협의 등의 절차를 거쳐야 하는 처분에 대하여 확약을 하려는 경우에는 확약을 하기 전에 그 절차를 거쳐야** 합니다(행정절차법 제40조의2 제2항).

행정청은 **확약을 이행할 수 없는 경우에 지체 없이 당사자에게 그 사실을 통지**하여야 합니다(행정절차법 제40조의2 제5항).

3. 허용성과 효과

가. 허용성

재량행위에 대해서는 법적 근거가 없더라도 확약이 허용됩니다. 그런데 기속행위는 다소 애매할 수 있습니다. 기속행위는 요건충족 여부에 따라 행정행위의 발령 여부가 정해지기 때문입니다. 다수설은 기속행위의 경우에도 법적 근거 없이 확약이 허용된다고 봅니다.

나. 효과

원칙적으로 구속력이 있으므로, 확약을 한 행정청은 상대방에게 확약된 행위를 하여야 할 자기구속의 의무를 부담합니다. 그에 따라 확약의 상대방은 행정청에 대해 확약의 내용을 이행할 것을 청구할 수 있는 권리를 가집니다.

단, **확약을 한 후 사실상태 또는 법적 상태가 변경되면 확약의 구속성은 상실**되는데, **행정청이 별다른 의사표시를 하지 않더라도 확약은 실효**된다는 점을 유의해야 합니다(판례 2).

> ● **판례 2:** 확약을 하였더라도 사실적 · 법률적 상태가 변경되었다면, **확약은 행정청의 별다른 의사표시를 기다리지 않고 실효**된다(대판 1996. 8. 20, 95누10877).
> **[판시]** 주택건설사업계획 입지심의를 행정청이 장차 주택건설사업계획승인처분을 하겠다는 내용의 확약으로 보더라도 유효기간 1년 이내에 원고가 그 승인신청을 하지 않아 실효되었다.

1. 항고소송

판례에 따르면 확약은 행정행위가 아니고 처분성이 없으므로, 확약 그 자체에 대해서는 항고소송으로 다툴 수 없습니다. 다만, **행정청이 사인에게 수익적 행정행위의 발령을 확약한 후 사인(확약의 상대방)이 이를 신청하자 거부한 경우에는 의무이행심판이나 거부처분취소소송 등을 제기**할 수 있습니다(판례 3).

> **● 판례 3:** 자동차운송사업 양도양수인가신청에 대하여 시장이 내인가를 한 후 내인가에 기한 본인가신청이 있자 내인가를 취소한 경우, 내인가취소를 인가신청을 거부하는 처분으로 보아야 할 것이다(대판 1991. 6. 28, 90누4402).

2. 손해배상

행정청의 확약의 불이행으로 손해를 입은 자는 국가배상법상 요건을 충족하는 경우에 한하여 손해배상을 청구할 수 있습니다.

※ 확약 관련 행정절차법 규정

> ○ **행정절차법 제40조의2(확약)** ① 법령등에서 당사자가 신청할 수 있는 처분을 규정하고 있는 경우 행정청은 당사자의 신청에 따라 장래에 어떤 처분을 하거나 하지 아니할 것을 내용으로 하는 의사표시(이하 "확약"이라 한다)를 할 수 있다.
> ② 확약은 문서로 하여야 한다.
> ③ 행정청은 다른 행정청과의 협의 등의 절차를 거쳐야 하는 처분에 대하여 확약을 하려는 경우에는 확약을 하기 전에 그 절차를 거쳐야 한다.
> ④ 행정청은 다음 각 호의 어느 하나에 해당하는 경우에는 확약에 기속되지 아니한다.
> 1. 확약을 한 후에 확약의 내용을 이행할 수 없을 정도로 법령등이나 사정이 변경된 경우
> 2. 확약이 위법한 경우
> ⑤ 행정청은 확약이 제4항 각 호의 어느 하나에 해당하여 확약을 이행할 수 없는 경우에는 지체 없이 당사자에게 그 사실을 통지하여야 한다.

01 확약을 한 행정청은 확약의 내용인 행위를 하여야 할 자기구속적 의무를 지며, 상대방은 행정청에 그 이행을 청구할 권리를 갖게 된다. (2016, 서울시 9급) ⋯⋯⋯⋯⋯ [O, X]

02 판례는 어업권면허에 선행하는 우선순위 결정의 처분성을 인정하고 있다. (2016, 서울시 9급) ⋯⋯⋯⋯ [O, X]

03 행정청의 확약은 위법하더라도 중대명백한 하자가 있어 당연 무효가 아닌 한 취소되기 전까지는 유효한 것으로 통용된다. (2018, 국가직 9급) ⋯⋯⋯⋯⋯ [O, X]

04 행정절차법은 확약에 관한 명문규정을 두고 있지 않다. (2016, 서울시 9급) ⋯⋯⋯⋯⋯ [O, X]

05 "행정절차법"상 법령등에서 당사자가 신청할 수 있는 처분을 규정하고 있는 경우 행정청은 당사자의 신청에 따라 장래에 어떤 처분을 하거나 하지 아니할 것을 내용으로 하는 확약을 할 수 있으며, 문서 또는 말에 의한 확약도 가능하다. (2023, 국가직 7급) ⋯⋯⋯⋯⋯ [O, X]

06 행정청은 다른 행정청과의 협의 등의 절차를 거쳐야 하는 처분에 대하여 확약을 하려는 경우에는 확약을 하기 전에 그 절차를 거쳐야 한다. (2024, 소방직 9급) ⋯⋯⋯⋯⋯ [O, X]

07 "행정절차법"상 행정청은 확약을 한 후에 확약의 내용을 이행할 수 없을 정도로 법령등이나 사정이 변경된 경우에는 확약에 기속되지 아니하며, 그 확약을 이행할 수 없는 경우에는 지체 없이 당사자에게 그 사실을 통지하여야 한다. (2023, 국가직 7급) ⋯⋯⋯⋯⋯ [O, X]

08 확약에는 공정력이 불가쟁력과 같은 효력이 인정되는 것은 아니라고 하더라도, 일단 확약이 있은 후에 사실적, 법률적 상태가 변경되었다고 하여 행정청의 별다른 의사표시 없이 확약이 실효된다고 할 수 없다. (2019, 지방직 7급) ⋯⋯⋯⋯⋯ [O, X]

09 행정청의 확약에 대해 법률상 이익이 있는 제3자는 확약에 대해 취소소송으로 다툴 수 있다.
(2018, 국가직 9급) ··· [O, X]

10 행정청의 확약의 불이행으로 손해를 입은 자는 국가배상법상 요건을 충족하는 경우에 한하여
손해배상을 청구할 수 있다. (2014, 사회복지직 9급) ·· [O, X]

I. 의의

1. 개념

행정지도(行政指導)란 행정기관이 그 소관 사무의 범위에서 일정한 행정목적을 실현하기 위하여 특정인에게 일정한 행위를 하거나 하지 아니하도록 **지도, 권고, 조언 등을 하는 행정작용**을 말합니다(행정절차법 제2조 제3호). 교차로 꼬리물기를 예방하기 위해 계도활동을 하는 것, 여름철 식중독예방을 위해서 음식점 업주를 대상으로 위생지도를 하는 것 등이 행정지도의 대표적인 사례입니다.

2. 법적 성질

행정지도의 가장 큰 특징은 **자율성**입니다. 행정기관이 행정지도를 했다고 해서 그 행정지도를 반드시 따라야 할 의무는 없습니다. 즉, 행정지도는 법적 의무를 부과하는 것이 아니라 상대방의 임의적 협력을 전제로 하는 **비권력적 사실행위이므로, 행정지도 그 자체로는 법적 효과가 발생하지 않습니다**(판례 1). 행정지도는 일반적으로 국민의 권리·의무에 직접적인 영향을 미치지 않기 때문에 **처분성이 없습니다**(판례 2).

● **판례 1:** 행정관청이 건축허가시에 도로의 폭에 대하여 **행정지도를 하였다는 점만으로는 건축법시행령 상의 도로지정이 있었던 것으로 볼 수 없다**(대판 1991. 12. 13, 91누1776).
● **판례 2:** 세무당국이 특정회사에 대해 주류거래를 일정기간 중지하여 줄 것을 요청한 행위는 권고적 성격의 행위로서 행정처분이 아니다(대판 1980. 10. 27, 80누395).

II. 내용

1. 법적 근거

가. 법률유보 및 법률우위의 원칙

행정지도에 따를 것인지는 상대방의 자율에 달려 있으므로 **행정지도에 관한 작용법적 근거규정이 없더라도 행정지도를 할 수 있다**는 것이 다수의 견해입니다.

또한 **행정지도도 행정작용인 이상 법률우위의 원칙을 지켜야 하고**, 헌법·법률 등의 성문법, 행정법의 일반원칙에 위반되지 않아야 한다.

나. 실정법

"행정절차법"은 행정지도에 적용되는 일반원칙과 행정지도의 방법 등을 규정하고 있습니다.

2. 행정지도의 방식

가. 구두 행정지도의 가능성

행정지도는 반드시 "문서"로 해야 하는 것은 아니며, **"말"(구두)로 할 수도** 있습니다.

나. 서면교부청구권

행정지도가 말로 이루어지는 경우에도 상대방이 행정지도의 취지 및 내용과 신분을 적은 **서면의 교부해 달라고 요구하면** 직무 수행에 특별한 지장이 없는 한 **서면을 교부해야** 합니다(행정절차법 제49조 제2항).

3. 행정지도 관련 주요 제도

가. 행정지도 실명제

행정지도를 하는 자는 그 상대방에게 그 **행정지도의 취지 및 내용과 신분을 밝혀야** 합니다(행정절차법 제49조 제1항).

나. 의견제출

행정지도의 상대방은 해당 행정지도의 방식과 내용 등에 관하여 행정기관에 **의견제출**을 할 수 있습니다(행정절차법 제50조).

다. 행정지도의 공표

행정기관이 같은 행정목적을 실현하기 위해 다수인을 대상으로 행정지도를 하려는 경우에는 특별한 사정이 없으면, **행정지도에 공통적인 내용이 되는 사항을 공표**해야 합니다(행정절차법 제51조).

III. 한계

1. 행정지도의 원칙

가. 비례의 원칙

행정지도가 행정행위는 아니지만, 행정작용의 일종이므로 **비례의 원칙 등 행정법의 일반원칙을 지켜야** 합니다. 행정지도는 **목적 달성에 필요한 최소한도에 그쳐야** 합니다(행절절차법 제48조 제1항). "최대한"이 아니라 "최소한"이라는 걸 유의하길 바랍니다.

나. 임의성의 원칙

행정지도는 단순히 권고를 하는 것이니, 행정지도의 상대방의 의사에 반하여 부당하게 강요하여서는 안 됩니다(행정절차법 제48조 제1항).

다. 불이익조치 금지의 원칙

행정기관은 행정지도의 상대방이 **행정지도에 따르지 않았다는 이유로 불이익한 조치를 해서는 안 됩니다**(행정절차법 제48조 제2항).

2. 행정지도와 위법성

가. 문제 상황

사인이 위법한 행위를 하였는데, 그러한 위법행위가 행정청의 위법한 행정지도에 따른 것인 경우, 그러한 사인의 행위를 위법한 것으로 볼 수 있는지가 문제됩니다.

나. 판례

행정청의 위법한 행정지도를 따른 결과이니 위법하지 않다고 생각할 수도 있습니다. 하지만 **판례는 위법한 행정지도에 따른 경우에도 사인의 행위가 법에 어긋나면 위법**하다고 봅니다(판례 3). 만약 행정지도에 따른 경우에는 무조건 적법하다고 보면 위법/적법 여부를 사실상 행정청이 정하는 결과가 생기게 될 겁니다.

> ● **판례 3:** 행정지도에 따랐다고 하더라도 법에 어긋난 행위가 적법한 것으로 정당화될 수는 없다(대판 1992. 4. 24, 91도1609).
>
> **[사실관계]** 행정관청이 토지거래계약신고에 관해서 공시된 기준지가를 기준으로 매매가격을 신고하도록 행정지도하였다.
>
> **[판시]** 행정지도는 법에 어긋나는 관행이라 할 것이므로 위법한 관행에 따라 허위신고행위에 이르렀다고 하여 범법행위가 사회상규에 위배되지 않는 정당한 행위라고는 볼 수 없다.

Ⅳ. 권리구제

1. 행정쟁송

행정지도는 비권력적 사실행위이므로 행정처분에 해당하지 않고, 원칙적으로 항고소송으로 다툴 수 없습니다.

2. 손해배상(국가배상)

판례는 국가배상의 직무행위 범위에 권력적 작용뿐만 아니라 **행정지도와 같은 비권력적 행정작용도 포함**시킵니다(판례 4). 한편, 행정지도로 인해 손해가 발생한 경우, 국가의 배상책임이 인정되는지는 행정지도가 행정지도의 **한계를 일탈**하였는지에 따라 달라집니다. **한계를 일탈하지 않은 경우에는 국가배상책임이 인정되지 않으나, 한계를 일탈한 경우에는 국가배상책임이 인정**됩니다(판례 5).

> ● **판례 4:** 국가배상법이 정한 배상청구의 요건인 '공무원의 직무'에는 권력적 작용만이 아니라 행정지도와 같은 비권력적 작용도 포함된다(대판 1998. 7. 10, 96다38971).

● **판례 5:** 행정지도의 한계를 일탈하지 아니하였다면 상대방에게 어떤 손해가 발생하였다 하더라도 행정기관은 그에 대한 손해배상책임이 없으나, **행정지도의 한계를 일탈한 위법한 행정지도는 불법행위에 해당**한다(대판 2008. 9. 25, 2006다18228).

[**사실관계**] 행정청은 A에게 위법한 행정지도를 하여 A는 일정기간 어업권을 행사하지 못했다.

[**판시**] 위법한 행정지도로 일정기간 어업권을 행사하지 못하는 손해를 입은 자가 어업권을 타인에게 매도하여 매매대금 상당의 이득을 얻었더라도 그 이득은 손해배상책임의 원인이 되는 행위인 위법한 행정지도와 상당인과관계에 있다고 볼 수 없어 피해자가 얻은 매매대금 상당의 이득을 행정기관이 배상하여야 할 손해액에서 공제할 수 없다.

3. 헌법소원

행정지도라고 하더라도 행정지도에 따르지 않을 경우 일정한 불이익조치를 예정하고 있어 사실상 **상대방에게 그에 따를 의무를 부과하는 것과 다를 바 없는 경우에는 헌법소원의 대상**이 됩니다(판례 6).

● **판례 6: 교육인적자원부장관의 학칙시정요구**는 행정지도이나 그에 따르지 않을 경우 불이익조치를 예정하고 있어 의무를 부과한 것과 다를 바 없으므로 헌법소원의 대상이 되는 공권력의 행사이다(헌재 2003. 6. 26, 2002헌마337).

01 행정지도는 법적 효과의 발생을 목적으로 하는 의사표시이다. (2018, 교육행정직 9급) ⋯⋯⋯⋯⋯⋯ [O, X]

02 판례에 따르면 세무당국이 주류거래를 일정기간 중지하여 줄 것을 요청한 행위는 항고소송의
대상이다. (2016, 교육행정직 9급) ⋯⋯⋯⋯⋯⋯⋯⋯⋯⋯⋯⋯⋯⋯⋯⋯⋯⋯⋯⋯⋯⋯⋯⋯⋯⋯⋯⋯⋯⋯⋯ [O, X]

03 행정지도는 반드시 문서로 하여야 한다. (2017, 교육행정직 9급) ⋯⋯⋯⋯⋯⋯⋯⋯⋯⋯⋯⋯⋯⋯⋯ [O, X]

04 행정지도가 말로 이루어지는 경우에 상대방이 행정지도의 취지 및 내용, 행정지도를 하는 자
의 신분에 관한 사항을 적은 서면의 교부를 요구하면 그 행정지도를 하는 자는 직무 수행에 특
별한 지장이 없으면 이를 교부하여야 한다. (2017, 국가직 9급) ⋯⋯⋯⋯⋯⋯⋯⋯⋯⋯⋯⋯⋯⋯⋯ [O, X]

05 행정지도의 상대방은 행정지도의 내용에 동의하지 않는 경우 이를 따르지 않을 수 있으므로,
행정지도의 내용이나 방식에 대해 의견제출권을 갖지 않는다. (2017, 국가직 9급) ⋯⋯⋯⋯⋯ [O, X]

06 행정지도는 그 목적달성에 필요한 최대한도의 조치를 할 수 있으나, 다만 행정지도의 상대방
의 의사에 반하여 부당하게 강요하여서는 아니 된다. (2018, 경행특채) ⋯⋯⋯⋯⋯⋯⋯⋯⋯⋯⋯ [O, X]

07 위법한 행정지도에 따라 행한 사인의 행위는 법령에 명시적으로 정함이 없는 한 위법성이 조
각된다고 할 수 없다. (2017, 국가직 9급) ⋯⋯⋯⋯⋯⋯⋯⋯⋯⋯⋯⋯⋯⋯⋯⋯⋯⋯⋯⋯⋯⋯⋯⋯⋯⋯ [O, X]

08 행정기관은 행정지도에 따르지 아니하였다는 이유로 불이익한 조치를 할 수 있다.
(2017, 교육행정직 9급) ⋯⋯⋯⋯⋯⋯⋯⋯⋯⋯⋯⋯⋯⋯⋯⋯⋯⋯⋯⋯⋯⋯⋯⋯⋯⋯⋯⋯⋯⋯⋯⋯⋯⋯ [O, X]

09 행정지도가 강제성을 띠지 않은 비권력적 작용으로서 행정지도의 한계를 일탈하지 아니하였다 하더라도 그로 인하여 상대방에게 어떤 손해가 발생하였다면 행정기관은 그에 대한 손해배상책임을 진다. (2014, 경행특채) ·· [O, X]

10 교육인적자원부장관의 학칙시정요구는 대학총장의 임의적인 협력을 통하여 사실상의 효과를 발생시키는 행정지도의 일종이며, 설령 단순한 행정지도로서의 한계를 넘어 규제적·구속적 성격을 갖는다 하더라도 공권력의 행사로 볼 수 없다. (2018, 경행특채) ·· [O, X]

정답	01 X	02 X	03 X	04 O	05 X	06 X	07 O	08 X	09 X	10 X

Ⅰ. 의의

1. 개념

행정청은 법령등을 위반하지 않는 범위에서 공법상 계약을 체결할 수 있는데, **공법상 계약(公法上 契約)**은 "공법적 효과"의 발생을 목적으로 "계약"입니다. 공법상 계약의 의미를 파악하기 위해 "공법적 효과"와 "계약"을 나눠서 살펴보겠습니다.

가. 공법적 효과

공법상 계약은 용어에서 드러나듯이 공법(公法)적인 효과를 발생시킨다는 점에서, 사법(私法)적인 효과를 발생시키는 사법상의 계약과 구별됩니다. 민간기업이 신입 사원을 채용하면서 근로계약을 체결하는 건 사법상의 계약이지만, 지방자치단체가 지방전문직 공무원 채용계약을 체결하는 건 공법상 계약입니다.

나. 계약

계약에 관한 법적인 정의는 "복수당사자 간의 서로 반대방향에선 의사표시를 합치시킴으로써 성립하는 행위"입니다. 어렵게 정의되어 있지만, 쉽게 생각하면 두 사람의 뜻이 맞아서 거래가 일어나는 게 계약입니다. 가장 일반적인 계약인 매매계약은 물건을 팔겠다는 사람과 사겠다는 사람이 뜻이 맞으면 성립합니다.

행정처분은 일방적이지만, 계약은 쌍방적입니다. 예를 들어, 행정청이 건물 철거 명령을 할 때, "건물 철거 명령을 하려고 하는데, 동의하시나요?"라고 묻지 않고 일방적으로 처분을 합니다. 그에 반해 물건을 사고 싶지도 않은데 억지로 매매계약을 체결할 수는 없고 반드시 상대방의 동의가 있어야 합니다.

〈그림 51〉 처분과 공법상 계약

2. 장점

계약의 내용은 계약의 당사자가 정할 수 있으므로, 공법상 계약을 활용하면 행정작용을 개별적·구체적인 사정에 따라 탄력적으로 처리할 수 있게 만드는 장점이 있습니다.

1. 행정주체와 사인간의 공법상 계약

가. 특별행정법관계 설정 합의

특별행정법관계(特別行政法關係)는 특별한 공법상 원인에 의해 성립되는 신분 관계에 대해서 특별권력 주체에게 포괄적인 지배권이 인정되는 관계를 말합니다. 대표적인 예로는 **지방자치단체의 계약직공무원 채용계약, 서울특별시립무용단원 위촉계약, 공중보건의사 채용계약** 등이 있습니다(판례 1~3).

● **판례 1: 지방전문직공무원 채용계약**은 지방자치단체가 채용계약관계의 한쪽 당사자로서 대등한 지위에서 행하는 의사표시이다(대판 1993. 9. 14, 92누4611).

● **판례 2: 서울특별시립무용단 단원의 위촉**은 공법상 계약이고, 해촉에 대해서는 공법상 당사자소송으로 다퉈야 한다(대판 1995. 12. 22, 95누4636).

● **판례 3: 공중보건의사 채용계약**은 관할 도지사가 채용계약 관계의 한쪽 당사자로서 대등한 지위에서 행하는 의사표시로 취급하고 있는 것으로 공법상 계약에 해당한다(대판 1996. 5. 31, 95누10617).

나. 보조금지원계약 등

보조금(지원금)을 지급하기 위한 계약도 공법상 계약입니다(판례 4~5).

● **판례 4:** 중소기업 정보화지원사업에 따른 **지원금 출연을 위하여 중소기업청장이 체결한 협약**은 공법상 대등한 당사자 사이에 체결된 공법상 계약이다(대판 2015. 8. 27, 2015두41449).

● **판례 5:** 국책사업인 '한국형 헬기 개발사업'에 참여하여 방위사업청과 체결한 '한국형헬기 민군겸용 핵심구성품 개발협약'의 법률관계는 공법관계에 해당한다(대판 2017. 11. 9, 2015다215526).

---

2. 행정주체 상호 간의 공법상 계약, 사인 상호 간의 공법상 계약

가. 행정주체 상호 간의 공법상 계약

행정주체 상호 간의 공법상 계약은 국가와 공공단체 또는 공공단체 상호 간에 특정한 행정사무의 처리를 합의하는 경우를 말하고, **공공단체 상호 간의 사무의 위탁**(예: **지방자치단체 간의 교육사무위탁**), 공공시설의 관리, 경비분담 협의 등이 있습니다.

나. 사인 상호 간의 공법상 계약

사인 상호 간의 공법상 계약은 "국가로부터 공권을 위탁받은 사인"과 다른 사인 간의 계약을 말하는데, **공익사업의 사업시행자인 사인과 토지소유자 간의 토지수용에 관한 합의** 등이 있습니다.

1. 법적 근거

가. 법률우위의 원칙과 법률유보의 원칙

공법상 계약도 행정작용의 일종이므로 법령에 위반되어서는 안 됩니다. 달리 말하면 **공법상 계약에도 법률우위의 원칙은 적용**됩니다.

그런데 법률유보의 원칙은 다릅니다. 공법상 계약은 당사자의 자유로운 의사에 합치에 기반하므로 법률유보의 원칙이 적용되지 않는다는 것이 다수설입니다. 따라서 **법률의 수권(위임)이 없더라도 공법상 계약을 체결할 수 있습니다.**

나. 실정법상 근거

행정절차법에는 공법상 계약에 관한 규정이 없지만, 행정기본법에는 공법상 계약에 관한 규정이 있습니다.

○ **행정기본법 제27조(공법상 계약의 체결)**

① 행정청은 법령등을 위반하지 아니하는 범위에서 행정목적을 달성하기 위하여 필요한 경우에는 공법상 법률관계에 관한 계약(이하 "공법상 계약"이라 한다)을 체결할 수 있다. 이 경우 계약의 목적 및 내용을 명확하게 적은 **계약서를 작성**하여야 한다.

② 행정청은 공법상 계약의 상대방을 선정하고 계약 내용을 정할 때 **공법상 계약의 공공성과 제3자의 이해관계를 고려**하여야 한다.

---

2. 성립요건(적법요건)

가. 주체상 요건

공법상 계약을 체결하고자 하는 행정청은 규율대상에 대해 정당한 관할권을 가져야 합니다.

나. 형식상 요건

일반적으로는 구두계약도 계약의 일종이나, 행정기본법은 공법상 계약을 **문서로 작성**할 것을 규정하고 있습니다.

다. 절차상 요건

공법상 계약에 관련된 행위를 할 때 행정절차법을 준수해야 하는 건 아닙니다. 공법상 계약은 처분이 아니고 행정절차법은 공법상 계약에 대해 규율하고 있지 않아서, **공법상 계약을 해지할 때 근거와 이유를 반드시 제시하지 않아도 됩니다**(판례 6).

● **판례 6: 계약직공무원 채용계약을 해지할 때 행정절차법에 따른 이유제시를 해야 하는 것은 아니다**(대판 2002. 11. 26, 2002두5948).

라. 내용상 요건

공법상 계약의 내용은 양 당사자가 합의하여 정할 수도 있지만 행정주체가 일방적으로 정하고 상대방은 계약 체결 여부만을 선택해야 하는 경우가 있습니다. 그래서 행정기본법은 행정청이 공법상 계약의 상대방을 선정하고 계약 내용을 정할 때 **공법상 계약의 공공성과 제3자의 이해관계를 고려해야** 한다고 규정하고 있습니다.

3. 효력상의 특징

가. 비권력성

공법상 계약은 행정행위와 달리 비권력적 성질을 가지고 행정행위는 아니므로, **행정행위에 인정되는 공정력, 자력집행력, 존속력 등이 인정되지 않습니다.**

나. 하자 있는 공법상 계약의 효력

일반적으로 공법상 계약은 행정행위와 달리 공정력이 인정되지 않습니다. 따라서 **하자 있는 공법상 계약은 무효**입니다.

다. 자력집행력의 부재

공법상 계약은 자력집행력이 없으므로, **원칙적으로 당사자는 스스로 의무를 실현시킬 수는 없고 법원의 판결을 받고 계약 내용을 실현**할 수 있습니다. 다만, 법률의 명문규정이 있는 경우에는 행정청의 자력집행이 가능합니다.

4. 권리구제

공법상 계약은 처분이 아니므로 항고소송을 다툴 수 없고, 당사자소송으로 다퉈야 합니다(판례 7~8). 당사자소송은 행정청의 처분등을 원인으로 하는 법률관계에 관한 소송 그 밖에 공법상의 법률관계에 관한 소송으로서 그 법률관계의 한쪽 당사자를 피고로 하는 소송을 말합니다(행정소송법 제3조 제2호).

> ● **판례 7:** 광주광역시문화예술회관장의 단원 위촉은 대등한 지위에서 의사가 합치되어 성립하는 **공법상 근로계약**에 해당하므로, 광주광역시립합창단원으로서 위촉기간이 만료되는 자들의 재위촉 신청에 대하여 재위촉을 하지 아니한 것을 항고소송의 대상이 되는 불합격처분이라고 할 수는 없다(대판 2001. 12. 11, 2001두7794).
> ● **판례 8:** 공중보건의사 채용계약을 해지한 경우 **공법상 당사자소송**으로 해지의 의사표시에 대해 무효확인을 청구할 수 있는 것이지, 그 취소를 구하는 항고소송을 제기할 수는 없다(대판 1996. 5. 31,95누10617).

01 행정청은 법령등을 위반하지 아니하는 범위에서 행정목적을 달성하기 위하여 필요한 경우에는 공법상 법률관계에 대한 계약을 체결할 수 있다. (2023, 소방직 9급) ⋯⋯⋯⋯⋯ [O, X]

02 계약직 공무원 채용계약해지의 의사표시는 판례상 행정처분으로 인정된다. (2019, 소방직 9급) ⋯⋯⋯ [O, X]

03 광주광역시문화예술회관장의 단원 위촉은 공법상 근로계약이 아니라 행정청으로서 공권력을 행사하여 행하는 행정처분이다. (2019, 사회복지직 9급) ⋯⋯⋯⋯⋯⋯⋯⋯⋯⋯⋯⋯⋯⋯⋯⋯⋯ [O, X]

04 공법상 계약은 행정주체와 사인 간에만 체결 가능하며, 행정주체 상호 간에는 공법상 계약이 성립할 수 없다. (2018, 교육행정직 9급) ⋯⋯⋯⋯⋯⋯⋯⋯⋯⋯⋯⋯⋯⋯⋯⋯⋯⋯⋯⋯⋯⋯⋯⋯ [O, X]

05 "행정기본법"에 따르면 신속히 처리할 필요가 있거나 사안이 경미한 경우에는 말 또는 서면으로 공법상 계약을 체결할 수 있다. (2023, 지방직 7급) ⋯⋯⋯⋯⋯⋯⋯⋯⋯⋯⋯⋯⋯⋯⋯⋯⋯⋯ [O, X]

06 행정청은 공법상 계약의 상대방을 선정하고 계약 내용을 정할 때 공법상 계약의 공공성과 제3자의 이해관계를 고려하여야 한다. (2021, 지방직 9급) ⋯⋯⋯⋯⋯⋯⋯⋯⋯⋯⋯⋯⋯⋯⋯⋯⋯ [O, X]

07 계약직공무원 채용계약해지의 의사표시는 일반공무원에 대한 징계처분과는 다르지만, "행정절차법"의 처분절차에 의하여 근거와 이유를 제시하여야 한다. (2018, 국가직 9급) ⋯⋯⋯⋯⋯ [O, X]

08 공법상 계약에는 공정력이 인정되지 않는다. (2013, 국가직 7급) ⋯⋯⋯⋯⋯⋯⋯⋯⋯⋯⋯⋯⋯⋯⋯ [O, X]

09 행정주체의 상대방이 계약상 의무를 이행하지 않는 경우라도 법률의 근거가 없으면 행정상 강제집행을 할 수 없다. (2019, 서울시 1회 7급) ·· [O, X]

10 공법상 계약해지의 의사표시에 대한 다툼은 공법상의 당사자소송으로 무효확인을 청구할 수 있다. (2018, 교육행정직 9급) ·· [O, X]

행정법의 기본

| 제1권 |

ⓒ 김변행, 2025

초판 1쇄 발행 2025년 6월 23일

지은이   김변행
펴낸이   이기봉
편집   좋은땅 편집팀
펴낸곳   도서출판 좋은땅
주소   서울특별시 마포구 양화로12길 26 지월드빌딩 (서교동 395-7)
전화   02)374-8616~7
팩스   02)374-8614
이메일   gworldbook@naver.com
홈페이지   www.g-world.co.kr

ISBN   979-11-388-4401-7 (13360)